Basler Stadtbuch 1997

CHRISTOPH MERIAN
VERLAG

Redaktion: Beat von Wartburg

Lektorat: Claus Donau

Christoph Merian Stiftung (Hg.)

Basler Stadtbuch 1997

Ausgabe 1998   118. Jahr

Christoph Merian Verlag Basel

Als lebendige Dokumentation und farbige Chronik widerspiegelt das Basler Stadtbuch die Meinungsvielfalt in unserer Stadt. Nicht alle in diesem Buch enthaltenen Beiträge müssen sich deshalb mit den Ansichten der Herausgeberin und der Redaktion decken. Verantwortlich für ihre Artikel zeichnen die Autorinnen und Autoren. *Die Herausgeberin*

Beraterinnen und Berater der Redaktion

Dr. Rolf d'Aujourd'hui	Bodenforschung, Urgeschichte
Thomas Bally	Architektur, Städtebauliches
Prof. Dr. Alfred Bürgin	Industrie
Yolanda Cadalbert Schmid	Gewerkschaften, Arbeitnehmerinnen und Arbeitnehmer
Dr. Jürg Ewald	BL, Partnerschaft
Christian Fluri	Theater, Musik
Prof. Dr. Thierry A. Freyvogel	Wissenschaft
Dr. Rudolf Grüninger	Bürgergemeinde, Städtisches
Christian Haefliger	Regio, Partnerschaft
Gerhard Kaufmann	Riehen, Bettingen
Marc Keller	Gewerbe, Handwerk
Dr. Beat Münch	Universität
Dr. Xaver Pfister	Kirchliches, Religion
Max Pusterla	Sport
Prof. Dr. Martin Schaffner	Geschichte
Dr. Géza Teleki	Wirtschaft, Arbeitgeber
Dr. Bettina Volz-Tobler	Museen, Sammlungen
Verena Zimmermann	Film

Gestaltung: Josef Hodel, Basel
Foto Umschlag: Thomas Kneubühler
(Skater: Tom Sotil)
Vorsatzblätter: Gido Wiederkehr
Lithos, Satz und Druck:
Werner Druck AG, Basel
Einband: Buchbinderei Flügel, Basel

© 1998 by Christoph Merian Verlag

ISBN 3-85616-097-3
ISSN 1011-9930

Mit der vorliegenden Ausgabe wird das Basler Stadtbuch in besonderem Masse dem Auftrag gerecht, nicht nur Zeitgeschichtliches festzuhalten, sondern auch retrospektiv und prospektiv zu sein, Rück- und Ausschau zu halten.

Das neue Stadtbuch blickt mit der Jugend in die Zukunft: ‹Jung und schön…› heisst das Schwerpunktthema 1997. Uns interessierte, wie Jugendliche in Basel leben, was sie denken, welche Pläne und Träume sie haben, welche Chancen sie sich ausrechnen für ihre Zukunft. Die Reportage ‹Basel.Blicke› gibt einen Einblick in die Themen, die Jugendliche heute beschäftigen: Für Schweizer wie für ausländische Jugendliche ist das Gefühl von Desintegration und Heimatlosigkeit ein vordringliches Problem – wo ist mein Platz in dieser Stadt, in der Gesellschaft, in diesem Land? Weitere Fragen schliessen sich an: Welches sind, angesichts von Lehrstellenmangel und Rationalisierung, meine Ausbildungs-, Berufs- und Arbeitsplatzchancen? Was halte ich von Leistung und Sport? Welchen Stellenwert haben Mode und Kleidung? Wie begegne ich Drogen und Gewalt? Mit diesen Themen sehen sich auch jene konfrontiert, die Jugendliche im Alltag begleiten, beispielsweise die Mitarbeiterinnen und Mitarbeiter der Basler Freizeitaktion. Vermehrt und öffentlichkeitswirksam meldet sich die Jugend zu Wort, im Jugendparlament und im grenzüberschreitenden Dialog unter Jugendlichen. Auch im Bereich der Kultur bewegt sich einiges: Das erste regionale Jugendkulturfestival wurde zu einem grossen Erfolg, die Theater- und Musikszene wird bunter und lebendiger.

1997 war, wie das vorangegangene Jahr, geprägt durch die Schlagzeilen der Wirtschaft: Nach der Fusion von Ciba und Sandoz folgte ein weiterer gigantischer Zusammenschluss, diesmal im Bankensektor. Im 125. Jahr seines Bestehens entschloss sich der Schweizerische Bankverein, mit der UBS zu fusionieren. Auch die Chemiebranche verzeichnete spektakuläre Bewegungen, Roche kaufte Boehringer Mannheim, Clariant und Ciba Spezialitätenchemie legten mit Aufkäufen kräftig zu. Infolge des globalen Konzentrationsprozesses und des Arbeitsplatzabbaus wagten mehr Personen denn je – teils freiwillig, teils der Not gehorchend – den Schritt in die Selbständigkeit. Novartis-Fonds und Gewerbeverband boten Hilfestellung bei der Unternehmensgründung. Trotzdem wächst die Zahl derer, die keine Arbeit mehr finden, und die Fürsorgefälle haben in besorgniserregendem Ausmass zugenommen. Dies bedeutet, wie ein Stadtbuch-Beitrag aufzeigt, nicht nur für das Fürsorgeamt eine enorme Belastung, sondern auch für den Staat und für die Allgemeinheit.

Wie kaum eine andere Stadt kann Basel im Bereich von Kunst und Architektur auf seine Mäzene zählen. Nach dem Museum Jean Tinguely von Mario Botta schafft auch das neue, von Renzo Piano entworfene Museum der Fondation Beyeler in Riehen einen Anziehungspunkt für Kunstliebhaberinnen und -liebhaber aus der ganzen Welt. Das Museum ist nicht nur ein architektonisches Juwel, es präsentiert auch eine Sammlung mit einer besonderen Handschrift. Das Kunstsammlerehepaar Hildy und Ernst Beyeler hat es verstanden, Kunstwerke auf höchstem qualitativen Niveau in bestechender Weise zueinander in Beziehung zu setzen. Dies sind nur einige Highlights aus der diesjährigen Ausgabe des Basler Stadtbuches. Daneben gibt es zahlreiche andere, historische, wie den Beitrag über das Belchen-System, oder aktuelle, wie das Tagebuch des Theaterdirektors Michael Schindhelm.

Bei der Auswahl der Themen standen uns wie immer unsere Stadtbuchberaterinnen und -berater tatkräftig zur Seite. Dafür gebührt ihnen unser herzlicher Dank. Besonders danken möchten wir Dr. Marie-Agnes Massini, Dr. Hans Briner und Prof. Dr. Thierry Freyvogel, die aus dem Beratergremium zurückgetreten sind, für ihre langjährige Treue und Unterstützung. Kurz nach seinem Rücktritt hat uns Dr. Hans Briner für immer verlassen; wir gedenken seiner mit einem Beitrag über seinen unermüdlichen Einsatz als Regiopionier. Neu als Stadtbuchberater begrüssen dürfen wir Dr. Xaver Pfister (Kirchen, Religion) und Max Pusterla (Sport).

Besondere Beachtung verdienen die drei künstlerischen Beiträge in diesem Stadtbuch: Wir sind glücklich, dass es uns gelungen ist, die junge, international erfolgreiche Basler Autorin Zoë Jenny für einen Beitrag zu gewinnen. Glücklich sind wir auch über die beiden subtilen Vorsatzblätter, die Gido Wiederkehr geschaffen hat. Wie immer sind die Blätter auch als Originalgrafiken im Format 60 × 80 cm erhältlich. Schliesslich präsentieren wir mit Beat Presser einen Fotografen mit internationaler Reputation. Der Essay ‹Woanders› fasst aussergewöhnliche Bildzeugnisse des Basler Kosmopoliten zusammen und wird begleitet von einem Text von Vera Pechel.

Lesen und staunen Sie, was sich 1997 in Basel alles getan hat. Wir wünschen Ihnen viel Vergnügen und hoffen, dass Sie gemeinsam mit uns zur Ansicht gelangen, dass das Motto ‹Jung und schön ...› eigentlich für die ganze Stadt zutreffen könnte.

Beat von Wartburg

Inhalt

Claus Donau, Daniel Spehr

Basel. Blicke

Boris, 18

Ich bin in Basel geboren, Basel ist meine Heimat, ich fühle mich wohl hier. Ich würde auf keinen Fall hier weggehen *(Michael)*. Wenn ich aus den Ferien zurückkomme in die Schweiz und sehe die Berge im Tessin, dann weiss ich: da gefällt's mir *(Yves)*. Meine Heimat, das ist Allschwil. Dort kann man nicht leben, das ist das letzte Kaff. Man kann nichts machen, ohne kontrolliert zu werden. Wenn ich

Dilşhad, 17

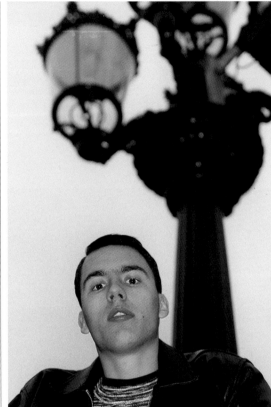

Dragan, 19

könnte, würde ich in Rom leben *(Silvan)*. Ich bin im Frauenspital in Basel geboren. Mit zwei Jahren bin ich nach Jugoslawien gegangen, nach elf Jahren brach dort der Krieg aus und wir sind zurück in die Schweiz *(Dragan)*. Oft weiss ich nicht, ob ich mich als Schweizerin fühlen soll oder als Kurdin oder als Türkin; manchmal fühle ich mich nur allein. Wie kann ich in die Türkei zurück wollen, wenn ich weiss, morgen bombardieren sie mein Dorf? *(Dilşhad)*. Heimat bedeutet für mich: Bündnerland und Basel. Ich glaube, man braucht dieses Heimatgefühl, sonst ist man verloren. Zum Glück habe ich eine Heimat. Andere haben keine *(Barbara)*. Heimat, das ist für mich Deutschland *(Sophie)*. Ich bin in der Schweiz geboren, habe dann sieben Jahre in Galizien gelebt, jetzt seit elf Jahren in Basel. Trotzdem bekomme ich Probleme, eine

Baptiste, 22

Michèle, 16

Lehre zu finden: immer werde ich gefragt, ob ich Ausländer bin *(Roberto)*.

Mit dem Wort ‹Ausländer› kann ich nichts anfangen. Es gibt überall gute Menschen *(Christian)*. Ein Mann fragte mich einmal auf dem Skilift, woher ich komme. Ich sagte, aus Basel. Er erzählte, wie viele Türken und Kurden es dort gibt, wie sehr sie stinken und wie schlimm sie sind *(Dilşhad)*. Als Mädchen musst du immer den Mund halten, die dürfen sich alles erlauben. Bei Schweizern und Italienern ist das nicht so *(Michèle)*. Ausländer, das ist mein ganzer Freundeskreis, das war schon früher so. Das fasziniert mich: kennenzulernen, was bei denen anders ist als hier *(Baptiste)*. Ich bin gerne Ausländer. Wenn meine Eltern nicht hier wären, wäre ich fort. Hier sind immer die Ausländer an

13

Cati, 16

Miriam, 16

allem schuld: Ausländer machen Krieg, Ausländer stehlen, Ausländer stehen im Weg. Das stresst mich *(Cati)*.

Ich bin froh, dass die Initiative ‹Jugend ohne Drogen› abgelehnt wurde. Das war ein Blödsinn. Man muss den Leuten helfen, ihre Probleme zu lösen, die ja viel früher anfangen *(Sharon)*. Ich konsumiere Drogen im Übermass: Tee, Kaffee, solche Drogen. Alkohol auch schon mal, Heroin nie *(Baptiste)*. Menschen nehmen Drogen, um ihre Probleme zu vergessen. Wenn Sie aufwachen, sind die Probleme immer noch da. Manchmal kommen Leute in den Laden, stehen vor den Regalen und starren stundenlang eine Konservendose an. Wenn wir sie ansprechen, reagieren sie nicht *(Basker)*. Auch Alkohol ist eine Droge.

Basker, 18

Sharon, 17

Wenn man Leute beobachtet, die trinken, weiss man: das ist eine Droge, die blöd macht. Deswegen geh' ich auch nicht gern in Beizen *(Julia)*. Mein Leben bestand vier Jahre lang nur aus Drogen, Knast und Geld. Seit ich aufgehört habe, sind es Sex, Geld und Mode *(Dragan)*.

Ich finde Piercing faszinierend: dass Leute bereit sind, für ein schönes Schmuckstück den Schmerz einzugehen, auch öfters. Aber ich würde es auch tun, wenn es nicht wehtut *(Julia)*. Kultur, das ist für mich Museen, Theater, historische Gebäude wie das Münster, das Kunstmuseum, die alten Meister dort *(Silvan)*. Mode ist sehr, sehr wichtig für mich. Vor allem elegant ist schön *(Michèle)*. Wo sind schöne Menschen?

Sophie, 16

Julia, 19

Wenn sie schön wären, würden sie nicht so viele Kriege führen. Schön nach aussen: ja, aber nicht in der Seele. In der Seele sind fast alle grausig *(Dragan)*. Mode ist Gruppenzwang, unwichtig für mich. Das nebensächlichste im Leben. Wozu einem Style angehören, um einer Gruppe zuzugehören? *(Dilşhad)*. Mode ist ja nicht nur Konsum, Mode hat eine ungeheure Kraft. Wenn es zur Mode würde, dass Leute ihr Leben selbst in die Hand nehmen, das wäre das schönste, was es gibt *(Boris)*.

Samstagabend läuft nicht besonders viel, man rennt 'rum und säuft sich voll. Es müsste Orte geben, wo man hingehen kann, Musik hören, sich versammeln *(Miriam)*. Manchmal sehne ich mich nach einem anderen Ort, aber ich kann nicht sagen, wo er ist. Ein Ort, wo mehr Wärme

Silvan, 18

Yves, 15

ist zwischen den Menschen. Basel ist manchmal fast depressiv *(Dilşhad)*. Discos sind ab
einundzwanzig, Beizen ab achtzehn. Es fehlt
ein Platz, wo Jugendliche selbst wählen, was
sie machen wollen, und das dann organisieren
(Christian). Man sollte Orte einrichten, wo man
Skaten kann, ohne gleich weggeschickt zu werden, eine Halle, wo man billig Konzerte veranstalten kann. Stücki und Bell, das waren solche

Orte. Sie wurden zugemacht *(Julia)*. Es müsste
eine Sporthalle geben, wo man auch Fitness
machen kann, ohne gleich zu zahlen. Der Bahn-
club im Margarethen war so etwas. Er hat zugemacht *(Roberto)*. Ich habe einen Teil meiner
Jugend im Heim für schwer erziehbare Jugendliche verbracht. Das war eine von den besten
Erfahrungen, das hat mir wirklich etwas gebracht. Dort bin ich richtig erwachsen gewor-

Christian, 18

Michael, 17

den *(Dragan)*. Es fehlen Sachen, wo Jugendliche teilnehmen können, damit wir mehr mitbekommen, worum es geht, auch politisch *(Sharon)*.

Wenn ich den Einfluss und die Fähigkeit dazu hätte, würde ich den Fortschrittsbegriff neu definieren: Fortschritt nicht als Ausweitung von Macht, Sicherheit und Technologie, sondern von Erkenntnis und Bewusstsein. Fortschritt ist für mich ‹Erkenntnis› *(Boris)*. Für Jugendliche sind die Ausbildungsperspektiven sehr schlecht. Wenn ich die Macht hätte, ich würde weniger Maschinen laufen lassen und mehr Leute einstellen *(Christian)*. Jugendliche sollten hier mehr Chancen haben, etwas zu machen. Zum Beispiel, eine Lehre zu finden. Es gibt zu viele Jugendliche ... nein, es gibt zu wenige Lehr-

Ender, 16

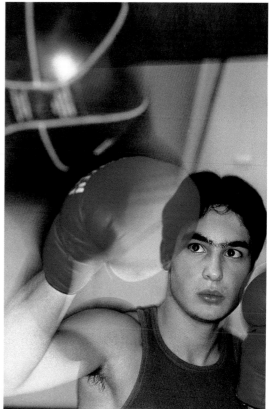

Roberto, 15

stellen *(Ender)*. Ich will einfach mein Lebensziel erreichen: eine Ausbildung als Sozialarbeiterin machen und auf diesem Beruf arbeiten *(Sophie)*. Ich möchte einmal ein guter Schreiner werden *(Roberto)*. Ich würde nie Politiker werden. Das wäre nichts für mich. Die meisten Politiker sagen mir nichts aus *(Barbara)*.

Leistungssport hat einen gewissen Reiz: das Gewinnen, das Gutsein, der Wettkampf. Aber man muss seine Grenzen kennen. Wenn man es lange macht, kann man sich kaputtmachen, dann geht der Körper kaputt *(Barbara)*. Vom Leistungssport halte ich viel. Ich bin Velofahr-Fanatiker. Ich finde es wichtig, dass man mental und körperlich etwas macht, etwas leistet *(Yves)*. Leistungssport ist nichts für mich. Ich

Barbara, 19

mache Capoeïra, eine Kampfsportart aus Brasilien, aber Leistungssport interessiert mich nur am Fernsehen. Leistung ist höchstens gut im Sinne von Befriedigung, etwas erreicht zu haben *(Baptiste)*. Leistungssport ist mir egal. *(Cati)*. Ich persönlich würde es nicht tun. Das ist mir zu viel Stress, zu viel drum und dran. Wenn es zum Beispiel Martina Hinggis Spass macht, soll sie es tun *(Sharon)*.

(Die Statements stammen aus Einzelinterviews und wurden von den Jugendlichen selbst ausgewählt.)

Klaus Meyer

Das regionale Jugendkulturfestival '97

Dreitausend Jugendliche aus der Region Oberrhein haben am Wochenende des 6., 7. und 8. Juni 1997 Basel akustisch und optisch ihren Stempel aufgedrückt: als MusikerInnen, TänzerInnen, ModedesignerInnen, SportlerInnen und vieles mehr. Drei Tage und Nächte lang haben sie am ‹Jugendkulturfestival ’97› den über 50000 jugendlichen und erwachsenen BesucherInnen gezeigt, was sie können.

Das inter- und multikulturelle Jugendkulturfestival wurde, nachdem die Grundfinanzierung in groben Zügen stand, von einem Organisationskomitee unter Federführung von ‹wake up› in knapp fünf Monaten aufgebaut. Den 25 OK-Mitgliedern wurde dabei ein gerüttelt Mass an Einsatz abverlangt. Alle mussten immer wieder aufeinander zugehen, eigene Interessen zurückstellen, Kompromisse akzeptieren und oft genug nach Lösungen suchen, wo auf den ersten Blick nichts mehr möglich schien. Sie alle waren immer wieder auf das Verständnis und die spontane Unterstützung der Behörden und Institutionen, der Wirtschaft und unzähliger Einzelpersonen angewiesen. So darf neben dem kreativen Potential der Jugendlichen auch das Engagement der Erwachsenen, die im Hintergrund wirkten, als eine kulturelle Leistung ersten Ranges bezeichnet werden. Zehn Mitglieder des Organisationskomitees berichten nachfolgend über ihre Erfahrungen und Eindrücke bei der Realisation der Eigenproduktionen des Festivals.

Gebt den Fotografen Film und Sinn

Aus den zwanzig Personen, die sich für die Teilnahme an der Fotogruppe interessiert hatten, kristallisierte sich eine Gruppe von zehn Jugendlichen heraus, die sich zwei Mal pro Woche in meinem Studio traf. Zunächst galt es, Erwartungen, Ansätze und Ziele abzuklären, doch schon bald entstanden eigene Ideen und Projekte, die in Kleingruppen über Monate hinweg kontinuierlich bearbeitet wurden. Während dieser Zeit entstanden, in enger Zusammenarbeit mit der Gestaltungsgruppe, die Bildelemente und Hintergründe für diverse Flyer, Sympathiekarten, das CD-Booklet sowie weitere Werbemittel.

Wie lässt sich der Stolz beschreiben, den man empfindet, wenn man sein erstes Foto in der Zeitung veröffentlicht sieht? Die Stimmung und die Zusammenarbeit, der Lernwille und die Begeisterungsfähigkeit unserer Gruppe wuchsen von Treffen zu Treffen. Genau so hatten wir vom OK uns das Ganze vorgestellt: Jugendliche, die etwas wollen, eine Aufgabe annehmen, koordinieren und sich organisieren und dabei von Profis unterstützt werden.

Gebt den Fotografen Film – fast 600 Filme mit über 20000 Einzelaufnahmen wurden belichtet. Entstanden ist dabei ein visuelles Füllhorn zur Entstehungsgeschichte sowie eine umfassende Festivalreportage. Und ganz nebenbei wurde allen Beteiligten deutlich, dass es toll sein kann, etwas gemeinsam zu entwickeln, dass wir viel voneinander lernen können und dass gemeinsam jede Aufgabe lösbar ist.

Martin Klotz, Fotograf

Gestalten ohne Grenzen

Die Arbeit in der Gestaltungsgruppe beginnt turbulent: Als ‹Spin-off› der Fotogruppe entstanden, sollen wir in knapp zwei Monaten Plakate, Flyer, Sympathie-Karten, Standbeschriftungen und andere Werbemittel gestalten. Da bleibt kaum Zeit, sich kennenzulernen oder gar

21

Strategien zu entwickeln. Sofort gilt es, die Ärmel hochzukrempeln und loszulegen. Aus der Not (kein Konzept) machen wir eine Tugend (alles hat Platz): Das Festival will die Vielschichtigkeit und den Kulturreichtum, die unterschiedlichsten Facetten und Gruppierungen der Jugend zeigen. Unsere Arbeiten sollen diese Idee aufgreifen und darstellen. Also: keine Grenzen. Alles hat Platz – sofern es uns gefällt! Die computertechnischen Fähigkeiten der Jugendlichen sind oft verblüffend. Die Abend- und Sonntagsarbeit macht Spass, jeder hilft jedem, selbst wenn das Sujet nicht den eigenen Vorstellungen entspricht. Gestaltungselemente wurden zu Hause vorbereitet, mitgebracht, plaziert. Bald holt uns die knapp bemessene Zeit ein, Konflikte können nicht genügend ausgetragen, Ideen nicht angemessen gefördert werden. Das Damoklesschwert der Abgabetermine hängt drohend über uns.

Mit Druckbeginn können wir uns endlich zurücklehnen und die erstaunliche Anzahl und Kreativität der Darbietungen geniessen. Oder, wie meine achtjährige Tochter Liza sagt: «Die Jugendlichen haben das nicht einfach nur so gemacht!» *Erwin Schönholzer, Gestalter*

‹Schöness de Bâle›

«Das Unmögliche wird möglich» – diese Zeile mag übertrieben klingen. Doch wer sich in der Musikszene unserer Region auskennt, weiss, was gemeint ist: Da kamen in der letzten Aprilwoche neunzehn MusikerInnen diversester Musikrichtungen zusammen, die sich teilweise noch nie gesehen, sicher aber noch nie miteinander musiziert hatten, um ein Projekt in Angriff zu nehmen, das nur sechs Wochen später auf einer Grossbühne aufgeführt werden sollte. Alle Songs mussten von jungen KomponistInnen neu geschrieben, alle Lieder von Grund auf bearbeitet und eingeprobt werden. Dass in dieser Zeit auch noch eine CD mit dem Festivalsong ‹Prince des neiges› aufgenommen wurde, zeigt, wie intensiv gearbeitet wurde. Wer die Auftritte von ‹Schöness de Bâle› erlebt hat und sich heute die CD anhört, spürt, mit wieviel Begeisterung und Professionalität die Sache angepackt wurde. Die Arbeit mit so vielen talentierten MusikerInnen war eine reine Freude! ‹Schöness de Bâle›, eine Truppe unterschied-

Vor wenigen Jahren
noch ‹unbefugtes
Gestalten›, heute
eine Kunstform:
Graffiti-Künstler
in Aktion.
◁

Basel City Attack:
Hiphop und
Rap auf der Birsig-
bühne.   ▷

«Endlich einmal
wurde ich richtig
gefeiert!» Festival-
Hauptbühne auf
dem Barfüsserplatz.
▷

lichster Herkunft und verschiedenster Altersklassen, versprühte so viel Charme, dass sie für mich zum Inbegriff für grenzenloses Musizieren wurde. Die Erfolge auf dem Barfi waren ein verdienter Lohn. Ich danke allen Beteiligten ganz herzlich – es war eine gute Zeit!

Thomas Strebel, Musikproduzent

Theaterkampf um ‹Die goldene Planke›

Zwei Gruppen junger theaterbegeisterter Menschen treffen irgendwann das erste Mal aufeinander. Zwanzig Menschen, die sich neugierig abchecken, anfassen, abschlagen – das alles legitim, lustvoll, mit viel Freude. Martin und ich planen immer wieder, bereiten vor: «Wer leitet das Training? Ist das nicht ein bisschen zu eng? Machen wir jetzt Theatersport?» Wir brauchen mehr Luft und weniger Regeln! «Das da ist eine gute Idee, aber …» Und dann geht's ab. Die Proben laufen gut, die Kids sind konzentriert, fragen nach, wollen wissen, was wir jetzt eigentlich machen. Sie stürzen sich in die Übungen, freuen sich über ihre und unsere Ideen. Um zehn Uhr abends, wenn die Probe vorbei ist, sehen wir in der Kantine aufgekratzte, müde und sehr lebendige Gesichter, hören Geschichten aus verschiedenen Leben und beginnen schon wieder, weiterzuplanen.

Kurz vor dem grossen Ereignis nimmt unser Stück Formen an. Die Kids stürzen sich, gemeinsam mit dem Schlagzeuger Markus Fürst, der für den rhythmischen Background sorgt, voller Spiellust in den Kampf um ‹Die goldene Planke›. Es wird gelacht, kritisiert, nachgefragt und gespielt, gespielt, gespielt. Und dann kommt der Tag: Martin und ich verwandeln uns in Moderator und Moderatorin und führen die Kids und das Publikum durch eine Show, die getragen wird von viel Rhythmus und Spielfreude, von Konzentration und Bühnenpräsenz – herzlichen Dank an unsere Kids.

Regula Schöni, junges theater basel;
Martin Frank, Theater Basel

Mode für junge Leute

Mit Jugendlichen zusammen ihre eigenen Outfits realisieren und auf den Laufsteg bringen? Klar, easy … Ein paar ausgeflippte Kids, denen man auf der Strasse begegnet und wünscht, dass die überweiten Hosen nicht in diesem Augenblick zu den zentimeterhohen Schuhen runterrutschen. Dazu noch Jugendliche, die ihre Kleider selber entwerfen und schneidern … Solche junge Menschen wollten wir ansprechen. Und sie kamen in Scharen. Allerdings blieben ihre Hosen auf den Hüften sitzen – unter ihnen waren sechs junge DesignerInnen.

Klar war, dass es nicht einfach werden würde. Denn es sollte eben keine herkömmliche Modenschau werden, sondern eine Schau, bei der die 42 Mitwirkenden selbst bestimmen, in welchen Kleidern zu welchem Thema und welcher Musik sie laufen möchten und wie sie sich auf dem Laufsteg bewegen wollen. Da das Budget gekürzt werden musste, machte ich mich in letzter Minute auf die Suche nach zusätzlichen Sponsoren – wer will schon seine eigene Strassenkleidung präsentieren? Die Jugendlichen nahmen die Einschränkungen kaum als Verlust wahr. Während die DesignerInnen den letzten Streifen Samt annähten, ging's darum, das passende Musikstück zu finden und zu entscheiden, wer wie und mit wem läuft. Das führte natürlich zu Konflikten. Dann kamen die Proben im Tanzstudio: Ist die Musik nicht zu kurz? Reicht die Zeit zum Umziehen? Warum haben wir einen kürzeren Auftritt als die anderen? Hilfe, die Haare müssen noch auf das entsprechende Outfit gestylt werden! Für Claudia und mich war es ein nicht enden wollendes Puzzle. Dann kam der grosse Auftritt … Ich erinnere mich gerne daran. Oder, wie die Jugendlichen es ausdrückten: «Es war saugeil!»

Rosita Notter, Kleider und Sonstiges;
Claudia Chappuis, Bewegung, Musik, Licht

Das Festival tanzt

Zehn Tänzerinnen und vier Tänzer, acht unterschiedliche Tanzstile, sechs verschiedene Geburtsländer, Altersunterschiede von bis zu zehn Jahren – wird daraus je eine 50minütige und brauchbare Festivalproduktion? Diese Frage stellten wir uns sicher alle nach unserem Meeting am 24. März 1997. Die ersten Proben waren dann auch entsprechend chaotisch. Mit dem Auftauchen des Videoteams, der Fotografin und der Jungjournalisten veränderte sich die Einstellung zur gemeinsamen Arbeit aber ziemlich schnell, wurde engagierter. Was sich da plötzlich an Ideen, Kreativität und Eifer zeigte,

Ausgeflippte Kids präsentieren eigenes Design in ihrer eigenen Show. ▷

war überzeugend. Neun Wochenenden (plus weitere Stunden für Soloproben) wurden geopfert, und die Choreographie nahm Formen an. Die ersten Live-Proben mit Adilson de Almeida und seinen Musikern hoben Stimmung und Einsatzfreude noch mehr, und die 14 Tänzerinnen und Tänzer wuchsen zu einem Team, zu einer Company zusammen. Dieses ‹Zusammenschmelzen› zu beobachten und auch zu spüren war ein tolles Erlebnis. Bei der Generalprobe auf dem Theaterplatz stand eine gute und sichere Dance-Company auf der Bühne, die dann auch an zwei Abenden von einem begeisterten Publikum (der Theaterplatz war beide Male ‹packed›) bewundert und bejubelt wurde. Ein grosser, schöner und verdienter Erfolg!

P.S.: Nach der zweiten Vorstellung wollten sich die Tänzerinnen und Tänzer kaum trennen. Sie sprachen von weiteren Auftritten und einer Tournee …
*Regula A. Kern,
Tanzpädagogin, Choreographin*

Ohne Netz und doppelten Boden

Die Idee war fast so verrückt wie das ganze Festival: Mit Jugendlichen, die keine oder nur wenig Erfahrung mit Video haben, einen Dokumentarfilm über das Jugendkulturfestival drehen? Und die Jugendlichen dabei wichtige Positionen selbst besetzen lassen? «Unmöglich», hatten mir Kollegen und Sozial-Onkels gesagt, «die sind doch viel zu unzuverlässig und künstlerisch nicht geschult. Das ist nicht professionell, da musst du alles absichern.» Tatsächlich gestaltete sich die Arbeit äusserst schwierig. Aber nicht wegen der Jugendlichen. Die filmten intensiv, zuverlässig und äusserst kreativ. Aber weil das Festival finanziell nur zögerlich und nicht ausreichend unterstützt wurde, mussten wir das ohnehin knapp bemessene Budget um zwei Drittel (!) kürzen. Wir konnten die Jugendlichen also nicht so intensiv und professionell begleiten, wie wir geplant hatten – ein Wo-

△
‹Schöness de Bâle›:
Black Tiger …

chenendkurs musste genügen. Zudem konnten wir nicht alle Laien-Kameraleute, -Regisseure und -Tontechniker durch jeweils einen Profi unterstützen. Manchmal waren die jungen RegisseurInnen auch alleine unterwegs. Doch bald zeigte sich, dass sie auch ohne uns filmen konnten; nicht immer ganz konventionell zwar, aber stets engagiert und einfallsreich und oft sehr nahe an der Arbeit von Profis.

Ich hatte ihnen einiges zugetraut, doch ihr Engagement und ihr Ideenreichtum übertrafen meine Erwartungen bei weitem. So werden wir das nächste Mal – wenn es sich finanzieren lässt in unserer armen Schweiz – den Jugendlichen noch mehr Freiheiten lassen, sich ohne Netz und doppelten Boden kreativ zu entfalten. Ich bin mir fast sicher, dass dieser Film dann noch viel besser wird. *Stephan Laur, Tara Film*

Mal- & Graffiti-Aktion ‹MaGrA›

Pffft, pffft, pffft … Am Stand der Mal- & Graffiti-Aktion ‹MaGrA› ging es nicht laut zu, was aber nicht heisst, dass bei uns keine Action war – im Gegenteil: Während der drei Festivaltage wurde fast nonstop gedrückt und geschüttelt, wurden laufend Leinwände montiert und Bilder frisch ab Dose auf dem Gelände installiert. Insgesamt kamen gut 150 Bilder im Format 2 x 2 Meter zustande, und mehr als 200 Jugendliche beteiligten sich bei dieser Aktion am Festival.

Ein Teil der Arbeit hatte schon Wochen vor dem Festival begonnen. Auf einen Aufruf in den Schulen der Region Basel hin meldeten sich mehrere Schulklassen sowie ein paar einzelne SchülerInnen. Schon vor dem Festival entstanden fast 50 Bilder, die meisten davon in Gruppenarbeit. Im Malsaal des Stadttheaters in Münchenstein wurden unter anderem sämt-

△
... Skelt! und
Bettina Schelker
beim Festival-Hit
‹Prince des neiges›.

liche Bühnenverkleidungen (ca. 150 Quadrat-
meter) gestaltet. Die jungen Künstler lösten ihre
schwierige Aufgabe hervorragend. Nach dem
Festival kamen die meisten Bilder erneut zu
Ehren: sie wurden während der ART 28'97
unter dem Motto ‹Stadtbilder› an verschiedenen
Gebäuden in Basel montiert. So schmückte ein
Bild mit asiatischen Tänzerinnen das graue
Gebäude von ‹Basel Tourismus› an der Schiff-
lände.
Die Arbeit in der ‹MaGrA› hat viel Zeit und
Energie gekostet. Aber die Jugendlichen haben
uns mit viel Farbe in unserem Alltag beschenkt.
Thomas Erlenmann

‹Globale Villages›

Um nicht nur den künstlerischen und bühnen-
tauglichen Äusserungen gerecht zu werden, entstand die Idee eines ‹Streetlife-Parcours›, der
allen erdenklichen Gruppen und Grüppchen,
organisiert oder spontan, egal mit welchen

Interessen, die Möglichkeit zur Selbstdarstellung bieten sollte. Sieben kleine, multikulturelle ‹Dörfer› sollten dem Gedanken der Begegnung und Durchmischung und dem Festi-
valmotto ‹Grenzen(-los)› Rechnung tragen. Für
die Planung und Koordination wurde ein sie-
benköpfiges Team, die ‹Juniors›, gebildet, die
sich von Woche zu Woche intensiver mit ihren
‹Villages› identifizierten. Jeanette, Oezlem, An-
di, Florian, Martin, Nick und Tobias übernahmen jeweils die Patenschaft für ein ‹Dorf›. Mit
Enthusiasmus und Verantwortungsbereitschaft
machten sie einen hervorragenden Job. Auf den
Verbindungswegen zwischen den wichtigsten
Schauplätzen wurden Buden, Stände, Zelte und
Kleinbühnen zu ‹Globale Villages› formiert.
Was wir erhofft hatten, traf ein: Die Form prägte den Inhalt. Der Verzicht auf die (bei Stadt-
festen übliche) Aneinanderreihung zugunsten
kompakter Zentren wirkte sich positiv auf die

Kommunikation aus. Das Leben in den einzelnen ‹Villages›, das sich vorwiegend um Essen, Trinken und Feiern drehtc, bildete einen attraktiven Kontrast zu den vielfältigen und hochstehenden Bühnendarbietungen.

George Hennig, Sommercasino BFA;
Theres Wernli, Verein für Gassenarbeit
‹Schwarzer Peter›;
Daniel Scherrer, Jugendhaus Therwil

Die Vorschau-Seiten in der Basler Zeitung

Wir von der Redaktion des ‹Kleinen Mönchs› hatten uns eigentlich für die Betreuung der Presse am Festival zur Verfügung gestellt. Doch es kam anders: «Ach übrigens, hättet ihr nicht Lust, vier Seiten in der Basler Zeitung zu schreiben, so als Vorschau fürs JKF?» fragte mich Theo Kim vom OK. Ich fiel aus allen Wolken. Sofort setzte ich alles in Gang, um meine Redaktion für die ausserordentliche Aufgabe zusammenzutrommeln. Es war unglaublich: Noch bevor wir die erste Ausgabe unserer Schülerzeitung ausverkauft hatten, durften wir schon in eine ‹temporäre Redaktion› der grössten Zeitung Basels überwechseln! Und schon ging's los: Es folgten zwei Redaktionssitzungen, Termine über Termine mit Fotografen, Ressortleitern, Grafikern, Reportern. Als am 21. Mai die erste Seite erschien, waren wir erleichtert: die Sache funktionierte. Doch damit war die Arbeit noch längst nicht getan. In den folgenden Wochen mussten die übrigen drei Seiten erscheinen, wobei kurzfristige Änderungen berücksichtigt werden mussten.

Was bleibt, sind viele Erfahrungen und gute Beziehungen zur Basler Zeitung und zu Journalisten, die ich als Pressebetreuer des Festivals kennenlernte. Vor allem aber Erinnerungen an einen gigantischen Anlass, wie ich ihn noch nie zuvor erlebt hatte – eine unbeschreibliche Stimmung, bei Besuchern wie bei Aktiven. Überall sah man zufriedene Leute, denn in der Vielfalt entdeckte jede Besucherin und jeder Besucher eine Attraktion für ihren oder seinen persönlichen Geschmack. Besonders in Erinnerung bleibt mir das Bild vom Samstag abend, als um Mitternacht mehrere tausend Festivalbesucher auf dem Barfi im strömenden Regen gebannt dem Festivalsong zuhörten. *Sebastian Huber*

Rückblick, Ausblick

Im Verlauf der drei Festivaltage traten auf den drei Hauptbühnen am Barfüsser- und Theaterplatz, auf dem Birsigparkplatz und auf den fünf Nebenbühnen in den Globale-Villages und im Stadttheater 109 Musik-, 34 Tanz-, 6 Theater- und 4 Varietégruppen auf. Ausserdem wurden drei verschiedene Modeschauen gezeigt. Weiterhin fanden in der Elisabethenkirche drei Musicalaufführungen sowie im Foyer des Theaters eine Disconacht statt.

Höhepunkte des Programms waren zweifellos die Eigenproduktionen, die Tausende von BesucherInnen in ihren Bann schlugen. Aber auch die anderen Produktionen zeugten von einer Ausdrucksvielfalt und einer künstlerischen Qualität, die alle überraschte. Während des ganzen Festivals herrschte eine aufgeweckte, friedliche Stimmung – die Darbietungen kamen offensichtlich bei den BesucherInnen an.

Dabei waren sich die OrganisatorInnen des Jugendkulturfestivals '97 bewusst, dass sie mit ihrem Konzept Neuland betraten, und dass die Dimension und interkulturelle Anlage des Festivals Risiken in sich bergen würde. Zum Schluss konnten sie mit Genugtuung feststellen, dass sowohl Anliegen als auch Ausrichtung richtig gewählt waren. Das Risiko hatte sich gelohnt. Der Erfolg war auch darauf zurückzuführen, dass sich die zuständigen Behörden und die im Jugendbereich tätigen Institutionen sowie unzählige andere Organisationen und Einzelpersonen hinter die Idee gestellt hatten.

Der grosse Zulauf beim Jugendkulturfestival '97 hat gezeigt, dass derartige Anlässe einem grossen Bedürfnis der Jugendlichen, aber auch der Erwachsenen entsprechen. Eine junge Teilnehmerin brachte es auf den Punkt: «Endlich einmal wurde ich wirklich gefeiert!» Der Stadt Basel und der Region Oberrhein würde ein weiteres Festival dieser Art gut anstehen. Die Jugend verdient solche Plattformen, vielleicht sogar in regelmässigen Abständen. Jugendliche wollen ihr Können öffentlich zeigen. Dass sie bereit sind, sich aktiv an der Gestaltung ihrer Umwelt zu beteiligen, wenn sich ihnen die Chance dazu bietet, hat das Jugendkulturfestival '97 eindrücklich bestätigt.

Christoph Rácz

Grenzüberschreitungen

Die Musikszene rührt sich

Tatorte zum Ersten: Das Musiklokal ‹Atlantis›, der Jugendtreff ‹Eulerstrooss nüün›, die Alternativbeiz ‹Hirscheneck›, die ‹Kulturwerkstatt Kaserne›, das Kulturzelt ‹Kuppel›, das altbewährte ‹Sommercasino› und der ‹Lohnhof›, mitten in seiner Umbauphase – in diesen sieben Konzertlokalen traten am 13., 14. und 15. März 1997 fünfundvierzig Bands aus Basel und der Regio, zwischen Funk und Punk, Hardrock und Britpop, Blues und Chanson, zum grössten regionalen Rock- und Popfestival seit Jahren auf die Bühnen. ‹BScene›, in Anlehnung an das Vorbild ‹Berner Songtage› auch ‹Songtage der Region Basel› genannt, war ein Grosserfolg. Tickets und Festivalpässe waren in kürzester Zeit ausverkauft, über 4000 Musikbegeisterte strömten in und durch die Konzertsäle.

Tatorte zum Zweiten: Der Theaterplatz und das Foyer vom Theater Basel am 21. Juni sowie, am 24. und 25. September, erneut das Atlantis. Die jungen Jazzerinnen und Jazzer der Region regten sich. Pünktlich zur Sommersonnenwende am 21. Juni präsentierte der Konzertveranstalter ‹Off Beat/Jazzschule Basel› in einem Benefiz-Fest für die aufstrebende Jazzschule sechs hochkarätige Band-Projekte mit Lehrerinnen und Lehrern: Musik am Puls des aktuellen Newjazz, Jazzfunk und Fusion, Wolfgang Zwiauers vielgelobte ‹Fab Four›, Thomas Moekkels ‹Moonrise› sowie die Gesangsgruppen von Deviana Daudsjah mit dem Jazzschule-Chor, dem singenden Schauspielensemble des Theaters Basel und der Formation ‹New Grace›, die ein Wiedersehen mit der New Yorkerin Sharon Harris brachte. Ende September kam dann der Nachwuchs zum Zug. Zum ersten Mal präsentierten die diplomierten Neo-Profis der Jazzschule ihre Abschlusskonzerte am 24. und 25.

September öffentlich im Atlantis. Grischa Cassini hatte spontan zugesagt, und die neun Absolventen und Absolventinnen der Berufsabteilung (mit einigen ‹Alt-Absolventen› wie dem Pianisten Walter Jauslin als Gästen) enttäuschten die Neugier des Publikums nicht.

Funk und Hardrock, Blues, Punk und Pop

Eine grosse Aufbruchstimmung war 1997 in der Basler Musikszene zu spüren. Die interessanten, spannenden Projekte der Jazzer und Jazzerinnen und die grosse Beteiligung an der BScene-Vorausscheidung (über 100 Bands hatten ihre Demotapes eingesandt) zeugten von einem wachsenden Selbstbewusstsein in der Szene. Dabei schätzen Leute, die sich in der Arbeit der Musiker auskennen, die Kommunikation unter ihnen durchaus als verbesserungsbedürftig ein: «In Basel gibt es nicht eine, sondern mehrere Szenen. Unser Ziel bei BScene war eine bessere Durchmischung der Basler Rock- und Popkultur auf allen Ebenen», meint Francis Etique, selber Musiker (‹The grants›) und neben Dänu Siegrist Geschäftsführer des ‹erreffvau›, wie sich der im Sommercasino angesiedelte ‹Rockförderverein der Region Basel› lautmalerisch abkürzt. Die Förderung hat sich seit dessen Gründung im Mai 1994 verbessert. Finanziell wird der Verein von dreien der vier Träger (Kantone BS und BL, Novartis) mit rund 135 000 Franken pro Jahr unterstützt, während der vierte, die Basler Freizeitaktion ‹BFA›, Infrastrukturleistungen erbringt. Der ‹erreffvau› sich mittlerweile als Anlaufstelle für alle möglichen und unmöglichen Anliegen von Einzelmusikern, Bands und Konzertveranstaltern etabliert.

Die angestrebte Durchmischung fand während der Songtage auf verschiedenen Ebenen statt.

29

Bestens bekannte Bands traten im gleichen Block mit Newcomern völlig anderer Stilrichtungen auf – die Blueser von ‹Lazy Poker› in einem Programmblock mit den Fifties-Rock-'n'Rollern ‹Flagstaff›, Dominique Alioths popig-melodische ‹Wondertoys› und die Funkband ‹Plastix-X›. Die Erwartungen des Publikums wurden von der Programmleitung gegen den Strich gebürstet. So spielte die Hendrix Cover-Band ‹More Experience› in der Kulturwerkstatt Kaserne, und in der Kuppel hippte und hoppte Black Tigers ‹Boom Jam '97› über die Bretter. Auch der Dreiland-Idee wurde nachgelebt: eingeladen waren zwei elsässische und zwei süddeutsche Gruppen, darunter die Alternativrocker ‹My Mars›, Gewinner des diesjährigen Newcomer-Wettbewerbs der Freiburger Jazz- und Rockschule.

Kommunikation und Persönlichkeit entscheiden

Für Urs Blindenbacher von ‹Off Beat› ist wie für Bernhard Ley, den künstlerischen Leiter der Jazzschule Basel, die Frage nach der Kommunikation verknüpft mit dem Funktionieren der Jazzschule: «Sie sollte idealerweise die Drehscheibe sein für die Kontakte unter den Jazzmusikern und Jazzermusikerinnen», meint Ley. Der Begriff der ‹regionalen Szene› bezeichnet im Jazz weniger die Herkunft als den Ausbildungsort der Musiker. Die Jazzschulen funktionieren nach dem Prinzip der Meisterlehre, die Schülerinnen und Schüler suchen sich ihre Lehrer selbst aus; erst indirekt wählen sie damit die Schulstadt. Ausserdem ist gute Musik (wie gute Kommunikation) eine Frage der Persönlichkeit, besonders im Jazz, den eine überaus intensive Beziehung zwischen Individualismus und Kollektivarbeit auszeichnet. Die technischen

△
Der Chor der Jazzschule Basel präsentierte jazzig-soulige Sounds von Bebop bis Manhattan Transfer.

△
Gitarrist Dario Bianchin, einer der herausragenden Teilnehmer des ersten öffentlichen Diplomkonzertes der Jazzschule Basel.

giert, oder der Verein Bee4Real stellt schon mal für seine Veranstalten die Security-Gruppe der K.O. an.

Im Vordergrund, so Darko, stehe aber nicht die Organisation, sondern die individuell gelebte Hip-Hop-Kultur. Die Neugier der Musikerinnen und Musiker auf andere stilistische Ausdrucksformen wächst nach Worten von Urs Blindenbacher ständig. Das Ausprobieren neuer Ideen, das Eintauchen in neue Erfahrungen gelten mehr als das sture Beharken des eigenen Gärtchens. Ein Beispiel dafür ist die derzeit erfolgreichste junge Basler Pop-Band, das Trio ‹Lovebugs›: Schlagzeuger Simon Ramseier und Sänger Adrian Sieber nahmen Kurse an der Jazzschule, bevor der grosse Erfolg sich einstellte. Von Jazzern und Rappern gemeinsam getragen wird die Rap-Formation ‹P-27›: Bassist Michael Chylewski studierte an verschiedenen Schweizer Jazzschulen, Keyboarder Jean Paul Brodbeck arbeitet nach Absolvieren der Jazzschule Basel dort auch als Lehrer. Darko Dèlic ging einen Schritt weiter in Richtung Theater; er schrieb und produzierte das Hip-Hop-Musical (Darko: «ein Stück Hip-Hop») ‹Gleis X›, das – von Publikum und Medien stark beachtet – die Geschichte der Basler Hip-Hop-Szene aus Sicht des Autoren darstellt. Nach erfolgreichen Vorstellungen im ‹Roxy Birsfelden› und im Foyer des Theaters Basel ist nun eine Tournee durch die Schweiz geplant. Überhaupt hat sich das Theater Basel schon seit geraumer Zeit für Rock, Pop und Jazz geöffnet. Rapper auf der Bühne, das Tom Waits-Programm ‹Thomas wartet› des Schauspielers Tilo Nest, die Nachtcafés mit Jazz-Projekten zeigen, dass Michael Schindhelm und sein Team ein offenes Ohr für diese Klänge haben.

Grundlagen der Improvisation sind zwar erlernbar, doch die Persönlichkeit muss man oder frau schon selber mitbringen.

Ähnlich beurteilt dies Darko Dèlic (alias ‹Skelt!›), neben Pionier ‹Black Tiger› (Urs Baur) einer der Baseldytsch-Rapper der ersten Stunde, Mitglied der Rap-Formation ‹P-27› und Präsident des Vereins ‹Bee4Real›, der sich als Förderverein für neue künstlerische Zusammenarbeit versteht. Der Hip-Hop-Abend der BScene wurde vor allem von Bee4Real-Leuten bestritten. Die zweite grosse Organisation der Basler Hip-Hop-Kultur ist die ‹Kings Organisation› (K.O.) von DJ A.C.E. (Arsal Çaglar), dem Schweizermeister unter den DJ's. Die Rivalität wird kreativ ausgetragen, beispielsweise in Breakdance-Wettbewerben (‹battles›), Sprayer- und DJ-Wettkämpfen. Eine einheitliche Szene gibt es zwar nicht, aber die Organisationen sprechen die Daten ihrer Parties untereinander ab. Auch werden etwa DJ's gegenseitig enga-

Musik braucht Plätze, Räume

Die Auftrittsmöglichkeiten für Rockkonzerte mit bis zu 500 Fans sind mittlerweile zahlreich. Auch für die Jazzszene hat sich die Situation verbessert. Seit Dezember 1996 sind die monatlichen Gastspiele von Lehrern und Schülern der Jazzschule Basel im Jazzclub ‹Bird's Eye› institutionalisiert; die im August eröffnete ‹Carambar› im St. Johann-Quartier bietet auch Jazzern Auftrittsmöglichkeiten, ebenso wie der Kulturraum ‹Schlappe› neben der Kulturwerkstatt Kaserne.

Mit eigenen Proberäumen sind die Schüler und Schülerinnen der Jazzschule eigentlich privilegiert, doch stösst das Üben vor dem Auftritt allgemein auf Hindernisse. Die Schwierigkeiten, Probenräume zu finden, sind auch den ‹erreffvau›-Leitern bewusst, doch brachten Anschreiben an Liegenschaftsverwaltungen, Firmen und Gemeinden fast keine Resultate. Immerhin scheint sich mit dem ‹Verein für Kulturräume› jetzt eine Lösung abzuzeichnen: Zusätzlich zu bestehenden Künstlerateliers auf dem Dreispitz sind Übungsräume im Keller geplant, die 10 bis 15 Bands gemeinsam nutzen können. Der ‹erreffvau› hat sich innerhalb des Sommercasinos als Anlaufstelle für junge Bands etabliert. Das Sommercasino bietet Newcomerbands in der ‹Rock bim Dänkmol›-Reihe regelmässige Auftrittsmöglichkeiten, und die Nachwuchswettbewerbe ‹Strampolin› und ‹Sprungbrett› geben jungen Bands eine Chance, ein Demotape respektive eine CD aufzunehmen. Doch selbst eine CD, die von einem grossen Label produziert oder vertrieben wird, ermöglicht noch nicht den Sprung in ein Leben als Profimusiker. Sogar eine erfolgreiche Band wie die ‹Lovebugs› setzten im ersten Jahr nur rund 3000 Stück ihrer 96er CD ab. ‹P-27› konnten zwar ihre ersten beiden CDs von grossen Labels vertreiben lassen, doch weder Phonag noch EMI verhalfen ihnen wirklich zum Durchbruch.

Schritt von der Live-Band zur eigenen CD

Indiz für den schwierigen Schritt von einer beliebten Live-Band zur CD-Produktion war die magere Resonanz der Plattenfirmen auf BScene. Eine Chance für deutschschweizer Bands könnte der deutsche Markt bieten: So brachten ‹X-Rated› von der 96er Musikmesse ‹Europopdays› in Freiburg/Br. einen Deutschlandvertrag mit. Ihr 97er Album ‹Who is in Charge› erschien bei Warner/Chappell und wird von Arcade vertrieben. Etablierte Basler Bands bringen ihre CDs beim grössten Schweizer Independent Label ‹Sound Service› unter, zum Beispiel ‹Schmalhans› seinen zauberhaften ‹Fauler Hund› im Schlagerpop-Fell. ‹The Saltbee›

veröffentlichten ihr ‹Wax› bei Tudor, die mit

Die Hendrix-Cover-Band ‹More Experience› ist heute eine feste Grösse in der Basler Rock- und Pop-Szene. ◁

Sarah Cooper, stimmgewaltige Sängerin der Basler Band ‹Taïno› bei der Eröffnung des BScene-Festivals. ▷

Soul-Blues-Band mit legendärem Ruf: ‹Lazy Poker› mit Sängerin Claudia Bettinaglio und Leadgitarrist Cla Nett. ◁

Im Jazz-Kontext ebenso versiert wie im Rap ist der Bassist Michael Chylewski. ▷

den Kinder-CDs ‹Ohrewürm› auf den Pop-Geschmack gekommen war. Und das Basler Selbsthilfelabel ‹Megapeng› sorgt dafür, dass beispielsweise ‹More Experience› ihre ‹Gypsy Eyes› und ‹Freedom› unter die Leute bringen können.

Zuschauer sollen das Programm mitentscheiden

Während die ‹Berner Songtage 1997› erneut ausfallen mussten, will der Verein BScene jedes Jahr musikalisch präsent sein, und zwar jedesmal in anderer Gestalt. 1998 wird das Publikum im Rahmen eines ‹BScene-Special› selbst über das Programm entscheiden: Rund 400 regionale Bands wurden aufgefordert, aussergewöhnliche Bandprojekte und Ideen vorzustellen. Diese Projekte werden in den regionalen Medien zur Publikumsbewertung ausgeschrieben. Die acht bis zehn Gewinner werden ihre Programme erneut an zwei Abenden im März in einem Basler Konzertlokal auf die Bühne bringen. Und 1999 wird es dann wieder für -zig Bands aus Basel und der Region heissen: «Bühne frei für die Songtage der Region Basel.»

Quellen:

Christian Platz, Jazz macht Schule, Jazzschule und Off-Beat: Ein Basler Doppeljubiläum, in: Basler Magazin 15/1996, S. 1–5.
Kari Zbinden, Frank Hänecke, Higi Heilinger (Hgg.), Action Rock-Guide, Das Schweizer Rockhandbuch, Wabern 1996/1997.

Heidi Fischer

Basler Jugendtheater – junges theater basel

Die Zwiespältigkeit des Begriffs ‹Jugendtheater› sitzt tief – beim Publikum (kein richtiges Theater), bei professionellen Schauspielerinnen und ihren Kollegen (ein Stigma, das ihnen vielleicht den Zugang zu eben diesem richtigen Theater erschweren könnte), bei potentiellen Sponsoren (die unspektakuläre Kontinuität ermüdet).

In Tat und Wahrheit ist das Jugendtheater so professionell wie alle anderen Unternehmen, die Erfolg haben wollen. Jungschauspielerinnen und -schauspieler werden später das Engagement eines Bühnenarbeiters zu schätzen wissen, denn sie kennen dessen unsichtbare Hintergrundarbeit aus eigener Erfahrung. Ausserdem ist das Publikum der Jugendtheater schonungsloser als jenes traditioneller Theater.

Den ‹Einkäufern› – das sind Geldgeber und das Lehrpersonal, das über den klassenweisen Besuch entscheidet – geht es vor allem um das Gebrauchstheater: Theater als Lebenshilfe, als Stimmungsträger und Mutmacher unter einem Problemvorzeichen wie Gewalt, Drogen, Depression, Arbeitslosigkeit. Wenn die Schulmedizin ratlos wird, kommen die homöopathischen Tröpfchen oder Saftkuren, und dann erhält auch das Theaterspiel jenes Gewicht, dass sonst lieber neben die Waage gelegt wird.

Dabei fällt auf, dass mit ‹Jugend› prinzipiell das Wort ‹Problem› verbunden wird – nicht zuletzt den Jugendlichen selbst, die hinter der Einladung zu einem Theaterbesuch oft eine therapeutische Absicht wittern. Da helfen nur spannend erzählte Geschichten, die nicht nur die Probleme, sondern auch das Gelingen anschaulich machen und die Zuschauer in der Alltäglichkeit für Spuren von Glück sensibilisieren.

Viele Wünsche sind also in einem Jugendtheater zu verbinden. Das Wort ‹soziokulturell› trifft dies eigentlich auf den Punkt, auch wenn es für manche einen unangenehmen Nachgeschmack hat: es bedeutet nichts anderes als künstlerisch zu überzeugen und dabei pädagogisch attraktiv zu sein.

Von kleinen Anfängen zum eigenen Haus

In den siebziger Jahren wurde in Deutschland eine neue Theatersparte aufgetan: das Kinder- und Jugendtheater, das den Alltag auf die Bühne holen und aktivierende Kräfte zur Bewusst-

zige Basel (GGG) und der Christoph Merian Stiftung (CMS). Damit ist das Jugendtheater unter den anderen Kulturpartnern gesellschafts- und geschäftsfähig geworden. Seit 1994 hat es einen eigenen Spielort: den ‹Baggestoss› (der Name ist eine Anlehnung an den vorgängigen Mieter), angrenzend an die Reithalle auf dem Kasernenareal. Um voreilige Rückschlüsse zu vermeiden und eine breitere Publikumsschicht anzusprechen, nennt sich das Basler Jugend-

△
Tiziana Sarro, Katja Meier, Rafael Sanchez in ‹Morgen bin ich fort›. Stück und Regie: Paul Steinmann (1994).

seinsänderung unter die Zuschauenden tragen sollte. 1977 entstand im Basler Theater das erste Stück im Rahmen der Montag-Themenabende für ein junges Publikum: ‹Do flippsch uss›, nach einem Jugend-Stück des Berliner Grips-Theaters, gespielt von Jugendlichen und Schauspielern des Stadttheaters unter der Gesamtleitung von Erich Holliger. Der Erfolg war überzeugend, das Basler Jugendtheater konstituierte sich, zuerst im Stadttheater, dann im Wechsel mit diesem in der Kulturwerkstatt (1981–1987), die bis 1994 der Hauptgastgeber blieb. Parallel dazu richtete das Jugendtheater neben dem Büro in der Wettsteinallee eine Mini-(Salon-)Bühne ein, zum Ausprobieren und um zwischen den grossen Produktionen ein Lebenszeichen von sich senden zu können.

Das Raumproblem ist inzwischen gelöst, dank Regierungsratsbeschluss und finanzieller Hilfe der Gesellschaft für das Gute und Gemeinnüt-

theater seit 1993 nun ‹junges theater basel›. Doch im Kern ist es das Basler Jugendtheater geblieben: ein Theater, das sein Programm speziell für Jugendliche in der ganzen Region plant.

Wichtiger Partner: die Zuschauer

Was macht ein Theater zum ‹Jugendtheater›? In erster Linie ist es die Zielrichtung: das junge Publikum – als Thema und als ausdrücklich gemeinte Adresse. Das Publikum spielt eine ungleich gewichtigere Rolle als sonst im Theater, es ist unerbittlicher als andernorts, Zustimmung und Ablehnung kommen direkt, ‹live› ist kein leeres Schlagwort. Da tun sich manche Erstbesucher freilich schwer, im spielenden Gegenüber auf der Bühne kein unempfindliches Video zu sehen und die Raschelsäcke zu Hause zu lassen. Für viele Jugendliche ist der erste Besuch einer Jugendtheatervorstellung nämlich nicht ganz freiwillig: er findet oft im klassenweisen Verband als schulpflichtige Übung statt. Darum ist jede Vorstellung für die Spielenden ein Eroberungsfeldzug. Die Jugendlichen zu gewinnen heisst, sie auf das Besondere am Theater aufmerksam zu machen: Dass nämlich jeder Augenblick ein Unikat ist, das aus dem Zusammenspiel von Publikum und Akteuren immer wieder neu entsteht.

Wesentlich ist auch die Durchmischung des einander und der Bezug zum Theaterstoff wichtiger als Ausbildungsabschlüsse, und auch das Alter ist nur ein Teilaspekt bci der Entscheidung. Dabei wird von Anfang an das Prinzip beibehalten: Durchmischung von geschulten Theaterleuten mit spielbegabten, jungen Menschen.

Jugendtheater kann für die Spielenden immer nur Ausgangspunkt oder Übergangsstation sein; es hat die Funktion eines Durchlauferhitzers,

△
‹Verreis’!› – Theaterkurs unter der Leitung von Regula Schöni und Martin Zentner (1977).

Publikums, denn Theater als Ort der Begegnung beinhaltet auch die Begegnung verschiedenster Zuschauer untereinander. Aus diesem Grunde wurden die reinen Schulvorstellungen pro Tag reduziert, während die Zahl der ‹freien› Theatergänger, die sich bewusst das Jugend-Theater ausgesucht haben, zugenommen hat.

Spielen ist anspruchsvoll

Spielen im Jugendtheater ist anspruchsvoll, denn das Publikum ist keine anonyme Masse, sondern Partner. Das verlangt verstärkte Bühnenpräsenz und Konzentrationsfähigkeit, aber auch Reaktionsvermögen und einen bewussten Umgang mit den Zuschauenden. ‹Kunst› als einziger Anspruch wäre daher zu dürftig im Jugendtheater, eine Verankerung des Bühnengeschehens und des ganzen Theaters im realen Leben ist notwendig. Beim Zusammenfinden der Schauspielenden sind die ‹Chemie› unter-

muss aber die Herzen nicht ausschliesslich für das Theater erwärmen, sondern kann auch allgemein auf das Leben vorbereiten. Die Spielerinnen und Spieler stehen, im Gegensatz zu vielen anderen Theatern, beim Jugentheater im Mittelpunkt, entweder als Ensemble, das durch seine Eigen-Art zu bestimmten Stücken anregt, oder als Einzelne, die zu einem bereits gesetzten Stück ihre Besonderheit beitragen können und damit dem Ensemble neue Impulse geben.

Der Spielbetrieb als erstes Standbein …

Pro Jahr werden drei bis vier Produktionen gezeigt: eine ‹grosse›, die ein möglichst breites Jugendpublikum ansprechen soll, eine ‹kleine›, die mit Risikobereitschaft produziert wird, eine Arbeit zu einem aktuellen Anlass sowie die Schlussproduktion des Theaterkurses. Im Jahr werden bis zu 100 Vorstellungen gespielt. Ein

Stil-Programm existiert nicht, weder bei der Auswahl der Stücke noch bei der Spielführung. Die Vielfalt bestimmt das Angebot: Der Mikrokosmos ‹Theater› lädt ein zu den verschiedensten Sichtweisen und öffnet Räume, die ausserhalb der Wahrscheinlichkeitsrechnung liegen und vielleicht sogar das Zutrauen in das Unvermutete stärken können.

Gespielt wird im Dialekt – die einzige Grundverbindung zwischen den Projekten. Die Mundart macht auch das Befremdliche zugänglich, sie schafft Gemeinsamkeit zwischen dem Publikum und den Spielenden und ermöglicht ihnen, ihre Rollen so nah wie möglich bei sich selbst anzusiedeln (die meisten Spielenden stammen aus der Schweiz) und damit authentischer zu bleiben, sei es – wie in den Anfängen des Jugendtheaters – bei den Bearbeitungen deutscher Jugendstücke, bei Eigenkreationen, bci Adaptionen von Klassikern, oder aber bei eigens für das Basler Jugendtheater geschriebenen Stücken (mit dem aussergewöhnlichen Glück, in Paul Steinmann einen Hausautor zu haben, der ausserdem noch über Sprachwitz verfügt). Unter den Klassikern wird Shakespeare bevorzugt, weil in seinen Stücken bereits alles enthalten ist, was auch heute noch die Gemüter bewegt.

Das Jugendtheater konnte einen kontinuierlichen Weg gehen. Mit Eigensinn und Selbstbehauptung kann es heute etwa zehn Mitarbeiterinnen und Mitarbeiter ernähren. Die Basis dafür ist nicht zuletzt der eigene Spielraum und eine Subvention der Kantone Basel-Stadt und Basel-Landschaft von 290 000 Franken; ungefähr der gleiche Betrag wird selbst erwirtschaftet.

… Theaterpädagogik als das zweite

Die Theaterproduktionen des Jugendtheaters sind das eine Standbein des Betriebes; das andere, das zunehmend auch für Nachwuchsförderung und aktiven Austausch mit den Jugendlichen sorgt, ist die Theaterpädagogik. Sie umfasst sowohl die Beratung und die Mitarbeit an den Schulen als auch die Theaterkurse. 1992 begann der erste Kurs, unter der Leitung von Regula Schöni und Martin Zentner. Beide brachten als Grundvoraussetzung eine Kombi-nation aus Theater- und Pädagogikberufen mit und vor allem eine grosse Lust, ihre eigenen Spielerfahrungen Jugendlichen weiterzugeben. Sie bauten den Theaterkurs auf, in dem Jugendliche zwischen 15 und 25 Jahren in ihrer Freizeit spielerisches Know-how erwerben und dabei unter anderem sich selbst und soziale Kompetenz kennenlernen. Das Kursjahr entspricht dem Schuljahr. In der ersten Kurshälfte geht es um eine Grundeinstimmung, im zweiten Halbjahr werden die gewonnenen Erkenntnisse ausgewertet und ein Stück für eine Produktion ausgewählt. Seit Beginn dieser Kurse haben mehr als hundert Jugendliche verschiedenster nationaler und sozialer Herkunft diese Kurse besucht, viele darunter über Jahre hinweg; 90 % von ihnen waren Mädchen. Der Theaterkurs will keine Theaterschule sein. Einige junge Menschen gewinnen aber in ihm genau jenen Ausbildungsstand, der sie kraft ihrer Begabung auch für die professionellen Spielprojekte des ‹jungen theaters basel› prädestiniert. Damit sind die Kurse zu einer der kostbarsten Nachwuchsquellen für den Spielbetrieb des Theaters geworden.

Zu Risiken und Nebenwirkungen

Die politische Bedeutung von Jugendtheater als einstmals missionarische Erziehungshilfe ist verblasst. Das ‹junge theater basel› ist immer noch Jugendtheater, will aber keine soziale Alibifunktion erfüllen, sondern als Theater wirksam sein, also spielerisch ins Leben wirken. Dies tut es natürlich besonders bei denen, die aktiv mitmachen. Es würde aber auch gerne als ergänzendes Bildungsangebot dort mithelfen, wo die ersten Theaterschritte erprobt werden sollten, nämlich in der Schule.

Theater eröffnet ja nicht einfach nur Phantasieräume; es hilft auch – wie der Sport –, soziale Schranken zu überwinden und kann darum nicht einfach als ‹Luxus› betrachtet werden. Sein eigenes Leben spielerisch besser erfassen zu lernen würde auch bei manchen zur Standfestigkeit beitragen. ‹Flexibilität› predigt die Wirtschaft – im Theater gehört sie zu den Grundfertigkeiten, zusammen mit Ernsthaftigkeit, Verlässlichkeit und einer grundsätzlichen, zupackenden Neugier für seine Umwelt.

André Frauchiger, Damian Hugenschmidt

Alltägliches aus der Jugendszene

Die Basler Freizeitaktion und ihre Einrichtungen

Eines ist wichtig: ‹Die› Jugend gibt es nicht. Es gibt Jugendliche mit verschiedensten Bedürfnissen und Meinungen, von der unterschiedlichen Herkunft gar nicht zu reden. Obendrein gibt es alle drei bis fünf Jahre ‹neue› Jugendliche, die neue Bedürfnisse haben. Diese Dynamik verlangt von Institutionen, die ‹am Ball› bleiben wollen, die Bereitschaft zum permanenten Wandel.

Freiraum zu haben ist ein Bedürfnis

Seit 55 Jahren besteht die Basler Freizeitaktion (BFA). Sie hat sich seit ihrer Gründung zum Ziel gesetzt, auf die Bedürfnisse von Kindern (bis 12 Jahre), Jugendlichen (12 bis 18 Jahre) und jungen Erwachsenen (18 bis 25 Jahre) einzugehen. Die BFA ist ein Beispiel gutbaslerischer Tradition: Mit einem Verein als privater Trägerschaft, unterstützt durch Subventionen des Kantons, bietet sie in einem schwierigen, konsumorientierten Umfeld ein sinnvolles Freizeit- und Beratungsangebot an. Dahinter steht die Überzeugung, dass die ‹Strasse› nicht ‹Basis› für zukünftige Generationen sein soll.

Die Grundbedürfnisse der Jugendlichen gegenüber der BFA sind recht klar: der Wunsch, sich anlehnen zu können an eine strukturierte Jugendinstitution, die Suche nach Unterhaltung im Freundeskreis, nach Unterstützung und Beratung ohne Einmischung, nach kompetenten Gesprächs- und Diskussionspartnern, um eigene Sorgen aufzuarbeiten, der Wunsch nach Anschluss an Gleichaltrige, nach einem psychischen und physischen Freiraum, um sich unabhängig entwickeln und erwachsen werden zu können. Bei ausländischen Jugendlichen kommt die Überwindung sprachbedingter Isolation hinzu.

Lust und Frust im ‹Jugi›

«Es ist Montag, 15.50 Uhr. Letzte Vorbereitungen für einen neuen Öffnungstag des Jugendtreffpunkts ‹Barracuda› im unteren Kleinbasel werden getroffen. Der Kühlschrank wird aufgefüllt, Stühle werden aufgestellt, Billardstöcke bereitgelegt. Vor dem Haus wartet bereits eine Gruppe junger Leute. Ungeduldig wird immer wieder an die Türe gehämmert: ‹Mach uff!› 16.00 Uhr: Zeit zum Aufmachen. Die Jugendlichen stürmen ins Haus. Schon ertönt aus der Musikanlage lauter Sound. Sofort sind Billardtisch und ‹Töggelikasten› belagert, ebenso die Theke. Dies weniger, um zu konsumieren, sondern um Erlebnisse zu erzählen, Probleme ‹abzuladen›.

Urs hat Ärger an seiner neuen Lehrstelle und will wissen, wie er die Konflikte mit dem Lehrmeister lösen kann. Özlem würde mit ihrer Freundin gerne im Jugi bleiben, darf es aber nicht, weil ihr Bruder es verbietet. Sie hat Angst, dass er gleich kommt und sie schlägt, wenn er sie hier sieht. Hassan muss eine Zusammenfassung eines Zeitungsberichtes schreiben, hat aber enorme Schwierigkeiten mit der deutschen Sprache. Raphaela bittet um ein Gespräch unter vier Augen; sie war am Wochenende mit ihrem Freund zusammen und hat nun Angst, schwanger zu sein, weil er kein Kondom benutzen wollte.

Während des Gesprächs wird es im Nebenraum laut. Zwei Jungs gehen aufeinander los. Sofort füllt sich der Raum, andere mischen sich ein, der Konflikt droht zu eskalieren, die Jugi-Leitung muss sofort einschreiten. Mit grossem körperlichem Einsatz gelingt es, die ‹Kampfhähne› zu trennen. Ein Gruppenstreit am Wochenende

△
Kommunikation
beim Kartenspiel:
Jugi ‹Barracuda›
in Kleinhüningen.

in der Stadt wurde ins ‹Jugi› hineingetragen. Nach längerer Aussprache zwischen den Kontrahenten ist die Auseinandersetzung bereinigt, man gibt sich die Hand, das Gespräch mit Raphaela kann weitergeführt werden. Bülent klopft an die Tür, er möchte den Schlüssel zum Kraftraum. Das Telefon klingelt, eine Mutter wünscht ein Gespräch mit der Jugi-Leiterin. Ihr Sohn, ein regelmässiger Besucher, hat irgendwelche Schwierigkeiten mit der Polizei. Ein paar Mädchen wollen in den Videoraum, um sich einen Videoclip ihres Lieblingsstars anzusehen.

Nach und nach haben sich alle Räume gefüllt. Es wird Karten gespielt, im Tanzraum werden die neuesten Schritte aus der Disco probiert, Pizza wird gegessen, Eistee getrunken, über neue Liebschaften und über Liebeskummer wird diskutiert. Alltagsfrust und Alltagslust der

Jugendlichen werden im Jugi aufgearbeitet und ausgelebt.»

So schildert die Leiterin eines der insgesamt fünf Jugendtreffpunkte der Basler Freizeitaktion (BFA) den Alltag. Ausser dem ‹Barracuda› gibt es Treffpunkte beim Eglisee, im Bachgrabengebiet, im Alten ‹Badhysli› St. Johann sowie in Nachbarschaft des Heizkraftwerks der Industriellen Werke Basel (IWB) im Gundeldingerquartier. Die BFA ist übrigens auch gegenüber den Bedürfnissen von umliegenden Gebietskörperschaften – kantons- und grenzüberschreitend – bezüglich Führung von Jugendtreffpunkten und weiteren Aktivitäten offen.

Ausländische Jugendliche integrieren

Im ersten Halbjahr 1997 besuchten täglich durchschnittlich 231 Jugendliche im Alter zwischen zwölf und achtzehn Jahren die fünf | 39

Jugendtreffpunkte. Es gab Tage, an denen in einzelnen Treffs bis zu neunzig Jugendliche gezählt wurden. Rund zwei Drittel suchten ihren Treff zwei Mal pro Woche auf. Aufschlussreich ist die Herkunft der Jugendlichen und ihre Staatsangehörigkeit: Gegen vierzig Nationalitäten wurden gezählt, wobei alle Kontinente vertreten sind. Eine Befragung hat ergeben, dass eine Minderheit, nämlich 25 %, in der Schweiz geboren wurde. (Der Anteil der Schweizer an der Einwohnerzahl Basels beträgt 73 %.) Dieses Verhältnis zeigt, dass der Verein Basler Freizeitaktion heute mehr denn je die Aufgabe übernimmt, die Integration ausländischer Jugendlicher zu fördern. Die Angebote müssen also auch Jugendliche anziehen, die der deutschen Sprache kaum mächtig sind und Mühe haben, den Kulturkreis, in dem sie sich in der Schweiz befinden, zu verstehen. Hinzu kommt, dass durchschnittlich 26 % der Erwerbsfähigen, die in die Treffs kamen, arbeitslos waren. Dies ist ein hoher Prozentsatz, und die sozialen Probleme sind dabei vorprogrammiert.

Wer ist die BFA?

Die BFA wurde im Jahre 1942 von Pfadfindern, Jungwacht und anderen organisierten Jugendverbänden mit dem Ziel gegründet, sich der Jugendlichen, die sich nicht in einem Verein engagieren, anzunehmen. Bereits 1948 führte die BFA als Alternative zu den kommerziellen Betrieben in der Stadt ein alkoholfreies Dancing-Lokal. 1962 wurde mit der Eröffnung des Sommercasinos als Jugendhaus ein lang ersehnter Traum verwirklicht. Die Loslösung von den ‹Bündischen›, den organisierten Jugendverbänden, freilich hatte sich schon längst vollzogen. Eine Professionalisierung war die Folge, und 1975 wurde von der neu geschaffenen Dienstleistungsstelle erstmals der heute so beliebte ‹Ferienpass› durchgeführt. Im selben Jahr öffneten auch der Jugendtreffpunkt St. Johann sowie die Info- und Beratungsstelle ‹Schlappe› beim Kasernenareal ihre Tore. ‹Schlappe› beherbergt heute unter dem gleichen Dach einen Restaurationsbetrieb und einen Partyservice.

In den achtziger Jahren deckten sich die Ausbaupläne der BFA mit jenen des Kantons, der bereit war, grössere finanzielle Mittel in die Jugendarbeit zu investieren – Kanton und BFA standen damals unter dem Eindruck der sogenannten autonomen Jugendbewegung. 1982 konnte das Jugendhaus Eglisee, ein Jahr später das Jugi Kleinhüningen, 1986 das Jugi Gundeldingen und 1987 jenes am Bachgraben eröffnet werden.

Heute beschäftigt die BFA 42 Mitarbeiterinnen und Mitarbeiter in den Abteilungen Administration, Jugendprojekte, Jugendtreffpunkte, Sommercasino und ‹Schlappe›. Weitere 28 Personen arbeiten im Rahmen des Arbeitslosenprojektes ‹Tangram› des ‹Schlappe›. Der Vereinsvorstand der BFA ist mit 22 Mitgliedern sehr gross, ermöglicht aber eine breite Abstützung dieser konfessionell und parteipolitisch neutralen Institution. Das Gesamtbudget für das Jahr 1997 beläuft sich auf 3,3 Millionen Franken. Die kantonale Subvention von 1,846 Millionen Franken für Löhne finanziert 15 Stellen und 5 Praktikantenplätze, die darüber hinausgehenden Lohnkosten muss die BFA durch Eigenmittel decken.

Jugendberatung im ‹Schlappe›

Die Jugendberatungsstelle ‹Schlappe› unterstützt Jugendliche und junge Erwachsene in akuten Krisensituationen. Alle jugendspezifischen Fragen und Probleme können in dieser Anlaufstelle besprochen werden. Ein typisches und alltägliches Beispiel einer Jugendlichen, die spontan die Beratungsstelle aufsucht, ist Daniela, 19 Jahre alt und im zweiten Lehrjahr stehend.

Danielas Vater ist arbeitslos, die Mutter hat eine Teilzeitstelle. Die Familie ist in finanzieller Not, die Atmosphäre zu Hause ist angespannt. Daniela fühlt sich für das Wohlbefinden ihrer Eltern verantwortlich. Ihr Druck, die Probleme zu Hause zu lösen, wird immer grösser, ihre Schulleistungen werden immer schlechter, und fast hätte sie auch noch die Lehrstelle verloren. Daniela hält die Atmosphäre zu Hause nicht mehr aus und zieht kurzentschlossen mit ihrem Freund in eine eigene Wohnung. Ihr Lehrlingslohn reicht aber zum Leben nicht aus. Zudem fühlt sie sich den Eltern gegenüber verpflichtet und hat Ablösungsschwierigkeiten. Die Zerrissenheit zwischen dem Elternhaus und dem Wunsch, eigene Wege zu gehen, versetzt sie in eine traurige, depressive Stimmung.

40

Zu diesem Zeitpunkt sucht Daniela die Beratungsstelle im ‹Schlappe› auf. Sie erhält Unterstützung und Begleitung in der Phase der Ablösung vom Elternhaus. Zusammen mit der Beratungsstelle findet Daniela schliesslich Lösungsmodelle, die es ihr erlauben, mit den Eltern in gutem Kontakt zu bleiben und gleichzeitig ihre eigenen Wege zu gehen. Auch ihre finanzielle Situation kann geklärt werden.

Arbeitslosenprojekt ‹Tangram›

Beim Arbeitslosenprojekt ‹Tangram›, vom ‹Schlappe› geführt, sind pro Jahr etwa hundert Menschen beschäftigt. Ein Beispiel macht die Praxis deutlich: Herr A. ist 22 Jahre alt. Der Kurde lebt seit 1991 mit seinen Eltern in der Schweiz. Nach der Schule hatte er keine Ausbildung absolviert, sondern arbeitete temporär an verschiedenen Stellen und wurde schliesslich arbeitslos. Das Arbeitsamt vermittelte ihn in eine auf sechs Monate befristete Beschäftigung beim ‹Tangram›-Projekt. Während seines Einsatzes wurde seine Arbeitssituation thematisiert, insbesondere seine beruflichen Perspektiven. Er gab zu verstehen, dass er eine Ausbildung absolvieren möchte, hierzu aber nicht über genügend Deutschkenntnisse verfügt. Zudem waren beide Elternteile arbeitslos, so dass die Familie von seinem und dem Verdienst der Schwester abhängig war. Herr A. entschied, vorerst seine Deutschkenntnisse zu verbessern. Bei der Finanzierung bot ihm das ‹Tangram›-Team Unterstützung an. Es schrieb Gesuche an diverse Stiftungen und konnte aufgrund des positiven Echos die Finanzierung sicherstellen. Nach seinem Arbeitseinsatz begann Herr A. einen viermonatigen Deutschkurs.

‹Mega-coole› Angebote

Das BFA-Sekretariat an der Nauenstrasse wird oft von Jugendlichen angerufen, die kostengünstige Räumlichkeiten suchen, um Parties, Schulabschlussfeste, Geburtstagsfeste oder ähnliches zu veranstalten. Da sich die Jugendtreffpunkte der BFA für diese Zwecke besonders eignen, verweist das Sekretariat die Interessenten an die entsprechenden Treffpunktleiter und -leiterinnen. Immer wieder suchen die Interessenten auch Räume für längere Zeit, sei es als Musikübungsraum, als Atelier oder als Tanz-

übungsraum. Der Bedarf an Räumlichkeiten, die für Jugendliche erschwinglich sind, ist nach wie vor gross und lange nicht gedeckt.

Raum gibt es beispielsweise im Sommercasino, dem städtischen Jugend- und Kulturzentrum. Dort werden aber nicht nur Musik- und Kursräume vermietet; regelmässig finden im Sommercasino auch Musik-Events unter Förderung und Beteiligung Jugendlicher statt. Die Presse und die elektronischen Medien geben entsprechende Veranstaltungshinweise und berichten über die Anlässe.

In der Abteilung ‹Jugendprojekte› ergeben sich für die BFA neue Perspektiven. Beispiele dafür sind das von der BFA 1995 wiederbelebte Jugendparlament*, die erfolgreichen ‹Colour key›-Angebote für junge Erwachsene, der ‹Ferienpass› für Kinder und Jugendliche, das Engagement bei der ‹Jugendbox› oder der ‹Schnuppertag› für Jugendliche, die auf der Suche nach ‹ihrem› Beruf sind. Der ‹Schnuppertag› wird in Koordination mit den Kantonen Bern und Zürich auf gesamtschweizerischer Ebene durchgeführt.

Vom Traum, ein Radrennfahrer zu sein

Ein Ausflug mit Ferienpass-Kindern ist angesagt – eine Velotour rund um das Dreiländereck, beginnend bei den Langen Erlen, hinauf nach Märkt, dann ins Elsass und wieder zurück nach Basel. Unter den Kindern befindet sich auch der zwölfjährige Pascal. Er ist gekleidet wie kein anderer: Radfahrer-Tricot und -Hosen, Käppi, vor allem aber eine mega-coole Sonnenbrille. Pascal will Radprofi werden, wie er erklärt, und er ist ganz fasziniert von der gerade stattfindenden Tour de France. Der junge Rad-Fan wird in seiner Vollmontur fotografiert: Allen voran, in Siegerpose, mit Victory-Zeichen und tausend Kunststücke vollführend, lebt er seinen Traum aus, ein echter Radrennfahrer zu werden.

Anmerkung

* Das erste Basler Jugendparlament tagte 1939. – Vgl. Baschi Dürr, Über erfolgreiche Politik, Das Jugendparlament Basel-Stadt, Basler Stadtbuch 1997 (vorliegender Band), Basel 1998.

Baschi Dürr

Über erfolgreiche Politik

Das Jugendparlament Basel-Stadt

«Wenn Euer Tagebuch von spannenden Diskussionen, guten Freunden und neuen Erkenntnissen erzählt, dann haben wir unser Ziel erreicht» – mit dieser Anspielung auf den bekannten Tagebucheintrag Theodor Herzls, wonach er in Basel den Judenstaat begründet habe, eröffnete der Co-Präsident des Jugendparlaments Basel-Stadt (JuPa), Daniel Ordás, den Jugendkongress Schweiz-Israel.

Spannende Diskussionen, gute Freunde, neue Erkenntnisse – dies alles steht für das JuPa schlechthin: Den jungen Baslerinnen und Baslern, und damit auch sich selbst, den Zugang zur Politik zu ebnen, ‹learning by doing›, haben sich die sechzig Jugendlichen, die das JuPa ausmachen, auf ihre Fahne geschrieben.

Start am 2. Dezember 1995

Das heutige JuPa geht auf das Jahr 1995 zurück. Im Anschluss an die 3. Eidgenössische Jugendsession 1994 wurde der Ruf laut, auch im Kanton Basel-Stadt solle ein Jugendparlament entstehen, das seit den sechziger Jahren fehlte. So fand sich unter der Leitung der Basler Freizeitaktion ein achtköpfiges Team zusammen, das auf einen Basler Jugendrat hinarbeitete. Diese Trägergruppe vereinte Jugendliche, die sich bereits in Jungparteien oder bei den Eidgenössischen Jugendsessionen engagiert hatten, sowie einige Vertreter der staatlichen Jugendarbeit. Die 3. Schweizer Jugendparlamentskonferenz 1995 in Sarnen, bei der der Stadtkanton – noch jugendparlamentslos – nicht vertreten war, und nicht zuletzt die Tatsache, dass sich im Baselbiet ein offizieller Jugendrat etabliert hatte, gaben der Trägergruppe zusätzlichen Auftrieb. Weitere junge Leute wurden für das erste Organisationskomitee (OK) gewonnen, um die Idee eines Jugendrates in die Tat umzusetzen. Am 2. Dezember 1995 war es soweit: Der Grossratssaal hatte sich selten bunter gezeigt als an jenem kalten Samstagnachmittag. Der Basler Jugendrat 1995 fand statt, und etwa hundert Jugendliche waren der Einladung gefolgt, zumeist Gymnasiastinnen und Gymnasiasten zwischen fünfzehn und achtzehn Jahren. Die anfängliche Scheu vor dem historischen Ort und angesichts der nicht gerade alltäglichen Absicht, wahrlich zu politisieren, verflog rasch, und in aufgeräumter Stimmung diskutierten die Jugendlichen fünf verschiedene Themenkreise. Im Zentrum stand der Anlass als solcher und dessen Zukunft. Die Anwesenden hiessen die Schaffung eines ständigen Jugendparlamentes gut, das OK wurde bestätigt, das JuPa war faktisch konstituiert.

In den ersten zwei Jahren seines Bestehens hat sich das JuPa zur aktivsten Institution der jungen Basler Politik gemausert. Zweimal jährlich trifft sich die Basler Jugendversammlung (BJV), an der alle Jugendlichen mitmachen können, die in Basel-Stadt wohnen und jünger als 25 Jahre sind. Die BJV ist keine geschlossene Gesellschaft, der man beitreten oder aus der man austreten kann, sondern ein direktdemokratisches, offenes Forum, wie es etwa die Landsgemeinden darstellen. Die Kritik, das JuPa sei deswegen wenig repräsentativ, weisen die Jugendlichen zurück: Wer kommt, kann mitbestimmen. Die BJV wählt das OK, also die Exekutive, das aus zwölf Personen besteht und mit den sieben ständigen Kommissionen zusammen den engeren Kreis bildet. Alles in allem vereinigt das JuPa etwa sechzig Leute, die mehr oder weniger regelmässig mitarbeiten.

Zwischen 15 und 25 Jahre alt

Die OK-Mitglieder, für zwei Jahre gewählt, zeigen nur bedingt ein Spiegelbild der Basler Jugend. Zwar halten sich die jungen Frauen und Männer die Waage – und das ohne Quotenzwang –, dafür aber gehen zehn der zwölf Mitglieder aufs Gymnasium oder zur Uni. Die meisten waren schon zuvor politisch aktiv, vor allem in den Schülerparlamenten und in der einst starken Basler Schülerzeitungsszene. Auch wenn einige OKler eingeschriebene Parteimitglieder sind und bereits für Wahlen kandidiert haben, treten die Jungparteien kaum in Erscheinung. Die Jungliberalen, die Jungfreisinnigen und die Jungen Christdemokraten halten aber Kontakt zum JuPa, man kennt sich und trifft überall die gleichen Leute – ganz wie die Grossen …

In jeder der sieben ständigen Kommissionen (zu den Themen Drogen, Bildung, Ausländer, Ökologie, Wirtschaft, Internet und JuPa-Zeitung) sitzen fünf bis fünfzehn Leute, die weitgehend autonom agieren. Sie machen die eigentlich politische Arbeit. Damit der Austausch mit dem eher administrativen OK funktioniert, nimmt in jeder Kommission ein OK-Mitglied Einsitz.

Das Feilschen um die Finanzen

Die Zusammenarbeit mit den Kantonsbehörden funktioniert recht gut. Alle Fraktionen des Grossen Rates tragen das JuPa mit, zumindest hat sich noch keine Partei ausdrücklich dagegen ausgesprochen. Konfliktpotential wurde aber sichtbar, als das JuPa zwecks Subventionen beim zuständigen Justizdepartement anklopfte. Nach längerem Vorlauf wurde ein Jahresbeitrag von 20 000 Franken zugesprochen, verglichen mit anderen kantonalen und kommunalen Jugendparlamenten eher wenig. Dieser Betrag wird bereits wieder in Frage gestellt. Als die Teilnehmer der 4. BJV deutlich spärlicher aufmarschierten als an den vorangegangenen Versammlungen, wurden Stimmen laut, die Subvention zu streichen.

Für seine einzelnen Projekte sucht das JuPa in der Regel separate Geldquellen, die staatlichen Subventionen werden für die Fixkosten eingesetzt. Namentlich das JuPa-Büro an der Blei-

chestrasse hinter der Messe Basel verschlingt einen Grossteil der Gelder. Problemloser als die Anfrage um öffentliche Subventionen ging die Einsitznahme in der kantonalen Jugendkommission vonstatten. In diesem vorwiegend mit Erwachsenen besetzten Gremium ist das JuPa mit der Co-Präsidentin, Barbara Schreier, und mit Stefan Mooren vertreten. Auch in der Prospektivkommission für eine neue Kantonsverfassung arbeitet Barbara Schreier mit.

Wie viele andere Jugendgruppierungen kämpft auch das JuPa mit dem ständigen Dilemma zwischen Autonomie und Mitsprache. Wie weit soll man sich integrieren, eingliedern, die staatliche (Infra-)Struktur nutzen, mitreden? Wo soll man sich abgrenzen, wo alternativ agieren – und so vielleicht an Einfluss verlieren? Das JuPa hat sich für den ‹langen Marsch durch die Institutionen› entschieden, tritt dabei aber selbstbewusst konstitutiv auf und ist überzeugt, auf diesem Weg mehr zu erreichen als mit einer pointierten APO-Politik.

Von Nachtbussen zum Jugendkongress Schweiz-Israel

Das JuPa hat erreicht, was vielen ähnlichen Organisationen versagt blieb: Über die Frage nach der eigenen Organisation hinaus entstanden konkrete Projekte, die sich sehen lassen können. Eines der wichtigsten Themen ist seit dem ersten Basler Jugendrat die Drogenpolitik. Das JuPa schlug dabei keine ideologisch geprägte Richtung ein, sondern wählte einen pragmatischen Kurs. Es organisierte zahlreiche Anlässe, immer im Austausch mit Experten, vom Kleindealer bis zum Polizeidirektor. Höhepunkt dieser drogenpolitischen Aktionswelle war das grosse ‹Haschfest› auf dem Barfüsserplatz. Unter dem Motto ‹Legalize it› trafen sich am 19. April 1997 mehrere tausend junge Leute aus der näheren und weiteren Umgebung. Zur zeitgleich realisierten ‹1. Basler Jointbau-Meisterschaft› reisten sogar Teilnehmer aus dem Tessin und aus Deutschland an.

Ein anderes wichtiges Projekt geht ebenfalls auf den ersten Jugendrat zurück: Damit Nachtschwärmer nicht auf das eigene Fahrzeug angewiesen sind, soll am Wochenende ein Nachtbus verkehren. OK-Mitglied Benedikt Pfister gab diese Idee im Namen des JuPa beim Wettbe-

Zum Jugendkongress Schweiz-Israel trafen sich knapp hundert Jugendliche im Basler Grossratssaal. ▷

werb zum 100-Jahr-Jubiläum der Basler Kantonalbank ein. Als eine der neunzehn prämierten ‹Ideen für Basel› wurde der Nachtbus schliesslich realisiert. An siebzehn Samstagabenden, respektive Sonntagmorgen, im Herbst 1997 verkehrten Busse in einer Sternfahrt in fünf verschiedene Richtungen. Diese Nachtlinien, als Versuch angelegt, werden momentan ausgewertet und sollen allenfalls fest in den Fahrplan übernommen werden.

Die bisher umfangreichste JuPa-Veranstaltung war der Jugendkongress Schweiz–Israel vom 24. bis 26. August 1997. Von Sidonia Gabriel initiiert, trafen sich unter dem Titel ‹Zionismus – gestern, heute, morgen› knapp hundert Jugendliche aus der Schweiz und aus Israel. Im Vorfeld des Akademischen Kongresses zum Herzl-Jubiläum sollten sich junge Israelis und Schweizer kennenlernen, um Vorurteile abzubauen und den Dialog zu fördern. Der Grossanlass mit einem Budget von 75 000 Franken und über fünfzig akkreditierten Medienvertretern wurde zum Erfolg.

Weitere Projekte, die das JuPa realisierte, waren eine Umfrage zum Thema ‹Integration›, eine Podiumsdiskussion mit verschiedenen Wirtschaftsvertretern, die sich zur provokativen Frage «Wer ist hier der Boss?» äussern mussten, und die Erarbeitung eines Fragebogens zum Thema ‹Arbeitsklima an den Basler Schulen›.

Erste Jugendparlamente im 16. Jahrhundert

Die ersten verbürgten Schweizer Jugendparlamente fanden zur der Zeit der Renaissance und im ausgehenden Ancien régime statt. Diese Jugendräte, eingerichtet zur Schulung richterlicher oder später staatsbürgerlicher Tugenden, etablierten sich vor allem in Bern und im Grossraum Zürich. Die ersten modernen Jugendparlamente entstanden im Vorfeld des Zweiten Weltkrieges. So wurde 1939 das erste Basler Jugendparlament gegründet, ein Zusammenschluss verschiedener Jugendorganisationen wie der Jungdemokraten oder des Arbeitszirkels junger Sozialisten sowie einiger Parteiloser. Die Jugendlichen stellten sich vorbehaltlos in den Dienst der geistigen Landesverteidigung und riefen zum Beispiel Buchhandlungen zur Zensur auf, indem sie forderten, «antidemokratische Literatur und die antidemokratischen ausländischen Presseerzeugnisse» aus den Regalen zu entfernen. Im Krieg verlor das Jugendparlament zwar an Bedeutung, vor allem durch die Mobilmachung, doch bereits im Frühherbst 1945 kam es zu einer Wiedergeburt. Die Mitgliedschaft stand jetzt auch Frauen offen, Ausländer jedoch blieben weiterhin ausgeschlossen. Das damalige Höchstalter von 35 Jahren wäre heutzutage undenkbar; 35jährige Gross- und Regierungsräte sind keine Seltenheit mehr.

In den fünfziger Jahren jedoch erlahmte das jugendliche Engagement, um erst in den sechziger Jahren neuen Auftrieb zu gewinnen, wenn auch unter anderen Vorzeichen. Hatte bis nach dem Krieg die Politschulung im Vordergrund gestanden, so wollten die neuen Jungparlamentarier jetzt auch mitbestimmen. Die einzelnen Fraktionen hatten sich konkrete Ziele vorgenommen. So formierte sich eine antikommuni-

Organisationskomitee des
Jugendparlamentes Basel-Stadt

(Stand: August 1997)

Daniel Ordás (1974), Co-Präsident
Barbara Schreier (1976), Co-Präsidentin
Ian Braams (1979), Projekte
Tobias Braun (1980), Public Relations
Sidonia Gabriel (1978), Projekte
Antonietta Guglielmino (1973), Büro
Emilio Marti (1982), Public Relations
Adrienne Mattmüller (1981), Public Relations
Benedikt Pfister (1978), Büro
Joëlle Stöckli (1981), Public Relations
Oliver Weiss (1976), Finanzen
Rita Wenk (1981), Projekte

stische Gruppierung ‹Kanton Basel›, die sich für die Wiedervereinigung der beiden Basel stark machte, aber auch eine Gruppe namens ‹Europa›, die schon 1961 den Schweizer Beitritt zur damals entstehenden Europäischen Wirtschaftsgemeinschaft forderte.

Die Zukunft: ungewiss?

Auch das Parlament der sechziger Jahre verlor allmählich an Schwung und schloss zuletzt seine Tore, bis es 1995 zu einer Neuauflage kam. «Wie weiter?» ist denn auch die Frage des heutigen Jugendparlamentes. Denn die Entwicklung scheint vorgezeichnet: Leute haben eine Idee, die Idee mobilisiert neue Leute, die Sache gedeiht. Dann wandern engagierte Leute ab, der Nachwuchs bleibt aus – und mit ihm auch die neuen Ideen. Ob es dem heutigen JuPa gleich ergeht, wird sich weisen. Doch sollte es trotz allem nicht reichen, so hatten die JuPa-Leute spannende und aufschlussreiche Diskussionen, gewannen neue Erkenntnisse und knüpften wichtige Kontakte. Theodor Herzl hätt's gefreut.

Literatur

Basler Kantonalbank, ‹Ideen für Basel› – Die prämierten Projekte, Basel 1997.
Lukas Engelberger/Daniel Ordás, Die Basler Jugendparlamente seit 1938, Basel 1996 (die historischen Angaben wurden dieser Schrift entnommen).

Marc Flückiger

Jugend am Oberrhein

Gibt es eine ‹Jugend am Oberrhein›? Ja sicher: es gibt sie in Lörrach, Freiburg und Landau, aber auch in Mulhouse, Strassburg und Colmar, wie auch in Liestal, Laufen, Basel und natürlich all den kleinen ungezählten Gemeinden am Oberrhein. Doch wohl kaum einer dieser Jugendlichen würde sich als ‹Jugendlicher am Oberrhein› verstehen – dann schon eher als Französin, Deutscher oder Schweizerin.

Jugendliche artikulieren und zeigen sich dort, wo sie leben, zur Schule gehen und ihre Freizeit verbringen. Ihr Interesse und ihre Mobilität richten sich auf den unmittelbaren Lebensraum und auf Orte, an denen sich andere Jugendliche treffen: kulturelle Veranstaltungen wie Konzerte, Freizeitangebote und nicht zuletzt Konsumangebote. So ist gerade Basel durchaus ein Anziehungspunkt für Jugendliche aus Frankreich und Deutschland, wie auch Strassburg für Jugendliche aus Kehl und Offenburg. Daraus darf aber nicht der Schluss gezogen werden, Jugendliche hätten automatisch ein Bewusstsein dafür, dass wir in einer grösseren Gemeinschaft am Oberrhein leben. Denn was für viele Erwachsene gilt – das eher unscharfe Bewusstsein von einer oberrheinischen Gemeinschaft –, trifft auch auf Jugendliche zu.

Die trinationale Oberrheinkonferenz

Alle zwei Jahre führt die ‹D-F-CH Oberrheinkonferenz› (ORK) Kongresse durch, die sich mit einem für den Oberrhein relevanten Thema beschäftigen. In den vergangenen Jahren wurden Themen wie Umwelt, Verkehr und Wirtschaft behandelt. Beim Kongress von 1995, der in Strassburg stattfand, stand die Jugend am Oberrhein im Mittelpunkt. Unter dem Motto ‹Jugend-Bildung-Beruf› diskutierten Fachleute und eine Vielzahl von Jugendlichen, die sich von der Perspektive ‹Oberrhein› angesprochen fühlten, zwei Tage lang über die Probleme und die Situation der Jugendlichen in der Regio. Die Bedeutung der Jugend wird in der Schlusserklärung der Regierungsvertreter Deutschlands, Frankreichs und der Schweiz wie folgt festgehalten: «… Daher hängt die Zukunft unserer Jugend nicht nur von der Entwicklung jeder unserer Grenzregionen ab, sondern vor allem von der Zukunft eines gemeinsamen grenzüberschreitenden Raumes. In einer Zeit, in der man von Jugendlichen vor allem Mobilität, Offenheit und Toleranz erwartet, ist unser Engagement für die Zukunft unserer Jugend eine wesentliche Aufgabe unserer grenzüberschreitenden Zusammenarbeit am Oberrhein. Die Unterzeichner dieser Erklärung stimmen darin überein, dass der Jugend am Oberrhein grenzüberschreitende Möglichkeiten eröffnet werden sollen, damit ihre Zukunftschancen vergrössert werden.»

Diese Schlusserklärung formuliert ein hochgestecktes Ziel, das nicht von heute auf morgen realisiert werden kann. Sie macht aber deutlich, wie sehr den Verantwortungsträgern am Oberrhein an der Beteiligung der Jugendlichen und jungen Erwachsenen gelegen ist. Ganz im Sinne der Zielsetzung der ‹Kongressarbeit› hat die Zusammenkunft in Strassburg bei Jugendlichen, aber auch bei den Fachstellen, die sich mit Jugend beschäftigen, Impulse ausgelöst, neue Ideen hervorgebracht, bleibende Kontakte geschaffen. Eine Vielzahl von Projekten und erste Möglichkeiten der grenzüberschreitenden Begegnung von Jugendlichen sind dabei entstanden.

Um den hoffnungsvollen Anfang sichern zu

47

können, hat die ORK nun einen Expertenausschuss eingesetzt, der unter anderem die zahlreichen, aus dem Kongress entstandenen Initiativen und Projekte im Jugendbereich koordinieren und begleiten soll. Im ‹Expertenausschuss Jugend› sind von den politischen Gremien beauftragte Fachleute und Jugendliche vertreten. Der Ausschuss soll eine stärkere Partizipation der Jugendlichen an der Oberrhein-Kooperation ermöglichen und dabei helfen, ein Netzwerk der für Jugendfragen zuständigen Amtsstellen, Jugendhilfen, Jugendverbände und -organisationen aufzubauen. So könnten unter anderem Jugendprobleme frühzeitig erkannt und Massnahmen zur Prävention initiiert und koordiniert werden. Langfristig soll der Expertenausschuss zu einer grenzüberschreitenden Jugendpolitik anregen.

Probleme erkannt und diskutiert

Während des Kongresses wurden verschiedene Probleme benannt und diskutiert. Eines von ihnen ist die Sprache: Obwohl Französisch (Schweiz und Deutschland) und Deutsch (Frankreich) als Hauptfach an den Schulen vermittelt wird, reicht das Sprachverständnis zur gegenseitigen Verständigung nicht aus. Dies gilt sowohl für die Jugendlichen wie auch für Fachleute und Behörden. Hier könnten Begegnungsmöglichkeiten, bei denen die Fremdsprache angewendet und erprobt wird, helfen. Ein weiteres Problem ist der unterschiedliche Umgang mit der Zeit. Die Arbeitsabläufe von Behörden – namentlich im trinationalen Bereich – nehmen oft mehr Zeit in Anspruch, als Jugendliche investieren wollen oder können. Rasche Antworten und konkretes Handeln aber sind gerade für Jugendliche, die konkrete Projekte realisieren wollen, wichtig. Dauert der Weg von der Idee bis zur Durchführung zu lange, verlieren sie ihr Interesse und ihr Engagement. Auch die Beteiligung von Jugendlichen an dem Expertenausschuss ist nicht unproblematisch. Die Gefahr besteht nämlich, dass einzelne Jugendliche als ‹Alibi-Jugendliche› auftreten und so missbraucht werden. Zudem geht viel an Kraft und Kreativität verloren, wenn Jugendliche gezwungen sind, sich in Formen und Strukturen von Erwachsenen zu äussern. Zumindest in der Vorstellung von Erwachsenen, manchmal auch in der Realität, sind viele Jugendliche spontaner, ‹chaotischer›, als manchem Erwachsenen lieb ist. So kann man häufig bei den Behörden eine gewisse ‹Angst› vor Jugendlichen feststellen. Kurzum: Jugendliche folgen keiner Planung, und Erwachsene müssen in der Lage sein, sich auf Unerwartetes einzustellen.

Erste kleine Schritte

Immer wieder sind kurzfristige Finanzierungsprobleme für Jugendliche ein Hindernis, gute Projekte in Angriff zu nehmen. Ihr Engagement findet meist ausserhalb von Organisationen und Verwaltungen statt; auch kann von ihnen nicht erwartet werden, dass sie ihre Reisekosten aus eigenen Mitteln finanzieren. Möglichkeiten zur Vorfinanzierung über ein bestehendes Budget, über das die meisten Verwaltungen verfügen, fehlen jedoch zumeist. Die ORK hat deshalb beschlossen, einen ‹Jugendfonds› einzurichten und für die nächsten drei Jahre einen Betrag von 60 000 Ecu (rund 100 000 Schweizer Franken) bereitzustellen. Der Fonds soll garantieren, dass das Engagement der Jugendlichen von den Behörden mitgetragen und unterstützt wird. Seine Mittel sollen in erster Linie für eine schnelle und unkomplizierte Startfinanzierung von Jugendprojekten verwendet werden. Auch Reisekosten von Jugendlichen, die in Gremien der ORK und in Jugendprojekten mitarbeiten und von keinem anderen Kostenträger unterstützt werden, können übernommen werden.

Das ‹Forum Junior›

Unabhängig von Behörden und politischen Instanzen sind die Jugendlichen selbst aktiv geworden und haben sich organisiert. Deutsche, französische und schweizerische Jugendliche haben Vereinigungen mit dem Namen ‹Forum Junior› und ‹Transfer Jeunes› gegründet, die sich an der Arbeit der ORK beteiligen und den Austausch untereinander fördern wollen, in Deutschland ist eine Vereinsgründung in Vorbereitung. Damit dokumentieren die Jugendlichen, dass sie mitreden und mitbestimmen wollen. Mitglieder des ‹Forum Junior Schweiz› haben bereits ein grösseres Projekt initiiert, das grenzüberschreitende Freizeitaktivitäten und ausserschulische Bildungsangebote in einigen Grenzregionen der Schweiz untersuchen und

Jungle-Parade
1997. ▷

Die Nacht war lang:
After Hours vor
dem Tower/Bell. ▷

49

△
◁ Zentrale Treff-
punkte zwischen
Basel und dem
Elsass waren die
Techno-Parties im
Tower.

dokumentieren will. Das Projekt hat Modell-
charakter und wird von Beauftragten für die
grenzüberschreitende Zusammenarbeit und von
Jugendbeauftragten der kantonalen Verwaltungen begrüsst und unterstützt.

Auf Internet: Trinationale Jugendbox

Im November 1997 wurde den Medien ein neues Internet-Projekt für Jugendliche in der Region vorgestellt. Eine Gruppe von Jugendlichen
hat auf Initiative der Fachstelle für Jugend und
Familienfragen des Justizdepartementes Basel-
Stadt und in Zusammenarbeit mit dem Migros-
Kulturprozent und der Basler Firma ‹wake-
up› die ‹@jugendbox.ch› aufgebaut und ist
damit ‹online› gegangen. Bereits jetzt wurden
intensive Kontakte zu ähnlichen Projekten in
Deutschland und Frankreich geknüpft. Die
Jugendbox soll zu einem trinationalen Angebot
für Jugendliche und Interessierte ausgebaut, das
Projekt weithin bekannt gemacht werden. Abgesehen davon, dass das Medium Internet bald
nicht mehr wegzudenken sein wird aus unserem
Alltag, schafft die Jugendbox eine Plattform für
die Begegnung von Jugendlichen, die unkom-
pliziert und kreativ zu nutzen ist – über alle
Landesgrenzen hinweg.

Aufforderung zum Handeln

Den Anfangsschwung dieser trinationalen Jugendarbeit gilt es zu nutzen, das Begonnene
weiterzuführen. Dabei müssen sichtbare, konkrete Aktivitäten im Vordergrund stehen, denn
Jugendliche reagieren sehr empfindlich, wenn
sie den Eindruck gewinnen, hier werde nur
‹schön geredet›. Begegnungsmöglichkeiten, die
helfen, die bestehenden Barrieren und Grenzen
weiter abzubauen, müssen geschaffen werden,
denn nur so kann ein Bewusstsein dafür entstehen, dass wir Menschen in der Regio unsere
Probleme gemeinsam anpacken müssen. Und
dazu braucht es unsere Jugend.
Gut zwei Jahre haben Fachstellen und Jugendliche daran gearbeitet; die erste Bilanz fällt
positiv aus. Nun ist zu hoffen, dass all die Ideen
und guten Absichten nicht aus Mangel an Geld,
Zeit und Willen im Stadium von Worten und
Konzepten steckenbleiben. Der Beweis für eine
funktionierende trinationale Jugendarbeit und
Jugendpolitik muss erst noch erbracht werden.

Wird Basel Stadt der Pharma-Superlative?

Daniel M. Hofmann

Roche kauft Boehringer Mannheim für elf Milliarden Dollar

Basel scheint nicht aufhören zu wollen, Stadt der Pharma-Superlative zu sein. Und oft bedarf es nur eines Gesprächs zwischen zwei Personen – in diesem Fall zwischen Roche-Präsident Fritz Gerber und Curt Engelhorn, dem Seniorchef der Corange-Holding –, und schon steht die nächste Milliardentransaktion bevor. Was die beiden vereinbart hatten, war nur drei Wochen später, und ohne dass externe Berater zugezogen worden wären, Realität geworden: Die staunende Öffentlichkeit erfuhr, dass Roche für den Kauf der in der Karibik registrierten Corange-Holding 11 Milliarden Dollar, umgerechnet etwa 16 Milliarden Franken, bezahlen wollte. Nachdem 1996 der Zusammenschluss von Ciba und Sandoz zur Novartis die Welt in Atem gehalten hatte, versetzte nun der ‹Lokalkonkurrent› mit der grössten Übernahme in seiner 101jährigen Geschichte die Branche in Aufregung.

Der ‹finanzielle Muskel› entscheidet

Mit der vielleicht etwas fremdländisch anmutenden Corange erwirbt Roche im wesentlichen das Pharma- und Diagnostikgeschäft der schwergewichtig aus Mannheim operierenden Boehringer-Mannheim-Gruppe (BMG). Hinzu kommt ein Anteil von 84,2 % am amerikanischen Hersteller von orthopädischen Produkten DePuy Inc. Bei der BMG – nicht zu verwechseln mit Boehringer Ingelheim – handelt es sich um einen traditionsreichen Familienkonzern (gegründet 1847), der vor allem im Bereich der Diagnostik weltweit eine führende Position einnimmt. Die seit Jahren zerstrittenen Familienaktionäre der Corange, darunter Nachfahren des Gründers Boehringer, hatten sich zum Verkauf entschlossen, nachdem ein Zweig der Familie auf Abgabe der unternehmerischen

Verantwortung gedrängt und der 71jährige Curt Engelhorn im eigenen Kreis keinen ‹würdigen Nachfolger› gefunden hatte.

Offenbar verfügte Engelhorn auch nicht über die finanzielle Kraft, die unabhängige Existenz des Unternehmens im Alleingang zu sichern. Wie kaum anderswo spielt nämlich der finanzielle Muskel in der Pharmabranche eine entscheidende Rolle. Die Kosten für die Forschung und Entwicklung (F&E) sind in den letzten Jahren schier ungebremst gestiegen. So verschlang beispielsweise Roches neuestes Medikament Xenical, ein Mittel zur Behandlung der Fettleibigkeit, 700 Mio. Franken an F&E-Aufwand. Wenn sich bei solchen Dimensionen vor der Zulassung Rückschläge ergeben – wie dies bei Roche mit Xenical im vergangenen Herbst der Fall war –, dann kann die Finanzkraft eines mit geringeren Reserven dotierten Unternehmens bald einmal erschöpft sein. Gerald Möller, Präsident und Chief Executive Officer von Boehringer, räumte dies denn auch mit dem Satz ein, evolutionäres Wachstum über viele Jahre hinweg sei heute teurer als je zuvor. Er gestand freimütig, bei der Globalisierung und Verbreiterung des Pharmageschäfts hätte sein Unternehmen auf sich allein gestellt nicht mehr Marktführer bei Diagnostika bleiben können.

Gestärkt für den globalen Wettbewerb

Für den Roche-Konzern bringt die Übernahme von Boehringer vor allem im Bereich Diagnostik entscheidende Ergänzungen. Mit diesem Geschäft hatte die BMG 1996 einen Umsatz von 2,75 Milliarden Franken erzielt. Weltweit war sie damit hinter Abbott auf Rang zwei gekommen, während es Roche mit 750 Millionen Franken nur gerade auf Platz acht gebracht

hatte. Nun wird die neue Division ‹Roche Boehringer Mannheim Diagnostics› knapp vor Abbott die weltweite Führung übernehmen, während man im Vergleich zur Nummer drei bereits doppelt so viel Umsatz macht. Das dürfte Roche in die Lage versetzen, das 1991 erworbene und seither mit hohen Folgekosten aufgezogene Diagnostikgeschäft endlich profitabel zu betreiben. Während BMG mit der Diagnostik zuletzt einen Betriebsgewinn von 13 % ihres gesamten Umsatzes erzielte, dürfte Roche 1996 gerade knapp die Gewinnschwelle überschritten haben.

Neben der Diagnostik enthält das Corange-Paket eine Reihe weiterer attraktiver Ergänzungen. Dazu gehört ein Umsatz von 1,5 Milliarden Franken in Pharma, der Roche vor allem in Europa und Lateinamerika erheblich stärken

und dem Konzern zu einem globalen Marktanteil von 3,3 % (bisher 2,7 %) und einem Aufstieg von Rang zehn auf Platz fünf verhelfen wird. Im Gegenzug erfährt die Produktegamme der BMG laut Roche-Pharmachef Franz Humer in erster Linie bei Herz-Kreislauf- und Krebsmedikamenten eine ideale Ergänzung.

Mit den oberbayerischen Werken Penzberg und Tutzing bringt Boehringer ferner zwei Standorte ein, die – wiederum nach Humer – in der biotechnologischen Forschung, Entwicklung und Produktion in Europa ihresgleichen suchen und den Vergleich mit ähnlichen Einrichtungen in den USA nicht zu scheuen brauchen. Das gemeinsame Know-how soll eine Dynamisierung auf dem Gebiet der Gen- und Biotechnologie auslösen und die führende Stellung von Roche festigen.

Schliesslich startet Roche mit dem Erwerb der unabhängig weitergeführten DePuy – 15,8 % der Aktien bleiben an der Wall Street kotiert – einen Gehversuch in der vorderhand noch unbekannten Orthopädie. Ob das Basler Unternehmen bei den orthopädischen Leisten bleibt, wird sich allerdings weisen müssen. Laut Gerber will man das Geschäft sorgfältig unter die Lupe nehmen, wobei die zuletzt erzielte Betriebsrendite von 27 % zweifellos Eindruck gemacht hat. Gleichwohl gehen viele Beobachter davon aus, dass Roche diesen Bereich abstossen wird. Bei einem geschätzten Wert von rund 2,5 Milliarden Franken für DePuy dürfte dies, nicht zuletzt mit Blick auf die Finanzierung der gesamten Corange-Transaktion, auch sinnvoll sein.

Obwohl der Kaufpreis von 11 Milliarden Dollar – von einigen Börsenanalytikern als sehr hoch eingestuft – vor dem Hintergrund der verfügbaren flüssigen Mittel von zuletzt 15 Milliarden Franken kaum Probleme bereiten dürfte, wird der Kauf die Rechnung von Roche zumindest in den nächsten Jahren belasten. In einer ersten Reaktion war Finanzchef Henri B. Meier nur gerade bereit zu konzedieren, dass Corange den Gewinn von Roche im ersten Jahr verwässern werde. Wie stark diese Verwässerung ausfallen und über wie viele Folgejahre sie sich allenfalls erstrecken wird, hängt natürlich vom zu bilanzierenden Goodwill und dem gewählten Finanzierungsmodus des Kaufs ab. Unter ‹Goodwill› verstehen Buchhalter die Differenz zwischen Kaufpreis und eingebrachten Eigenmitteln des erworbenen Unternehmens. Da der Goodwill der Corange auf circa 8 Milliarden Franken zu taxieren ist, ergibt sich – verteilt über die im Rechnungswesen üblichen 20 Jahre – ein jährlicher Abschreibungsaufwand von 400 Millionen Franken. Hinzu kommt noch die Belastung der höheren Fremdverschuldung, weil davon auszugehen ist, dass Roche etwa die Hälfte des Kaufpreises mit fremden Mitteln begleichen wird.

Kurswechsel jetzt auch bei Roche?

Ist der Roche-Konzern, der über Jahre hinweg auf inneres Wachstum setzte und die ‹Fusionitis› der Konkurrenten immer kritisch beurteilte, mit dem Kauf von Boehringer ein Unternehmen wie alle anderen geworden, die ihr Heil in der Grösse suchen? Die Antwort muss differenziert ausfallen, denn die Tatsache, dass die Pharmabranche trotz grossen Fusionen noch immer sehr stark fragmentiert bleibt, schafft Spielraum für die Verfolgung mannigfaltiger Strategien.

Allein schon ein Vergleich der Basler Lokalkonkurrenten zeigt, dass die beschrittenen Wege unterschiedlicher nicht sein könnten. Während Roche Synergien zwischen Pharma und Diagnostik sucht, um sich in den Gebieten ‹Disease Management› und ‹Patient Care› zu profilieren, fasst Novartis den Begriff ‹Life Sciences› so weit, dass er sogar Nahrungsmittel einschliesst. Novartis ist darüber hinaus der Meinung, der Herstellung patentgeschützter Medikamente könne eine Palette mit generischen Produkten angeschlossen werden – eine Ergänzung, die man bei Roche zwar geprüft, aber als zu wenig ertragreich verworfen hat.

Zu einem grossen Teil widerspiegelt diese Vielfalt der Strategien die Unsicherheit bei der Einschätzung der künftigen Entwicklung im Gesundheitswesen. Viele Szenarien sind denkbar, und jedes einzelne wird durch andere Ausgangspunkte in der Lagebeurteilung bestimmt. Dazu gehören beispielsweise, mit Blick auf die naturwissenschaftliche Basis der Branche, Antworten auf die Fragen nach der Rolle der Genforschung und der Gentherapie, nach dem optimalen Einsatz der kombinatorischen Chemie, der Hochgeschwindigkeits-Prüfverfahren oder der Bio-Informatik. Hinzu kommen exogene Faktoren, wie sie sich etwa aus der staatlichen Lenkung des Gesundheitswesens oder aus dem Verhalten der Nachfrager im Rahmen der ‹Managed Care› ergeben. Kein Unternehmen kann die Summe aller möglichen Einwirkungen übersehen, und keines kann sich den Einsatz aller denkbaren Technologien leisten. In diesem Umfeld kann es keine einheitliche, für alle Unternehmen gleichermassen gültige Strategie geben. Dies mag in der Vergangenheit, vor dem Hintergrund eines wohlwollend regulierten Marktes, noch möglich gewesen sein; heute jedoch muss jedes Unternehmen seinen eigenen Weg finden. Überlebensfähig dürften am Ende nur jene sein, die neue Geschäftsfelder besetzen und den facettenreichen Strukturwandel für sich zu nutzen verstehen.

Daniel M. Hofmann

Zwei neue Sterne am Basler Chemie-Himmel

Wer die jüngste Industriegeschichte Basels nur unter dem Zusammenschluss von Ciba und Sandoz zum Pharmagiganten Novartis sieht und allenfalls den Verlust eines Unternehmens bedauert, der greift zu kurz. Ebenso bedeutend ist die Tatsache, dass es im Umfeld dieser Fusion zu einem umfassenden Realignment der unternehmerischen Tätigkeiten der beiden Novartis-Partner kam, als deren Ergebnis mit Clariant und der Ciba Spezialitätenchemie (Ciba SC) zwei neue, finanziell schwergewichtige Unternehmen an der schweizerischen Börse kotiert wurden. Ungefähr zeitgleich mit der Bildung von Novartis war darüber hinaus aus der Sandoz der Bauchemikalienhersteller Master Builders Technologies (MBT) herausgebrochen und an die deutsche SKW Trostberg verkauft worden, während sich die alte Ciba von Mettler Toledo trennte, einem in den achtziger Jahren erworbenen Hersteller von Präzisionswaagen. Da Mettler von einem Anlegerkonsortium übernommen wurde, das die Firma als eigenständiges Unternehmen an die Börse führen soll, dürften aus der Fusionsmasse von Ciba und Sandoz gleich vier eigenständige Unternehmen hervorgegangen sein.

Konzentration statt Diversifikation

Dieses ‹Basler Realignment› passt lupenrein in die heute gängige Managementphilosophie, nach der sich ein Unternehmen auf seine Kernkompetenzen zu konzentrieren und periphere Tätigkeiten abzugeben habe. So konzentriert sich Novartis im wesentlichen auf die Pharma (oder auf neudeutsch: ‹Life Sciences›), das Agrogeschäft und die Ernährung, während Clariant und Ciba SC die Entwicklung ihrer Spezialitätenchemie vorantreiben können, ohne dass ihnen

Konzernmütter mit anders gelagerten Interessen Hürden in den Weg stellen würden.

Vor zwanzig Jahren war der Trend allerdings genau in die entgegengesetzte Richtung gegangen. Unternehmen, die sich bloss auf ein schmales Segment der möglichen Geschäftsfelder konzentrierten, waren suspekt; ‹Diversifikation› lautete die Devise. Man wollte ‹Klumpenrisiken› vermeiden; die Verteilung der unternehmerischen Risiken auf viele und im Idealfall unverbundene Bereiche sollte den grossen Konzernen erlauben, alle wirtschaftlichen Klippen intakt und ohne Verlust an Finanzkraft zu umschiffen. Bis zu einem gewissen Grad waren der Verkauf von MBT durch Sandoz und die Abgabe von Mettler durch Ciba daher das Eingeständnis eines Scheiterns: die in den achtziger Jahren eingeschlagene Diversifikationsstrategie hat ihre Versprechen nicht gehalten.

Das ‹Basler Realignment› verschafft den neu gebildeten Clariant und Ciba SC die Chance, sich auf dem globalen Markt zu positionieren. In dem Masse nämlich, wie in den letzten Jahren Niedrigkostenländer im Nahen Osten und in Asien neue Kapazitäten im Bereich der chemischen Grundstoffe aufbauten und zu den traditionellen Anbietern aus Europa (und den USA) in Preiswettbewerb traten, begann die europäische Chemie, ihre Produktionsschwerpunkte von weniger profitablen Tätigkeiten auf Spezialprodukte mit höheren Gewinnspannen zu verlagern. Dabei stehen Pharmazeutika am oberen, die Massenproduktion von chemischen Grundstoffen am unteren Ende des Produktespektrums. In der Mitte finden sich die chemischen Spezialitäten, die in vergleichsweise geringen Mengen, aber zu guten Preisen abgesetzt werden können. Zur Produktegamme gehören etwa

Zusatzstoffe für Farben, Schmiermittel und Kunstfasern, Pigmente für unlösliche Autolacke, Epoxidharze und Duroplaste, die als Verbundwerkstoffe in den Flugzeugbau, in elektronische Bauteile und Sportgeräte eingehen, sowie Substanzen, die den Griff von Textilien sowie die hygienischen Eigenschaften von Papieren, Seifen und Waschmitteln verbessern.

Der Markt gerät in Bewegung

Infolge dieses Strukturwandels sind in den vergangenen zwei Jahren beinahe monatlich neue Gesellschaften auf den Markt gekommen. Integrierte Konzerne wie Hoechst oder Novartis begannen, sich mehr und mehr auf die Pharma zu konzentrieren; Firmen wie Unilever verkauften das bisher betriebene Chemiegeschäft, um sich auf die Herstellung und den Vertrieb von Konsumgütern zu konzentrieren. Die Herausforderung für die Hersteller chemischer Spezialitäten ist nun zu beweisen, dass sie als fokussierte Unternehmen den Markt zielgerechter und profitabler bearbeiten können, als es ihnen zuvor als Töchter diversifizierter Konzerne möglich gewesen war.

Es ist keineswegs selbstverständlich, dass ein über Nacht in die Selbständigkeit entlassener Konzernteil ohne weiteres Dazutun überlebensfähig ist. Diesen Anspruch mag die seit dem Frühjahr 1997 bestehende Ciba SC vielleicht erhoben haben, die auf der Basis ihrer angestammten Geschäftspalette bereits am ersten Tag einen Jahresumsatz von 8 Milliarden Franken anpeilte, womit sie vorübergehend zum weltweit grössten Konzern in der Branche der ‹Spezialitätenchemie› aufrückte.

Im Unterschied dazu war die fast zwei Jahre früher in die Unabhängigkeit entlassene Clariant mit einem Jahresumsatz von 2,5 Milliarden Franken von der heute als ‹kritisch› erachteten Grösse weit entfernt. Die Konzernleitung räumte denn auch von Anfang an ein, dass sie die Zusammensetzung des Geschäftsportfolios nicht für optimal hielt und gerne einzelne Geschäftsbereiche eintauschen würde. So betrachtet war es ein Glücksfall, dass der deutsche Hoechst-Konzern 1996 nach einem Käufer für seine Spezialitätenchemie (SC) suchte. Im Dezember 1996 kam es zur ‹Schicksalsgemeinschaft› zweier Unternehmen, die aus den gleichen Motiven aus zwei Grosskonzernen (Hoechst und Sandoz) verstossen worden waren, wobei Clariant die umsatzmässig mehr als doppelt so grosse Hoechst SC schluckte: Der Hoechst-Konzern beteiligte sich zu 45% am eigens für die Abwicklung dieser Transaktion aufgestockten Clariant-Kapital. Als passive Investoren unterliegen die Deutschen allerdings einer Stimmrechtsbegrenzung von 10%, wobei sie sich bis zum Jahr 2005 nur mit ausdrücklicher Erlaubnis der Mehrheitsaktionäre von ihrer Beteiligung in der Schweiz trennen dürfen.

Mit einem Umsatz von rund 9 Milliarden Franken führte die ‹neue Clariant› bereits 1997 die Rangliste der grössten Hersteller von Spezialitätenchemie an. Mit einem Streich hat man damit die ‹kritische› Umsatzmasse erreicht; in einigen Geschäftsbereichen verfügt man – ge-

Entlassungen nach der Clariant-Fusion sollen, so hiess es, vornehmlich bei Hoechst SC erfolgen.
◁

nau wie die lokale Konkurrenz Ciba SC – sogar über die absolute Marktführerschaft, und auch das Problem des unausgewogenen Portfolios hat sich weitgehend gelöst. Zwar überschnitten sich die vereinten Hoechst SC und Clariant in einer Reihe von Tätigkeiten (darunter bei Farbstoffen, Pigmenten, Additiven, Masterbatches und Papierchemikalien); gleichzeitig brachten die Deutschen aber auch völlig neue Unternehmensbereiche ein.

Gesicherte Arbeitsplätze, doch hohe Schulden

Die Verbindung von Hoechst und Clariant scheint in der ‹alten› Clariant, und damit in der Region, keine Arbeitsplätze gefährdet zu haben. Zwar war unmittelbar nach Bekanntwerden der Fusion von einem Abbau von 5000 Stellen die Rede, die weltweit von Hoechst und Clariant aufgegeben werden sollten. Aber aus dem Muttenzer Hauptsitz der Clariant hiess es danach, man habe bereits bei der Ablösung aus dem Sandoz-Verbund vor zwei Jahren «zahlreiche Redundanzen abgebaut». Die Last der Anpassung müsse nun vornehmlich von den Geschäftsbereichen der Hoechst SC getragen werden. Wenn es der Konzernleitung gelingt, ihre ehrgeizigen Wachstumsziele zu erfüllen (die für das Jahr 2000 gesetzte Umsatzmarke von 10 Milliarden Franken dürfte schon 1998 übertroffen werden), dann wird die Clariant über kurz oder lang wohl neue Mitarbeiter einstellen müssen, in der Regio, vielleicht sogar an Standorten der ehemaligen Hoechst Spezialitätenchemie.

Das sprichwörtliche Haar in der ‹Clariant-Suppe› sind darum nicht die erwarteten Entlassungen, sondern es ist die mit der Übernahme eingehandelte Verschuldung. Die Hoechst SC brachte nämlich nicht nur neue Aktivitäten, die Hälfte des Kapitals und – in der Person von Karl-Gerhard Seifert – einen deutschen Chief Executive Officer nach Muttenz, sondern auch hohe Schulden. Aus Sicht der Deutschen bestand die Attraktivität der Transaktion nämlich, neben der Abgabe eines peripher gewordenen Konzernbestandteils, auch in der Entlastung von Schuldtiteln in Höhe von 3,1 Milliarden Franken. Diese Entlastung setzt Mittel frei, die Hoechst für den Ausbau des Pharmageschäfts einsetzen kann. Für die ‹neue› Clariant bedeutet dies allerdings, dass sie einstweilen einen überproportional hohen Schuldenberg abzubauen hat. Das Management gibt sich jedoch zuversichtlich, schon im Jahr 2000 wieder jene vertretbaren Verschuldungskennziffern auszuweisen, die man vor der Übernahme der Hoechst SC erreicht hatte.

In den neunziger Jahren hat sich die Basler Industrielandschaft von Grund auf verändert. Zwar prägen Chemie und Pharma nach wie vor das Bild, aber der vertraute Name Sandoz ist verschwunden, und die ehemalige Ciba-Geigy lebt nur noch als Ciba SC weiter. Dafür sind mit Novartis, Clariant und Ciba Spezialitätenchemie drei milliardenschwere Unternehmen entstanden, die über das Potential verfügen dürften, die globale Präsenz Basels auf Jahrzehnte hinaus zu sichern.

‹Spezialitäten-chemie› bedeutet Farben, Schmiermittel, Epoxidharze. Ciba SC hat sich auf dieses Gebiet konzentriert. ▷

Vom ‹Basler Konsortium› zum Weltunternehmen

Beat Brenner

Ein Bankgigant namens UBS

Im Frühjahr 1997 feierte der Schweizerische Bankverein (SBV) seinen 125. Geburtstag. Standesgemäss nicht mit Pomp und Gloria, das hätte schon der durch rigorose Wertberichtigungen tiefrot gewordene Jahresabschluss 1996 verboten. Zu einer Festschrift, verfasst von Peter Rogge, dem früheren Chefvolkswirtschafter der Bank, hat es aber zum Glück doch noch gereicht. Unter dem fast schon prophetischen Titel ‹Die Dynamik des Wandels› kommt Rogge zum Schluss, dass der Bankverein auch weiterhin durch nichts so gefordert und gefördert werde wie eben durch diese Dynamik des Wandels.

Obwohl es bestimmt bequemer gewesen wäre, die Frage nach der Zukunftsberechtigung dreier Schweizer Grossbanken in dem seit Jahren als ‹overbanked› geltenden Markt gar nicht erst aufzugreifen, ging Rogge auf diesen Punkt ein und hielt im Frühjahr 1997 folgendes fest: «Dass der Bankverein sich stark genug fühlt, seinen Weg auch weiterhin allein zu gehen, das wird von verantwortlicher Stelle der Bank bis in unsere Tage hinein immer wieder mit Nachdruck betont (und er *ist* derzeit gewiss dafür auch stark genug)…»* Seit dem 8. Dezember 1997 wissen wir es besser. Georges Blum, seit 1996 Verwaltungsratspräsident des Schweizerischen Bankvereins, erklärte vor der Presse unverblümt, dass er bereits im April 1995 erste Kooperationsgespräche mit der Schweizerischen Bankgesellschaft geführt habe.

Ganz im Gegensatz zum Bankverein hatte die Schweizerische Bankgesellschaft (SBG) im Frühjahr 1997 keinerlei Grund zum Feiern. Zwar konnte man ungeachtet der (gegenüber dem SBV noch höheren) einmaligen Wertberichtigungen einen Konzernverlust von ‹lediglich› 350 Millionen Franken ausweisen (SBV: 1955 Mio.); doch der ebenfalls kerngesunden Grossbank machten ganz andere Dinge zu schaffen. Fast noch verbissener als früher verspürte man den aktiven Grossaktionär Martin Ebner mit seiner ‹BK Vision› – Ebner monierte Strategie und Geschäftspolitik, pochte lauthals auf Veränderungen und unterstrich sein Engagement mit Prozessen und Strafanzeigen gegen den SBG-Verwaltungsrat und vorab gegen dessen seit 1996 amtierenden Präsidenten, Robert Studer. Studer selbst trug durch sein ungeschicktes Verhalten in Sachen Holocaust-Gelder bzw. Wachmann Christoph Meili massgeblich zu einem erheblichen Image-Problem der Grossbank bei. Er stellte dies auch nicht in Abrede und verkündete noch am 18. Oktober 1997 in zwei Interviews selbstbewusst: «Der Studer geht nicht.» Auch hier wissen wir es seit dem 8. Dezember 1997 besser: Robert Studer wird der neuen United Bank of Switzerland (UBS) nicht vorstehen, der Studer geht.

Allmacht der Macher – Ohnmacht der Betroffenen?

Das Tempo, das 1997 im schweizerischen Finanzsektor eingeschlagen wurde, ist atemberaubend. Was 1996 noch unmöglich schien, ist Tatsache geworden. Damals hatten die SBG-Verantwortlichen einen Fusionsvorschlag von Rainer E. Gut von der CS-Gruppe unter anderem mit dem Hinweis auf die schmerzhafte und kostenintensive Beseitigung zahlreicher Doppelspurigkeiten in der Schweiz empört von sich gewiesen. Tatsache ist auch, dass sich der schnöde abgewiesene Gut nicht beeindrucken liess und 1997 das Pferd wechselte: Am 11. August 1997 gab er die 13 Milliarden Franken schwere Übernahme der ‹Winterthur›-Versiche-

In Frankfurt/M wurde 1871 das Protokoll über die Gründung des Basler Bankvereins unterzeichnet. Seit 1985 ist der Bankverein auch in der Mainmetropole mit einer Tochtergesellschaft präsent.   ▷

rung bekannt. ‹Allfinanz› statt ‹Allbank› heisst hier das Zauberwort. Und in Teilen der Bevölkerung machte sich der Eindruck breit, die Finanzwelt sei nun geprägt von der Allmacht der Macher und der Ohnmacht der Betroffenen.

Good news, bad news

Die bisher bekanntgewordenen Fakten und Überlegungen scheinen diese Einschätzung zu bestätigen: Da treffen mit dem 52jährigen Mathis Cabiallavetta und dem 47jährigen Marcel Ospel zwei erst seit 1996 tätige Konzernleitungspräsidenten schweizerischer Grossbanken aufeinander. Beide haben sie eine beispiellose Karriere aufzuweisen. Sie verstehen sich und ziehen innert weniger Monate die grösste Fusion im europäischen Banksektor durch. Sie erzielen die Zustimmung ihrer überaus grossen Verwaltungsratsgremien, obwohl diese dadurch selbst drastisch redimensioniert werden. Mit der Bekanntgabe ihres Projektes lösen sie kurz vor Weihnachten ein bisher nicht vorstellbares

Beben mit schwer abschätzbarer Langzeitwirkung aus. Zwar galt der Vorbehalt, dass das Vorhaben, das von den Börsen mit kräftigen Avancen honoriert wurde, noch von den Aktionären gebilligt werden musste. Doch davon ging man – und auch dies ist erstaunlich – selbstverständlich aus. Um so intensiver wurden und werden denn auch die Auswirkungen des Schulterschlusses der Titanen diskutiert. Im Vordergrund stehen dabei die schlechten Nachrichten: 13 000 der insgesamt 56 000 Arbeitsplätze werden abgebaut, 6000 davon sehr schnell im Ausland, 7000 – verteilt über vier Jahre – in der Schweiz. Nach Auffassung der Architekten soll der Abbau dieser 7000 Arbeitsplätze auf mehreren Wegen erfolgen: Zunächst soll die sogenannte natürliche Fluktuation ausgenützt werden (bisher wiesen beide Institute zusammen pro Jahr zwischen 3000 und 4000 Aus- und Eintritte auf; hochgerechnet auf drei bis vier Jahre ergibt dies 10 000 bis 15 000 Arbeitsplätze). 2500 Jobs sollen nicht mehr be-

Der Sitz London bezog 1989 sein neues Domizil am Ufer der Themse.
◁

setzt werden, weitere 700 Mitarbeiter erreichen in dieser Zeit ihr ordentliches Pensionierungsalter, für zusätzliche 2000 Angestellte werden vorzeitige Pensionierungen ins Auge gefasst. Somit verbleiben 1800 Arbeitsplätze, bei denen es zu Kündigungen kommen soll. Als weiterer Schritt ist das schweizerische Filialnetz mit derzeit 550 Einheiten um wohl rund 200 zu redimenionsieren. Für den Stellenabbau wird mit Restrukturierungskosten von 2,5 Milliarden Franken gerechnet, weitere 1,5 Milliarden wird es kosten, Leute noch ‹bei der Stange zu halten›, die in einigen Monaten oder Jahren nicht mehr benötigt werden. Hinzu gesellen sich 3 Milliarden Franken für die neue Informatik und für Wertberichtigungen auf nicht mehr benötigten Gebäuden.

Nur unzulänglich nahm eine aufgeschreckte Bevölkerung die guten Nachrichten zur Kenntnis: Zwei Schweizer Unternehmen, die im operativen Geschäft solide schwarze Zahlen schreiben, setzen alles daran, dies auch in Zukunft,

und zwar besser denn je, tun zu können. Sie tragen dem weltweiten Restrukturierungsprozess und seiner Tendenz zu grösseren Einheiten mit einem kühnen Entscheid Rechnung. Sie versuchen, im nationalen Geschäft mit kleinen und mittleren Kunden jene kritische Grösse zu erreichen, die die unerlässliche Rentabilität gewährleistet – und damit unter Umständen Mehrwert für Kunden, Aktionäre und Fiskus. Die weltweit führende Bank im Bereich der privaten Vermögensverwaltung baut aus eigenen Stücken und bevor dies der Markt im ‹unangenehmsten Moment› erzwingen könnte kostspielige Doppelspurigkeiten ab. Die neue UBS setzt auf beschleunigtes Wachstum und will das Kapital effizienter bewirtschaften: Nach erfolgter Restrukturierung, die vorübergehend Steuerausfälle bringt, ergeben sich nach internen Berechnungen jährliche Kosteneinsparungen von 3,5 Milliarden Franken. Der konsolidierte Reingewinn soll im Jahr 2002 zwischen 10 und 11 Milliarden Franken erreichen, was auf dem dannzumaligen Eigenkapital einer Rendite von rund 20 % entspricht. Dank ihrer Position der Stärke und dank hoher Kreditwürdigkeit ist sie ein verlässlicher Arbeitnehmer und Steuerzahler.

Umwälzungen auf dem Arbeitsmarkt

Nimmt man die intensive Diskussion der letzten Dezemberwochen des Jahres 1997 als Massstab, so zählen jedoch nicht die fernen Schalmeienklänge. Die 1800 Kündigungen avancieren zum alleinigen kritischen Wert. Vergessen geht dabei, dass der Finanzsektor seit Beginn der neunziger Jahre bereits 7000 Stellen abgebaut hat, und dass nach Meinung fast aller Beobachter diese Redimensionierung noch nicht abgeschlossen ist: Die beiden Grossbanken hätten auch ohne die Fusion Arbeitsplätze abbauen müssen. Ebenfalls vergessen wird, dass dies in der Schweiz verteilt auf einen Zeitraum von vier Jahren geschehen soll, und dass bei der CS-Gruppe mehrere tausend Stellen ohne Kündigungen abgeschafft werden konnten; die bisherigen Erfahrungen bei der Novartis weisen in eine ähnliche Richtung. Kaum ins Kalkül aufgenommen wird ferner, dass nicht alle Arbeitsplätze, die dem durch frühere Fehlentscheide eindeutig aufgeblähten Bankensektor verlorengehen, auch der Volkswirtschaft als Ganzes verloren gehen werden.

In der Region Basel, die mit dem Bankverein wohl intensiver verbunden ist als Zürich mit der ursprünglich ostschweizerischen Bankgesellschaft, stossen diese Überlegungen auf wenig Gehör. Hier steht man unter dem Eindruck einer langen Kette von Hiobsbotschaften: Zwischen 1991 und 1995 wurden 19 200 Vollarbeitsplätze abgebaut; weitere 14 000 werden gemäss der Regio-Wirtschaftsstudie bis ins Jahr 2000 Umstrukturierungen zum Opfer fallen, wobei die Zahlen der Bankenfusion noch nicht berücksichtigt sind. Auch wenn dieser Abbau nicht gleichgesetzt werden kann mit einer identischen Zahl an Entlassungen und Arbeitslosen, so zählen diese Sorgen weitaus mehr als die Tatsache, dass im neuen Bankkonzern die Bankverein-Leute eindeutig die besseren Karten haben. Den grössten Kritikern der Fusion ist allerdings in Erinnerung zu rufen, dass nur gesunde und prosperiende Unternehmen auf Dauer Arbeitsplätze schaffen können. Was not tut, sind vernünftige politische und fiskalische Rahmenbedingungen sowie ein verbessertes wirtschaftliches Umfeld, das wieder unternehmerisches Wagnis (und damit die Schaffung von Arbeitsplätzen) honoriert. Hier ist die Politik gefragt: sie hat – ohne auf die nächsten Wahlen zu schielen – als ordnende Instanz jenen Rahmen zu setzen, der den Wohlstand im Land ermöglicht und sicherstellt.

Diskussion um den Firmensitz

Es gehört zur Ironie der Geschichte, dass die Schaffung der weltweit grössten Privatbank auch zu binnenschweizerischen Rivalitäten geführt hat. Während die neue UBS angesichts des aus Basel geführten Privatkundengeschäfts zwei Steuerdomizile in der Schweiz haben möchte, reklamiert Zürich den Anspruch auf ein exklusives Zürcher Steuerdomizil. Nur scheinbar geht es dabei um die Frage «Alles oder nichts?». Nach gängiger Praxis erhält der Fiskus des Sitzkantons einer Bank einen Vorausanteil von 10 % des Steuersubstrats; 90 % der Steuerzahlungen einer Bank aber werden im Rahmen der Steuerausscheidungen verteilt, die auf die Lage der Betriebsstätten Rücksicht nehmen. Der Bankverein soll in der Schweiz in den letzten Jahren zwischen 120 und 200 Millionen Franken an Ertrags- und Kapitalsteuern entrichtet haben, die Bankgesellschaft zwischen 180 und 400 Millionen Franken. Kommt es also zu einer salomonischen Doppelsitz-Lösung mit je hälftiger Ausscheidung, so dürfte sich an den geltenden Verhältnissen nichts ändern. Würde aber die Ausscheidung bei zwei Sitzen nach Sparten aufgenommen, so profitierte Basel, weil hier das ertragsstarke Private-Banking-Geschäft domiziliert werden soll. Daher wäre durchaus denkbar, dass Zürich aus rein verhandlungstaktischen Gründen auf den Alleinvertretungsanspruch pocht. Eine Doppelsitzstruktur wäre im übrigen nichts Neues: Knapp ein Jahr lang hiess die Vorgängerorganisation des Schweizerischen Bankvereins ‹Basler und Zürcher Bankverein›. Auch sie war 1896 auf dem Fusionswege entstanden.

Anmerkung

* Peter G. Rogge, Die Dynamik des Wandels, hrsg. vom Schweizerischen Bankverein, Basel 1997, S. 359.

Peter G. Rogge

125 Jahre Schweizerischer Bankverein

An der Wiege gesungen, dass aus ihm einst eines der bedeutendsten Finanzhäuser der Welt werden sollte, hatte es dem Konsortium von sechs Basler Bankhäusern wohl niemand, das sich 1854 zusammengeschlossen hatte, um gemeinsam Anleiheprojekte zu realisieren, vor allem auf dem Gebiet des damals blühenden Eisenbahnbaus. Und doch war bereits die von ihm getragene Gründung des ‹Basler Bankvereins›, ab 1897 firmierend als ‹Schweizerischer Bankverein›, im Jahre 1872 ein erster Schritt in die Welt hinaus: Das ‹Basler Konsortium› etablierte das neue Institut nicht nur zusammen mit weiteren Basler Banken, sondern vor allem mit ausländischen Instituten wie dem Frankfurter Bankverein oder dem Bankverein in Wien und in Berlin. Die Basler sicherten sich zwar durch die Statuten die Mehrheit in Verwaltungsrat und Geschäftsleitung, doch zwei Drittel des Aktienkapitals befanden sich in ausländischer Hand – offen zur Welt, verwurzelt in Basel. Dieses Charakteristikum findet sich bei vielen Basler Unternehmerfamilien ebenso wie bei grossen Basler Unternehmen und sollte für den Bankverein auf allen zukünftigen Wegen gültig sein. Fragt man heute, warum der Basler Bankverein kein ‹Basler› Bankverein geblieben ist, sondern rasch zu einer zunächst auf die Schweiz, sehr bald aber auch international ausgerichteten Finanzinstitution wurde, dann stösst man auf einen der drei Schlüssel, die nicht nur (seit 1936) das Signet der Bank abgegeben haben, sondern auch die Schlüssel zum Verständnis für die ausserordentliche Entwicklung dieses Institutes sind, das nicht in einer internationalen Finanzmetropole, sondern in einer vergleichsweise kleinen Stadt in einem kleinen Lande beheimatet war.

Einer der Schlüssel ist die fortwährende Bereitschaft, sich den Herausforderungen nationaler und internationaler Finanzmärkte zu stellen, die Chancen dieser Märkte zu nutzen und ihre Risiken nicht zu scheuen. Diese Linie lässt sich durch die ganze 125jährige Geschichte des Bankvereins verfolgen. Sie beginnt in den 1880er Jahren mit Konsortialfinanzierungen für Eisenbahnen in Europa, Amerika und Algerien, setzt sich fort mit der ersten Zweigniederlassung im Ausland (London Office, eröffnet 1898), der weitblickenden Etablierung in New York (1939) und der Ausbreitung über alle Erdteile in den fünfziger und sechziger Jahren, und führt bis zur heutigen weltweiten Präsenz mit hunderten von Niederlassungen und Vertretungen sowie voll konsolidierten Konzerngesellschaften an allen finanzgeschäftlich wichtigen Plätzen der Erde. Parallel zu dieser Entwicklung hatte sich das Selbstverständnis der Bank gewandelt, von einem Basler Institut mit Geschäftsinteressen im In- und Ausland zu einer internationalen Finanzinstitution mit Sitz in der Schweiz, in Basel. Dank seinem über Jahrzehnte hinweg konsequent betriebenen Vordringen auf fremde Märkte ist der Bankverein eine Grossbank nicht nur in der Schweiz geworden, er zählt zur Zeit auch unter den abertausenden von Banken weltweit zu den zwei, drei Dutzend ‹Global Players›.

Hierzu hat mehr als nur die Bereitschaft zum Schritt auf Finanzmärkte ausserhalb Basels, ausserhalb der Schweiz gehört. Entscheidend war die Fähigkeit, fremde Unternehmenstrukturen zu integrieren, wenn es galt, durch Übernahmen anderer Institute in neue Märkte vorzudringen. Dies ist ein weiterer Schlüssel zum Verständnis der Triebkräfte einer erfolgreichen Unterneh-

Karl Stehlin, Basler Anwalt und Ständerat, war erster Präsident des ‹Basler Bankvereins› (1872–1881). ▷

mensentwicklung. Ihre Integrationskraft hatte die Bank in den ersten hundert Jahren ihrer Existenz vornehmlich innerhalb der Schweiz geübt. Die erste Etablierung ausserhalb Basels war durch die Fusion mit dem Zürcher Bankverein (1896) und der Schweizerischen Unionbank St. Gallen (1897) bewerkstelligt. In den folgenden Jahrzehnten trugen Übernahmen anderer schweizerischer Institute wesentlich zum Wachstum der Bank bei: in Basel (u. a. 1897 die Basler Depositenbank, 1945 die Basler Handelsbank, 1960 die Internationale Bodenkreditbank und 1979 die Handwerkerbank), aber auch in Genf, Zürich, Chiasso, Lausanne, St. Gallen, Schaffhausen, Neuchâtel, La Chaux-de-Fonds, Nyon, Siders und an einigen weiteren, kleineren Orten. In diesen Jahrzehnten wuchs der Bankverein zu einer Art ‹Verein von Banken› heran: Im Jubiläumsjahr 1972 bildeten 123 Niederlassungen in der Schweiz einen Reigen voll konsolidierter Institute, denen bei der Bearbeitung ihrer regionalen Märkte erhebliche Kompetenzen delegiert waren.

Kurz nach seinem hundertsten Jubiläum begann

Im ‹Haus zum Wilhelm Tell› an der Aeschenvorstadt befanden sich von 1872 bis 1884 die Büros. ▷

der Bankverein, seine im Inland geübte Integrationskraft auch im Ausland unter Beweis zu stellen. Nachdem er bereits mit sechs Niederlassungen und vierzehn Vertretungen auf allen fünf Kontinenten präsent war (1972), begab er sich mit der sukzessiven Übernahme ausländischer Finanzinstitute auf einen Weg, der ihn in die Ränge der wenigen ‹Global Player› auf den internationalen Finanzmärkten führen sollte. Die Wegmarken dabei folgten immer rascher aufeinander und wurden immer gewichtiger: die aufsehenerregende Integration der Chicagoer Firma ‹O'Connor Partners›, ein weltweit führender ‹Think Tank› für die Entwicklung und den Vertrieb moderner ‹High-Tech›-Finanzinstrumente; die Übernahme der ‹Brinson Partners Inc.›, Chicago, ein führendes Haus für die Verwaltung institutioneller Vermögen in den USA (1995); der Erwerb der weltweit tätigen Investmentbank ‹S.G. Warburg› in London (1995), der alle bisherigen derartigen Schritte des Bankvereins an Grösse und Bedeutung in den Schatten stellte; schliesslich die Übernahme des angesehenen, bedeutenden Broker- und Investment-Hauses ‹Dillon Read› in New York.

Bei der Verfolgung dieses Weges sahen sich nicht nur die vom Bankverein übernommenen Finanzinstitutionen Veränderungen ausgesetzt; der Bankverein selbst vollzog in dieser Zeit eine geradezu revolutionäre Neuausrichtung, die den gewandelten Bedürfnissen der internationalen Kundschaft und den neuen technischen Möglichkeiten des Finanzwesens entsprach. Sie schloss Mitarbeiterstab wie Geschäftsleitung, Organisation und Führung, Produkte und Dienstleistungen ein – eine Neuausrichtung, die auch und gerade in Basel, immer noch Sitz der Bank und Wohnort Tausender von Mitarbeitern, aufmerksam verfolgt wurde.

Hier nun zeigte sich etwas, was man als den dritten Schlüssel zum Verständnis einer Entwicklung betrachten kann, die den Bankverein in 125 Jahren in die Ränge der bedeutendsten Banken der Welt geführt hat: die Fähigkeit zur anhaltenden, konsequenten Erneuerung des eigenen Hauses in Anpassung an die Veränderungen der Finanzmärkte. Dass der Bankverein in seiner Erneuerungskraft mindestens seit seinem 100. Jubiläum, speziell aber in den letzten fünfzehn Jahren, immer stärker gefordert worden ist,

△
Jonathan Borofskys ‹Hammering Man› vor dem 1988 fertiggestellten Corporate Center am Aeschenplatz. Ein zweites Exemplar der Skulptur steht in Frankfurt/M.

64

wird niemanden verwundern, der eine Ahnung vom zunehmend rasanten Wandel der Finanzmärkte unserer Zeit hat.

Die Umbauten der jüngeren Vergangenheit kamen denn teilweise auch schon fast Neubauten gleich. So wurde die Struktur der Bank, die vornehmlich regional und nach Produktgruppen ausgerichtet war, in den letzten Jahren in eine auf Kundengruppen fokussierte Konzernstruktur umgewandelt. Sie umfasste einen ‹Unternehmensbereich Schweiz› für das inländische Retail- und Firmengeschäft, ‹SBC Private Banking› für private Anleger, ‹SBC Brinson› für globale institutionelle Vermögensverwaltung sowie ‹SBC Warburg Dillon Read› für internationales Investment Banking. Weiterhin wurde die Bankstruktur, die viele Doppelspurigkeiten enthalten hatte, durch Übertragung der bisherigen (regionalen) Sitzkompetenzen auf die zentralen Geschäftssparten und die Zusammenlegung dezentraler Funktionen völlig neu ausgerichtet. Sodann wurde das Inlandgeschäft organisatorisch von den Auslandsaktivitäten abgekoppelt, sein über Jahrzehnte hinweg flächendeckend ausgebautes Filialnetz gestrafft. Schliesslich richtete die Bank ihre inzwischen weit aufgefächerte Riesenorganisation auf ihre Kernkompetenzen aus und lagerte viele Aktivitäten aus, die nicht zum Kerngeschäft gehören und nun verselbständigt wurden.

Inzwischen muten all diese Veränderungen, so weitreichend sie auch waren, fast nur wie ein energischer Anlauf zum neuen, grossen Sprung an: Am 8. Dezember 1997, kurz nach Ablauf des 125. Jahres seines Bestehens, orientierte der Bankverein zusammen mit der Schweizerischen Bankgesellschaft über den vortags von den Verwaltungsräten beider Institute gefassten Beschluss über eine vollständige Fusion der beiden Banken per Frühling 1998, unter Vorbehalt der Zustimmung der Aktionäre und Auf-

sichtsinstanzen. Mit diesem Schritt – von der Finanzpresse als ‹Titanenschritt› bezeichnet – suchen die Verantwortlichen nach eigenem Bekunden den rasant fortschreitenden Umwälzungen der internationalen Finanzmärkte proaktiv Rechnung zu tragen – Umwälzungen, die sich in einer nochmaligen Intensivierung des globalen Wettbewerbs auf den Finanzmärkten und in einer progressiven, vor Ländergrenzen nicht Halt machenden Konsolidierung der grossen Finanzdienstleistungsunternehmen niederschlagen (und noch niederschlagen werden). Der neu entstehende Riese – gemessen an der Bilanzsumme die zweitgrösste Bank, gemessen an der Summe der ihr anvertrauten Vermögen der grösste Vermögensverwalter der Welt – soll den Namen UBS (United Bank of Switzerland) tragen; diesem neuen Firmensignet graphisch vorangestellt werden sollen die drei Schlüssel des Bankvereins, während der Name ‹Schweizerischer Bankverein› der Vergangenheit angehören soll.

Dass derartige Umbrüche mit all ihren Konsequenzen (darunter nicht zuletzt der angekündigte rationalisierungsbedingte Abbau von global 23 % der Arbeitsplätze beider Banken, 18 % ihrer Arbeitsplätze in der Schweiz) nicht nur eitel Freude auslösen, zumal nicht in Basel, das neben Arbeitsplätzen zumindest auch einen gewichtigen Teil der Leitungsinstanzen des neuen Konzerns an Zürich verlieren wird, liegt auf der Hand. Dennoch und gerade deshalb bleibt festzuhalten, dass der Schweizerische Bankverein nach 125 Jahren erfolgreichen Wirkens jetzt keineswegs untergeht, sondern vielmehr als wesentlicher Teil aufgehen wird in einer neuen, noch stärkeren Institution – einer wirklich weltweit (in über 100 Ländern) tätigen Grossbank; und fest steht auch, dass dieses schweizerische Weltunternehmen auch weiterhin in Basel präsent bleiben wird.

Matthias Geering

Neue Firmen, neue Impulse

Schafft die regionale Wirtschaft den Aufschwung?

Die schlechte Nachricht erreichte uns kurz nach den Sommerferien: Obwohl die Schweizer Wirtschaft die Talsohle anscheinend durchschritten hatte und alle Prognosen für die nächsten Monate ein Wachstum versprachen, stieg die Zahl der Firmenkonkurse auf ihren bisherigen Höchststand: 2628 Konkurseröffnungen wurden in den ersten sieben Monaten des Jahres 1997 verzeichnet – 10 % mehr als im Vorjahr. Doch zusammen mit dieser schlechten Nachricht erreichte uns auch eine gute: Im gleichen Zeitraum stieg auch die Zahl der neu gegründeten Firmen deutlich an.

Das eine geht offenbar nicht ohne das andere. Eine neue Firma gründen heisst immer auch, ein gewisses Risiko eingehen. Wer wagt, gewinnt – manchmal. Wenn viele wagen, dann gewinnen einige. Dass einige auch verlieren, ist Wahrscheinlichkeitsrechnung. 1996 wurden in der Schweiz 27 071 Firmen neu gegründet; gleichzeitig wurden 18 677 im ‹Schweizerischen Handelsamtsblatt› als gelöscht aufgeführt. Unter dem Strich hat demnach die Zahl der Schweizer Firmen, unabhängig von ihrer Grösse, im Jahr 1996 also zugenommen – ein gutes Zeichen für den helvetischen Wirtschaftsraum. Bei der Analyse dieser Zahlen hat das Bundesamt für Industrie, Gewerbe und Arbeit (Biga) festgestellt, dass es sich bei Neugründungen in erster Linie um Einzel- und Kleinfirmen handelt. Dies ist für den Arbeitsmarkt besonders wichtig, denn gerade diese kleinen Firmen schaffen derzeit die meisten Arbeitsplätze und kompensieren so zumindest einen Teil des massiven Abbaus bei den grossen Unternehmen.

Kleine und mittlere Unternehmen fördern

Kleine und mittlere Unternehmen – die sogenannten KMU – sind die wichtigste Stütze unserer Wirtschaft. Wenn in der Region Basel immer wieder von der ‹allmächtigen› Chemie gesprochen wird, so muss auch festgehalten werden, dass, sieht man einmal von den Staatsangestellten ab, zwei Drittel der übrigen Arbeitsplätze von den KMU gestellt werden. Und diese vielen kleinen und mittleren Unternehmen haben alle einmal als Kleinstfirma angefangen.

Der Gewerbeverband Basel-Stadt – einer der wichtigsten Vertreter der KMU – engagiert sich seit Jahren mit viel Energie für Jungunternehmerinnen und -unternehmer. Seine Broschüre ‹Ein kleiner Mutmacher zum Schritt in die Selbständigkeit› stiess auf grosses Interesse – über tausend Personen in der Region Basel haben diese Kurzanleitung abgeholt. 1996 startete der Gewerbeverband dann eine besondere Aktion: Mit dem ‹Förderungsprogramm für Unternehmerinnen und Unternehmer› konnten 163 Frauen und Männer gewonnen werden, die – mit der Unterstützung des Verbandes – den Weg in die Selbständigkeit wagten. Auch für den Gewerbeverband hat sich das Engagement gelohnt, weil er durch gezielte Befragung der Jungunternehmer unter anderem erfahren konnte, wo die grössten Probleme auf dem Weg zur Selbständigkeit liegen. «Schwierigkeiten gibt es zum Beispiel bei der Beschaffung des Grundkapitals, beim Gewähren des Betriebskapitals oder bei der Kunden-Akquisition», fasste Gewerbe-Direktor Christoph Eymann die Erkenntnisse zusammen.

Neben dem Gewerbeverband Basel-Stadt kümmern sich verschiedene Organisationen und

Personen in der Region um Wirtschaftsförderung und Firmengründungen. So hat die Handelskammer beider Basel grosse Erfahrungen in den Bereichen Handelsfirmen, Dienstleistungen und Industrie. Eine andere wichtige Anlaufstelle für potentielle Firmengründer ist die Wirtschaftsförderung beider Basel, die 1996 über dreissig Firmengründungen begleitete. An der Universität Basel sorgt die Technologietransferstelle für den Kontakt zwischen Hochschule und Privatindustrie. In einem ähnlichen Bereich arbeitet die Erfindungsverwertungs-AG (EVA), eine mehrheitlich von den beiden Basler Kantonalbanken getragene Firma. Sie prüft Erfindungen auf ihre kommerzielle Verwertbarkeit und beteiligt sich später am Erfolg – falls sich dieser einstellt.

Von der Idee zur Finanzierung

Eine der grössten Hürden für junge Unternehmerinnen und Unternehmer ist die Geldbeschaffung. Auch wenn die Idee für eine neue Firma noch so gut ist – ohne Geld geht gar nichts. Und weil die wenigsten genügend Geld gespart haben, um ein kleines Unternehmen alleine auf die Beine zu stellen, sind sie auf Fremdfinanzierung angewiesen. Der Weg des Jungunternehmers führt in der Regel also bald einmal zu einer Bank. Dort hat man die grössten Chancen, wenn man seine Absichten unternehmerisch darlegen, einen sogenannten ‹Business-Plan› vorlegen und vielleicht sogar die EVA als Referenz anführen kann. Am Erfinder mit der ‹wahnsinnig guten Idee› sind die Bankleute weniger interessiert; ein gutes Management mit einem mittelmässigen Produkt sei eben besser als ein mittelmässiges Management mit einem guten Produkt, betonen die Geldgeber. Entscheidend ist darum, ob der potentielle Firmengründer den Bankiers aufzeigen kann, wie er seine Idee kommerziell umsetzen will. In wirtschaftlich schwierigen Zeiten bekommt nur Geld, wer als Unternehmer überzeugen kann und bereit ist, eigenes Risiko-Kapital – sogenanntes ‹Venture-Capital› – zur Verfügung zu stellen. Beim Schweizerischen Bankverein beispielsweise erwartet man, dass junge Unternehmer die Hälfte des benötigten Kapitals selbst aufbringen. Für die Bank birgt sich darin auch eine gewisse Sicherheit, denn mit eigenem Geld, so die Erfahrung der Banker, gehe man sorgfältiger um als mit geliehenem.

Doch gerade junge, kleine Firmen sind für die Grossbanken kein lukratives Geschäft. Die Kredite belaufen sich auf einige hunderttausend Franken, gleichzeitig ist das Risiko oft schwer einschätzbar. Auch wenn junge Unternehmer mit guten Ideen, viel Elan und viel Geld den Schritt zur eigenen Firma wagen, schaffen nur wenige den kommerziellen Erfolg. Statistiken zeigen, dass die Hälfte der neu gegründeten Firmen bereits nach fünf Jahren nicht mehr auf dem Markt sind. Dass fünf von zehn Firmen nicht überlebensfähig sind, darf nicht als ‹Verlustquote› betrachtet werden. Vielmehr sind die überlebenden Kleinstfirmen als Gewinn zu verbuchen. Sogar dann, wenn gewisse Geldgeber von einer langfristigen ‹Erfolgsquote› von nur 20 % ausgehen, so sind es eben genau diese zwei Firmen, für die es sich lohnt, zehn Projekte zu unterstützen. Lange Zeit wurde die Finanzierung neuer Unternehmen von den Banken vernachlässigt, weil es sich auf den ersten Blick nicht rentierte. Diese Zurückhaltung begründete sich darin, dass es für die Banken sehr schwer war, die Marktchancen von ausgefallenen oder besonderen Vorhaben abzuschätzen. Heutzutage verfügen die Geldinstitute über Fachleute, welche die neuesten Technologien kennen und daher beurteilen können, ob eine Erfindung oder ein Produkt kommerziell erfolgreich sein könnte. Seit Beginn des Jahres 1996 sind deshalb auch die Grossbanken bereit, mit sogenannten ‹Venture Capital Fonds› (Risiko-Kapital-Fonds) jungen Unternehmern eine Starthilfe zu geben. Für den Standort Basel ist es wichtig, dass der Mut, Risiken einzugehen, auch bei den Geldgebern vorhanden ist. Sonst läuft die Region Basel nämlich Gefahr, dass die klugen Köpfe ihr den Rücken kehren und ihre Ideen woanders realisieren.

Scheitern lässt sich gezielt vermeiden

Woran scheitern junge Unternehmer? Eine einfache Antwort auf diese Frage existiert nicht. Trotzdem gibt es einige Faktoren, die bei der Mehrzahl der gefährdeten Kleinstfirmen eine Rolle spielen. So wird oft die eigene Branche falsch eingeschätzt. Wer sich beispielsweise im Baugewerbe selbständig machen möchte, findet schnell eine günstige Werkstatt und günstiges Werkzeug. Dass diese Werkstatt aber von einem Berufskollegen wegen mangelnder Aufträge aufgegeben wurde, dass die günstigen Werkzeuge aus dem Liquidationsverkauf eines Konkurrenten stammen, wird oft übersehen. Gerade in Branchen, bei denen das Angebot weit grösser ist als die Nachfrage, ist es schwierig, neu anzufangen. Umgekehrt bieten aber genau solche Branchen den jungen Unternehmern die Chance, etablierten Anbietern mit einer ‹schlanken› Produktion die Stirn zu bieten.

Ein weiteres Problem der jungen Unternehmerinnen und Unternehmer ist die Einsamkeit. ‹Endlich sein eigener Chef zu sein› ist eine der Motivationen, die Firmengründer dazu bewegen, Geld aufs Spiel zu setzen, Freizeit zu opfern und sich auf längere finanzielle Durststrecken einzulassen. Oft vergessen sie dabei, dass zwar kein Chef mehr die Arbeit verteilt, dass aber auch niemand mehr da ist, mit dem man über die Alltagsprobleme reden kann. Viele junge Firmen scheitern genau an diesem Punkt. Während fachliche Kompetenz wie Ausbildung und Erfahrung – die Grundlage für ein erfolgreiches Unternehmen – recht gut mess- und einschätzbar ist, ist die Persönlichkeitsstruktur des Unternehmers vor einer Neugründung schwer einzuschätzen und muss ernsthaft geprüft werden. Selbstvertrauen bedeutet nicht einfach nur, seine Stärken zu kennen. Der selbstsichere Unternehmer ist vielmehr jener, der sich seiner Schwächen sehr wohl bewusst ist und mit ihnen umgehen kann. Verwandte und Freunde können da gute Ratgeber sein, doch oft nehmen gerade enge Vertraute zu viel Rücksicht, wenn es um eine offene, ehrliche Beurteilung geht. Fachleute im Bereich der Personalberatung raten darum potentiellen Jung-

unternehmern, den ehemaligen Arbeitgeber um eine ehrliche Einschätzung zu bitten. Ist die Neugründung geglückt, beginnen die Probleme erst richtig: Alleingelassen in seinem Büro oder in seiner Werkstatt verbringt der junge Unternehmer seine Arbeitszeit. Niemand ist da, mit dem er seine Schwierigkeiten besprechen kann, die gerade in diesem Zeitabschnitt so wichtige Reflexion kann kaum stattfinden. Gleichzeitig lastet der Druck auf ihm, mit seiner Firma erfolgreich sein zu müssen. Diese Konstellation trifft man nicht nur in Kleinstfirmen; den Führern grosser Firmen geht es in ihren edlen Direktionsbüros oft genauso. Sie können sich jedoch ein professionelles Coaching leisten: Unternehmensberater begleiten den Firmenchef und helfen ihm, die wichtigen Entscheidungen zu treffen.

Für Kleinstunternehmer dagegen ist ein derartiges Coaching meist gar nicht finanzierbar. Damit sie trotzdem Kontakte zu anderen Kleinfirmen haben, wird derzeit ein KMU-Netzwerk aufgebaut, in dem kleine und mittlere Unternehmen ihre Erfahrungen in den verschiedensten Bereichen der unternehmerischen Praxis gegenseitig austauschen können. Das von der Wirtschaftsförderung angeregte Projekt will die Potentiale der KMU in der Region Basel besser nutzen, ihre Wertschöpfung erhöhen und ihre Innovationskraft steigern. Das Jahr 1997 hat die Region Basel auf dem Weg zu einem idealen Standort für neue Firmen ein rechtes Stück vorangebracht. Dies zeigen auch die Wirtschaftsprognosen, die dem Standort Basel im Vergleich zur übrigen Schweiz ein überdurchschnittliches Wachstum vorhersagen. Wo junge Unternehmen sich wohlfühlen, da können auch etablierte Betriebe blühen.

Die 163 Firmengründer vor dem grossen Vorbild. Auch die ‹crossair› hatte einst als kleine Firma begonnen.   ▷

Marc Keller

Sind Sie ein Unternehmertyp?

Der Gewerbeverband Basel-Stadt fördert die Gründung neuer Unternehmen

«Haben Sie die wirklich zündende Idee?» «Kennen Sie Ihren Markt?» «Warum sind Sie besser als Ihre Konkurrenten?» Und nicht zuletzt: «Sind Sie der Unternehmertyp?» Solche Fragen sollen Entscheidungshilfen bieten. Wenn Unternehmen und öffentliche Verwaltungen ihre Organisationen straffen, werden die verschiedensten Aufgaben spezialisierten externen Unternehmen übertragen, ‹outgesourced›. Je ‹schlanker› Unternehmen und Verwaltungen werden, desto mehr Stellen fallen weg und desto mehr Chancen bieten sich für neue Unternehmerinnen und Unternehmer – eine Herausforderung auch für diejenigen, die sich der Unterstützung der neuen Unternehmerinnen und Unternehmer verschrieben haben. Mit einer kleinen Broschüre hat der Gewerbeverband Basel-Stadt 1997 das Thema aufgenommen. Er stiess auf ein unerwartet grosses Echo: Über 1000 Exemplare der Broschüre, der die eingangs zitierten Fragen entnommen sind, wurden abgesetzt. Eine Sonderbeilage der Basler Zeitung dokumentierte, dass «sich die Region bewegt».

Selbständigkeit ist zwar kein Patentrezept gegen die Folgen von Globalisierung, Baukrise, Preiszerfall und Kostendruck, aber sie kann vielen der von Outsourcing, Umstrukturierung oder Arbeitslosigkeit Betroffenen eine realistische Perspektive bieten. Dennoch sieht der Gewerbeverband Basel-Stadt seine Aufgabe auch darin, vor übertriebenen Hoffnungen und unrealistischen Projekten zu warnen.

Neue Anlaufstelle

Der Verband hat sich mittlerweile als Anlaufstelle für Firmengründungen etabliert: 163 Personen schlossen sich zu einer Interessengemeinschaft zusammen. Sie können über den Gewerbeverband Einzelberatungen und Seminare besuchen, sich Gruppen zum Erfahrungsaustausch anschliessen und Kooperationen organisieren. Seit dem 1. Juli 1997 existiert eine Sprechstunde für neue Unternehmerinnen und Unternehmer und für alle, die es werden wollen. Jeden Dienstag- und Freitagnachmittag von 14.00 Uhr bis 17.00 Uhr steht Kathrine Jenzer bei vorheriger telefonischer Anmeldung für Fragen rund um die Firmengründung und die erste Zeit nach der Gründung zur Verfügung. Bis heute wurden rund fünfzig Neuunternehmerinnen und -unternehmer intensiv beraten. Ihre Fragen betrafen die Geschäftsidee, die geeignete Rechtsform, den Eintrag ins Handelsregister, die Mehrwertsteuer, Werbung und Akquisition etc. – kurz: alles, was bei einer Firmengründung ansteht.

In der zweiten Hälfte des Jahres 1997 wurden neukonzipierte, teilweise ganztägige Workshops durchgeführt. Die Themen: ‹Wie gelange ich in die Medien?›, ‹Mentaltraining› zur Steigerung der Konzentration und zur besseren Stressbewältigung, ‹Aufbau eines Unternehmens› unter der Leitung einer grossen Treuhandfirma, ‹Selfmanagement› und ‹Verkauf und Akquisition›.

In manchen der Beratungsgespräche wurde deutlich, dass die vielerorts gelobte Selbständigkeit für einige Betroffene alles andere ist als eine Wunsch-Option. Die damit verbundene Unsicherheit kann, vor allem für nicht mehr junge Personen, zu einer erheblichen psychischen Belastung werden. Allein schon die Tatsache, dass der Schutz durch die Arbeitslosenversicherung nach Eintritt in die Selbständigkeit mittelfristig entfällt, schreckt manche vor dem Sprung ins kalte Wasser ab. Ein weiterer Unsicherheitsfaktor ist, dass die Selbständigkeit oft nur in eine Teilzeitbeschäftigung mündet.

Bisweilen scheitert die Selbständigkeit, zumindest in der Vorbereitungsphase, auch an der mangelnden Qualifikation: Es ist nicht nur berufliches Know-how gefragt – ohne konzeptionelles Denken, selbstbewusstes Auftreten und Überzeugungskraft verengen sich die Erfolgsaussichten sehr rasch. Jede verantwortungsbewusste Beratung wird daher in vielen Fällen von der Selbständigkeit abraten und dazu beizutragen versuchen, die Vermittelbarkeit auf dem Arbeitsmarkt zu verbessern.

Schwierige Geldbeschaffung

Firmengründungen und -übernahmen sind in der Regel nicht ohne Bankkredite zu machen. Ungeachtet der restriktiven Kreditpolitik vieler Banken lassen sich die Chancen auf einen Kredit verbessern, wenn die nachfolgenden Gedanken umgesetzt werden.

Das Kreditgespräch mit der Bank ist ein Verkaufsgespräch. Der Gesuchsteller muss sich und sein Unternehmen, respektive Projekt, ‹verkaufen›. Auch wenn es zutrifft, dass die Entscheide ‹hinter den Kulissen› und vor allem auf der Grundlage von Zahlen gefällt werden, gilt nach wie vor, dass ohne eine überzeugende Präsentation durch die Gesuchsteller nichts läuft. Überzeugend zu präsentieren heisst vor allem, offen, umfassend und plausibel zu argumentieren. Im Vordergrund stehen naturgemäss die finanziellen Kennzahlen eines Projektes. Oft vernachlässigt wird aber die Aufbereitung klarer Informationen über Marktanteil, Sortiment, Konkurrenzvorteile, Branchenerfahrung, interne Organisation und Führung des Unternehmens. Die Beratungen des Gewerbeverbandes zielen darauf ab, dass solche Punkte beachtet werden. Interessant ist, dass unter dem Kriterium ‹Konkurrenzvorteile› der Umweltschutz an Bedeutung gewinnt. Was sich bei Grossfirmen gezeigt hat, trifft sinngemäss auch auf kleine und mittlere Betriebe zu: Firmen, die ihren Energieverbrauch und ihre Abfälle reduzieren, die mit den Rohstoffen haushälterisch umgehen, arbeiten in der Regel auch wirtschaftlicher als die Konkurrenz.

Ist der Kredit erst einmal gewährt, hört das ‹Verkaufsgespräch› nicht auf: Die Bank sollte

Dienstleistungen des Gewerbeverbandes Basel-Stadt bei Firmengründungen und -übernahmen

- Unterstützung bei der Beschaffung von Eigenkapital
- Kritische Überprüfung der Geschäftsidee
- Informationen aus über 70 Branchen
- Vermittlung von kompetenten Ansprechpartnern aus Gewerbe und Industrie
- Vermittlung von Treuhändern und Anwälten
- Vermittlung von Kontakten zu Behörden und Wirtschaftsförderungsstellen
- Beratung in Sozialversicherungsfragen
- Vielfältiges Kursangebot

immer wieder über Geschäftsgang und Neuerungen informiert werden; ein regelmässiger Kontakt erleichtert das nächste Gespräch.

Wenn Eigenkapital fehlt

Oft scheitert das gewünschte Engagement der Bank daran, dass das benötigte Gesamtkapital so gering ist, dass sich ein Engagement aus deren Sicht nicht lohnt und die Gesuchsteller auf Privatkredite verwiesen werden. Oder aber, die Bank beteiligt sich nicht an einem vielversprechenden Projekt, weil zu wenig Eigenkapital zur Verfügung steht. Wenn das benötigte Eigenkapital aus der Altersvorsorge stammt, präziser: aus der 2. Säule, sind im Interesse der Projektträgerinnen und -träger besonders sorgfältige Abklärungen nötig. Denn im Falle eines Scheiterns wäre, zusätzlich zum entstandenen Schaden, auch noch die Altersvorsorge gefährdet. Für solche Fälle arbeitet der Gewerbeverband Basel-Stadt mit einer privaten Stiftung zusammen, die in Form zinsloser Darlehen mit der entsprechenden Bank eine Kofinanzierung vereinbart. Voraussetzung dafür ist allerdings eine Vorprüfung durch den Gewerbeverband sowie eine Beurteilung der Geschäftsidee und ihrer Erfolgsaussichten durch die Bank. Obwohl die Hürden relativ hoch sind, konnten auf diese Weise in den letzten beiden Jahren rund ein Dutzend Firmenübernahmen und Projekte unterstützt werden.

Der Spielraum für den Gewerbeverband Basel-Stadt ist bei diesen Aktivitäten insofern eingeschränkt, als es nicht sinnvoll ist, Firmengründungen in Branchen mit bekannten Überkapazitäten zu fördern. Dagegen hat sich gezeigt, dass im Bereich Dienstleistungen noch zahlreiche Nischen vorhanden sind, in denen erfolgreiches Geschäften möglich ist: digitale Archivlösungen, Erwachsenenbildung, Vermittlung von Ferienwohnungen, Budgetberatung, Entwicklung elektronischer Geräte, Mentaltraining, Kosmetik, spezielle Ingenieur-Dienstleistungen etc.

Mut zum Scheitern

Trotz allem ist es verhältnismässig einfach, Unternehmerin oder Unternehmer zu werden. Es zu bleiben ist schon ein ganzes Stück schwerer – rund die Hälfte aller neu gegründeten Unternehmen wird keine fünf Jahre alt. Durchhaltevermögen, Überzeugungskraft, Phantasie und Mut zum Risiko sind daher unabdingbare unternehmerische Eigenschaften. Das schreibt sich leicht. Doch um so mehr wünscht sich der Gewerbeverband, dass sich Personen finden, die diesem Profil entsprechen; Personen, die nicht nur den Mut zur Selbständigkeit aufbringen – sei es bei der Gründung einer Einzelfirma oder bei einer Firmenübernahme –, sondern auch den Mut zum möglichen Scheitern. Denn es sind die kleinen und mittleren Unternehmen, die heute die dringend benötigten neuen Stellen schaffen.

Bruno Rossi

Besorgniserregende Zunahme der Fürsorgefälle

Ursachen, Wirkungen, Lösungsansätze

Im Theaterstück ‹Top dogs› wirft der Autor Urs Widmer einen entlarvenden Blick auf die Rückseite der Medaille des heutigen Kapitalismus. Das Stück spielt in einem Outplacement-Unternehmen, das ‹freigesetzte› Top-Manager bei ihrer Karrierefortsetzung unterstützt, und vermittelt einen Eindruck von der Auswirkung neoliberaler Wirtschaftsweise.

Wrage: Stellensuche ist ein Full-time Job. Das werden Sie bald feststellen. Deér: Ja, sicher. Kann ich mir vorstellen. Wieso werde ich das bald feststellen? Wrage: Ja, was denken Sie, weshalb Sie hier sind, Herr Deér? Deér: Sagte ich Ihnen. Ich soll in Erfahrung bringen, inwieweit wir unsere Arbeitsbereiche füreinander nutzbar machen können. Wrage: Wieso wohl zahlt Ihre Firma dreissigtausend Franken dafür? Deér: Wofür? Wrage: Sie sind entlassen worden! Herr Deér! Entlassen![1]

Immer mehr Menschen müssen den Bittgang zur Fürsorge antreten. ▽

Eine seit nunmehr sieben Jahren sich dahinziehende Wirtschaftskrise liess die Arbeitslosenzahlen in der Schweiz von 0,9 % auf über 5 % (oder 200 000 Menschen) wachsen. In ihrem Gefolge steigen die Fürsorgefälle in einem Mass, das Betroffene, Beteiligte, Politiker und Politikerinnen, die Bürger – sprich alle, überfordert.

Die Anzahl der Fürsorgefälle war bis vor wenigen Jahren relativ stabil. Jede Gesellschaft hat schwächere Glieder; für ihre existentielle Sicherheit und Integration sorgt eine solidarische Gemeinschaft. Immer mehr Menschen sind heute aber gezwungen, den immer länger werdenden Bittgang zur Fürsorge anzutreten. Dieser Trend lässt sich mit einer drastischen Veränderung der Bedingungen, welche die Menschen beim Kampf um ihre materielle Existenz vorfinden, erklären: Der Prozess der Rationalisierung wird durch die Fortschritte in der Elektronik immer mehr beschleunigt. Er ist nach wie vor auf den Ersatz menschlicher Arbeit ausgerichtet und fördert gleichzeitig den Verbrauch von Energie. Der Staat folgt der Wirtschaft mit denselben Mitteln, wobei er allerdings völlig ausser acht lässt, dass er die ‹Freigesetzten› hinterher unterstützen muss.

Tschudy: So. Jetzt sag ich auch mal was. So eine Entlassung ist de-mü-tigend. De-mü-tigend. Die Polizei im Haus, die Steuerfahndung. Die haben mich wie einen Kriminellen behandelt! Schlüssel abgeben, die Kreditkarten, am gleichen Tag noch. Hausverbot! Das Auto musste ich stehen lassen, wo es war. Musste zu Fuss zum Taxistand! – Ich mietete bei Avis genau den gleichen Typ, Chrysler Saratoga, gleiche Farbe. Kam nach Hause wie immer. Sagte meiner Frau nicht, dass ich entlassen war. Konnte es nicht. Den Kindern schon gar nicht. – Jeden Morgen bin ich in die Stadt gefahren. Ins Kino gegangen bis zum Abend. Tag für Tag. – Und dann, mitten in Jurassic Park, reisst es mich hoch. Ich stürze ins Freie, nach Hause, und rufe schon unter der Haustür: «Senta! Senta?!!» Meine Frau heisst Senta. Ich will es ihr endlich sagen. – Sie wusste es schon. Sie wusste es seit zwei Wochen. Sagte kein Wort.

Die Bilanzierung wirtschaftlicher Leistung erfolgt auf der Basis einer heute völlig falschen Formel: Nur die alten Produktionsfaktoren ‹Arbeit› und ‹Kapital› gelangen zur Berücksichtigung. Ausgeblendet werden die Beiträge von ‹Natur› und ‹Gesellschaft›[2]. Was der Umwelt an Schaden zugefügt, ihr an Ressourcen weggenommen, was der Gesellschaft an Verlusten überlassen wird, bleibt unberücksichtigt. Mit dieser Art von Bilanzierung einher geht eine Entwicklung in Richtung kurzfristiger Betrachtung. Der Zeithorizont reicht allenfalls noch von der einen Bilanz-Pressekonferenz bis zur nächsten. Die Bilanzen, wie sie heute vorgelegt werden, bilden dann die Basis für eine zunehmende Ökonomisierung, der alles zum Opfer fällt: Wertvoll ist nur, was Gewinn abwirft, möglichst in harter Währung.

Bihler: Meine Frau sagt zu mir, meine eigene Frau, dieses an keiner Börse kotierte Wesen da sagt zu mir, zu Herrn Doktor Urs Bihler, ich soll den Müll in den Container hinunter tragen. Ich soll den Müll in den Container hinuntertragen. Ja, meinst du, Susanne-Marie, ich habe acht Semester Betriebswirtschaft studiert, um jetzt den Müll in den Container zu tragen? Du hast wohl nicht alle, Maus?

Die vielzitierte Globalisierung bietet vor allem dem Kapital völlig neue Rahmenbedingungen. Es bewegt sich ohne nennenswerte Einschränkung genau dorthin, wo die höchste Rendite winkt, sei es, weil dort die Löhne niedriger sind, weil Umweltauflagen weniger behindern oder weil sonstige Ver- oder Begünstigungen wirken. Die Welt wird zwar in vielen Belangen zum Dorf, doch ein wichtiger Bereich hinkt diesem Prozess hoffnungslos hinterher: die Politik.

Die Erwartungen bezüglich Eigenkapital-Verzinsung ist in den letzten Jahren von 6–7 % auf 15–17 % gestiegen. Seit 1994 ist das Volksein-

kommen auf Seiten der Unternehmen um 10 % gestiegen, während es im gleichen Zeitraum bei Arbeitnehmern und Arbeitnehmerinnen um 6 % gesunken sind. Dennoch hat sich der Beitrag an das Steuersubstrat drastisch vom Kapital hin zu den Arbeitseinkommen verschoben. Ausgeklügelte Instrumente unterstützen spekulative Transaktionen, so dass Spekulanten heute in der Lage sind, ganze Währungssysteme aus dem Gleichgewicht zu bringen. Das Kapital, und damit wirtschaftliche Macht, unterliegt einer zunehmenden Dynamik der Konzentration. Die Konzerne wachsen, Megafusionen werden zur Routine. Auch die Gewinne werden immer seltener durch Arbeit in der Produktion und immer häufiger in den Finanzabteilungen, bei Banken und Brokern erwirtschaftet, also auf dem Markt virtueller Werte.

Diese Liste der Ursachen ist sicher nicht vollständig, verdeutlicht aber zwei gegenläufige Tendenzen: Einerseits nehmen Macht, Kapital, Einfluss, Konzentration zu, andererseits schwinden Demokratie, Selbstbestimmung, Transparenz, Freiheit etc. Mit diesem Auseinanderklaffen der Entwicklungen einher geht ein Prozess der Vernichtung von Ressourcen, sowohl bei den Menschen als auch bei Natur und Umwelt.

Tschudi: Einer in meinem Alter hat ein Knowhow, das nicht so leicht... Bihler: Im Krieg brauche ich andere Männer als im Frieden. Heute brauche ich Generäle, die als allererste in den Dschungel gehen. Die draufhalten können... Churchill war im Frieden eine Niete. Aber im Krieg war er ein As. Heute sind wieder die Churchills gefragt.

Betroffene äussern sich so. Ganz offensichtlich hindern uns mehrere Mechanismen daran, dieses Geschehen als einen Kampf, als ‹Krieg› wahrzunehmen und einzustufen: Die Verdrängung, in vielen Fällen überlebenswichtig, kehrt im thematisierten Zusammenhang ihre Wirkung ins Gegenteil. Die selektive Wahrnehmung verstellt den Zugang zum Problem und verhindert jegliche Veränderung. Unterstützt wird dies durch eine Aushölung der Sprache, in der Katastrophen zu ‹Ereignissen› weichgezeichnet werden, Gewinn-Maximierung zu ‹Wert-Schöpfung› stilisiert wird, Entlassung zur ‹Freisetzung› oder ‹Strukturanpassung› mutiert. Dieser dramatische Konflikt – ‹drama-

Wertvoll ist
nur, was Gewinn
abwirft. ▷

Arbeitslose/Ausgesteuerte im Kanton Basel-Stadt 1990–1997

Jahr	Gemeldete Arbeitslose[1]			A'hilfe[2]	Notstand[3]	Ausgesteuert[4]
	Total	Männer	Frauen	Mittel	Mittel	Total
1990	1052	518	534	54	81	429
1991	1915	1064	851	79	115	572
1992	3734	2103	1631	141	138	888
1993	6028	3481	2547	233	169	1235
1994	5495	3139	2356	242	225	1666
1995	4639	2617	2022	170	251	854
1996	4685	2716	1969	217	345	691
1997	4759	2660	2099	0[5]	451	552

(Quelle: Kantonales Arbeitsamt BS)

Anmerkungen:

1 Jeweils September. Die Arbeitslosenquote stieg im angegebenen Zeitraum von 1,5 % (Männer 1,4 %, Frauen 1,6 %) auf 4,6 % (4,4 %/5,0 %); 1993 war sie vorübergehend auf 5,9 % angestiegen.
2 Das Verhältnis Anträge/Bewilligungen stieg von 50 % auf etwa 90 %.

3 ‹Arbeitseinsatz›, seit 1997 ‹Beschäftigungsprogramme›.
4 Jahrestotal aller Personen, die ihren Anspruch ausgeschöpft haben.
5 Seit Anfang 1997 ist die Arbeitslosenhilfe abgeschafft.

75

tisch› im Sinne von ernst, erschütternd – ist unberechenbar und nicht ganz ungefährlich. Er kennt keine Regeln, keine legitimierte Instanz, die wirksame Regelungen treffen und durchsetzen könnte.[3] Er kennt auch keine Verantwortlichen, denn alle ‹spielen› mit, entsprechend ihren Möglichkeiten. Sie kennen dabei weder eine Befehlshierarchie noch ethische oder moralische Grundsätze: Alles, was nicht ausdrücklich verboten ist, ist erlaubt. Sind dann in einem Land die gesetzlichen Regelungen dichter, weicht die Operationsbasis auf ein anderes Land aus, wie beispielsweise der Finanzjongleur Rey auf die Bahamas. Die eingesetzten Instrumente, z. B. Derivate, entwickeln eine immer breitere und tiefere Wirkung, wie die Ölkrise 1973, aber auch die jüngste Währungskrise im ostasiatischen Raum zeigten. Die Politik war bis anhin nicht annähernd in der Lage, ihren Einfluss der Globalisierung angemessen auszudehnen.[4] So steht der Macht der Wirtschaft die Ohnmacht der Politik gegenüber.[5]

Der Handlungsbedarf ist angesichts dieser Tatsachen einsichtig und dringlich. Fürsorge als Hilfe für die in Armut Geratenen ist zwar ein notwendiger Auftrag und als solcher auch gesetzlich verbrieft; sie bleibt aber eine Massnahme zur Symptombekämpfung. Ursachen vermag sie nicht abzustellen, im Gegenteil: je besser sie funktioniert, je leiser sie tritt, desto mehr legitimiert sie und verstärkt damit die Ursache der Probleme.

Jenkins (Traum) … Meine Mutter hat keine Ahnung. Glaubt, ich bin ne Edelnutte oder lebe von der Sozialhilfe, die mit ihren ewigen Ängsten. Und dann, aus heiterem Himmel, schicke ich ihr ein Ticket, Zürich–New York, first class, oder mit der Concorde ab Paris, noch besser.

Die Symptombekämpfung muss ergänzt und unterstützt werden durch Massnahmen zur Abschwächung der Ursachen. Hier sind vor allem strukturelle Interventionen gefragt; Vaterlandsappelle vermögen nichts auszurichten. Denn der Turbokapitalismus wird keine Bremsklappen ausfahren, im Gegenteil: er wird an seiner eigenen Effizienz arbeiten. Die Gesellschaft ist also gefordert, und gesellschaftliches Handeln, soll es konstruktiv wirken, liegt in den Händen der Politikerinnen und Politiker. Was also ist zu tun? «Bilanz oder Rechnungslegung beein-

Vom Fürsorgeamt der Stadt Basel unterstützte Personen 1990–1996[1]

Jahr	CH	A	Durchreisende
1990	2274	582	707
1991	2507	738	943
1992	2832	869	1105
1993	2969	1147	935
1994	3213	1519	841
1995	3253	1641	838
1996[2]	3536	1899	678

(Quelle: Verwaltungsberichte des Bürgerrates an den Bürgergemeinderat der Stadt Basel)

Anmerkungen:
1 Zahlen ohne Asylbewerber.
2 Bei 53,7 % der neu hinzugekommenen Fälle ist Arbeitslosigkeit die Ursache.

flusst wirksam Entscheidungen, Handlungen und Verhalten in Unternehmen, Organisationen und Verwaltungen.» Da einseitig auf ökonomische Aspekte ausgerichtete Bilanzen und Rechnungsablagen ein Ungleichgewicht zwischen Wirtschaft, Gesellschaft und Natur erzeugen, müssen Bilanzierung und Rechnungslegung erweitert werden und alle diese drei Aspekte gleich gewichten. Dies würde eine völlig neue Entscheidungs- und Handlungsdynamik erzeugen, die helfen kann, die tiefgehende Krise zu meistern. Dass die Wirtschaft aus eigenem Antrieb diesen Vorschlag rasch aufgreift und zügig umsetzt, ist trotz erfreulicher Ansätze kaum anzunehmen. Anlass und Motivation sind vordergründig und kurzfristig nicht zu sehen. Dass aber der Staat sich um so mehr dieser Idee annehmen müsste, liegt doch wohl etwas näher. Er nämlich muss in erster Linie interessiert sein an der Dauerhaftigkeit des Generationenvertrages, der Sicherung politischer Stabilität, an umfassender volkswirtschaftlicher Leistungsfähigkeit und am Erhalt menschlicher und natürlicher Ressourcen.

Wenn der Staat sich aber darum *nicht* bemüht, muss er (müssen sie, die Politikerinnen und Politiker) die Frage beantworten, die Plato schon 427 v. Chr. gestellt hat: «Wie also, du dreister Gesell, kannst du dir einbilden, du hät-

Freigestellt, entlassen, arbeitslos, ausgesteuert, fürsorgeabhängig … ▷

test es nicht nötig, dir Einsicht zu verschaffen in dies wohlberechnete Ineinandergreifen der Dinge? Ohne diese Einsicht kann man sich auch nicht die notdürftigste Vorstellung machen von dem, worauf es für das Glück und Unglück des Lebens ankommt. Wie könnte man also darüber mitsprechen?»[6]

Anmerkungen

1 ‹Top dogs› handelt von den hinauskomplimentierten Managern, dem ‹White-collar-Schrott›, und folgt nach Auskunft der Leitung des Zürcher Neumarkt-Theaters dem Ansatz der Königsdramen: «Denn über die Spitze erfahren wir etwas übers ganze System.» – Urs Widmer, der Autor, führt dazu aus: «…Jeder und jede versuchte also, die Kränkung der Kündigung in den Griff zu kriegen. Die Verlassenheits- und Vernichtungsängste klein zu halten. Die Schatten des sozialen Todes wegzuzaubern. Die Erkenntnis der eigenen Verwundbarkeit. Kein Wunder, dass fast jeder, jede eigentlich die Entlassung mit dem eigenen Tod in Verbindung brachte. Entlassen zu werden, das schien wie Sterben zu sein. Ein Trauma…» Zitat aus: ‹Top dogs›, Entstehung – Hintergründe – Material, 1997.

2 H.C. Binswanger, Leiter des Institutes für Wirtschaft und Ökologie der Hochschule St. Gallen. Er vertritt das Postulat: «…muss der Rahmen der Wirtschaft wesentlich weiter gespannt werden, als dies im herkömmlichen Selbstverständnis der Wirtschaft der Fall ist. Nicht nur die Reproduktion von Arbeit und Kapital, sondern auch die Reproduktion bzw. Instandhaltung der Natur muss als Aufgabe der Wirtschaft betrachtet werden. Die Natur (N) muss als dritter Sozialpartner anerkannt werden. Dabei ist zu berücksichtigen, dass mit dem wirtschaftlichen Prozess nicht nur das Sozialprodukt hergestellt wird, sondern auch die Umweltqualität (U) als Teil der Lebensqualität positiv oder negativ beeinflusst wird…» Aus: Zukunftsfähige Wirtschaft, Beiträge zur 4. internationalen Tagung der INWO in Bern 1995.

3 David de Pury, Auswege aus der Globalisierungsfalle, Plädoyer für eine weltweite Ordnungspolitik, in: NZZ vom 25./26.10.1997.

4 Siehe auch die Wirkungslosigkeit des ‹Umweltgipfels› in Rio.

5 Aus welchem Holz die Akteure geschnitzt sind, lässt sich in der Weltwoche vom 2.10.1997 nachlesen im Artikel von Harald Schultz ‹Der unerbittliche Motorenmann›: «…Feinde nimmt der Atheist überall wahr, ob sie nun Opel/GM, BMW oder Mercedes heissen. Kontrahenten bekämpft er wie im Duell. Piëch agiert wie ein Boxer: Er braucht seine Gegner, sonst existiert er nicht. Freiwillig ist Piëch allerdings nicht zu seiner Härte gekommen: ‹Ich wurde als ein Hausschwein aufgezogen und muss als Wildschwein leben›, sagt er…»

6 Plato, Gesetze, 905 b–c.

Stadt und Gesellschaft

Michael Schindhelm

Von Jahr zu Jahr

365 Tage Basel

Im Theater gilt eine andere Zeitrechnung. Für uns ist der Arbeitstag geteilt: Man probt am Morgen von 10 bis 15 Uhr, abends probiert oder spielt man bis 23 Uhr, dazwischen sind vier Stunden Pause (oder meistens auch nicht). Danach ist die Welt in Basel meist schon schlafen gegangen. Diese Ungleichzeitigkeit des Lebens innerhalb und ausserhalb des Theaters ist die Voraussetzung für unseren sozialen Autismus. Wer keine geregelte Freizeit kennt und beruflich zur Hochform aufläuft, wenn andere Wochenende oder Festtage feiern, bleibt unter seinesgleichen. Theaterleute kennen meist nur Theaterleute. Das grösste Basler Geschenk an uns war denn auch die Aufhebung der Polizeistunde: Endlich Kneipen, in denen man nach den Proben und Vorstellungen noch Abendessen kann. Endlich die Möglichkeit eines Lebens nach dem Leben auf der Bühne.

Neujahrstage sind also auch nicht von grosser Relevanz am Theater. Unsere Jahre, unsere Spielzeiten wechseln von Juli zu Juni. Am 1.1. schreiben die Disponenten und Inspizienten eine neue Zahl in ihre Pläne und Vorstellungsberichte, sonst bleibt alles beim alten. Wahrscheinlich haben Theaterleute deshalb auch nie gute Vorsätze. Für die Bühnentechniker begann 1997 beispielsweise mit schweren Dekorationsarbeiten auf der Bühne früh um 7 Uhr. Am Abend zuvor hatten Wernicke und Homberger ihre erregende WINTERREISEN-Version uraufgeführt, während Basel 1996 zu Ende feierte. Wieviel Stadtleben dringt in jenes labyrinthische Betongehäuse, das man Stadttheater nennt? Wieviel sehen wir von Basel, eingesponnen in unsere autistische Ausdrucks-Welt! Wir erzählen etwas von einer Welt, in der wir nicht ganz zu Hause sind. Die Bretter, die diese Welt bedeuten, offenbaren ein grosses nachrichtenloses Vermögen; seine Herkunft, die Herkunft unserer Kunst, ist oft nicht zu bestimmen.

Und doch ist 1997 im Theater anwesend. Nicht nur, weil die heikle Schweizer Vergangenheit auch uns angeht, oder die Erinnerung an den Chemieunfall vor zehn Jahren. Bewusstseinswandel, der dem Aussenstehenden ins Auge fällt: Hätte man die Chemie vor zehn Jahren noch am liebsten vertrieben, so geht heute die Angst um, sie könnte Basel verlassen. Und die Anekdote dazu: Während am 1. November 1986 TV und Radio pausenlos dazu aufriefen, zu Hause zu bleiben und Türen und Fenster geschlossen zu halten, wurden mancherorts noch Strafzettel für Falschparker verteilt. Es gibt zwar kein richtiges Leben im falschen, aber Ordnung im Chaos. Überhaupt müsste die Weltordnung, wenn es sie geben könnte, eine schweizerische sein. Ausländer, die in Zürich Wohnsitz nehmen, heisst es, erhalten zur Begrüssung einen offiziellen Müllsack. Meine Frau, von einer Politesse zur bussgeldlichen Ordnung gerufen, weil sie ihr Auto vor der Garage geparkt hatte, löste grösste Betroffenheit aus, als sie gestand, das Auto seit Monaten an dieser Stelle unbehelligt zu parken: Wieso das die Nachbarn nicht längst angezeigt hätten? Mein erster Winter in Basel. Plötzlich glaube ich, dass diese Stadt tatsächlich die zweitmeisten Sonnentage in der Schweiz hat. Streifzüge durch den Jura, Schnee und Himmel, wie sie Nietzsche von Ligurien beschrieben hat. Du hast keine Zeit, nutze sie! Manchmal schaffe ich es an Sonntagnachmittagen zum Passwang oder Schelten, meine wechselnden Begleiter – sie kommen aus London, Berlin oder Wien –

78

klagen manchmal über meine Parforce-Wald-gänge. Oft sind die Bilder eben innen, nicht aussen.

Aber die Theatermaschine holt mich schnell zurück. Im Januar werden die ersten Produktionen abgespielt, zum Beispiel UN BALLO IN MASCHERA. Es gibt die ersten Abschiede. Joachim Schlömer probiert ORFEO, die Leute sind dann gespalten, wie immer. Man spricht von Offenbarung, aber ich lese auch wütende Briefe: Herumrennen, Musik-Kaputtmachen u.s.w. Besuch aus Zürich zu SNOB in der Komödie. Das Schauspielhaus hat seine Abonnenten nach Basel eingeladen, um die Aufführung mit seiner eigenen zu vergleichen. Im Tagesanzeiger war zu lesen: ‹Kantersieg Basels über Zürich. Was

im Fussball unmöglich ist, im Theater geschieht's!› Apropos FCB: Offenbar das Schmerzenskind der Stadt. Leichter Ärger darüber, dass die auch noch ermutigt werden, wenn es ganz schlecht steht. Nicht auszudenken, was wäre, wenn wir genauso Theater spielen würden. Vor der anderen heiligen Kuh, der Fasnacht, bin ich dieses Jahr ins Tessin geflohen. Auf der Piazza in Ascona waren die Exilbasler Mitte Februar unter sich. 22°C in der Sonne, die Gletscher am Monte Tamaro, tibetische Stille über dem See. Dabei sind die Fasnachtsexaltationen so etwas wie ein stadt-ethnologischer Schnellkurs: Für ein paar Tage siehst du den Basilisken, wie er sein möchte. Und ich bekomme vorher meine Prominentenversicherung: Das Zofinger Kon-

zärtli erklärt mich zur Lych. Die sanfte Karikatur, eigentlich viel zu sympatisch. So sehen die dich also ...

Auf dem Zürcher Flughafen warten Landsleute mit mir auf den Abflug. Es geht in geübter lautstarker Weise um Altersversorgungen, billige Autos mit Klimaanlage und wasserdichte Sozialpläne. Deutschland, die fremde Heimat. – Basel, die immer näher rückende Fremde. Ich verstehe die Leute inzwischen lückenlos, keine Probleme mehr mit Baseldütsch, sogar, wenn sich der Spengler auf dem Anrufbeantworter für morgen früh ankündigt, um die Dusche zu reparieren. Aber verstehe ich die Leute wirklich? Ostermontagmittag mit Dügg in der Kunsthalle. Wir sind fast allein mit einem riesigen Gladio-

lenstrauss in der Mitte des Saales und ein paar steinalten Damen, die sich über den Risotto gebeugt irgendwas zuflüstern. 1897 oder 1997? Eine jüdische Wochenzeitschrift fragt mich, ob ich etwas von Antisemitismus merke. Viel will ich dazu nicht sagen, ich stehe in der Sache kritisch im Ungefähren. Als ich für eine israelische Landwirtschaftsschule im Frühjahr auf dem Barfüsserplatz Orangen verkaufe, sagt mir die Frau, die das organisiert, sie hätte sich das vor einem Vierteljahr nicht getraut.

Ende April dann der Ausflug in die St. Jakobshalle: Die Zertifikatsversammlung der Basellandschaftlichen Kantonalbank. Debut als Entertainer im Bankgewerbe. Die viereinhalbtausend Baselbieter, sicher dem Theater sonst wenig zugetan, scheinen beglückt von unserem Auftritt. Das könnte so weiter gehen. Tut es aber nicht. Stattdessen Aufregung im Schauspiel. Nach einer vergeigten NACHTASYL-Inszenierung, zu der ich ironischerweise die Übersetzung geliefert hatte, treten erst der Chefdramaturg Johannsen und dann der Schauspieldirektor Peter Löscher zurück. Ende einer seit langem unseligen Beziehung. Unruhe innen und aussen. Die Zeitungen schäumen vorab, das Ensemble ringt mit und um sich. Was mich nicht umwirft, macht mich stärker. – Die grösste Schwächung ist der Erfolg. Der kommt aber trotzdem. Wir haben viel mehr Zuschauer als erwartet, ‹trotz› Schlömer und neuer Operndramaturgie. Noch glaube ich an die geistige Beweglichkeit in dieser Stadt. Noch scheint mir ein Paradigmenwechsel am Theater in Sicht, noch halte ich dafür, die Jungen für uns zu gewinnen. Auf dem Höhepunkt eines veritablen Jugendfestivals rings ums Theater gibts eine Technoparty im grossen Foyer bei uns. Die Begegnung von Massenkultur und Establishment, Pop und Elitekunst, wie sie Haussmann ein Vierteljahr zuvor laut und ziemlich folgenlos mit seiner FIGARO-Inszenierung angekündigt hatte. Hat die Begegnung wirklich stattgefunden? Kommt sie noch? Als ich Stefan Bachmann als neuen Schauspielchef inauguriere, hält das deutschsprachige Feuilleton die Sache für entschieden: Jetzt kommen die ganz Jungen, die mit Trash, Comics und Video gross geworden sind. Warten wir's ab.

Im Juni gingen wir erstmal nach Amsterdam und Wien, mit Wernickes AUS DEUTSCHLAND, einer Ausnahme-Inszenierung. Die Holländer wie die Österreicher wurden vom Theater Basel erwischt. Wie zuvor die Leute im Staatstheater Wiesbaden, wo wir die Maifestspiele mit Händels ALCINA eröffnet hatten. Später lese ich dann in der BaZ, wir hätten in unserer ersten Spielzeit die Oper konsolidiert. Ruhig bleiben! Da ist sie wieder, die Basler Zurückhaltung: «'sch rächt gsi» – eigentlich eine Zumutung. Und dann wieder die letzte FIGARO-Vorstellung: Jens Larsen und Christoph Homberger, Sänger im Ensemble, hatten entdeckt, dass eine Dame in der ersten Reihe keine der 23 Vorstellungen ausgelassen hatte. Basel ist begeisterungsfähig. Auch seine Ab-lehnungen strotzen vor Begeisterung. Vor negativer eben. Mit wieviel Jubel hat doch das Volk die Idee der Technokraten abgelehnt, auf dem Theaterplatz ein neues Schauspielhaus zu bauen. Die Leserbriefseiten der BaZ erreichten Joggeli-Stimmung. Am ersten Amtstag der neuen Baudirektorin hatte man mir das Projekt vertraulich vorgestellt. Nicht schlecht eigentlich. Aber eine Veränderung. Die Ahnung, dass das nicht durchsetzbar ist, beschlich mich schon damals. Zuweilen erinnert auch diese Stadt an das Mikadoprinzip: Wer sich bewegt, hat verloren.

Juni 1997, ein Jahr geht zu Ende. Ein Spielzeitjahr. Mit einer letzten ELEKTRA, einer letzten SCHROFFENSTEIN-Vorstellung. Der Bündelitag ist nicht mehr fern, Theaterleute feiern Silvester: in Honolulu oder im Schwarzwald oder – wie ich – in der Toscana. Basel hatte nämlich seit Mai bewiesen, auch die Stadt mit den zweitmeisten Regentagen in der Schweiz zu sein. Kennst Du das Land, wo die Zitronen blühn?

Der Sommer blieb feucht. Selbst im Süden sah man regenverhangene Himmel häufiger als sonst. Erst recht am Oberrhein. Mit respektvoller Zurückhaltung hatten wir den Bundesfeiertag noch am Comersee abgewartet, ehe wir nach Hause zurückkehrten. Kurios: In Deutschland wird das neue Kalenderjahr mit Feuerwerk und ähnlichen enthusiasmierenden Illuminationen eingeleuchtet, in der Schweiz ist es der 1. August, Vorbote eines neuen Theaterkalenderjahres. Diesmal geriet die Blitz- und Knall-Feier mancherorts in Schwierigkeiten. Gewaltige Gewitter löschten auch in Basel das regierungsrätliche Beleuchtungsfest. Fingerzeig aus dem Olymp? An imposantem Feuerwerk aus der Höhe soll jedenfalls zu diesem Anlass kein Mangel gewesen sein.

Neue Spielzeit – neuer Elan? Gewiss, wenn auch nicht gleichmässig verteilt. Wie unterschiedlich sind die Perspektiven ein Jahr nach dem Beginn! Während die einen ihren ehrgeizigen Weg an die Spitze weitergehen, ist anderen die Unsicherheit anzumerken, ob diese Stadt und dieses Theater der richtige Ort zur Entfaltung sind. Am 12. August versammle ich alle Leute aus der Technik, der Verwaltung und den künstlerischen Sparten im Foyer. Kurzes gemeinsames Innehalten vor dem Start, so ist es immer, ein Ritual. Noch ein paar Wochen hinter verschlossenen Türen arbeiten, bevor die Schleusen wieder aufgehen und der Vorhang hoch. Der Monat August: Das ist die Sammlung vor der Präsentation, die Konzentration vor der öffentlichen Inanspruchnahme. Aber im Haus steht die Zeit nicht still: Oper, Tanz, Schauspiel – sechs Produktionen werden einstudiert. Im Schauspiel beginnt es wieder heikel. Der in New York lebende deutsche Autor Klaus Pohl hat den Text seines neuen Stücks nicht geliefert, das Peter Löscher am Anfang der Spielzeit in der Komödie herausbringen sollte: ‹Celima›, ein Text über Basel und nachrichtenlose Vermögen. Statt dessen hatten wir nun zunächst nachrichtenreiches Unvermögen, denn bereits die gehässigen Kommentare in der BaZ zu unserer Ankündigung, Peter Löscher werde anstelle von ‹Celima› ein mit dem jetzigen Chefdramaturgen John von Düffel entwickeltes Projekt unter dem Titel SCHWEIZ FÜR AUSLÄNDER inszenieren, liess Schlechtes vermuten. Überhaupt war das Schauspiel bald im feuilletonistischen Fadenkreuz der einheimischen Presse. Die Haltung bei einigen Journalisten war schnell auszumachen und auf den Punkt zu bringen: Warten auf den neuen Schauspieldirektor Bachmann in der nächsten Spielzeit, keine Geduld, keine Lust mehr auf die Mannschaft, die vor einer Spielzeit angetreten und zunächst glücklos geblieben war. Vor allem von Düffel wurde schwer bedrängt. Für sein Stück SAURIER-STERBEN, das im November Premiere hatte, bekam er fast ausschliesslich Schelte. Den Vogel schoss wieder einmal die BaZ ab: Die Kritikerin warf von Düffel in schnoddrigem Ton Amtsmissbrauch vor, indem er als Chefdramaturg sein eigenes Stück in den Spielplan lanciert hätte … Gerechtigkeit löst sich in Adrenalin auf.

Doch zuvor hatte es freundlichere Anlässe gegeben. Zeichen fast familiärer Gemeinsamkeit unter Theater- und übrigens auch Orchesterleuten, wie man sie sich an anderen Theatern kaum vorstellen kann. Mitte August rüstete alles zu einem Betriebsausflug, den der Verwaltungsdirektor Ivo Reichlin mit einem kleinen Komitee vorbereitet hatte. Per Zug oder Velo nach Neuchâtel, per Schiff nach Murten, dann nach Avenches: ein paar Hundert Leute, vom Abwart bis zum Verwaltungsratspräsidenten, von der Pensionärin bis zur Sopranistin – Stunden, die für mehr Verständnis und Gegenseitigkeit sorgen als Dutzende von Motivationsseminaren. Besuch aus Weimar, der Stadt der deutschen Klassik: Lutz Vogel, seines Zeichens Kulturdezernent, ein Freund. Bei einer Ausstellungseröffnung zum Dorffest in Allschwil werden die Schöpfungen der Vegetationskünstler, die das Buffet gestaltet haben, mehr geschätzt als die Werke an den Wänden. Mehrere Redner: Der Regierungspräsident aus Baselland beeindruckt die deutschen Gäste mit seinen klaren und starken Worten zum Kulturvertrag. Soviel Optimismus hätte ich auch gern. Am nächsten Tag in Engelberg, es ist Sonntag, euphorisierendes Wetter. Vor der Fahrt auf den Titlis in einem halbdunkeln Cafe über TV die Nachricht von Lady Di's Tod. Die ersten unsäglichen Statements aufrechter Schweizer Mütter. Die Hysterie in nuce – Vorankündigungen für die nächsten Tage. Erster Gedanke: Wäre ich Andrew Lloyd Webber, ich würde ein Musical im Stile von ‹Evita› schreiben. Noch wusste ich nicht, dass Elton John noch cleverer war.

Nach dem überraschenden Rücktritt Felix Oeris als Präsident der Stiftung Basler Orchester beginnen die Spekulationen und Verhandlungen. Irgendwann, nach Gesprächen über Gesprächen mit Orchestervorstand, Direktor, Stiftungsausschuss, Dirigent Mario Venzago, Staatsdelegierten etc. ist der Vorschlag auf dem Tisch, den ich noch Wochen zuvor für völlig absurd gehalten hätte: Thomas Staehelin und ich sollen die Sache gemeinsam machen. Wir machen's, am 15. September werden wir gewählt. Am Wochenende zuvor hatten wir die Spielzeit eröffnet. Mit einem schönen Fest für Kind und Kegel, das wir gemeinsam mit der Offenen Kirche Elisabethen und der Kunsthalle veranstaltet hatten. Es ging um Geldsammlungen für die Sanierung des Kunsthallendaches. Dann die erste Premiere: TURANDOT. Nach den ersten beiden Akten waren die Leute vor Begeisterung aus dem Häuschen, nach dem dritten vor Empörung: Der Regisseur Wolfgang Engel hatte den Schluss des Stücks als freie, pantomimische Improvisation von zwei Schauspielern erzählen lassen. Meine eigenen Bedenken wur-

«Noch glaube ich an die geistige Beweglichkeit in dieser Stadt.» ▷

den damit bestätigt und verstärkt. Meine Anrufe bei Engel in den darauffolgenden Tagen endeten mit Dissens. Wir liessen die Schlussszene nicht mehr spielen, erst recht, nachdem im Hause der Druck auf die künstlerische Lösung nicht mehr aufzuhalten war. Engel zog seinen Namen aus dieser Arbeit zurück. Ein ärgerlicher Medienkrach, vor allem aber das Ende einer sympatischen Verbindung zu jenem Regisseur, der mich 13 Jahre zuvor für das Theater gewonnen hatte …

Basel im Oktober, so leer wie nie. Trotz Depression und Zukunftssorgen, alles fährt in die Ferien – und lässt uns zurück. Nur zögerlich füllen sich die Vorstellungen, was ist los? Wollen uns die Leute nicht mehr? Zum Glück geht es anderen auch so, zum Beispiel den Swiss Indoors. Vier Wochen später sind die Basler wieder da und alle Sorgen weg. Oder? «Michael Schindhelm für das Musical-Theater» lese ich gerade in der Zeitung. Vorausgegangen waren Gespräche mit den Herren Messedirektoren über das Gershwin-Musical ‹Crazy for You› und über den Versuch, diese Theaterform in Basel zu halten. Mehr als ein paar Tips hatte ich zu diesem Zeitpunkt nicht geben können, an mehr Engagement von mir war nicht zu denken. Keine Fusion zwischen Musical und Theater. – Mit der Regisseurin Barbara Bilabel reise ich im Oktober nach Moskau und St. Petersburg, wir sind auf der Suche nach neuen russischen Theaterstücken. Eine Fahrt wie im 83

Rausch. Das Land, das ich so gut kenne, gerät endgültig aus dem Gleis – das Chaos des 21. Jahrhunderts kündigt sich an, drei Flugstunden von der gemütlichen Schweiz entfernt. Wie lange wird die Gemütlichkeit noch dauern?

Zunächst mal sorgt eine neue Fusion für Erschütterungen: UBS + SBV = UBS. Wo bleibt Basel bei diesem Deal? Die Sonderausgabe der BaZ am Tag der Pressekonferenz kündigt auf derselben Seite gewaltige Kursgewinne und Arbeitsplatzverluste an. So erreicht El Niño auch Basel, der Sturm der Globalisierung verweht alle Rütlischwüre. Dabei geht die Imagediskussion weiter. Die Gründlichkeit, mit der man sich in der Debatte um die nachrichtenlosen Vermögen in die Malaise geredet hat, ist schwei-

zerisch. Welche Werbeagentur besorgt diesem Land jetzt ein neues CI?

Ernst Beyeler hilft. Mit einem Museumsbau für die öffentliche Präsentation seiner grandiosen Sammlung, bei dessen Eröffnung die Kunstwelt den Atem anhält. Die Kunst und die Architektur für die Kunst – ein vornehmer Abschiedsgruss aus dem 20. Jahrhundert. Ganz anders als das Getty-Museum von Richard Meyer, das kurz darauf in Los Angeles eröffnet wird. So wird Riehen zu einer Metropole der Weltkunst und zerbricht sich den Kopf darüber, wo die Museumsbesucher ihre lästigen Autos parken werden. Das Grosse, scheint es, muss sich auch in Basel *gegen* statt *mit* der Allgemeinheit durchsetzen.

Das androgyne
Basel – Metropole
und Provinz.
◁

Ist ein Theaterneubau am Ort des alten Stadt-theaters Kühnheit oder Barbarei? Wohl weder das eine noch das andere. Ich gehöre einer Jury an, die Mitte Dezember den Gewinner des Architekurwettbewerbes präsentiert. Mit dem Projekt könnten auch wir leben, aber die Leute? Schon vorher weiss man auf der Strasse, dass dieses Theater nie gebaut wird. Die Ablehnung ist gründlich. Der Platz, an dem einst das alte Stadttheater stand, ist von kleinen Kastanien bestanden. Ein bisschen wie ein Friedhof, ein Gedächtnis-Hain. Vielleicht daher der furiose Protest: Instinktiv fühlt man, ein neues Thea-ter an diesem Ort sei Leichenschändung. Am 23.11. dann die frohe Botschaft, die für die nächsten Jahre ein finanziell sorgenfreies Ar-beiten ermöglicht: Baselland sagt ‹Ja› zum Kul-turvertrag, wenn auch nur mit 60 % von einem Fünftel aller Stimmberechtigten. Kurze Sekt-laune, ich lade auf allen Kanälen die Basel-städter und Baselbieter für die ersten zehn De-zembertage zum halben Preis ins Theater ein. Wieder zeigt sich die Event-Begeisterung der Leute, dem Ansturm kann die Billettkasse kaum standhalten. Hingegen wird Basel vorerst nicht Kulturstadt Europas. Braucht diese Stadt den Titel? Wenn überhaupt, dann nicht Kulturstadt ‹für Europa›, sondern für Basel, gegen den Kleinmut im eigenen Hause.

Turbulenzen auch im Spätherbst. Das Schau-spielensemble, von dem nach Bachmanns und meinem Willen mehr als die Hälfte der Schau-spieler mit Ende der Spielzeit ausscheiden soll, macht in einem offenen Brief auf seine Lage aufmerksam. Die Aktion wendet sich vom Pro-test ins Gegenteil, gegen die Betroffenen: dass die Lage im Schauspiel nicht gerade produktiv sei, ist der künstlerisch nur teilweise begründete äussere Eindruck.

Während Gérard Mortier, Direktor der Salzbur-ger Festspiele, anlässlich einer Preisverleihung in München vor laufenden Fernsehkameras Ba-sel als derzeit interessantestes Opernhaus pro-klamiert, und während in Venedig, in New York, Brüssel oder München das Interesse an unseren Produktionen wächst und das TanzTheater zu einer Tournee im Herbst 1998 nach Südostasien eingeladen wird, sind in Basel selbst auch bis Jahresende die Würfel noch nicht gefallen: Kommen die Zuschauer zu uns, weil sie dieses Theater wollen, dieses Theater, das wir machen – oder kommen sie, weil sie halt kommen? Und kommen sie nächstes Jahr wieder? Auch, nach-dem Nigel Lowery, dieser originelle englische Regisseur und Ausstatter, den Albrecht Puhl-mann und ich am Covent Garden in London entdeckt hatten, seine sehr ernst gemeinte und das Märchen und die Musik ernstnehmende HÄNSEL UND GRETEL-Version präsentiert hat? Am 30. Dezember fand mit dieser Oper die letzte Premiere des Jahres 1997 auf der Grossen Bühne statt; einen Tag später dann die Urauf-führung von Wernickes BEAUTY RETIRE: die nun endgültig letzte Kunstformung vor dem Ausklang des Jahres.

Es gibt Stunden, in denen ist Basel eine Metro-pole. Und es gibt Stunden, in denen ist diese Stadt die letzte Provinz. Wir wissen vorher nie, welche Stunde es schlägt.

Esther Maria Jenny

Die Idee mit den Ideen

Das Logo war bunt, die Plakate waren nicht zu übersehen. Ideen für Basel? Sie wurden nicht präsentiert, sondern gesucht. Und damit sie möglicherweise leichter gefunden werden konnten, wurden in der Stadt sogenannte ‹Frames› aufgestellt. ‹Frame› heisst Rahmen, aber das ist deutsch und damit weniger interessant als die englische Übersetzung. Die Frames umrahmten Gucklöcher oder Linsen oder Kaleidoskope, waren um die eigene Achse drehbar und gestatteten neue An- und Rundsichten der näheren Umgebung. Sinn und Zweck dieser auffallenden und originellen Werbung: 1999 wird die Basler Kantonalbank (BKB) ihr 100-Jahr-Jubiläum feiern. Dass dem so sein wird, können wir lediglich vermuten – in Anbetracht der derzeitigen Fusionsfreude, auch unter Banken, könnte es ja geschehen, dass es dann diese alteingesessene Institution gar nicht mehr gibt. Wie dem auch sei (oder sein wird) – Geschäftsleitung und Bankrat setzten sich zusammen und überlegten, «wie sie ihrer Freude über ihren runden Geburtstag Ausdruck verleihen»* könnten.

In solchen Momenten sind Ideen gefragt: eine Chronik? Ein Denkmal? Kultursponsoring? Unterstützung einer sozialen Institution? Die Sitzungsteilnehmer werden bei diesen Vorschlägen wohl höflich den Kopf geschüttelt haben: alles schon mal dagewesen. Also wurde die Runde der Mit-Denkenden aufs Volk ausgedehnt, ein Rezept, das bereits anderweitig für Werbung gerne und erfolgreich angewandt wurde. Im März 1996 lancierte die BKB unter dem Titel ‹Ideen für Basel› einen Wettbewerb. «Kreative Köpfe, ideenreiche Frauen und Männer, adhoc-Gruppen oder Vereine, kurz alle, die Lust hatten», waren aufgerufen, «zündende Ideen, phantastische Projekte, nüchterne Arbeiten einzureichen.»

Eine Idee unter anderen

Beim Wetten wie beim (Be-)Werben kann man etwas gewinnen, so auch bei diesem Wettbewerb: Insgesamt 1 Million Schweizerfranken für die Realisierung der Ideen auszugeben war die Bank bereit.

Sybilla K. hatte sofort eine Idee. Es war kein weltweites Novum, sondern die Wiedereinführung eines einst geachteten politischen Amtes. Sie wog das Für und Wider ab: die Herrschaften würden lachen können, sich amüsieren und dabei vielleicht aufmerksam werden auf andere Möglichkeiten zur Lösung ihrer zahlreichen Probleme. Alter Kaffee, zu verrückt, es findet sich niemand für diesen Job, wir sind eine Demokratie, unser System ist ein pluralistisches, wer lässt sich schon gerne einen Spiegel vorhalten … Die Idee setzte auf der einen Seite Toleranz, auf der anderen Feingefühl voraus. Und Sinn für Humor wäre eine gemeinsame Bedingung gewesen. Doch waren dies, zusammen mit einer guten Prise Witz, nicht typisch baslerische Eigenschaften?

Was ist eigentlich eine ‹Idee›? Ein Einfall? Ein Geistesblitz? Ein Wunsch? Eine Vision? Woher kommen Ideen? Wie war Sybilla ihre eigene Idee gekommen? War es eine historische Erinnerung? Vielleicht. Jedenfalls war sie mit (zumindest für sie) höchst vergnüglichen Vorstellungen verbunden. Sie war nicht neu, wäre aber für Basel im Sinne des Wortes ‹revolutionär› gewesen.

Was kann man mit einer Idee tun? Sie entwickeln, weiterführen, sie im konkreten Wettbewerbsfall vorlegen, sie verfechten und darauf

19 Ideen für Basel
werden realisiert.
Den Rahmen dazu
steckte die
Kantonalbank. ▷

hoffen, dass andere sich ebenfalls für sie be-
geistern, darauf eingehen und vielleicht helfen,
sie in die Tat umzusetzen. ‹Idee› – ich wollte die
bis hierher getippten Zeilen gerade in meinem
Laptop abspeichern, da erschien der Vermerk,
‹Idee› sei «kein gültiger Dateiname». Die
Mehrzahl ‹Ideen› hingegen wurde akzeptiert …
Ideen für Basel. ‹Basel›, was ist Basel? Eine
Stadt. Eine grosse, kleine? Wo liegt diese Stadt?
In der Schweiz, schon, aber am Rande der
Schweiz. Hier könnte man die Gleichung ‹Rand
= Problem› aufstellen. Doch der Rand ist ledig-
lich eine Frage des Standpunktes, und der ist in
Basel historisch wie zwangsläufig nicht natio-
nal, sondern inter-, genauer: trinational. Was
also wäre eine Idee für eine Randstadt im Zen-

trum einer Dreiländer-Region? Sollte eine Idee
vom praktischen Nutzen beseelt sein, oder
einen geistigen Inhalt haben? Wer könnte sich
von ihrer Idee angesprochen fühlen? Alle, niemand, vielleicht einige wenige.

Multiple choice

Gesucht waren ja Ideen, «welche die Zukunft
der Stadt gestalten und sie damit verändern
können», egal ob im Wirtschafts-, Kultur-,
Sport-, Forschungs- und Sozialbereich, in der
Stadtgestaltung «oder sonst einem Gebiet».
Was vorgeschlagen wurde, musste «von blei-
bendem Wert sein». Konnte Sybillas Idee diesen hohen Ansprüchen gerecht werden? Ja! Sie
würde sich also bewerben, und, da es ein Wett-

bewerb war, um die Wette mit anderen cleveren Köpfen voller zündender Ideen. Auf dem grossen Wettbewerbsformular las sie dann auch noch, dass die Ideen «Hand und Fuss» haben müssten, ja, dass dies «die Hauptsache» sei.

Ihre eigene Idee entsprach dieser Anforderung im wahrsten Sinne des Wortes: sie *musste* Hände und Füsse haben sowie ein Haupt, oder besser gesagt, einen gescheiten Kopf. Sie machte sich Gedanken zu den Auswahlkriterien: ‹Nutzen für den Kanton Basel-Stadt› – unvorhersehbar, da primär immateriell; ‹bleibender Wert› – dito. ‹Realisierbarkeit› – gegeben; ‹Kostenwahrheit› – sie vermochte Kosten nicht mit Wahrheit in Einklang zu bringen und Wahrheit nicht mit Kosten; ‹Originalität› – selbstredend. Auf dem Teilnahmeformular malte sie ein Kreuz vor den Bereich ‹Anderes›. Dann dachte sie lange über die Preiskategorien von 1000 bis 5000 und von 250 000 bis 500 000 Franken nach. Je nach Dauer und Häufigkeit der geplanten Vorstellung würde die unterste zu hoch oder zu niedrig sein, die höchste ebenso. Die ganze Million war ohnehin nicht zu haben. Und wer wäre für das Amt geeignet? Sie brauchte nicht lange nachzudenken. Der Mann, den sie ins Auge fasste, war die geeignete Person: intelligent, feinfühlig, geachtet. Vielleicht gab es noch andere Kandidaten und Kandidatinnen? Doch würden sie ihre sicheren Positionen aufgeben – in Zeiten wie diesen? Sie dachte immer wieder über ihre Idee, deren Nutzen für den Kanton Basel-Stadt, über Nachhaltigkeit und Kostenwahrheit nach, bis Ende August die Anmeldefrist vorüber war.

19 kamen durch

Wie zu erwarten, fand die Basler Kantonalbank kreative Geister, ja: die Staatsbank sei vom Echo geradezu überwältigt worden, zitierte die Basler Zeitung den Direktionspräsidenten Werner Sigg. 971 Projekte waren eingegangen, 19 wurden schliesslich prämiert und werden nun bis zum Jubiläumsjahr der Bank realisiert. Für die Nachwelt sei festgehalten, welche Ideen die Jury im März 1997 in den jeweiligen Bereichen für gut befunden hat:

‹*Sport*›

○ Ein ‹Stadtplan für Inline-Skaterinnen und -Skater›. Auf dem Plan sind Informationen über Gefahrenstellen, Strassenqualität und Verbindungsmöglichkeiten, Routenvorschläge für Stadtrundfahrten und -durchquerungen sowie die interessantesten Plätze und Treffpunkte vorgesehen. Zentraler Gedanke soll der Sicherheitsaspekt für alle Verkehrsteilnehmer sein.

‹*Soziales*›

○ ‹Nachtbusse für Basel›. Von den Initianten vorgesehen sind an 12 Wochenendnächten (jeweils sonntags bis 02.30 Uhr) kostenlose Busfahrten in Richtung Bruderholz, Kleinhüningen, Voltaplatz und Riehen. Ziel ist die Unfallprävention für Jugendliche. Zudem soll der Pilotversuch den Bedarf an Nachtbussen abklären helfen.

○ Ein Lehrmittel ‹Deutsch für den Basler Alltag› – «für fremdsprachige Frauen mit wenig formaler Bildung», um das gegenseitige Verständnis und die Integration zu fördern.

○ ‹Phönix›, ein Wohnheim für psychisch kranke Menschen.

○ ‹Lotse›, ein Bildungs- und Arbeitstrainingsprogramm für jugendliche fremdsprachige Arbeitslose.

○ Eine ‹Werkstatt für Beschäftigungsprogramme für Langzeitarbeitslose›.

‹*Stadtgestaltung*›

○ Beleuchtung des Rheinweges auf der Grossbasler Seite zwischen Pfalz und Wettsteinbrücke.

○ Beleuchtung des Basilisken am Grossbasler Brückenkopf der Wettsteinbrücke.

○ ‹Paradiesgarten› (traditioneller Klostergarten) im Kreuzgang des Münsters.

○ Bronzemodell am Kleinbasler Rheinweg für Blinde und Sehbehinderte, mit einem Ausschnitt des Grossbasler Ufers.

○ ‹Promenade architecturale›, ein Videofilm über die zeitgenössische Architektur in Basel.

‹*Kultur*›

○ Ein von in- und ausländischen Künstlern geschaffenes ‹Videofenster›, gedacht als «kulturelle Animation für die Stadt Basel».

○ Märchenpfad im Margarethenpark.

○ Kinderstadtbuch, ein Stadtführer aus der Kinderperspektive.

○ ‹Basels Hiphop-History›, ein Theaterstück, das den «Dialog zwischen Generationen fördern und Verständnis für die Hiphop-Kultur schaffen soll».

‹Wirtschaft und Forschung›

○ Eine wissenschaftliche Untersuchung über «staatliche Massnahmen und deren Auswirkungen auf die Boden-, Immobilien- und Mietpreise».

○ ‹KMU NET›, eine Werbe- und Interaktionsplattform für die Basler Klein- und Mittel-Unternehmen im Internet.

○ Archivierung und Übertragung der Dia- und Fotosammlung des Schweizerischen Tropeninstituts auf CD-ROM.

○ ‹Catapulta›, eine Koordinationsstelle für potentielle Unternehmensgründerinnen.

Biofeedback oder vom Nutzen der Ideen

Die Bank hat auch Statistik geführt über ihren Wettbewerb, der ein grosses Echo fand. Aus dem Nachbarkanton Basel-Landschaft wurden 168 Ideenvorschläge eingereicht, aus Zürich 11, aus der französischen Schweiz 10. Anfragen für Teilnahmeformulare kamen aus den USA, aus Südafrika, Australien und Neuseeland; aus dem nahen Ausland, nämlich aus Deutschland, kamen 27 ausgefüllt zurück. Die Kultur spielt in Basel bekanntlich eine grosse Rolle, und so überrascht es nicht weiter, dass 28 % der Ideen zu diesem Bereich präsentiert wurden. Dass sich viele Leute auch Gedanken über die Stadtgestaltung mach(t)en, belegt der Anteil von 22 % zu diesem Stichwort. Die Ideen zum Sozialbereich machten 21%, zur Wirtschaft 8 %, zur Forschung und zum Sport jeweils 3 % aus. In der Kategorie ‹Anderes› wurden statistisch 15 % aller Ideen festgehalten, doch keine fand den Beifall der Jury. 952 Ideen wurden nicht aufgegriffen. Wie die prämierten, so sollen auch sie in einer Broschüre zusammengefasst und vorgestellt werden. Und dann? Die Zukunft wird zeigen, welchen Nutzen der Kanton Basel-Stadt aus diesem Wettbewerb ziehen und wie gross seine Nachhaltigkeit sein wird. Von nachhaltigem Nutzen ist die Idee mit den Ideen für Basel vorderhand für die Initiantin selbst – die Basler Kantonalbank.

Anmerkung

* Alle Zitate wurden den Medienunterlagen der BKB entnommen.

Yvonne Bollag, Marie Thérèse Kuhn

Ein heisses Eisen – Chancengleichheitspreis 1997

Erst seit wenigen Jahrzehnten arbeiten Frauen in den Parlamenten von Basel-Stadt und Basel-Landschaft mit. So lange dauerte es, bis aus der Demokratie für Männer eine Demokratie für alle Schweizerinnen und Schweizer wurde – ein langer Weg vom Rütlischwur bis zur Einführung des Frauenstimmrechts. Ein Weg, auf dem immer wieder konstruiert und rekonstruiert wurde, weshalb Frauen in der Gesellschaft, in der Familie und in der Politik, bei der bezahlten und der unbezahlten Arbeit eine andere Rolle zu spielen hätten als Männer. Und immer noch nicht ist die Gesellschaft soweit, dass Frauen und Männer die gleichen Möglichkeiten haben, ihr Leben selbstbestimmt zu leben. Immer noch werden Frauen nicht nur dafür verantwortlich gemacht, dass Kinder geboren werden, sondern auch als allein zuständig für deren Erziehung und Betreuung erklärt.

Ende einer Kette von Benachteiligungen?

Frauen leisten in der Praxis die Arbeit für Beziehung, Erziehung, Haushalt und Betreuung. Damit werden die Männer freigehalten für die Erwerbsarbeit, für Politik und Militär, für Entscheidpositionen, die ‹den ganzen Mann fordern›. Diese dauernde Rekonstruktion der Ungleichstellung der Geschlechter zieht unzählige Benachteiligungen der Frauen nach sich – von der Schlechterstellung in den Sozialversicherungen bis zur Lohndiskriminierung, von der sprachlichen bis zur künstlerischen Ausblendung.

In zahlreichen Ländern, Städten und Regionen sind Frauenorganisationen, Interessengruppierungen, Einzelfrauen, Parlamente und Regierungen auf der Suche nach effizienten Massnahmen, welche die Chancengleichheit von Frauen und Männern fördern könnten. Auf der Gesetzesebene werden Korrekturen vorgeschlagen und teilweise umgesetzt; Bildungs- und Förderprogramme werden entwickelt, Sensibilisierungskampagnen durchgeführt. Immer wieder wird nach Wegen gesucht, Einzelpersonen und Unternehmen zur Eigeninitiative zu bewegen. Was läge da näher als ein öffentlicher Preis, der solche Initiativen und Leistungen honoriert.

1995: Signal und Anreiz zum Handeln

1995 hatten die Regierungen der beiden Basel das Konzept für einen Chancengleichheitspreis gutgeheissen, das von den beiden Gleichstellungsbüros und dem Frauenrat Baselland ausgearbeitet worden war. Damit verfolgten die Regierungen verschiedene Ziele: Der öffentlich vergebene Preis anerkennt Leistungen, das heisst Einzelpersonen, Organisationen oder Firmen, die überdurchschnittliches Engagement und Wirken für die Chancengleichheit zeigen. Er hilft, private Initiativen zu realisieren, wenn ein Förderprojekt besonders innovativ oder wirksam erscheint. Ausserdem motiviert er Firmen und Organisationen dazu, innerbetriebliche Chancengleichheit zu fördern. Nicht zuletzt setzt der Preis ein deutliches Zeichen für Basel: die beiden Kantone wünschen nicht nur die Gleichstellung, sie tun auch etwas dafür.

1996: Die erste Preisvergabe

1996 fand erstmals eine Preisverleihung statt. Ausgewählt waren die BauTeilBörse Basel, die in ihren Bestrebungen unterstützt wurde, Familienbetreuungs- und Berufsarbeit miteinander vereinbar zu machen, sowie lavorELLE. Das

Der erste Chancen-
gleichheitspreis
ging 1996 an
die Teams von
‹professionELLE›
(links) und von
der Bauteilbörse.
In der Mitte die
Regierungsräte
Hans Martin
Tschudi (links) und
Hans Fünfschilling.
▷

1997 ging der
Preis an den
Verein ‹Frauen-
stadtrundgang›,
der seit Jahren
historische Rund-
gänge durch Basel
und die Region
durchführt.
▷

Projekt der Kontaktstelle Frau+Arbeit Liestal, professionnELLE, bietet konsequent durchdachte, den individuellen Bedürfnissen der Frauen angepasste Vorbereitungen für den beruflichen Wiedereinstieg an. lavorELLE berücksichtigt, dass Frauen, die eine längere Familienpause eingeschaltet haben, sich zwar durchaus soziale Kompetenzen angeeignet haben, die auch am Arbeitsplatz genutzt werden können, fachlich aber qualifiziert werden müssen, um den neuen Anforderungen gewachsen zu sein. lavorELLE und die Firma BauTeilBörse teilten sich die Preissumme von 20 000 Franken und erhielten als Symbol eine Kleinplastik von Bettina Eichin.

1997: Perspektivenwechsel

Die vom Regierungsrat eingesetzte Auswahlkommission, bestehend aus Vertreterinnen und Vertretern der Arbeitgeberverbände, der Gewerkschaften, der Frauenräte und der Gleichstellungsstellen, begutachtete 1997 insgesamt 25 Eingaben. Die grosse Mehrheit stammte von Frauen; doch obwohl grosse Anstrengungen unternommen worden waren, den Preis in unternehmerischen Kreisen bekannt zu machen, kam weniger als ein Drittel der Eingaben von Firmen. Ob Firmen tatsächlich so bescheiden und öffentlichkeitsscheu sind, oder ob sie in Sachen Gleichstellung wirklich noch keinen Handlungsbedarf sehen, bleibt freilich offen.

Die im Vorfeld der Wahl geführten Diskussionen in der Auswahlkommission zeigten, wie schwierig es ist, klare Kriterien festzulegen und sich über die Anforderungen zu einigen, die an gleichstellungsrelevante Massnahmen und Projekte gestellt werden. ‹Gleichstellung› und ‹Chancengleichheit› sind keine festen Konzepte, sondern Teile von Prozessen, die – einmal in Gang gesetzt – die Gesellschaftsstrukturen, die Arbeits- und Machtverteilung ändern (sollen). Sich darüber zu einigen, setzt eine anspruchsvolle und immer wieder stattfindende Auseinandersetzung voraus.

1997 wurde der Verein ‹Frauenstadtrundgang› von den beiden Basler Regierungen mit dem Preis ausgezeichnet. Damit wurden auch all jene Frauen gewürdigt, die seit vielen Jahren historische Rundgänge durch die Stadt und die Region Basel konzipieren und durchführen. Die Frauenstadtrundgänge machen Frauen in Geschichte und Gegenwart sichtbar, zeigen ihre Verdienste, Sorgen, Nöte und Lebensweisen und korrigieren damit ein bisher verzerrtes Geschichtsbild. Der Verein bietet ein kulturelles und attraktives Angebot, das sich auch innerhalb der Universität auswirkt und neue Forschungsimpulse auslöst und aufnimmt. Zudem bietet er jungen Akademikerinnen die Möglichkeit, in der Reihe ‹Quergängerin› Forschungsarbeiten zu publizieren, und zwar so, dass sie auch das Interesse breiter Bevölkerungskreise finden.

Die Frauenstadtrundgänge und die Reihe ‹Quergängerin› bieten eine neue Art der Geschichtsvermittlung und des Transfers von universitärer Arbeit in den Alltag. Die Frauenstadtrundgänge könnten darüber hinaus – wenn sie ins öffentliche Angebot aufgenommen würden – eine wertvolle Ergänzung des touristischen Angebotes von Basel und der Umgebung sein.

Die Preisverleihung fand am 3. November im Kutschenmuseum in Brüglingen statt. ‹Musique Simili› begleitete die Feier mit ihren mitreissenden Rhythmen, und Doris Traubenzucker, eine junge Installationskünstlerin, gestaltete als Symbol zum Preis eine Computerarbeit namens ‹Bravo›.

Rudolf Grüninger

Zeitzeuge Zeugin

Ein Vierteljahrhundert Basler Bürgerspital

Während das 1261 gegründete, alte Bürgerspital jahrhundertelang seine Dienste als Pfrundanstalt mit der Pflege von Bedürftigen versehen hatte und noch im Ausscheidungsvertrag zwischen Einwohnergemeinde und Bürgergemeinde vom 6. Juni 1876 – ebenso wie das Waisenhaus und das Almosenamt – als Armenanstalt bezeichnet wurde, entwickelte es sich in diesem Jahrhundert immer mehr zu einer Universitätsklinik mit Akutmedizin. Da aber der Betrieb solcher Spitäler seine Aufgaben und Möglichkeiten zunehmend überstieg, wurde 1972 der ‹Abtretungsvertrag› abgeschlossen, wodurch die Universitätskliniken des Bürgerspitals an den Kanton Basel-Stadt übergingen. Dem Bürgerspital wurde zur Aufgabe gemacht, nurmehr Betagte, Rekonvaleszente und Invalide zu betreuen. Der Vertrag sah überdies eine Verstärkung und Erweiterung der Tätigkeit des ‹neuen› Bürgerspitals in diesen Aufgabenbereichen vor. Gedacht war nicht nur an eine Vermehrung von Altersheimplätzen, sondern auch an neue Formen einer umfassenderen Gestaltung der Altersfürsorge. Allerdings beinhaltete dieser Abtretungsvertrag von Anfang an auch nicht klar definierte Restanzen, welche Bürgerspital und Bürgergemeinde über Jahre hinaus in der Erfüllung ihrer Obliegenheiten und in ihren Entfaltungsmöglichkeiten spürbar einschränkten. Dazu gehörte insbesondere die ungenügende finanzielle Ausstattung des Schweizerischen Paraplegikerzentrums Basel und vor allem dessen dadurch immer wieder hinausgezögerte Renovation und Ausbau, was die internen und externen Verhältnisse allemal belastete. Da aber von seiten der kantonalen Behörden der Abtretungsvertrag als ein Paket galt, welches für die Bürgergemeinde in dieser oder keiner Form zu akzeptieren war, nahm sie diese Belastung in Kauf; der Nichtabschluss des Vertrages hätte den Ruin des Bürgerspitals und damit wohl auch das Ende der ganzen Bürgergemeinde bedeutet. Auf dieser Grundlage übernahm Alfred Zeugin, welcher noch als Mitglied des seinerzeitigen Weitern Bürgerrates, des heutigen Bürgergemeinderates, und als Mitglied des Pflegeamtes, der damaligen Verwaltungskommission des Spitals, bei der behördlichen Behandlung des Abtretungsvertrages mitgewirkt hatte, die operative Leitung des ‹neuen› Bürgerspitals.

‹Neues› Bürgerspital

Auf diesem Hintergrund hat Spitaldirektor Zeugin 25 Jahre lang das Erscheinungsbild dieser mit Abstand grössten Institution der Bürgergemeinde mit ihren rund 1200 Beschäftigten geprägt und sie zu dem weiterentwickelt, was sie heute darstellt. Dazu gehörte zunächst der Aufbau neuer, eigener Strukturen. Die räumlichen Verhältnisse für die erste Direktion des Bürgerspitals veranschaulichen, was strukturell vorhanden war, und damit, was neu aufgebaut und eingerichtet werden musste. Ein Gebäude, welches ein Basler Modenhaus so verlassen hatte, wie es seinen Bedürfnissen gedient hatte, musste innert kurzer Zeit und ohne entsprechende finanzielle Mittel in einen Stand gebracht werden, dass darin verantwortungsbewusst gearbeitet und die Betriebe des Bürgerspitals auf neuer Basis effizient geführt werden konnten. Improvisationsvermögen war vonnöten, und darin hat sich Alfred Zeugin immer wieder bewiesen; dies galt auch in der Folgezeit, wenn es darum ging, neue Situationen, zuweilen etwas unkonventionell, in den Griff zu bekommen und zum Wohle der Allgemeinheit einer Lösung zuzuführen.

Revision des Abtretungsvertrages

So ist es nicht zuletzt ein Mitverdienst von Alfred Zeugin, dass 1995 die Revision des Abtretungsvertrages durch einen Anhang II zustande gebracht werden konnte, wodurch die Existenz des Bürgerspitals Basel auf die nächste Zeit hin gesichert erscheint. Damit wird das Bürgerspital zudem sein jahrelang mangels genügender Unterstützung investiertes Eigenkapital wieder äufnen und – dafür hat es bereits Beweise geliefert – ausgeglichene Rechnungsergebnisse vorweisen können.

Aber auch der Aufgabenbereich des Bürgerspitals wurde nicht nur bestätigt, sondern sauberer definiert in einem Leistungsauftrag, welcher durch die Abgeltung der seinerzeitigen unentgeltlichen Landabtretung des engeren Spitalareals samt der darauf befindlichen Gebäulichkeiten finanziell abgesichert ist.

Betagtenheime

Im Bereich der Altersbetreuung hat das Bürgerspital unter der Leitung von Alfred Zeugin im Jahre 1975 mit dem ‹Weiherweg› ein seinerzeit richtungsweisendes Modell eines Zweistufenheims, Alters- und Pflegeheim, mit einem Alterszentrum realisiert. (Nach gut zwanzig Jahren muss sich auch dieser Betrieb auf die inzwischen abermals gewandelte Nachfrage einstellen; das seinerzeitige Konzept ist schon wieder überholt.) Das Bürgerspital hat, seiner Zeit vorauseilend, im Rialto erste Wohngruppen für Betagte realisiert, welchen aber der Erfolg noch versagt blieb. Neben dem ‹Weiherweg› wurden in den letzten 25 Jahren das ‹Lamm›, das ‹Altersheim zum Bruderholz› und der ‹Lindenhof› neu gebaut und immer wieder den Bedürfnissen der Betagten angepasst.

Dienste für Behinderte

Mit einem modernen Konzept der Behindertenbetreuung löste das Werkstätten- und Wohnzentrum Basel (WWB) die alte ‹Milchsuppe› ab. Neue Akzente wurden dadurch gesetzt, dass die Behinderten nicht mehr als ‹Betreuungsobjekte›, sondern als vollwertige Persönlichkeiten, als eigenverantwortliche Partner und als Arbeit-

nehmende mit Lohnanspruch erkannt und behandelt werden. Den Tatbeweis erbrachten die dafür Verantwortlichen, als 1972 das Wohnheim erstellt wurde, welches allerdings inzwischen, wo differenziertere Modelle mit Wohngruppen angestrebt werden, in seiner Struktur erneut überdacht werden muss. Im Freizeitsektor ist die Renovation des Burgfelderhofes anzuführen, im Arbeitsbereich sind die neuen Werkstätten und, als ‹Kombination› von beidem, der Spittelhof in Biel-Benken zu erwähnen. Die vor allem auf den Behindertensport ausgerichtete Sportanlage ‹Pfaffenholz› ergänzt die aufgezeigten Bestrebungen zur Förderung der Integration von Behinderten.

Moderne Strukturen

Nicht nur die Befriedigung der betrieblichen Ansprüche musste mit der Zeit Schritt halten. Auch die strukturellen Anforderungen an das Bürgerspital erheischten neue Vorstellungen, welche ein innovatives Management erfordern. So wurden, gefördert durch Alfred Zeugin, Ideen zu mehr Selbständigkeit mit Profitcenter-ähnlichen Betrieben entwickelt, einerseits

△
Von 1972 bis 1997 leitete Alfred Zeugin zum Wohle der Allgemeinheit das Bürgerspital.

94

durch Delegation von Kompetenzen und Ver-
antwortlichkeiten, anderseits durch Verselbständigung von Dienstleistungszentren. Dazu
gehört beispielsweise die Gründung einer konfessionell gemischten Stiftung, welche ab 1999
als Trägerschaft das neue Alters- und Pflegeheim ‹Holbeinhof› führen und das bisherige
Alterspflegeheim ‹Leimenstrasse›, die frühere
Leimenklinik, und das jüdische Altersheim ‹La
Charmille› in Riehen ablösen soll. Zu denken
ist auch an den ‹Lindenhof›, welcher in Zusammenarbeit mit der Willy und Carola Zollikofer-
Stiftung (GGG) gebaut wurde. Erinnert werden
soll in diesem Zusammenhang an die Chrischonaklinik, deren Verselbständigung allerdings
am Veto des Stimmvolks scheiterte, und an den
Entscheid des Bürgergemeinderates, das RE-
HAB zu verselbständigen und den dringend notwendigen Neubau zu realisieren, welcher zum
guten Schluss von Alfred Zeugin mitvorbereitet
worden war. Damit schliesst sich, zusammen
mit dem revidierten Abtretungsvertrag, der
Kreis der bei seinem Amtsantritt angetroffenen

ungünstigen Voraussetzungen und Gegebenheiten, welche durch ihn und mit ihm im Bürgerspital inzwischen bereinigt werden konnten.

Erneuertes Bürgerspital

Dem durch den Neuanfang des Bürgerspitals
vor 25 Jahren als strategische Vorgabe vorhandenen ‹Gemischtwarenladen› folgte durch all-
seitige Anstrengung eine Konzentration auf das
Kerngeschäft. Das Bürgerspital will und kann
nun seine eigentlichen Stärken zur Geltung
bringen und muss nicht selber machen, was
Dritte besser und kostengünstiger tun können.
Alfred Zeugin kommt dabei das Verdienst zu,
konstruktive Ideen entwickelt, konsequent An-
passungen an die moderne Zeit veranlasst und
das Bürgerspital nach dem Abtretungsvertrag
neu positioniert und ausgestaltet zu haben, als
Institution in der Stadt Basel, als wesentlichen
Bestandteil der Bürgergemeinde der Stadt Basel
und als Erbringer qualifizierter Dienstleistungen für Betagte, Behinderte und zu Rehabilitie-
rende.

Seit Beginn unseres
Jahrhunderts
entwickelte sich
die einstige Pflege-
anstalt zunehmend
zu einer Univer-
sitätsklinik mit
Akutmedizin.
▽ ▷

Paul Roniger

Im Dienste der Blasmusik

100 Jahre Kantonal-Musikverband Basel-Stadt

Ein vom Musikveteranen Paul Loosli auf einem Flohmarkt aufgestöbertes Protokoll brachte es zutage: Der Kantonal-Musikverband Basel-Stadt (KMV) ist nicht – wie man bis zu Beginn der neunziger Jahre geglaubt hatte – erst 1922, sondern schon 25 Jahre vorher ins Leben gerufen worden. Wenn trotzdem von ‹zwei Gründungen› gesprochen werden kann, dann deshalb, weil zwischen den beiden ‹Anfängen› die Verbandstätigkeit kurzzeitig tatsächlich ein wenig eingeschlafen war.

Der erste Anlauf 1897

Es war am 14. Juli 1897 im ‹Gasthof zum Goldenen Hirschen› am Spalenberg zu Basel, als sich «14 werthe Abgeordnete behufs Besprechung und Beratung des zu konstituierenden Basler Kantonal-Musikverbandes» zusammenfanden. Ziel der neuen Institution war es, die Interessen der ihr angeschlossenen Vereine in jeder Hinsicht nach aussen zu vertreten und dadurch auch der Blasmusik den ihr in der Öffentlichkeit zustehenden Stellenwert einzuräumen. Die eigentlichen ‹Gründersektionen› – die Basler Jägermusik (1859), der Feldmusik-Verein Basel (1880) und die Metallharmonie (1872), die in Theodor Ruf auch den ersten Präsidenten stellte – traten zunächst gemeinsam in sogenannten ‹Monstre-Concerten› auf, um eine Art ‹Gegengewicht› zu den in jener Zeit bei uns sehr aktiven deutschen Regimentsmusiken zu schaffen.
Es folgten die beliebten ‹Wirtschaftskonzerte›, die allerdings durch «teils nichtendenwollende Vorträge von zweifelhafter Qualität» da und dort in Misskredit gerieten und in der Folge auf «zwei Doppelconcerte pro Monat und Lokal» beschränkt werden mussten. Aber das Positive überwog, und immer häufiger bezog man Verbandsvereine in lokale und nationale Ereignisse mit ein, wie zum Beispiel die jährlichen Bundesfeiern oder die Festspiele. Die Tatsache, dass ausgerechnet das erste und bisher einzige in Basel durchgeführte Eidgenössische Musikfest 1909 in den Verbandsannalen kaum Erwähnung findet, mag aber als Indiz dafür gelten, dass es dem noch jungen Verband schon vor Beginn des Ersten Weltkrieges doch an Substanz und Durchhaltevermögen fehlte, um die eingangs erwähnte Zäsur seiner ersten Daseinsepoche zu vermeiden.

Die Wiedergeburt 1922

Nachdem es also gute fünfzehn Jahre um den KMV ruhig geworden war, liess man ihn offiziell 1922 wieder aufleben und konnte bereits zwei Jahre später wieder von «8 Sektionen mit zusammen über 300 Aktiven» berichten. Die statuarisch für den Vorsitz vorgesehene «unabhängige Persönlichkeit aus dem öffentlichen Leben» fand sich in Regierungsrat Adolf Im Hof; ohne seine grossen Verdienste schmälern zu wollen, sollte sich in der Folge seine «Doppelfunktion für Staat und Verband», wenn es um die stets im Brennpunkt stehenden Subventionen ging, als eher problematisch erweisen. Wichtigster Massstab zur Festsetzung der staatlichen Zuschüsse war das «fleissige Durchführen von Promenadekonzerten». Diese recht populären Auftritte der verschiedenen Sektionen machten die zahlreichen Musikpavillons der Stadt zu Oasen der Entspannung, und es waren wohl weniger die als Kuriosität erwähnten ‹Grammophonconcerte der Firma Hug›, als vielmehr das fortschreitende Verkehrsaufkommen, das dieser Romantik mehr und mehr

Ein Musikverein zu Beginn des 20. Jahrhunderts. ▷

zusetzte. 1923 trat man dem eidgenössischen Dachverband (EMV) bei, und ab 1924 führte man regelmässig Kantonale Musiktage durch, die zumeist von gleichzeitig jubilierenden Sektionen organisiert wurden. 1927 konnte man bereits die ersten 63 Musikanten für 25jährige Aktivität zu Kantonalveteranen ernennen. Zu den ständigen internen finanziellen Problemen hinzu kamen mit den dreissiger Jahren auch widrige äussere Umstände, wie etwa «die Anlässe störende kommunistische Demonstrationen» oder später «die Infiltration deutschen Kulturgutes der unliebsamen Sorte». Die etwa gleichzeitig registrierten Verbandsbeitritte der ‹Badischen Eisenbahnermusik› und der elsässischen ‹Harmonie Française› sind jedoch Beweis genug, dass der Verband jederzeit nach allen Seiten offen blieb. Mit dem Kriegsausbruch trat nicht nur ein durch Militärdienst bedingter Aderlass bei den Musikanten ein; durch plötzlichen Tod verlor man auch Fritz Moser-Merkt, der seit 1932 mit grosser Energie dafür besorgt gewesen war, dass aller Unbill jener Zeit zum Trotz stets vielbeachtete Grossanlässe statt-

fanden, wobei zum Beispiel 1933 «nicht weniger als 5 Sektionen zur Ballmusik aufspielten», man 1935 gar geschlossen für die Wehrvorlage zum Zapfenstreich antrat und der Kantonale Musiktag 1937 mit zwanzig teilnehmenden Vereinen zur besonderen Demonstration wurde. Dass in der Folge keine weitere interne Krise eintrat, ist zwei Persönlichkeiten zu verdanken, deren Namen in die Verbandsgeschichte eingegangen sind: Jules Manigold, der als ‹ewiger Vizepräsident› nun kurz entschlossen die Leitung übernahm, und Ernst Furlenmeier, engagierter Sekretär und Protokollführer. Als Team gehörten beide mehr als 40 Jahre lang dem KMV-Vorstand an; sie folgten einander später, 1958, auch im Tode nach.

Vom Kriegsende bis zur Gegenwart

Im Laufe der Verbandsgeschichte taten sich auch immer wieder besondere Musiker als Dirigenten und Komponisten hervor. Dies gilt besonders für Fritz Siegin und Pius Kissling, die unter anderem als musikalische Leiter der Knabenmusik tätig waren, der eine 50, der andere

97

KANT.MUSIKTAG
BASEL-STADT

33 Jahre lang. Dies gilt ebenso für Emil Bissig, Louis Reisacher, Albert E. Kaiser und Hans Schultheiss (40 Jahre in Riehen) und nicht zuletzt für die ‹legendären› Paul Kabisch und Franz Loschelder sowie für Joseph Born und für Hans Moeckel. Auf Verbandsebene erfolgte 1946 die Anschaffung der ersten Kantonalfahne, deren erster Träger, Fritz Hubschmid, sich bald als Organisator, Unterhalter und Präsident (1960–1968) um den KMV verdient machte.

Musikalisch sollen nach dem Krieg «gelegentlich Guggenmusiken der Blasmusik den Rang abgelaufen haben», und 1951 sei zur 450-Jahr-Feier des Eintritts Basels in den Bund «die Landeshymne wohl getrommelt und gepfiffen worden, da offenbar nur Tambouren willkommen waren». Um den Verband finanziell wieder etwas auf Vordermann zu bringen, setzte man jetzt auch regelrechte ‹Acquisiteure zur Geldbeschaffung› ein. Doch nun gab es auch wieder Lichtblicke, wie 1954 anlässlich der Eröffnung des ‹Joggeli› die erste Rasenshow der Polizei-

musik Basel oder die Einführung des Muttertags als offizieller Spielsonntag.

1960 erreichten die Mitgliederzahlen in nunmehr elf Sektionen einen neuen Zenit; den Baslertag an der EXPO 1964 beschickte man mit fünf Vereinen, und zur weiteren Expansion traten nun auch immer mehr ‹Frauen als aktive Bläser› in Erscheinung. 1966 erhielt man die zweite Verbandsfahne, und ab 1967 führte man sogenannte ‹Basler Propaganda-Blasmusikwochen› ein. Nicht weniger als 500 Aktive begingen 1973 das ‹halbe Jahrhundert nach Wiederbeginn› und stellten dabei zukunftsweisend die neue Vielseitigkeit der Blasmusik vor. Unter der Ägide von Hans Schaad (1975–1984 und 1986–1988 Präsident, daneben auch im EMV und im europäischen Verband tätig) entfaltete sich der KMV weiter. Marschmusikparaden und Vierländertreffen setzten Glanzpunkte, und das sogenannte ‹Kantonalspiel› hatte um 1988 seine grössten Auftritte. Der jetzige Präsident schliesslich, Peter Glarner, förderte das Ausbildungswesen und konnte 1995 mit Unterstüt-

△
Kantonaler Musiktag Basel-Stadt im Jahre 1930.

◁
Erste Uniformen.

zung des damaligen Baudirektors Christoph Stutz in der alten Elisabethenkapelle – mit eigenen Händen in Fronarbeit umgebaut – ein ideales Musiklokal präsentieren.

Das Jubeljahr 1997

Mit alt Regierungsrat Karl Schnyder an der Spitze, der – wie seine Vorgänger Arnold Schneider, Hans Rudolf Striebel und Ständerat Eugen Dietschi – die Blasmusik entscheidend gefördert hat, bot zum Jubiläum 1997 ein umsichtiges OK abwechslungsreiche Festaktivitäten, von der Jubiläums-Delegiertenversammlung am 8. März im gediegenen Rahmen des Basler Grossratssaales bis zur grossen Feier ‹Drei Tage für die Blasmusik› vom 13. bis zum 15. Juni.

Im Zeichen der regionalen Aktivitäten des ‹klingenden Dreiländerecks› stand nicht nur die Teilnahme von Blasmusikanten aus dem badischen und elsässischen Raum, sondern auch die Verabschiedung des 7. Deutschen Bundesmusikfestes. Nach einem teilweise verregneten, aber nicht minder stimmungsvollen Marschmusikdefilee und einem Platzkonzert aller aktiven Verbandssektionen sowie sieben weiterer Gastformationen am Freitag folgten am Samstag im Stadtcasino der 1. Basler-U-Wettbewerb für

Die Sektionen des KMV und ihre Mitglieder 1997	gegr.	Mitglieder
Knabenmusik Basel	1841	ca. 200
Musikverein Riehen	1861	26
Stadtmusik Basel	1872	47
Musikverein Kleinhüningen	1875	29
Feldmusik-Verein Basel	1880	29
Blaukreuzmusik Basel	1888	29
Brass Band Rail Star Basel	1900	34
Polizei-Musik Basel	1909	70
Brass Band Allianzmusik Basel	1951	20
Zollmusik Basel	1984	42

(Quelle: Taschenkalender 1997 des Eidg. Musikverbandes)

Blasorchester und am Sonntag der eigentliche Festakt mit Fahnenweihe. Gutbesuchte Vorträge im Festzelt auf dem ‹Seibi› sowie Frühschoppenkonzerte in der Stadt sorgten für jene gute Stimmung, die dem KMV im Dienste der Blasmusik durch alle Höhen und Tiefen stets treu geblieben ist und die ihn zur Freude aller für unsere Stadt so lebendig erhalten möge, dass noch oft Anlass dazu sei, ihm herzlich zu gratulieren.

Fahnenweihe anlässlich des 100. Gründungstages des Kantonal-Musikverbands Basel-Stadt. ▷

Christian J. Haefliger

Die Regio-S-Bahn beginnt zu rollen

Von der Vernetzungs-Utopie zur real fahrenden Zweistrom-Komposition

‹Filzstiftplanung›, so lautete der eher abschätzige denn aufmunternde Kommentar der zuständigen Basler Stadtplaner, als sie 1969 eine Planungsskizze des Vereins ‹Regio Basiliensis› zu Gesicht bekamen. Während man damals auf offizieller Seite glaubte, unter dem Titel ‹Tiefbahn› mit der Tieflegung des Trams in der Innenstadt *die* Lösung für den öffentlichen Nahverkehr schlechthin gefunden zu haben, postulierte die Regio-Skizze den Blick nach aussen, auf das Einzugsgebiet der umliegenden Region. Folgerichtig hiess die Gegen-Idee: Ergänzung des städtischen Tram-Bus-Systems durch ein regionales S-Bahn-System auf dem bestehenden Eisenbahnnetz.

Hatten nicht bereits die Vorväter sinnvollerweise sieben Schienenstränge – nach Mulhouse, Müllheim, Schopfheim, Bad Säckingen, ins Fricktal, Ergolztal und Laufental – angelegt, so, als ob es im Raum Basel keine Grenzen gäbe? Es mussten also bloss diese Infrastrukturpotentiale erkannt werden die stadteinwärts zunehmenden Pendlerströme hinzukombiniert werden, und schon lag die Lösung auf der Hand. Utopisch war daran nur das geistige Überwinden der hinderlichen Kantons- und Landesgrenzen, und somit die Forderung nach grenzüberschreitender partnerschaftlicher Zusammenarbeit für Lösungen an der Quelle statt am Ziel.

Nach 28 Jahren die ersten Züge

Inzwischen ist Basel eine echte Regio-Stadt geworden. Die ‹Tiefbahn› ist längst in den Planschränken versorgt. Stattdessen hat der Stadtkanton mit seinen Regionalpartnern die Finanzierung von Rollmaterial und Betrieb geregelt. Als bislang einziger S-Bahn-Partner finanzierte und baute er zusätzlich eine neue Bahnstation

im St. Johann-Quartier. Pünktlich auf den Fahrplanwechsel am 30. Mai 1997 wurde denn auch bei strahlender Sonne die Eröffnung der ersten S-Bahn-Linie gefeiert. Ausgerüstet mit Zweistrom-Kolibri-Kompositionen der SBB, fuhren die ersten Züge der ‹Grünen Linie› vom aargauischen Laufenburg über Muttenz nach Basel-St. Johann, wo die Spitzenvertreter der Vertragspartner Region Elsass (Adrien Zeller), der Kantone Aargau (Thomas Pfisterer), Baselland (Elsbeth Schneider) und Basel-Stadt (Ralph Lewin) sowie der SBB (Hans Peter Faganini), der SNCF (Alain Intrand) und der ‹Regio Basiliensis› (Peter Gloor) den Haupt-Festakt bestritten, bevor die überfüllten, mit dem neuen R-Logo verzierten Wagen nach Mulhouse rollten.

Das erste Etappenziel dieses europäischen Pilotprojekts ist damit erreicht; der nächste Abschnitt, mit einer ‹Roten Linie› vom Wiesental über Basel ins Ergolztal, ist in intensiver Vorbereitung. Hürden gibt es dabei unzählige zu überwinden, seien es die Fragen der Grenzkontrollen, des Marketings, der einheitlichen Betriebsführung, oder seien es die Fragen der Fahrplanverdichtung und der Tarifgestaltung im Drei-Währungs-Gebiet der Regio TriRhena. Hauptsache bleibt jedoch: der ‹point of no return› liegt hinter uns.

Der Sinneswandel kam nicht von alleine

Der Quantensprung von der belächelten Planungsskizze zum handfesten Behördenprodukt gemahnt an eine schier unendliche Geschichte politischen Mentalitätswandels. So erwiesen sich insbesondere die siebziger Jahre als Inkubationszeit der Idee. Damals konnten zunächst nur Kreise der linken Opposition im Grossen

Herzstück der ‹Grünen Linie› ist der Bahnhof St. Johann. ▷

Rat gewonnen werden, nicht jedoch die Entscheidungsträger. Als Wendepunkt darf die erstmalige Herausgabe des Regio-Fahrplans im Mai 1977 gelten. Diese Dienstleistung stammte aus der Feder einer gemischten Arbeitsgruppe von für den öffentlichen Verkehr Begeisterten und demonstrierte der Bevölkerung erstmals augenfällig und handfest das gesamte Angebot aller Tram-, Bus- und Eisenbahnlinien des Dreiländerraumes, so als ob es sich um eine geschlossene Binnenregion wie Zürich oder Bern handelte.

Solche Vorleistungen mögen sich im Rückblick als Humus für eine allmähliche Änderung des allgemeinen Bewusstseins, hin zur Erkenntnis der regionalen Zusammenhänge, erweisen. Die achtziger Jahre jedenfalls brachten den Durchbruch: Die S-Bahn-Idee verlor ihr Image, eine Utopie zu sein, spätestens dann, als sich die fünf nordwestschweizerischen Kantone anschickten, den weitläufigsten Tarifverbund des ganzen Landes einzurichten, und mit dem bereits legendären Umweltschutz-Abonnement europaweit Aufsehen erregten. Solchermassen mentalitätsmässig aufbereitet, gestattete der Boden nun endlich, den Nachholbedarf beim Eisenbahn-Nahverkehrsangebot plausibel zu machen. Es gelang, das baselstädtische Parlament von der Notwendigkeit eines regionalen Grobverteilernetzes zu überzeugen, was im Dezember 1984 zu einem Grundsatzbeschluss des Grossen Rates zuhanden der Regierung führte.

Mit Blick auf die stets zunehmenden Pendlerströme im komplizierten Dreiländereck konnte jetzt auch bei den Nachbarn Überzeugungsarbeit geleistet werden: Kraft ihres Mandats führte die ‹Regio Basiliensis› im Rahmen der Deutsch-französisch-schweizerischen Oberrheinkonferenz 1985 die drei Staatsbahnen mit den zuständigen Behördenvertretern zusammen, um die Machbarkeit der ‹Schoggi-S-Linie› vom Wiesental über Weil am Rhein, Basel und EuroAirport bis nach Mulhouse zu prüfen. Zögerlich schwenkten die herbeigerufenen Bahnvertreter aus Bern, Karlsruhe und Strassburg auf das Ungewohnte ein und prüften den anvisierten trinationalen Gemeinschafts-

In einem Zug vom Fricktal über Basel bis nach Mulhouse. ▷

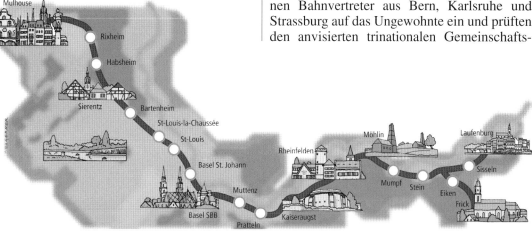

Mulhouse
Rixheim
Habsheim
Sierentz
Bartenheim
St-Louis-la-Chaussée
St-Louis
Basel St. Johann
Muttenz
Basel SBB
Pratteln
Kaiseraugst
Rheinfelden
Mumpf
Stein
Eiken
Frick
Möhlin
Laufenburg
Sisseln

betrieb mit computergestützten Simulations-studien auf Herz und Nieren.

Das Weihnachtswunder von 1985

Im selben Jahr noch geschah dann, was ich heute noch als ‹Weihnachtswunder von 1985› empfinde: Die Staatsbahnen entwickelten plötz-lich Eigeninitiative, setzten eine gemeinsame Arbeitsgruppe ein und überraschten die regio-nalen Bittsteller mit einem viel weiter gehenden Konzept, das sie unter dem Titel ‹Regio-S-Bahn› und unter Federführung der SBB (hier sei Wolfram Jerra genannt) für das gesamte Regionalnetz selbst an die Hand nehmen woll-ten. Mit dieser Pilotvariante des Gesamtkon-zeptes erhielt die Idee der ‹Regio Basiliensis› nach 16 Jahren nicht nur ihre technisch-pla-nerische Bodenhaftung, sondern auch die tri-nationale politische Anerkennung: Im Mai 1986 fassten die badisch-elsässisch-nordwestschwei-zerischen Behördenvertreter auf der Oberrhein-konferenz den Beschluss, die Regio-S-Bahn als Gemeinschaftsprojekt zu realisieren. In den folgenden elf Jahren bis zur Jungfernfahrt der ersten Züge ging nun die Initiative auf die zuständigen Gebietskörperschaften über. In allen drei Ländern der Regio TriRhena

wurden besondere Behördendelegationen ge-bildet, Machbarkeitsstudien angestrengt, Finan-zierungsmodelle ausgetüftelt. Im Dezember 1989, während des Basler Gipfeltreffens der drei Staatschefs, kam dann der Segen von ganz oben: Mitterrand, Kohl und Delamuraz unter-zeichneten eine ‹Déclaration tripartite›, die mit einem von zwölf Punkten die Realisierung der Regio-S-Bahn postulierte.

Grenzüberschreitung beginnt im Kopf

Alles, was seitdem geleistet wurde, führte frei-lich nur deshalb zu Resultaten und Erfolgen, weil einzelne Persönlichkeiten, die in günstiger Konstellation zueinander standen und über ihre Berufsfunktion hinaus wirkten, vom Regio-Gedanken beseelt waren. Mit den Institutionen alleine wäre ein solches klein-europäisches Projekt kaum möglich, weil deren formale Kompetenzen ‹das Grenzüberschreitende› gar nicht vorsehen. So dürfen wir heute, 28 Jahre nach der Kopfgeburt ‹Filzstiftplanung› und 11 Jahre nach der politischen Taufe, freudig die ersten Gehversuche unserer Regio-Bahn feiern und gleichzeitig hoffen, dass sich damit die Grenzland-Bevölkerung der Regio TriRhena in jeder Hinsicht ein Stück näherkommen möge.

Ein Prosit auf die erste Zweistrom-Komposition mit ihrem grünen R-Logo.
◁

Peter Gloor

Dem Regio-Pionier Hans J. Briner zum Gedenken

Hans J. Briner (1926–1997), ein Mann mit Visionen für die gesamte Region. ▷

Am 9. Juni 1997 wurde Hans Briner im 71. Altersjahr von seinem schweren Leiden erlöst. Seinem Temperament entsprechend war er bis kurz vor seinem Hinschied sogar vom Krankenbett aus noch bemüht, neue Ideen umzusetzen. Wenn ich, als Jahrgänger von Hans Briner, auf den langen gemeinsamen Lebensweg zurückblicke, so erinnere ich mich zunächst an die Zeit des aktiven Sportlers bei den Old-Boys und des begeisterten Leutnants der Infanterie. Bald je-

doch wandte sich Hans Briner anderen Aktivitäten zu. Schon immer hatte er sich durch seine Visionen, seine unkonventionelle Denkweise und seine Hartnäckigkeit bei der Durchsetzung seiner Ideen ausgezeichnet. Seine Berufung als Regio-Pionier hatte ihren Ursprung in einem Zeitungsartikel des damals Fünfunddreissigjährigen mit der provokativen Frage: «Wird Basel eine Provinzstadt?» Er rief Basel auf, die Region nicht zu vergessen und die Chancen des gesamten Raumes zu nutzen. Die anschliessenden Diskussionen in verschiedenen Kreisen führten zur Gründung der ‹Regio Basiliensis› im Jahre 1963. Hans Briner wurde Geschäftsführer und blieb es bis zu seiner Pensionierung. Danach war er weitere fünf Jahre lang Delegierter für Europafragen.

Hans Briners erste Vision einer grenzüberschreitenden Zusammenarbeit konkretisierte sich sukzessive durch Gründung der Schwestervereine ‹Regio du Haut Rhin› und ‹Freiburger Regio-Gesellschaft›. Während die Maschen der Zusammenarbeit immer enger wurden, wurde auch Hans Briners Berufskleid langsam etwas zu eng, und so entstand schon seine nächste Vision: Die Oberrheinregion müsse ihre Probleme im Verbund mit anderen, ähnlichen Regionen in Europa lösen. So war Briner, ohne dies an die grosse Glocke zu hängen, schon 1971 bei der Gründung der Arbeitsgemeinschaft Europäischer Grenzregionen (AGEG) dabei. Er wirkte ab 1985 auch als Gründungs- und Ausschussmitglied der Versammlung der Regionen Europas (VRE). Er war somit an vorderster Front, als 1990 die VRE an die EG appellierte mit dem Antrag, bei der nächsten Änderung der Gemeinschaftsverträge den Regionen einen institutionellen Platz einzuräumen. Doch die Krönung seiner Aktivitäten war die Realisierung einer weiteren Vision, nämlich des Treffens der drei Staatschefs Mitterrand, Kohl und Delamuraz in Basel beim 25. Geburtstag der Regio Basiliensis. Mit der ihm eigenen Begeisterung hatte Hans Briner damals auf allen Ebenen insistiert und motiviert, um die Begegnung zu ermöglichen. Immer wieder wurde er von uns belächelt, wenn er von seinem Gipfeltreffen sprach, und erst, als die Chance sich verdichtete, fand er die echte Unterstützung seiner Freunde in der Regio.

Auch für seine letzte, wenige Jahre alte Vision, das ‹Biovalley am Oberrhein›, konnte Hans Briner Regio-Freunde so begeistern, dass sie die bis anhin gesetzten, vielversprechenden Samen in seinem Andenken zur Blüte bringen werden.

Hans Briner fand nicht nur Anerkennung in der Regio am Oberrhein, sondern auch in zahlreichen europäischen Gremien, wo er in engem Kontakt mit massgebenden Persönlichkeiten des politischen Lebens stand. Niemand konnte sich seiner Begeisterungsfähigkeit und seinem Ideenreichtum entziehen. In der Politik wirkte er seit 1960 für die FDP als Mitglied des Grossen Rates des Kantons Basel-Stadt. Während seiner drei parlamentarischen Perioden war er Präsident zahlreicher Grossratskommissionen. Zu seinem Bedauern durfte er vor einem Jahr die ihm zugesprochene Ehrung der Verleihung des Verdienstkreuzes 1. Klasse der Bundesrepublik Deutschland nicht entgegennehmen, da unsere Bundesverfassung unseren Gewählten dies verwehrt. Mit seinem Rücktritt aus dem Grossen Rat per 15. Juni 1997 wäre der Weg für diese Ehrung offen gewesen. Hans Briner durfte sie leider nicht mehr erleben.

Der Vorstand der Regio Basiliensis ernannte Hans Briner auf Ende 1996 zum ersten und bisher einzigen Ehrenmitglied. Eine Auszeichnung, die Hans Briner wohl verdient hat. Viele haben mit ihm einen guten, äusserst loyalen Freund verloren, der stets offen und vorbehaltlos diskutierte und jede politische Intrige verabscheute. Wir alle sind um zukünftige Visionen unseres unvergesslichen Regio-Pioniers ärmer geworden. Der Familie, in deren Kreis er auf seinem Land im Elsass immer wieder neue Kräfte schöpfte, spreche ich im Namen seiner Mitstreiter und Freunde unser herzliches Beileid aus.

Xaver Pfister-Schölch

Das Phantom zum Gegenüber machen

Überlegungen zum Grusswort an die Muslime

Am 10. Januar 1997 begann der Fastenmonat Ramadan, der im Leben der Muslime, auch derjenigen in Basel, eine grosse Bedeutung hat. Zum ersten Mal in der Geschichte haben die öffentlich-rechtlich anerkannten Kirchen gemeinsam mit der Israelitischen Gemeinde Basel-Stadt 1997 ein Grusswort an die Muslime in der Stadt gerichtet. Die Idee dazu war im Dekanatsvorstand der Römisch-Katholischen Kirche entstanden.

Die Konfessionsstatistik spricht eine deutliche Sprache: Zählte die Volkszählung 1980 in Basel 2156 Muslime (1,1 % der Gesamtbevölkerung), so wurden 1990 deren 7878 gezählt (4 %). Die gleiche Statistik weist 1666 Personen (0,8 %) israelitischen Glaubens und 697 Mitglieder (0,4 %) der Christkatholischen Kirche aus. Zwei öffentlich-rechtlich anerkannte Religionsgemeinschaften sind also zahlenmässig kleiner als die Gemeinschaft der Muslime. Letztere allerdings bilden in Basel keine homogene Gruppe, sondern sind in sieben verschiedenen Gemeinschaften zusammengeschlossen. Das rasche Anwachsen der muslimischen Bevölkerung in Basel löst verschiedene Reaktionen aus. Manche Bürgerinnen und Bürger beobachten die Entwicklung mit Unbehagen, ja mit Angst; es wird davon geredet, der Islam zerstöre die christliche Kultur. Zwar gilt es, die Unsicherheit ernst zu nehmen, doch gegen die These, der Islam zerstöre die christliche Kultur, muss entschieden Stellung genommen werden.

Die Geschichte kennt zahlreiche Epochen, in denen Christen, Muslime und Juden in verschiedenen Regionen in Frieden miteinander gelebt haben. Und sie lehrt, was Hans Küng in seinem Buch ‹Projekt Weltethos› formuliert hat: «Alle Religionen der Welt haben heute ihre Mitverantwortung für den Weltfrieden zu erkennen. Und deshalb kann man nicht genügend die These wiederholen, für die ich überall in der Welt wachsendes Verständnis gefunden habe: Kein Friede unter den Nationen ohne einen Frieden unter den Religionen, kurz: kein Weltfriede ohne Religionsfriede.»[1]

Das Wissen über den Islam erweitern

Damit wird deutlich, dass sich die christlichen Kirchen in Basel der Aufgabe der Verständigung mit den Muslimen nicht entziehen dürfen. Ja, sie haben sogar die Aufgabe, die Muslime darin zu unterstützen, dass sie im Rahmen unserer Verfassung ihren Glauben leben können. Weshalb diese Aufgabe behutsam und klug angegangen werden muss, zeigt die deutliche Rückweisung des Anzugs Goepfert im Grossen Rat im Januar 1996: Damals war die Regierung gebeten worden, sie möge überprüfen, ob die islamischen Gemeinschaften im Kanton öffentlich-rechtlich anerkannt werden könnten. Im Anschluss an die Rückweisung publizierte das Israelitische Wochenblatt[2] ein Interview mit Sohail Mirza vom Schweizerisch-Islamischen Verein in Basel, mit dem Theologieprofessor Ekkehard Stegemann und mit Peter Liatowitsch, der im Vorstand der Israelitischen Gemeinde mitarbeitet. Peter Liatowitsch antwortete auf die Frage: «Was könnten denn das hiesige Judentum und Christentum dazu beitragen, dass die bislang nicht öffentlich-rechtlich anerkannten Moslems auf dem Weg der Integration vorwärtskommen?» folgendes: «Ich möchte einen Schritt vorher beginnen. Im Bewusstsein der Mehrheit der Basler Bevölkerung ist vielleicht nicht das Wissen, aber das Fühlen über ein allfälliges Wissen über das Judentum grösser als über den Islam. Eine der Vorstufen wäre, dass wir uns gemeinsam mehr Kenntnis über den Islam erarbeiten und in eine breitere Schicht tragen. Unsere Erfahrung hat klar gezeigt, dass nichts so viel hilft, wie eine Synagogenführung zu machen und den Menschen zu zeigen und zu erklären, was Judentum ist. Bei der politischen Diskussion um die öffentlich-rechtliche Anerkennung der Moslems hatte ich sehr stark das Gefühl, etwas ganz anderes hinke weit hinten nach; man wisse gar nicht, welchem Phantom die Anerkennung gegeben werden soll. Und eigentlich müsste man zunächst damit anfangen zu zeigen: ‹Das ist gar kein Phantom, das ist eine lebendige Religion, die sehr viele eigenständige, aber auch ähnliche Wurzeln hat.› Die Ausgrenzung darf nicht mehr so einfach sein, indem man sagt: ‹Hier ist der Boden der jüdisch-christlich-abendländischen Kultur, dort ist der unbekannte Islam.› Ich glaube, wir müssen das Feld bereiten, um diese Anerkennung in etwas Bekanntes einzubetten.»[3] Inzwischen haben die drei Interviewpartner zusammen mit Vertretern der Kirchen ein interreligiöses Forum gegründet, das der Verständigung unter Muslimen, Juden und Christen dienen will.

Das Phantom zum Gegenüber machen

Eine erste wichtige Aufgabe ist also, das Phantom Islam zu verwandeln in ein konkretes Gegenüber der Muslime, die in Basel wohnen. Erst wenn dies gelingt, kann über eine öffentlich-rechtliche Anerkennung nachgedacht werden. Ohne diesen ersten Schritt bliebe eine öffentlich-rechtliche Anerkennung ebenfalls ein Phantom. Die Erwachsenenbildungsstellen der Kirchen, insbesondere die katholische Erwachsenenbildung, bieten Kurse und Führungen an, die den Kontakt mit Muslimen und Muslimas ermöglichen und Wissen über den Islam vermitteln. Dazu werden christlich-muslimische Religionsgespräche durchgeführt. In diesem Kontext ist auch das Grusswort, das von den christlichen Kirchen und der Israelitischen Gemeinde Basel-Stadt an die muslimischen Gemeinschaften geschickt wurde, zu verstehen. Denn die Kirchen müssen den ersten Schritt tun; sie haben eine unverzichtbare Aufgabe im Bemühen, die Muslime in unserer Stadt zu integrieren.

Auch wenn einige den ‹Clash of cultures› proklamieren – die meisten setzen auf Dialog und Verständnis. ◁

Grusswort an die Muslime

Das Grusswort wurde an folgende muslimische Zentren in Basel geschickt: Islamische König Feisal Stiftung/Schweizerisch-Islamischer Verein, Stiftung Islamische Glaubensgemeinschaften, Islamisches Kulturzentrum, Türkisch Islamischer Sozial und Kultur Verein beider Basel, Bosnisches Kulturzentrum, Föderation Islamischer Gemeinschaften/Moschee-Kommission. Zu einem späteren Zeitpunkt wurde ein ähnlicher Text an die Aleviten geschickt, die den Fastenmonat Ramadan nicht kennen. Der Versuch, miteinander ins Gespräch zu kommen, ist mit Lernen verbunden – und so wissen seit diesem ersten Grusswort die Autoren, dass Grussworte nicht zu Beginn, sondern zum Abschluss des Ramadan ausgetauscht werden. Der Text lautete:

«Zu Beginn des Monats Ramadan möchten wir Ihnen unsere herzlichsten Wünsche übermitteln. Sie werden diesen ganzen Monat fasten, beten und mit den Bedürftigen teilen, was Gott Ihnen gegeben hat. Die Besinnung auf die Mitte des Lebens ist der Leitgedanke dieses Monats. Die Periode des Fastens ist eine bevorzugte Zeit für die Bitte der Vergebung. Für uns Christen ist die Vergebung ebenfalls wichtig. Sie steht im Zentrum des Evangeliums. Auch das jüdische Jahr ist von Tagen durchzogen, die büssendem Fasten, Gebet und liebend ausgleichender Gerechtigkeit gelten; an ihrer Spitze steht der Versöhnungstag.

Das 2. Vatikanische Konzil, das von 1962 bis 1965 alle Bischöfe der Römisch-Katholischen Kirche versammelte, redet mit Hochachtung vom Islam: ‹Mit Hochachtung betrachtet die Kirche auch die Muslime, die den alleinigen Gott anbeten, den lebendigen und in sich seienden, barmherzigen und allmächtigen Schöpfer des Himmels und der Erde, der zu den Menschen gesprochen hat … Da es jedoch im Laufe der Jahrhunderte zu manchen Zwistigkeiten und Feindschaften zwischen Christen und Muslimen kam, ermahnt die Heilige Synode alle, das Vergangene beiseite zu lassen, sich aufrichtig um gegenseitiges Verstehen zu bemühen und gemeinsam einzutreten für Schutz und Förderung der sozialen Gerechtigkeit, der sittlichen Güter und nicht zuletzt des Friedens und der Freiheit für alle Menschen.› Die gleiche Konzilserklärung ‹Nostra Aetate› hat auch das Verhältnis der Römisch-Katholischen Kirche zum Judentum im selben Sinn und Geist auf eine neue Grundlage gestellt.

Missverständnisse, Polemiken und Kriege haben die Beziehungen zwischen Muslimen und Christen sowie zwischen Muslimen und Juden oft getrübt und schwer belastet. Das jüdische Volk denkt oft und voller Sehnsucht an jenes goldene Zeitalter zurück, in dem die drei Religionen das geistige Leben der Welt zur höchsten Blüte gebracht haben. Obwohl in unserem Land die Religionsfreiheit garantiert ist, haben es einige Bewohner unserer Stadt schwer, die Präsenz von Muslimen zu akzeptieren. Das verpflichtet uns, einen Beitrag zum besseren Verständnis zu leisten. Wir können diese Tatsachen nicht einfach übersehen, wir dürfen aber auch nicht bei ihnen stehenbleiben. Es ist wichtig, dass wir uns gegenseitig respektieren. Wir sollten die Konfrontation überwinden, uns aber auch nicht mit einer einfachen Koexistenz zufrieden geben. Deshalb möchten wir uns darum bemühen, dass Juden, Christen und Muslime sich gegenseitig kennenlernen und gegenseitig achten. Verschiedene Gruppen haben sich in unserer Stadt bereits an diese Aufgabe gemacht. Es ist unser Anliegen, sie darin zu unterstützen, denn die Aufgabe, die sie sich gestellt haben, ist anspruchsvoll. Wir sind Ihnen dankbar, wenn Sie dazu beitragen und gerade auf die Menschen zugehen, die sich damit schwer tun.»

Dekanat der Römisch-Katholischen Kirche Basel-Stadt;
Kirchenrat der Evangelisch-reformierten Kirche Basel-Stadt;
Kirchenvorstand der Christkatholischen Kirche Basel-Stadt;
Israelitische Gemeinde Basel-Stadt.

Anmerkungen

1 Hans Küng, Projekt Weltethos, München, 1990, S. 102.
2 Israelitisches Wochenblatt Nr. 21 (24.5.96) und Nr. 23 (7.6.1996).
3 Ebenda, S. 6.

Markus Imhoofs Film ‹Flammen im Paradies›

Einheimische brennen die Kapelle der Missionsstation nieder. Die Inderin Hosiannah wird dabei getötet. ▷

In seinem neuesten Spielfilm ‹Flammen im Paradies› verknüpft der Schweizer Regisseur Markus Imhoof Erinnerungen seiner Mutter an ihre Zeit in Indien mit der fiktiven Geschichte einer Missionsbraut, die sich in das kolonialisierte Südindien des 19. Jahrhunderts aufmacht, um dort zum ersten Mal ihrem zukünftigen Ehemann zu begegnen. Kurz bevor sie an Land geht, tauscht sie jedoch die Identität mit einer anderen Reisenden.

Die Weissnäherin Esther (Sylvie Testud), die Fabrikantentochter Georgette (Elodie Bouchez), der Missionar Gustav (Laurent Grévill) und die Inderin Hosiannah (Geeta Naïr) geraten in ‹Flammen im Paradies› in ein Beziehungsgeflecht, vor dessen Hintergrund der Film die Rolle der Frau, aber auch die des Christentums und der Mission in Indien diskutiert.

‹Flammen im Paradies› hat, nicht nur in Basel, einige Diskussionen ausgelöst. Nachfolgend stellt die Journalistin Verena Zimmermann den Film und seine Entstehungsgeschichte vor; Paul Jenkins von der Basler Mission unterzieht Imhoofs neuestes Werk einer kritischen Analyse. *(Redaktion)*

Verena Zimmermann

Indien suchen

Dreharbeiten zu ‹Flammen im Paradies› in Kerala, Südindien. ▷

Zwei Frauen begegnen sich auf einem Überseedampfer. Schmal, einfach, in grauem Kleidchen die eine, lebensfroh, selbstbewusst, strahlend in ihrem roten, weit ausgeschnittenen Abendkleid die andere. Esther (Sylvie Testud), die Weissnäherin – Georgette (Elodie Bouchez), die Unternehmertochter. Beide sind gewissermassen auf Hochzeitsreise. Georgette hat nach einem Streit gerade ihren jungen Ehemann im Salon allein gelassen und trifft draussen an der Reling Esther, die sich auf das Luxusdeck geschlichen hat, um durch die Glastüren einen letzten Blick auf die Welt, der sie den Rücken kehrt, zu werfen. Georgette folgt Esther in ihre düstere Kabine, lässt sich das karge Reisegepäck zeigen und die Fotografie eines Mannes, dem sich Esther zu Hause auf Rat des Pfarrers versprochen hat: Sie soll die Ehefrau eines Missionars werden. In der Kabine führt sie ein Fahrrad mit,

ein Geschenk, das Missionare von ihren Oberen zur Hochzeit erhalten.

Erinnerungen an die Kolonialzeit

Der Zürcher Filmemacher Markus Imhoof, der sich regelmässig während der langen Zeiten der Filmvorbereitungen als Opern- und Theaterregisseur betätigt, hat in seinem jüngsten Film ‹Flammen im Paradies›, der im Frühjahr 1997 uraufgeführt wurde und mit Erfolg, zumal in Basel, im Kino lief, Geschichten aufgenommen, die ihm seit der Kindheit vertraut sind. Seine Mutter war auf einer indischen Station der Basler Mission auf die Welt gekommen, hatte dort auch ihre ersten Lebensjahre verbracht und nahm ein lebenslang andauerndes Heimweh mit in die Schweiz. Ihre älteren Geschwister waren noch, wie damals für Missionskinder üblich, zu Erziehung und Schul-

besuch in die Schweiz geschickt worden, wie schon die Söhne der ersten Ehefrau des Grossvaters: «Fünf meiner Onkel sind, unter rigidem Regime, im Basler Missionshaus erzogen worden.»

Die jüngsten Geschwister jedoch hat Indien geprägt. «Meine Mutter war ungefähr sieben, als sie zurückkam, hatte aber sehr genaue Erinnerungen an Indien, vielleicht auch verklärte: Sie hat die Welt in Indien entdeckt und kennengelernt und hat das Zurückkommen in die Schweiz als grässlich erlebt. Das erste Mal Schnee gesehen, und nicht gewusst, was eine Kirsche ist, dran gelutscht, und nichts kam heraus ... Weil sie nicht richtig Schweizerdeutsch sprechen konnte, wurde sie ausgelacht; in der Familie wurde Malayam gesprochen. Sie waren eigentlich Ausländer, als sie zurückkamen.»

Vom Heimweh nach Indien liest man in Briefen und Tagebüchern vieler Missionsfrauen. Auch die in Indien geborene, später zweimal mit Missionaren verheiratete Marie Hesse, Tochter des berühmten Basler Missionars Herman Gundert und Mutter von Hermann Hesse, erzählt davon. Auf ihre Geschichte verweist Markus Imhoof im Gespräch. Die Briefe, Tagebücher und biographischen Notizen, die Adele Gundert, die Tochter Marie Hesses, herausgegeben hat[1], machen Probleme des Lebens in Indien anschaulich, insbesondere die Ferne, aus der Europäerinnen und Europäer mit der Hindu-Kultur konfrontiert wurden. Sie erzählen auch viel von der pietistischen Atmosphäre und Gedankenwelt, aus der die Missionare der Basler Mission und viele ihrer Frauen, aus der Schweiz wie aus Süddeutschland, stammten.

Besonders eindrücklich waren für Markus Imhoof die Erzählungen der Grossmutter: «Diese Geschichten über den Grossvater, der achtundzwanzig Jahre lang in Indien war. Das war spannend, packend. Es waren Geschenke. Ich habe natürlich gefragt: Warum war der Grossvater in Indien? Die Mutter hat immer gesagt: Er wollte den Menschen die Angst nehmen. Tatsächlich hatten die Missionen von der Regierung den Auftrag, gegen Ritualselbstmorde vorzugehen. Die Witwenverbrennung hatten die Engländer bereits früher verboten, aber bei Tempelfesten haben sich immer wieder Leute unter die grossen Wagen geworfen, die um den

Tempel gezogen wurden. Die Indien-Mission selbst aber war damals, als ich ein Kind war, nicht auf die Weise hinterfragt worden, wie ich sie jetzt hinterfragen muss. Deshalb hatte ich auch sehr lange Zeit gebraucht, mich an diesen Film heranzuwagen.»

Eine Frau flieht in die Heirat

Den Grossvater hatte das Kind, das nach dessen Tod geboren wurde, als Helden gesehen. Bilder aus Abenteuergeschichten fügten sich in das in der Familie Erzählte. Der Funke aber, der über die Jahre hinweg glomm, sprang aus der Geschichte der Grossmutter: Nach einer enttäuschenden Liebeserfahrung hatte die junge, aus einer Bauernfamilie stammende Frau sich bereit erklärt, einen ihr unbekannten, verwitweten Missionar zu heiraten, und war sozusagen nach Indien geflohen: «Als sie ihn in der Wildnis zum ersten Mal sah, fiel sie in Ohnmacht. Von all ihren Indiengeschichten... war das meine liebste.» Die Szene ist im Film zu einem Brennpunkt geworden, zu einem hochdramatischen Augenblick, der viele Lesarten offenlässt und erlaubt, dem Thema ‹Missionsbraut› einen emotional-romantischen Aspekt zu geben. Die Sache selbst dürfte in den meisten Fällen prosaischer gewesen sein. Erst nach zweijährigem Aufenthalt in Afrika, China oder Indien durften Missionare um eine Heiratserlaubnis nachsuchen; die wenigsten, wie beispielweise Marie Hesses erster und zweiter Mann, konnten mit einer Frau, die sie bereits kannten, eine Liebesheirat eingehen oder zumindest die Verbindung selbst in die Wege leiten.

Die Basler Mission versucht heute, kritisch mit ihrer eigenen Geschichte umzugehen, und ist durchaus stolz und vermutlich auch dankbar für Pionierleistungen, die, wie die Sprachforschungen einzelner Missionare[2], Grundlagen für einen tieferen interkulturellen Austausch und ein Kennenlernen des Fremden schufen. ‹Flammen im Paradies› ist rund um eine Liebesgeschichte organisiert, das Thema ‹Mission› aber geht Markus Imhoof sehr komplex an. So spiegelt der Film viele kontroverse Diskussionen, zum Beispiel zur Industrietätigkeit. Mit dem Thema der Missionsbraut, dem zunehmend auch das Interesse von Wissenschaftlerinnen gilt, ist alles, was an Diskussionsansätzen im Film zu fin-

den ist, im Sinnlich-Konkreten verankert. Markus Imhoof schafft sich damit eine Art Filter, und mit der Figur Georgettes eine Perspektive, die sich von aussen auf die Missionswelt richtet. Georgette kommt, das wird zum Movens der Handlung, ohne Missionsauftrag in diesen nach eigenen Regeln organisierten Mikrokosmus im Süden Keralas, wo auch Imhoofs Grossvater stationiert war. Hier wurde auch gefilmt, in einem um 1900 erbauten Missionshaus, an dem die Filmcrew zwei Monate lang gearbeitet hat, an der Farbgebung, an den unterschiedlichen Verwitterungszuständen.

Auf dem Schiff tauschen Georgette und Esther die Kleider. Schon hat das Boot, mit dem Esther in tiefster Nacht an Land gebracht werden soll, angelegt, das Fahrrad wird von Bord gehievt. Esther ist blass, zutiefst verunsichert, erschrocken über die dunkle Haut der Männer, die sie ans Ufer rudern sollen. Georgette wittert ein Abenteuer, schlüpft in die Rolle der Missionsbraut, tauscht die Kleidung, Esther bleibt auf dem Schiff, in ihrem neuen Kleid, mit einem Schmuckstück, das ihr weiterhelfen soll, im übrigen ihrem Schicksal überlassen. Georgette trifft ihren Missionar, spielt die Missionsbraut – und entspricht in nichts den Erwartungen, die sich die Gemeinde von ihr gemacht hat. Auf dem Bootssteg, als sie erstmals Gustav (Laurent Grévill) begegnet, packt sie der Schrecken, vielleicht auch die Erschöpfung. Markus Imhoof setzt ins Bild, was er sich so lange vorgestellt hat: Grossmutters Ohnmacht beim Anblick des ihr unbekannten Ehemannes. Der Rollentausch erlaubt Imhoof, seine Geschichte in die Fiktion zu drehen. Die Fiktion wiederum lässt eine leichthändige Handhabung des Themas, das den Schluss des Films bestimmt, zu: den Aufbruch des Missionars ins wahre Indien, in jenes Indien, das Gustav nicht kennt und das er unter dem Aspekt Bekehrung und Zivilisierung der Hindus nicht kennenlernen kann.

Vielschichtige Erzählstruktur

Rollentausch gehört aber auch zu dem Facettenreichtum, in dem Imhoof das Thema Missionsbraut, das Thema Frau in der Missionswelt spiegelt. Esther ist durch enge Verhältnisse und Armut dazu gebracht worden, sich einem wild-

Die ‹falsche› Missionsbraut Georgette (Elodie Bouchez) auf ihrer Fahrt ins Ungewisse. ▷

Die Inderin Hosiannah (Geeta Naïr) wird zu Georgettes Nebenbuhlerin. ▷

fremden Mann zu versprechen. Es würde ihr, darauf spielt Imhoof am Schluss an, auf lange hinaus vermutlich schwerfallen, eigene Initiativen zu ergreifen. Mit der im Grunde modernen Figur der Georgette kann sich der Filmemacher fragen, wie sich eine unvoreingenommene Frau dem Missionsalltag stellen würde. Einen dritten Frauentyp zeichnet Imhoof in der Frau des Industriebruders Oppliger (Heinz Bühlmann), der die Weberei aufgebaut hat und von Vergrösserung träumt: Olga Oppliger (Swetlana Schönfeld) vertritt Strenge, hält dem harten Leben in den Tropen ihre bürgerliche Kultur entgegen, spielt Herrin im Hause und sähe ihre eigentliche Verwirklichung an der Seite des Missionars. Die getaufte Inderin Hosiannah schliesslich, verkörpert von Geeta Naïr in ihrem ersten Filmauftritt, steht für viele bekehrte ‹Missionskinder› – mit einem Fuss hier, mit dem andern dort, Mitglied der christlichen Glaubensgemeinschaft, aber nicht für voll genommen. Sie ist die Geliebte des Missionars, sie wäre bereit, für ein Leben an seiner Seite ihre Kultur aufzugeben, doch Gustav will die weisse Frau, eine Frau aus seinem eigenen Kulturkreis.

Markus Imhoof spricht mit seinem historischen Stoff aktuelle Widersprüche an. Vieles, was nur angedeutet wird, zieht im nachhinein weite Kreise.

Markus Imhoof holt, unterstützt von der subtilen Farb- und Lichtregie des Kameramanns Lukas Strebel, Erzähltes, Erinnertes, Berichtetes ins Bild, lässt sich für die Szene auf dem Schiff, wo Esther durch die Glastür schaut, von alten Kinderbüchern inspirieren, oder knüpft an Erfahrungen seines Grossvaters an, indem er etwa das Motiv des heiligen Baumes einführt, den Oppliger dem Neubau einer Manufaktur opfern will und an dem sich zunächst auch der Missionar in seiner ohnmächtigen Verzweiflung vergreift: «Als alter Mann begann mein Grossvater in der Schweiz, die indische Kultur zu verteidigen. Er schrieb ein Vorwort zur Bhagavadgita. Er warf sich vor, einen heiligen Baum gefällt zu haben, und hatte das Gefühl, so den Tod eines seiner Kinder, das in Indien an einem Hitzschlag starb, verschuldet zu haben.» «Ich habe keine Lektion in indischer Religion geben wollen oder können», sagt der Regisseur, «aber ich glaube, dass ein Zuschauer sofort begreifen kann, was es bedeutet, einen heiligen Baum zu fällen. Ebenso wichtig aber ist jene andere Szene im Tempel, damit man sieht, die indische Religion hat auch ihre komplexe Seite, wie sie sich beispielsweise in der Architektur verkörpert. Aber die Säulen des Tempels und der Baum entsprechen sich.»

Aufbruch in eine andere Welt

Mit solchen korrespondierenden Gegensätzen arbeiten auch das Anfangs- und das Schlussbild des Films: Zu Beginn fährt Esther auf dem Ozeandampfer über ein einförmiges Meer in die Ungewissheit – am Schluss tut sich die weite Landschaft eines geheimnisvollen Landesinnern aus, ein Indien, das es mit Offenheit zu betreten gilt, wenn man es kennenlernen will. Georgette und Gustav haben alle Brücken hinter sich abgerissen, setzen mit Ochs und Wagen auf einer Fähre über einen Fluss. Im Bild des phantastischen Gefährts im Morgenlicht wird ihr Aufbruch zu einem ersten Tag.

Und auch dieses Gefährt hat sein Gegenstück in dem Karren, der die Laterna magica des Missionars mit sich führt, das Rüstzeug, mit dem Menschen von etwas Fremdem überzeugt werden sollen, noch bevor sie gefragt worden wären, wer sie sind, welche Bilder sie sich machen, zu welchem Gott sie beten. Die Laterna magica ist, wie das Missionshaus, wie die Kirche, die allerdings tausend Kilometer vom Haus entfernt gefunden wurde, wie viele andere Details der rekonstruierten Missionsstation, authentisch. Die an der Liebesgeschichte des Paares Georgette/Gustav festgemachte Fiktion ist in der Authentizität verankert, weist aber über sie hinaus. Sie hinterfragt, sie erzählt vom Historisch-Tatsächlichen und davon, was hätte sein können, sein müssen. Sie blickt auf das Gestern aus dem Heute.

Anmerkungen

1 Adele Gundert, Marie Hesse – Die Mutter von Hermann Hesse, Ein Lebensbild in Briefen und Tagebüchern, Hannover 1953.
2 Zum Beispiel der bis heute gültige ‹Malayalam Dictionary› von Hermann Gundert.

Paul Jenkins

‹Flammen im Paradies› – ein Kommentar aus dem Archiv der Basler Mission

Markus Imhoofs neuer Spielfilm ‹Flammen im Paradies/La Raison du Cœur› spielt um die Jahrhundertwende auf einer Missionsstation in Südindien. Das vordergründige Thema des Films ist die Liebe auf der Missionsstation. Angeregt wurde der Film durch die Geschichte der sogenannten ‹Missionsbräute›, junger Frauen, die nach Asien und Afrika ausreisten, um einen fremden Missionar zu heiraten.

Als Regisseur und Schriftsteller beschloss Markus Imhoof allerdings, die schnörkellose Betrachtung einer pietistischen Ehe gebe zu wenig her für einen Film. So bezieht seine Story ihre Dynamik aus der Auseinandersetzung zweier weiblicher Charaktere, die für die herkömmliche Missionsgeschichtsschreibung eher ungewöhnlich sind: Georgette, Imhoofs eigener Phantasie entsprungen, ist eine reiche und gar nicht fromme Fabrikantentochter, die während einer Reise entlang der indischen Küste kurz entschlossen ihre Identität mit einer in Panik geratenen Missionsbraut (Esther) vertauscht, statt ihrer an Land geht und bald darauf mit dem Missionar Gustav vor dem Traualtar steht. Die Rolle der zweiten Frauenfigur, Hosiannah, ist dagegen teilweise in der Missionsgeschichte belegt. Hosiannah ist eine junge Inderin, mit welcher der Missionar heimlich ein Verhältnis eingegangen ist und die nun hofft, bald seine Ehefrau zu werden.

Die eigenwillige Georgette weigert sich Tag um Tag, sich den üblichen Einschränkungen auf der Missionsstation zu unterwerfen. Hosiannah heizt die von ihr gestiftete Verwirrung an, um die Rivalin zu diskreditieren und aus der Welt zu schaffen. Liebe wächst zwischen Gustav und Georgette; der Missionar vertreibt Hosiannah, die mit einer Meute unzufriedener Einheimi-

scher die Missionsstation angreift und dabei die Kapelle anzündet. Als ein Missionar mit Waffengewalt die Station verteidigen will, liegt plötzlich Hosiannah erschossen am Boden. Im Schock verlässt Gustav die Mission, um das wirkliche Indien zu entdecken. Georgette steigt auf seinen Ochsenkarren und zieht mit ihm.

Kritische Annäherung oder Actionfilm?

Wenn der Regisseur von ‹Das Boot ist voll› zu einem Film über die Missionsgeschichte ansetzt, so ist dies für die Basler Missionsgesellschaft ein wichtiges Ereignis. Denn auch diesmal hegt Imhoof die Absicht, mit Hilfe eines Spielfilms ein wichtiges Thema – hier Mission – ins öffentliche Gespräch zu bringen. Und er fragt sich bestimmt, ob Mission, anstatt fast ausschliesslich das Thema eingeschworener Insider-Kreise zu sein, nicht zu einem Teil des öffentlichen Lebens werden sollte, zu einem nicht mehr wegzudenkenden Teil des öffentlichen Diskurses. Denn immerhin geht es bei Mission um das Verhältnis zwischen Religionen, die – auch noch am Ende des 20. Jahrhunderts – der Menschheit viel Gutes, aber auch grosses Unheil bringen können. Diese Einsicht macht die Beurteilung von ‹Flammen im Paradies› schwierig, denn es geht nicht mehr allein um die Frage, ob Imhoof die Missionsgeschichte fair widerspiegelt; die Frage ist auch, ob er eine kritische Faszination für die Institution und die Tätigkeit der Mission ankurbelt, so dass eine andauernde, breite Neugier entsteht, mehr über sie zu erfahren.

‹Flammen im Paradies› ist ein Actionfilm, in dem die treibenden Kräfte Frauen sind, deren Wünsche quer zum Missionsbetrieb der damaligen Zeit stehen und ihn in ein grelles Licht rücken – eine ungewöhnliche Konstellation für einen Film, der Zuschauermassen ins Kino locken soll. Eines ist jedenfalls klar: Die Rollen, die Indien, den Indern und den Inderinnen im Film zugesprochen werden, sind ein ungenügender Spiegel der Missionsgeschichte. Der Film weckt wenig Interesse, sich mit Mission als Weg für die Kultur- und Religionsbegegnung auseinanderzusetzen. Christopher Furtado, ein indischer Kollege im Missionshaus Stuttgart, rief angesichts des Drehbuchs für ‹Flammen im Paradies› aus: «Ihr Europäer vergesst immer, dass es eine andere Seite – sprich: eine einheimische Seite – der Geschichte gibt.» Mit Ausnahme von Hosiannah werden die indischen Christen als deprimierte Abhängige ohne jeden eigenen Schwung dargestellt. Dass schon in den 1850er Jahren indische Energien in die Basler Missionskirche einflossen und mit ihrer Entschlossenheit und Gestaltungskraft sogar

den europäischen Autoritäten Mühe bereiteten – davon erzählt der Film nichts.[1] Thematisiert wird auch nicht derjenige Teil der Mission, der heute noch von Menschen in allen Religionsgemeinschaften Südindiens erwiesenermassen hoch geschätzt wird: die sprachliche Arbeit und Verlagstätigkeit.[2] ‹Flammen im Paradies› verleugnet damit die vielschichtige Interaktion zwischen der Mission und der indischen Umwelt, die über Generationen hinweg zur Gründung von funktionierenden indischen Kirchen geführt hat.

Markus Imhoof würde hier vielleicht entgegnen, wir müssten uns mit der Figur der Hosiannah auseinandersetzen, um seinem Bild der Inderinnen und Inder in der Missionsumwelt gerecht zu werden. Er stellt Hosiannah als eine Frau dar, die sich bewusst mit der Bedeutung der neuen Religion auseinandersetzt und dabei Aspekte der alten Religion, die ihr sinnvoll

Markus Imhoofs Grossvater Gustav Peter mit seinem Sohn und Bediensteten (um 1910).
◁

114

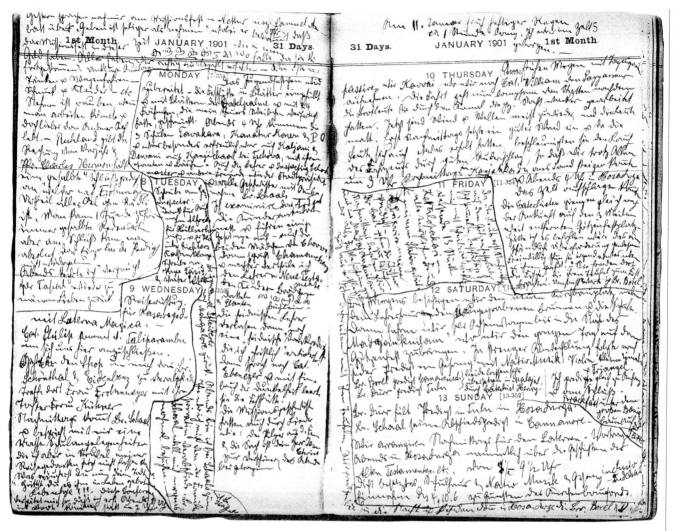

△
Beobachtungen, Aufzeichnungen, Notizen im Tagebuch des Missionars Gustav Peter (1901).

erscheinen, beibehält – eine Sichtweise, die sicherlich der Lage der grossen Mehrheit der Christen in der nicht-westlichen Welt entspricht. Und noch wichtiger: Mit ihrer Haltung fordert sie von Gustav, von der Mission und von uns allen, sie als Mensch uneingeschränkt anzuerkennen. Ihre Liebe und ihre Entschlossenheit sollen ebensoviel gelten wie die wachsende Liebe und Entschlossenheit, die Georgette für den Missionar empfindet.

Indien und die Mission bleiben im Hintergrund

Doch das ‹Indische› bei Hosiannah bleibt oberflächlich und schemenhaft. Imhoof hat sich im

Film keine Zeit gegeben – geben können? –, die indischen Gedankengänge Hosiannahs zu verfolgen. Sie werden uns lediglich in einer Zeichensprache angedeutet, die uns aus der Geschichte der europäischen Magie bestens bekannt ist: Um ihre Rivalin zu schädigen, bemächtigt sich Hosiannah eines der Kleidungsstücke von Georgette und bindet es an einen ‹heidnischen› Gebetsbaum. Der Film verlangt eine intensive Auseinandersetzung mit Indien, widerspiegelt aber kaum die geistesgeschichtlichen Prozesse, die über Generationen hinweg mit der Rezeption der Mission und des Christentums in Südindien verbunden sind.

Wenn Indien also Staffage bleibt, wie wird dann

die Mission dargestellt? Die Frage verlangt eine intensive Beschäftigung mit der zentralen Figur des Films, Georgette. Der Regisseur schuf diese Rolle erst bei der letzten Drehbuchfassung und verspürte wohl selbst ein Erklärungsbedürfnis: Georgette sei als vermögende Kindfrau zu verstehen, schreibt er. Zunächst ist ihr Eigenwille noch ungebremst von Langsamkeit und Verantwortungshaltung einer Erwachsenen – doch wäre es überhaupt plausibel, wenn jemand auf Anhieb in eine völlig fremde Missionswelt, sogar ein fremdes Bett stiege? Mit (und wegen) Georgette wirkt Imhoofs Film verfremdet und bewegt sich ständig am Rand des Unglaubwürdigen. Dies ist der kritischen Absicht des Autors

abträglich, denn eigentlich wäre die seelische Entwicklung einer Missionsbraut in den entscheidendsten Wochen ihres Lebens spannend und der Kunst eines guten Regisseurs würdig.

Das Ziel wäre, wachzurütteln

Vielleicht das Überraschendste an der Figur der Georgette ist jedoch, was sie über Markus Imhoofs eigene Haltung aussagt. Auf der einen Ebene funktioniert die Missionsbraut nämlich als Identifikationsfigur für die Rebellion der heutigen Öffentlichkeit gegen die pietistische Welt von damals; auf der anderen Ebene – so würde ich behaupten – ist sie Imhoofs ‹Dea ex machina›, die seine Fragen und seine Kritik auf

Erste Kontakte zur einheimischen Kultur wurden häufig über Sprachlehrer geknüpft.
Hier ein Lehrer der Kannada-Sprache im heutigen Nord-Karnataka (um 1903). ▷

die Leinwand trägt, mit ihnen die heutigen Missionare verwirrt und sie vor offene Entscheidungen stellt, die sie im normalen Leben nur implizit treffen würden. Imhoof will, so scheint mir, vor allem die Träger der traditionellen Missionsidentität dazu provozieren, ihre eigene Geschichte ernst zu nehmen und Farbe zu bekennen. Mit der Figur der Georgette positioniert sich der international bekannte Regisseur im Zentrum der Mission, um sie zu (weiteren) Veränderungen zu bewegen. Zwar ist seine Kritik für ‹Insider› durchaus nachvollziehbar, doch was bedeutet sie für ein säkularisiertes Publikum?

‹Flammen im Paradies› ist, was die Bilder anbe-

langt, ein schöner Film. Die Tonspur versetzt Kenner Südindiens in eine Welt, für die sie schwärmen. Historiker und Archivare erleben einen gut recherchierten Film, Kinoliebhaber durchaus das Werk eines Künstlers, das auf vielen Ebenen mehr aussagt, als eine kurze Rezension ‹in den Griff› bekommen könnte. Gemessen an der Absicht jedoch, mit der Markus Imhoof das Projekt in Angriff nahm, bleibt mir der Eindruck, dass der Film in der deutschen Schweiz wenig neue Einstellungen gegenüber der Mission oder der Religion ausgelöst hat (in Deutschland, Frankreich und der Romandie wurde ‹Flammen im Paradies› bisher [Oktober 1997] noch nicht lanciert).

Filmklassiker oder Saisonereignis?

Eine optimistische Sicht würde vielleicht die Tatsache betonen, dass die Medien die ‹Mission› thematisiert haben, während der Film in den Kinos lief – auch wenn dabei keine neuen Gedanken zu lesen oder zu hören waren. Eine längerfristige Wirkung, die innovative Ansichten über die Mission befördern könnte, würde aber voraussetzen, dass ‹Flammen im Paradies› nicht nur ein Ereignis des Frühlings 1997 bliebe, sondern zum Filmklassiker wird, der immer wieder auf der Leinwand und den Bildschirmen zu sehen ist. Ob die Imhoofsche Behandlung eines Themas, das dem heutigen Publikum doch recht fremd ist, genügt, um ‹Flammen im Paradies› zum Klassiker zu machen, muss sich zeigen.

Anmerkungen

1 Zum Thema Indien hat die Basler Missionsgesellschaft in den letzten Jahren im Rahmen der ‹Werkstatt offene Welt› zwei Workshops zur Missionsgeschichte angeboten: 1991 stand unter dem Titel ‹Feuerteufel und Psalmenfreund› Markus Imhoofs Arbeit am Leben seines missionarischen Grossvaters Gustav Peter im Mittelpunkt; 1995 kamen unter dem Titel ‹Missionare als Befreier?› u. a. die Spannungen zwischen ehemaligen Palmweinzapfern in Südindien und der Basler Mission in den 1850er und 1860er Jahren zur Sprache. Das gut artikulierte Bedürfnis dieser Gruppe nach sozialer und kultureller Verbesserung bereitete den noch sehr von europäischen Idealen befangenen Basler Missionaren grosse Schwierigkeiten.

2 Ein interessantes Beispiel für das deutlich andere Bild der Basler Mission in der südindischen Öffentlichkeit ist gerade im Herbst 1996 im Missionshaus Basel eingetroffen: Professor Viveka Rai, eine international anerkannte Kapazität für die Geschichte und die Kultur der Kannada- und Tulu-sprechenden Bevölkerungsgruppen Südindiens (und nicht Mitglied unter der Kirche), veröffentlichte unter dem Titel ‹Ausguck› in der Kannada-Sprache eine Aufsatzsammlung. Jeder Aufsatz kreist um den Ausblick aus einem hohen Fenster. Eines dieser Fenster befindet sich im Missionshaus Basel. Dort, mit Basler Archivdokumenten auf dem Arbeitstisch, den Blick auf die Stadt Basel gerichtet, fragt sich der Verfasser, ob die Formulierung «meine Kultur, deine Kultur» hier überhaupt Gültigkeit für ihn hat.

Christian Kaufmann

Vanuatu – Kunst der anderen Südsee in Basel

Einige europäische Entdeckungsreisende des 18. Jahrhunderts sind zu Lebzeiten berühmt geworden und im Gedächtnis der Nachwelt lebendig geblieben. Zu ihnen zählen auch diejenigen, welche die Nachkommen der ersten – austronesischen – Entdecker der Inseln im Pazifik, namentlich auf Tahiti, näher kennengelernt und ihr Erleben literarisch festgehalten hatten. Aufgrund ihrer eigenen, beschränkten Erfahrungen haben sie das romantische Bild der Südsee als Paradies, als Ort des ‹Guten Wilden› festgeschrieben und damit ein bis heute gültiges Klischee geprägt. Der folgende Satz des Botanikers Philibert de Commerson, Begleiter de Bougainvilles, sagt (fast) alles: «... Unter dem schönsten Himmel geboren, sich nährend von den Früchten einer ohne menschliches Zutun fruchtbaren Erde, regiert eher von Familienvätern als von Königen, kennen die Bewohner Tahitis keinen andern Gott als die Liebe. Alle Tage werden ihm geweiht, die ganze Insel ist sein Heiligtum, alle Frauen sind seine Altäre und alle Männer seine Oberpriester.»[1] Dieses Bild der Südsee hat sich bis heute als das dominierende erwiesen.

Das Bild von der ‹wilden› Südsee

Louis-Antoine de Bougainville und James Cook hatten aber auch, westlich von Tahiti, die von Cook so getauften ‹Neuen Hebriden› besucht, leider ohne näher vertraut zu werden mit den Lebens- und Denkweisen ihrer Bewohner. Aufgrund der Umstände müssen wir vermuten, dass diese Südseebewohner die über das Meer angereisten, weisshäutigen Fremden bewusst auf Distanz hielten, sie jedenfalls weniger nahe an sich herankommen liessen, als es die polynesischen Fürsten und Adligen auf den Tonga-, Tahiti- und Hawaii-Inseln getan hatten. So entstand das Bild der anderen, der ‹wilden› Südsee, des dunklen Urwalds als der Heimat der schwarzen Kannibalen: Melanesien, die Welt der ‹schwarzen Inseln› und ihrer dunkelhäutigen Bewohner. Von deren mannigfaltigen Geheimnissen werden viele für immer verborgen bleiben, da im 19. und 20. Jahrhundert die Lebensumstände auf den Inseln einem grossen Wandel unterworfen waren. Eingeschleppte Krankheiten, der Handel mit Sandelholz, die nicht immer konfliktfreie Missionierung, die Anwerbung von Arbeitskräften für die Zuckerplantagen namentlich in Queensland/Australien sowie die häufig damit verbundene Anwendung von Gewalt und anderen Methoden des Sklavenhandels verursachten einen enormen Bevölkerungsschwund.

Ein Basler trägt das Wissen zusammen

Von 1910 bis 1912 bereiste der Basler Forscher Felix Speiser im Auftrag der damaligen ‹Sammlung für Völkerkunde› in Basel die Welt der Neuen Hebriden und der Banks-Inseln und erfasste sie völkerkundlich. Unmittelbar nach seiner Rückkehr stellte er Ursachen und Ausmass dieses demographischen Wandels dar und veröffentlichte sowohl eine Spezialarbeit als auch einen Reisebericht, der 1913 in deutscher und in englischer Sprache erschien und einen grösseren Leserkreis ansprach. Nach seinen sorgfältigen Berechnungen hatte sich die Zahl der einheimischen Inselbewohner in Süd-Melanesien zwischen 1820 und 1910 um sechzig bis neunzig Prozent verringert.
Viele der überlieferten Ausdrucks- und Lebensformen hatte Speiser gerade noch in einem gültigen Lebenszusammenhang sehen und doku-

Auslegerboot für
8 Personen auf Ure-
parapara, Banks-
Inseln (1910/12).
◁

Zeremonialhaus
(‹nakamal›) hoch-
rangiger Frauen auf
Gaua, Banks-Inseln
(1910/12).
◁

Mann von hohem Rang auf Südwest-Ambae mit der ihn auszeichnenden Mattenkleidung und einer Keule von der Nachbarinsel Pentecôte (1910/12). ▷

mentieren können – immer in dem gleichfalls festgehaltenen Bewusstsein, dass mit den Menschen auch die Lebensformen unmittelbar vom Aussterben bedroht waren. Weder er noch die einheimische Bevölkerung konnten damals ahnen, dass schliesslich doch noch eine Wendung zu hoffnungsvolleren Entwicklungen eintreten würde – eingeleitet durch eine Verbesserung des Gesundheitswesens sowohl unter der englisch-französischen Kolonialverwaltung als auch während der Anwesenheit der amerikanischen Streitkräfte von 1942 bis 1945. Gleichzeitig erwiesen sich in manchen Teilen der erst 1980 unabhängig gewordenen Republik Vanuatu die Inhalte des traditionell, das heisst mündlich und in den Anschauungsformen einzelner Riten und Lebensabläufe überlieferten Wissens und Denkens als überaus widerstandsfähig – offensichtlich, weil sie auch unter den kolonialen und postkolonialen Lebensumständen für das Überleben notwendig waren.

Heute bildet das Wissen über die Lebensformen der Vorfahren erst recht einen wichtigen Bezugspunkt im Leben der ni-Vanuatu, der Leute von Vanuatu.

Internationale Gemeinschaftsausstellung

Die Übersetzung der von Felix Speiser 1923 erstmals veröffentlichten ethnologischen Gesamtdarstellung ins Englische aus dem Jahre 1991 bildete den Ausgangspunkt für ein aussergewöhnliches Ausstellungsprojekt des Basler Völkerkundemuseums, das seit dem 1. Dezember 1996 den Namen ‹Museum der Kulturen Basel› trägt. Zusammen mit Fachkollegen in Australien, Vanuatu, Neukaledonien, Frankreich, England und den USA wurden die Grundlagen zu einer umfassenden Präsentation traditioneller Formen und Inhalte der Kunst Vanuatus erarbeitet[2], wobei die Ausstellung den jeweiligen lokalen Gegebenheiten angepasst werden sollte. Die Wanderausstellung wurde am 28. Juni 1996 unter dem Titel ‹Spirit blong bubu i kam bak› (Die Geister der Vorfahren kehren zurück) im Neubau des Vanuatu Cultural Centre in Port Vila eröffnet und bis zum 10. August 1996 von rund 14 000 Menschen besucht. Der Akzent lag darauf, den in der Hauptstadt Port Vila lebenden ni-Vanuatu, namentlich den jüngeren unter ihnen, Vielfalt und Varia-

tionsreichtum der traditionellen Kultur vor Augen zu führen und sie zu ermuntern, diese Vielfalt der eigenen Geschichte, die sich auch in den 113 einheimischen Sprachen niederschlägt, als Reichtum, als kulturelle Ressource und weniger als Belastung für eine Entwicklung hin zur Moderne zu verstehen. Ausser dem Basler Museum der Kulturen hatten Museen in Chartres, Genf, Nouméa und Paris Leihgaben beigesteuert.

Danach machte die Präsentation im Musée territorial de Nouvelle-Calédonie von Nouméa Station, wo neben den künstlerischen Aspekten die Beziehungen Vanuatus zu den benachbarten Gebieten hervorgehoben wurden, vor allem jene zu den Loyalitäts-Inseln und zu Neukaledonien. Die Behörden in Nouméa und Paris trugen denn auch den überwiegenden Teil der Kosten, während die Schweizer Kulturstiftung Pro Helvetia gemeinsam mit dem Basler Museum vor allem die Präsenz der Ausstellung in Port Vila ermöglicht hatte.

Am 14. März 1997 wurde die Ausstellung, bereichert durch zusätzliche Leihgaben des Pariser Musée de l'Homme und weiterer Mu-

Flöten mit Brand-
verzierungen von
Ambrym und
Pentecôte.
◁

Rangfigur von
Süd-Malakula.
Holz, Höhe 140 cm.
▷

seen in Bordeaux, Cambridge, London, Leipzig und Stuttgart, in Basel vom Regierungspräsidenten Ueli Vischer und dem jungen Direktor des Vanuatu Cultural Centre, Ralph Regenvanu, feierlich eröffnet. Das Ziel für Basel lautete, die ausgestellten Objekte unter zwei Aspekten ernst zu nehmen. Einerseits sollten die Exponate als Kunstwerke verstanden werden, die schon früh von europäischen Künstlern, allen voran Alberto Giacometti, Henri Matisse und Pablo Picasso, wahrgenommen und geschätzt wurden und so zu einem Teil des europäischen Kunstverständnisses und der europäischen ‹Kunstgeschichte› geworden sind. Dabei diente Giacomettis Wahrnehmung von der Kraft und der Wahrheit des Blicks dieser Skulpturen als Leitidee. Zum zweiten sollte vermittelt werden, dass alle Objekte einen Wert als Zeugnisse für spezifische kulturelle, das heisst gesellschaftliche, religiöse und historische Zusammenhänge besitzen. In diesem Zusammenhang erhielten auch die historischen Bilddokumente, namentlich die Fotografien Felix Speisers, in der Ausstellung und in der deutschen Begleitpublikation[3] einen wichtigen Platz.

Künstleraustausch mit Vanuatu

Doch auch in einer weiteren Hinsicht hat das Ausstellungsprojekt, dessen letzte Etappe im Herbst 1997 das Musée national des Arts d'Afrique et d'Océanie in Paris war, ein kreatives Zeichen gesetzt. Dank der Unterstützung der ‹Internationalen Austausch Ateliers Region Basel› (IAAB) der Christoph Merian Stiftung sowie der Schweizer Kulturstiftung Pro Helvetia durften zwei zeitgenössische Künstler aus Vanuatu, Sero Kuautonga und Moses Lovo, mit Künstlernamen ‹Jobo›, drei Monate lang in den IAAB-Ateliers im Basler St. Alban-Tal wohnen und künstlerisch arbeiten. Sie brachten im Gepäck Werke ihrer Freunde aus der Künstlervereinigung ‹Nawita› (Tintenfisch) mit, so dass am 18. April 1997 in der ‹Galleria› des Museums an der Augustinergasse die kleine Sonderschau ‹Spirit blong tedei – Moderne Kunst aus Vanuatu› – über die Geister der neuen Zeit also – eröffnet werden konnte. Sero Kuautonga stellte sich dem Basler Publikum gemeinsam mit Urs Ramseyer oder Christian Kaufmann zu interpretierenden und erläuternden

123

Ausstellungsgesprächen. Dass der Basler Aufenthalt für die beiden Künstler, besonders aber für Moses Lovo, der sein eigenes Land noch nie zuvor verlassen hatte, zu einer schöpferischen Zeit geworden war, davon konnten sich die Besucher der Atelier-Ausstellung im St. Alban-Tal am 13. Juni selbst überzeugen.

Gerade bei den genannten Anlässen hat sich gezeigt, wie im kreativen Austausch mit wachen Partnern alte Anliegen völkerkundlicher Ausstellungsarbeit neue Aktualität gewinnen können: zentral der Versuch, in fremde Denk-, Lebens- und Ausdruckswelten Einblick zu nehmen und sich ihnen – gerade auch in ihrem Widerspruch zu unserer eigenen Welt – in einem abtastenden Denken zu nähern. So unternahm es etwa Sero Kuautonga, dem Publikum mit seinen eigenen Worten einige prägende Eigenarten der melanesischen Kulturwelt näherzubringen, beispielsweise das Nebeneinander von Ahnenwelt (beziehungsweise Vergangenheit) und Gegenwart, aber auch das bewusste Sich-nicht-öffnen-Wollen in zentralen Fragen der Weltauffassung. Überraschend deutlich wurde nachvollziehbar, wie diese ‹andere› Südsee, zu der speziell Vanuatu mit seinen ausdrucksstarken Kunsttraditionen zählt, auch heute noch bewusst an überlieferte Werte anknüpft: Feste Partnerschaften mit Menschen anderer Sprache und Denkweise haben seit Generationen die eigene Identität wesentlich bestimmt. Die gleiche Haltung zielt heute darauf ab, in der global vernetzten Welt weiterhin über sich selbst bestimmen zu können.

Kultur, Kunst und Dialog

Für Basel, die Baslerinnen und die Basler wird es spannend und lohnend sein, diesen Kulturdialog mit den Partnern in Vanuatu, in Neukaledonien, in Neuguinea und auf den Salomonen (aber auch anderswo, wie die Basler Beziehungen zu Westafrika und Indonesien dies nahelegen) weiterzuführen. Die von den Basler Forschern – erinnert sei hier neben Fritz Sarasin und Felix Speiser an Paul Sarasin, Paul Wirz, Eugen Paravicini, Alfred Bühler und Ernst Schlager – betriebene Sicherung kultureller Spuren gewinnt so einen neuen, zusätzlichen Sinn: Die in die Obhut des hiesigen Museums verbrachten Kulturdokumente, das heisst die

Sero Kuautonga und Moses ‹Jobo› Lovo im IAAB-Atelier der Christoph Merian Stiftung.
◁

Gegenstände materieller Kulturausrüstung, die nur dank dieser Intervention erhalten geblieben sind, sowie die Originalfotografien und Texte der Forscher erwachen zu einem neuen Leben. Sie werden nicht nur Zeugnisse für vergangene kulturelle Ordnungen einiger Inselgesellschaften, die, wie in Melanesien, auf ein archäologisch belegbares Alter von immerhin 3200 Jahren (im Norden sogar 32 000 Jahren) zurückblicken können, sondern auch Gegenstand des Nachdenkens über und der Bewunderung für die schier unerschöpflichen Fähigkeiten des sozialen Wesens Mensch. Denn immer wieder, und unter den unterschiedlichsten äusseren Bedingungen, ist es dem Menschen gelungen, seine Gedanken zu ordnen und in künstlerisch gestalteten Bildern auszudrücken. Vielleicht entsteht im Dialog auf dieser Basis gerade in Basel etwas Neues – ein Anfang dazu ist gemacht.

Anmerkungen

1 Zitiert nach Urs Bitterli, Die Entdeckung und Eroberung der Welt, Dokumente und Berichte, 2. Band, München 1981, S. 250.
2 Joël Bonnemaison, Kirk Huffman, Christian Kaufmann et Darrell Tryon (rédacteurs), Vanuatu/Océanie, Arts des îles de cendre et de corail, Paris 1996. (Englische Ausgabe: Arts of Vanuatu, Bathurst N.S.W. 1996). – Professor Joël Bonnemaison ist am 6. Juli 1997 überraschend auf Neukaledonien verstorben.
3 Christian Kaufmann, Vanuatu – Kunst aus der Südsee, Basel 1997.

Rolf d'Aujourd'hui

Zum Genius Loci von Basel

Ein zentraler Ort im Belchen-System

Vor rund fünfzehn Jahren führte alt Regierungsrat Mathias Feldges, damals Mitglied einer Arbeitsgruppe der Regio Basiliensis, den Begriff ‹Belchendreieck› als symbolträchtigen Namen für die Dreiländer-Region am Oberrhein in Basel ein. Als Politiker erkannte er die Bedeutung der drei gleichnamigen, in den Vogesen, im Schwarzwald und Jura gelegenen Berge, die er als Germanist als «Eckpfeiler einer identitätsstiftenden Mythologie» für die Bewohner unserer Region umschrieben hat.[1] Auslöser für seine Aktivitäten war eine Radio-Sendung mit Walter Eichin, einem badischen Lehrer und Heimatforscher, der mit einem Aufsatz über ‹Das Belchen-System› 1984 die Diskussion in Gang gebracht hatte.[2]

Walter Eichin griff seinerseits auf ältere Arbeiten zurück. Einer der prominentesten Belchenfreunde war Johann Peter Hebel; der 1760 in Basel geborene Theologe, Rektor und Schriftsteller verfasste eine Art Handbuch, das mit ‹Belchismus› überschrieben war.[3] W. Eichins Thesen wurden in verschiedenen Beiträgen in der Zeitschrift Markgräflerland kritisiert.[4] Diese Kritik war eher emotional als sachlich begründet, griff jedoch zu Recht einige Aspekte auf, die erklärungsbedürftig waren. Seit 1985 befasse ich mich selbst mit der Erforschung des Belchen-Systems.[5] Zahlreiche Vorträge in verschiedenen Publikumskreisen und Gespräche mit Kollegen verschiedener Fachrichtungen zeigen, dass grosses Interesse und ein Informationsbedarf bestehen.[6]

Wie im folgenden zu zeigen sein wird, nimmt die spätkeltische Siedlung ‹Basel-Gasfabrik› eine markante Lage im Belchen-System ein. Der ‹Genius Loci› der ältesten ‹städtischen› Niederlassung auf Basler Boden hatte prägenden Einfluss auf die Entwicklung der Stadt. Diese städtebaulichen Strukturen hat das Hochbau- und Planungsamt für die Gestaltung der Plätze und Oberflächen im Bereich der Nordtangente aufgegriffen und dem Konzept ‹Kulturraum› des Stadtteil-Entwicklungsplans St. Johann-Nordtangente-Korridor zugrundegelegt.[7]

Der vorliegende Bericht ergänzt und erläutert die im November 1997 edierten Planungsgrundlagen. Vorausgeschickt sei, dass der Forschungsstand über das Belchen-System in der gebotenen Kürze nur formelhaft zusammengefasst werden kann; eine umfassendere Darstellung der komplexen Befunde ist in Vorbereitung.[8]

Grundlagen der Theorie über das Belchen-System

Das Belchen-System dient der Zeitmessung und Orientierung und damit der Standortbestimmung des Menschen im geographischen und weltanschaulichen Sinne. Die Gestirne, im besonderen Sonne und Mond, sind die ‹Zeiger›, die Landschaft ist das ‹Zifferblatt› einer topographisch-astronomischen Uhr. Markante Berge dienen als Merkpunkte für die Extremstände bzw. Aufgangspunkte der Gestirne an den kalendarischen Richttagen. Diese ‹Ziffern› tragen mit wenigen Ausnahmen denselben Namen: Belchen oder Ballon als Visierpunkte der Sonnenstände, Blauen als Merkpunkte der Mondstände.

Sprachgeschichtlich gehen beide spätestens in keltischer Zeit geprägten Namen auf die indogermanische Wurzel *bhel-* zurück, was ‹glänzend, hell, weiss› bedeutet[9] und die Leuchtkraft des Tages- und des Nachtgestirns zum Ausdruck bringt. Der Bergname ‹Belchen› wird

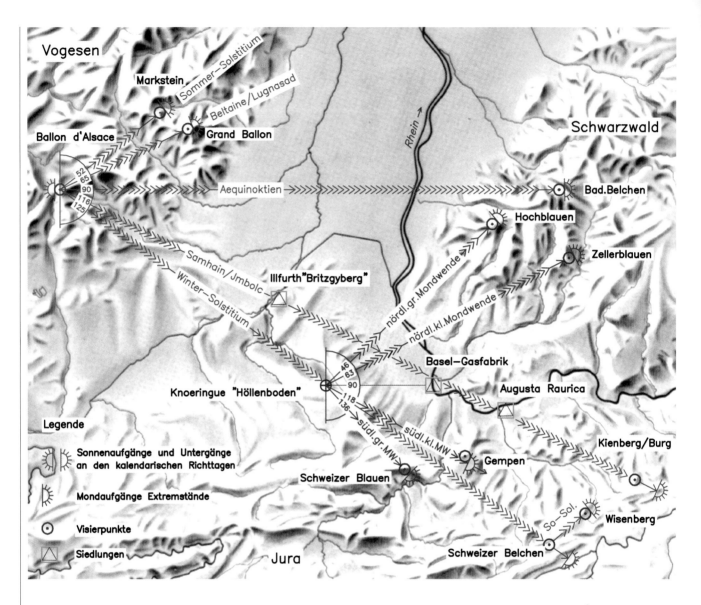

Vogesen

Markstein

Sommer–Solstitium

Beltaine/Lugnasad

Grand Ballon

Ballon d'Alsace

52
65
90
116
125

Aequinoktien

Rhein →

Schwarzwald

Bad. Belchen

Hochblauen

Zellerblauen

Samhain/Jmbolc

Illfurth "Britzgyberg"

Winter–Solstitium

nördl. gr. Mondwende

nördl. kl. Mondwende

Basel–Gasfabrik

46
63
90
118
136

Knoeringue "Höllenboden"

Augusta Raurica

Kienberg/Burg

südl. kl. MW

südl. gr. MW

Legende

Sonnenaufgänge und Untergänge
an den kalendarischen Richttagen

Mondaufgänge Extremstände

Visierpunkte

Siedlungen

Schweizer Blauen

Gempen

So-Sol.

Wisenberg

Schweizer Belchen

Jura

vom keltischen *belo-,* was soviel wie ‹leuchtend, weiss› bedeutet, hergeleitet. Diese Wurzel liegt auch dem Namen des keltischen Sonnen- und Lichtgottes ‹Belenus› und dem Festtag *Beltene* (= Leuchtfeuer), der den Beginn des vegetativen Sommers anfangs Mai bezeichnet, zugrunde. Es gibt eine ganze Reihe weiterer sinnverwandter Flur- und Bergnamen (Sonnenberg, Solfelsen, Kienberg = Fackelberg), die neben den Hauptmerkpunkten, den Belchen und Blauen, weitere Visierpunkte bezeichnen. Ferner gibt es Namen, die auf die Funktion der

Orte als Visierpunkte (Wisenberg) und Markier- bzw. Grenzpunkte (Markstein) oder auf eine ‹Richtstatt› im Sinne von ‹Messstätte› hinweisen. In diesem Zusammenhang sind auch zahlreiche Wortkombinationen mit ‹Stein› zu erwähnen.[10]

Im Belchen-System müssen grundsätzlich drei Aspekte – nämlich astronomische, geometrische und topographische Gegebenheiten – unterschieden werden, die im Kontext die Lage eines Ortes definieren und damit die Ortswahl begründen. ‹Geometrie› ist hier im ursprüngli-

126

△
Belchen-System, astronomisch-topographische Grundlagen (Abb. 1, Massstab 1:550000).

chen Sinne des Wortes als ‹Feldvermessung› zu verstehen. Mit ‹Kosmos› meine ich ‹die schöne Ordnung›, entsprechend dem Wortgebrauch der alten Griechen. Wie die Metapher der Uhr veranschaulicht, setzen astronomische Beobachtungen, sofern sie eine zeitmessende Funktion haben, ein geometrisches System voraus, das die Registrierung der Gestirnstände und einen Vergleich der tages- und jahreszeitlich relevanten Positionen ermöglicht. Diese Zusammenhänge werden seit frühester Zeit in Winkelwerten ausgedrückt und zueinander in ein Verhältnis gesetzt. Damit wird der Lauf der Gestirne im Raum durch Fixpunkte auf der Erdoberfläche markiert, so dass die Gesetzmässigkeit ihrer Bewegung gegenseitig und im Vergleich zum Standort des Beobachters aus der Planimetrie erschlossen werden kann. In diesem Sinne wird der Mikrokosmos zum Abbild des Makrokosmos.

Gewiss, ‹der keltische Druide›[11] interessierte sich nicht für die mathematische Beschreibung der Himmelsmechanik bzw. für die geometrische Konstruktion des Mikrokosmos. Seine Beobachtungen und Berechnungen waren empirischer Natur, setzen jedoch grosse Erfahrung in Astronomie und im Umgang mit der Geometrie bzw. Vermessungstechnik voraus.[12] Das Bestreben, den Kosmos zu begreifen, gründet in der ‹Urfrage› nach dem Sinn und Wesen des Lebens. Weltbild und religiöse Vorstellungen sind Ausdruck dieses metaphysischen Bedürfnisses des Menschen.

Astronomische Gegebenheiten

Dem Belchen-System (Abb. 1) liegen folgende astronomisch-topographischen Gegebenheiten zugrunde[13]: Vom Ballon d'Alsace aus gesehen, geht die Sonne an den Tag- und Nachtgleichen genau im Osten, nämlich über dem Badischen Belchen, und zur Wintersonnenwende, am kürzesten Tag, über dem Schweizer Belchen (Belchenflue) auf[14]. Diese drei gleichnamigen Berge markieren das annähernd rechtwinklige sogenannte ‹Belchen-Dreieck›. Zur Sommersonnenwende geht die Sonne über dem Markstein, an den keltischen Festtagen[15] *Beltene* (anfangs Mai) und *Lugnasad* (anfangs August) über dem Grand Ballon, an *Samhain* (anfangs November) und *Imbolc* (anfangs Fe-

bruar) über dem Burghügel von Kienberg auf. Letztere Visurlinie führt über die keltische Höhensiedlung bzw. den Fürstensitz auf dem Britzgyberg bei Illfurth[16], vorbei an der keltischen Siedlung Basel-Gasfabrik und weiter über die römische Koloniestadt Augusta Raurica. In umgekehrter Richtung können an den jahreszeitlich entgegengesetzten[17] Feiertagen die Sonnenuntergänge jeweils über dem Ballon d'Alsace beobachtet werden.

Die auf Abbildung 1 kartierten Zusammenhänge der extremen Mondstände und der Blauen wurden erstmals von Mathias Feldges vorgestellt.[18] Westlich von Basel-Gasfabrik liegt auf der Achse der Wintersonnenwende, unmittelbar neben der ‹route romaine› zwischen Knörringen/Knoeringue und Willer (die bis vor kurzem noch in ihrer ursprünglichen Machart, Steinplatten und Schotterung, erhalten war), die Flur ‹Höllenboden›. Von diesem, wie der Name sagt, in christlicher Zeit tabuisierten Ort aus gesehen, bezeichnen die beiden badischen Blauen, der Hoch- und der Zeller-Blauen, die Mondaufgänge zur Zeit der nördlichen Mondwenden, der Schweizer Blauen hingegen den Mondstand zur südlichen grossen Mondwende.[19] Zur südlichen kleinen Wende geht der Mond rund 700 m südlich der Schartenfluh am Gempen auf. Die Durchschnittswerte bzw. das astronomische Azimut ohne Berücksichtigung der Refraktion und topographischer Faktoren betragen in unserer geographischen Breite zur Zeit der grossen Mondwenden 45°, das astronomische Azimut des Sonnenaufgangs zur Sommersonnenwende beträgt 54°.[20] Diese Winkelwerte sind charakteristisch für auffallend ‹harmonische› Dreiecke: gleichschenkliges Dreieck über der Diagonalen im Quadrat (Basiswinkel 45°) und ‹Goldenes Dreieck›, also Teildreieck des Pentagons (54°/36°/90°). Die Azimute der Sonnenaufgänge entsprechen annähernd den Winkelwerten des pythagoreischen Dreiecks mit den Seitenverhältnissen 3:4:5, die 36°52′ bzw. 53°08′ also rund 37° und 53° betragen.

Geometrische Gegebenheiten

Ausgangspunkte für das geometrische Vermessungsnetz[21] (Abb. 2) sind vier gleichnamige Berge, nämlich die drei bereits erwähnten Eckpunkte des Belchendreiecks sowie der Petit

Ballon. Es gilt, in diesem System zwischen Visierpunkten, die in der Landschaft eine bestimmte Richtung festlegen, und exakten Messpunkten zu unterscheiden.[22] Da die Berge nicht nach geometrischen Gesetzmässigkeiten entstanden sind, decken sich die als Peilstellen ausgewählten Visierpunkte nicht zwingend mit den geometrischen Messpunkten.

Geometrische Lage der Belchen: Die Grundmassstrecke des Systems umfasst 120 Centurien und verbindet den Schweizer Belchen (A) mit dem Petit Ballon (B)[23]. Diese Strecke wird durch die West-Ost orientierte Visurachse zwischen dem Ballon d'Alsace (C) und dem Badischen Belchen (D) im Punkt E bei Schönensteinbach geviertelt. Entscheidend für die Geometrie des ganzen Systems ist der Winkel dieses Belchenkreuzes: Der Winkel α bestimmt die Seitenverhältnisse 3:4:5 im pythagoreischen Dreieck, das mit der Projektion der Senkrechten aus Punkt A auf die Visurlinie CD konstruiert werden kann. Zielpunkt dieser Nord-Süd verlaufenden Kathete AD₁ ist ein von der Belchenflue aus sichtbarer Sattel in den Vorbergen des Badischen Belchen mit dem bedeutungsvollen Namen ‹Richtstatt› (D₁). Der genaue Messpunkt, der rechte Winkel im Schnittpunkt der beiden Visurlinien, liegt hinter dieser Kimme in einem tiefer gelegenen kleinen Tal, rund zwei Centurien westlich des Belchengipfels. Dreht man nun dieses nach Norden gerichtete Dreieck um 90°, so erhält man ein ähnliches Dreieck mit dem Eckpunkt F. In dieser Anordnung wird die längere Kathete des Dreiecks AED₁ (4) zur kürzeren mit dem Verhältniswert 3 im Dreieck AFD₁. Auch dieser auf der Visurlinie CD gelegene Messpunkt bei Le Gresson ist auf Distanz nicht gut einsehbar und wird deshalb durch Hilfs-Visurpunkte fixiert.[24]

Die beiden im Belchenkreuz festgelegten pythagoreischen Dreiecke bilden die Grundlage des in Abbildung 3 konstruierten regionalen Vermessungsnetzes. Die Senkrechte in Punkt E bildet die Symmetrieachse eines Quadrats, dessen Seiten doppelt so lang (108 C) sind wie der Schenkel ED₁ (54 C); die westliche Seite dieses Quadrats ist durch die beiden auf der Nord-Süd-Achse liegenden Punkte G (Ballon de Ser-

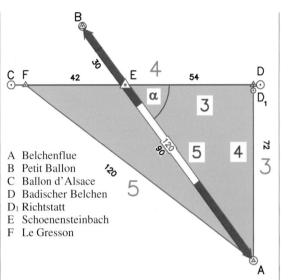

A Belchenflue
B Petit Ballon
C Ballon d'Alsace
D Badischer Belchen
D₁ Richtstatt
E Schoenensteinbach
F Le Gresson

Belchenkreuz, Grundlage des geometrischen Vermessungsnetzes mit zwei pythagoreischen Dreiecken im Seitenverhältnis 3:4:5 (Abb. 2, M. 1:1 100 000).
◁

vance[25], gleichzeitig Fluchtpunkt der Visierlinie CD) und H (Ballon St. Antoine) festgelegt. Diesem Quadrat, vorgegeben durch den Eckpunkt A (Belchenflue), den Messpunkt D₁ (beim Schwarzwälder-Belchen) sowie die beiden Vogesen-Belchen G und H, können im Quadratraster des 12er-Systems weitere Punkte zugeordnet werden, u.a. der Petit Ballon (B), der Zentrumspunkt des grösseren pythagoreischen Dreiecks AFD₁ (J) sowie die Messpunkte für die Siedlungen Basel-Gasfabrik (N) und Sierentz (O).

Geometrische Lage der Blauen: Verbindet man die Eckpunkte der beiden badischen Blauen mit dem Schweizer Blauen und alle drei Blauen (K, L und M) mit dem Ballon d'Alsace (C), so erhält man zwei harmonische Dreiecke: ein gleichschenkliges (CKL) mit Basiswinkeln von 73° sowie das Dreieck CML mit einem rechten Winkel im Schweizer Blauen (L). Der Hochblauen (K) liegt ausserdem auf der Achse 12 des Vermessungsnetzes. Punkt R bezeichnet den geometrischen Messpunkt bei ‹Steinberg›, Punkt S den topographischen Mondbeobachtungspunkt im ‹Höllenboden› bei Knörringen/ Knoeringue.

Kosmologische Befunde der antiken Siedlungen von Basel und Augst

Die Lage und Orientierung der keltischen und römischen Siedlungen von Basel und Augst

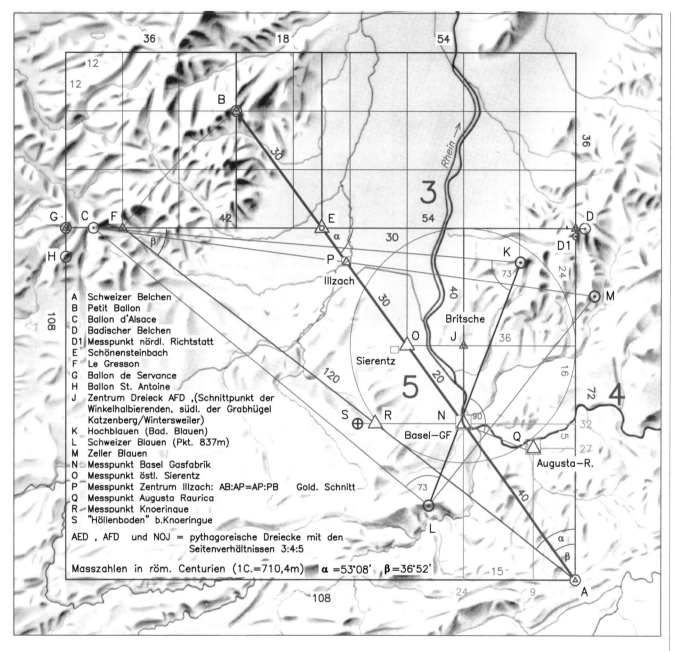

△
Archäogeometri-
sche Grundlagen
des Belchen-
Systems (Abb. 3,
M. 1:550 000).

sowie der Haupt-Strassenachsen ist von geometrischen und kosmologischen Gesichtspunkten
bestimmt. Die Grundmassstrecke zwischen der
Belchenflue und dem Petit Ballon (AB) wird
durch markante prähistorische Siedlungsstellen rhythmisiert (Abb. 3). Punkt N drittelt bei
Basel-Gasfabrik die Strecke AB. Punkt O hal-
biert die Grundstrecke AB; in ihm schneidet die
Belchenachse die quer zu ihr verlaufende antike
Verbindungsstrasse zwischen der seit der Jungsteinzeit belegten Siedlung und Kultstätte bei
Sierentz[26] und der römischen Strassenstation
Kembs. Punkt P, im Zentrum von Illzach ge-
legen, teilt die Grundstrecke AB im Verhältnis

des Goldenen Schnitts; auch dieser Ort ist seit der Jungsteinzeit belegt – hier kam unter anderem eine frühbronzezeitliche Nekropole mit zehn in einer Achse angelegten Hügelgräbern zum Vorschein[27].

Lage der keltischen Stätte von Basel-Gasfabrik

Die Ortung der im 2. Jahrhundert v. Chr. angelegten spätkeltischen Siedlung von Basel-Gasfabrik ist durch den Messpunkt N im regionalen Vermessungsnetz verankert. Punkt N liegt 16 Centurien südlich des bei Egringen am antiken Strassenzug auf der Britsche gelegenen Kreismittelpunktes J[28] (Abb. 3). Wenig nordwestlich des bei den Koordinaten 24/32 (Abb. 3) gelegenen Messpunkts N (entspricht Abb. 4,1) schneiden sich die Verbindungslinien der beiden Blauen KL und die Belchenachse AB.[29] Dieser Schnittpunkt (Abb. 4,2) liegt im Bereich der drei anlässlich der Errichtung des Gaskessels 1911 beobachteten keltischen Brunnenschächte, deren kultische Bedeutung – auf der Sohle des einen Schachtes lag ein menschliches Skelett –, gestützt durch weitere Hinweise aus den letzten Jahren, heute als erwiesen betrachtet werden darf.[30] Es ist anzunehmen, dass die analoge Situation in Illzach, wo die vom Zellerblauen ausgehende Verbindungslinie MC die Belchenlinie in P schneidet (Abb. 3), wie in Basel ebenfalls nicht auf Zufall beruht.

Lage und Orientierung von Augusta Raurica

Schlägt man in Basel-Gasfabrik im Schnittpunkt der Belchen- und der Blauenlinie (Abb. 4,2) einen rechten Winkel zur Blauenachse und trägt die Distanz von 16 Centurien nach Südosten ab, so gelangt man zur römischen Koloniestadt Augusta Raurica (Abb. 5). Die Strecke endet an der Stadtgrenze (Abb. 5,DB) und führt in ihrer Verlängerung ins Zentrum F.[31] Bestimmend für diese Beziehung dürfte weniger die Distanz als die Richtung gewesen sein. Auch in diesem Falle kann wieder ein in harmonischen Proportionen im Vermessungsnetz verankerter Bezugspunkt mit den Koordinaten 9/27 – d.h. ein Zwölftel bzw. ein Viertel der Seitenlänge des Belchenquadrats – für die regionale Ortung der Stadt ausgemacht werden (Abb. 3,Q und Abb. 5,J). Ähnlich wie in Basel hat man auch hier die eigentliche Stadtplanung im Nah-

bereich nach den topographischen und kosmologischen Kriterien ausgerichtet. Im Falle von Augst bot sich das Plateau zwischen den beiden Gewässern Fielenbach und Ergolz als geeignetes Gelände an.

Die dem Stadtplan von Augst zugrundeliegenden geometrischen und kosmologischen Gegebenheiten habe ich vor kurzem in der Festschrift für meinen Kollegen Ludwig Berger beschrieben.[32] An dieser Stelle seien deshalb nur kurz die wichtigsten Aspekte zusammengefasst. Dem Stadtplan liegt ein Fünfeck zugrunde, das nach den Haupt-Himmelsrichtungen und gleichzeitig nach den Sonnenaufgangsachsen zu den Zeiten der Solstitien und Äquinoktien ausgerichtet ist.[33] Das Strassennetz ist auf das Achsenkreuz mit einer Grundstrecke von 3000 Fuss für den Cardo (AB), der im Punkt C vom Decumanus maximus (DE) im Verhältnis des Goldenen Schnitts geteilt wird, abgestimmt. Der Decumanus und damit das Haupt- (3) und das Nebenforum (6) sind nach dem Sonnenaufgang zur Sommersonnenwende ausgerichtet. Die kosmologische Verankerung des Strassenkreuzes scheint beim Apollo-Tempel in der Grienmatt (1) zu liegen, wo ein Brunnenschacht den Ausgangspunkt der nach den Sonnenständen ausgerichteten Diagonalen und der Seite DG markiert. Der Abstand zwischen dem Brunnenschacht und dem auf dieser Fünfeckseite gelegenen Diana-Tempel (2) in der Flur

---

Archäogeometrische und kosmologische Gegebenheiten über die Lage und Ausrichtung der keltischen Siedlungsstätten sowie der antiken Strassenzüge von Basel (Abb. 4, M. 1:14 200).   ▷

1 Schnittpunkt der Grundvermessungsachse Belchenflue–Petit Ballon mit dem regionalen Vermessungsnetz; möglicher archäogeometrischer Ausgangspunkt für die Ortswahl der spätkeltischen Siedlung Basel-Gasfabrik (entspricht Abb. 3,N).
2 Kultisches Zentrum der Siedlung: 3 Brunnen- bzw. Kultschächte; Schnittpunkt der Belchen- und der Blauenachse.
3 Graben und Murus Gallicus des spätkeltischen Oppidums auf dem Münsterhügel.
4 Münster
5 Martinskirche
6 Schifflände/Blumenrain, Knickstelle der antiken Strassenachse.
7 Voltaplatz
8 Rechtwinklig zur Belchenachse verlaufende Quartierstrassen im St. Johanns-Quartier.

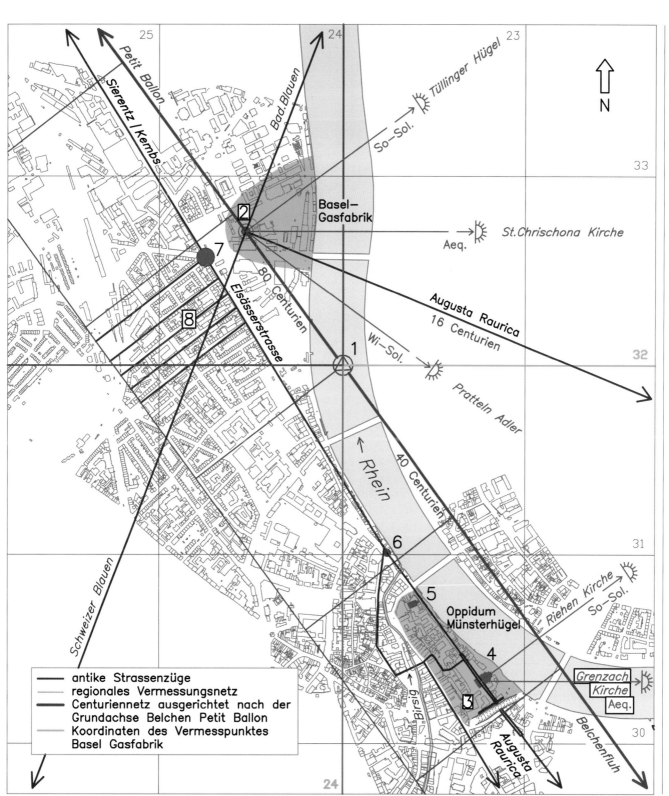

N

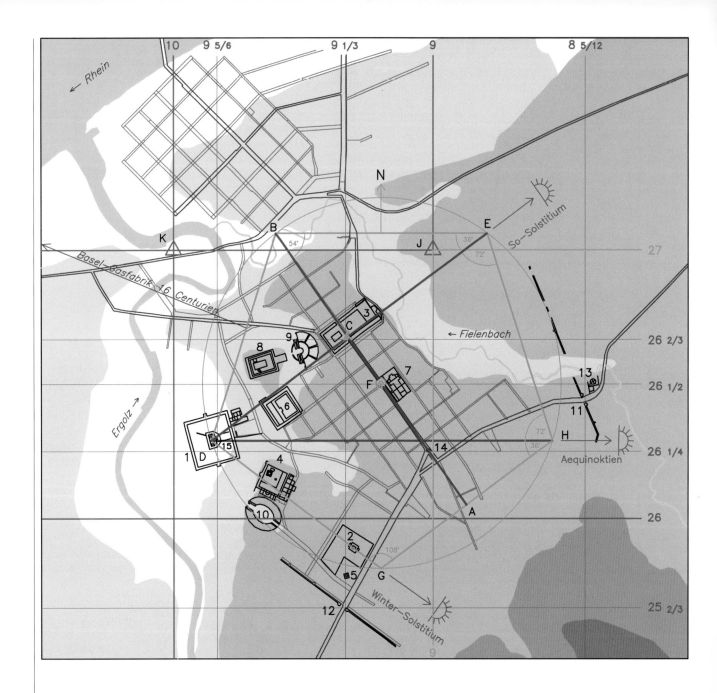

Sichelen entspricht dem Radius des Umkreises des Pentagons, mit Zentrum im Umbilicus (F) bei den Hauptthermen (7). Indem die Haupt-Orientierungsachsen und die Fixpunkte auf diese Weise in den Tempeln des Sonnen-, Heil- und Stadtgottes Apollo und der Mondgöttin Diana festgelegt sind, ist die Planung der Stadt, der ‹Mikrokosmos›, auf den Makrokosmos abgestimmt. Die Erinnerung an diese Zusammenhänge könnte in den Flurnamen ‹Grienmatt› – grian heisst auf keltisch ‹Sonne› – und ‹Sichelen› (Mond) fortleben. Die in der Grienmatt konservierten Tempelreste stammen aus dem 2. Jahrhundert und entsprechen nicht den älte-

Augusta Raurica, geometrische und astronomische Gegebenheiten zum Stadtplan (Abb. 5, M. 1:10 000).
◁

AB	Cardo maximus, 3000 römische Fuss (1 Fuss = 29,6 cm)
DE	Decumanus maximus, Diagonale des Pentagons, Ausrichtung nach Sommersolstitium
C	Schnittpunkt der Strecken AB und DE, teilt AB im Verhältnis des Goldenen Schnitts
F	Umbilicus, Zentrumspunkt des Umkreises des Pentagons
DG	Seite des Pentagons, Ausrichtung nach Wintersolstitium
DH	Diagonale des Pentagons, West-Ost Achse, Ausrichtung nach den Äquinoktien
GF	Nord-Süd Achse
D–2 = D–F	Radius des Umkreises
J, K	Messpunkte des regionalen Vermessungsnetzes, Abstand 1 Centurie (vgl. Abb. 3)
J	Möglicher Ausgangspunkt für das städtische Vermessungsnetz (wie Abb. 3,Q)
1	Heiligtum Grienmatt, entspricht Punkt D
2	Tempel Sichelen 2, auf Strecke DG (Wintersolstitium)
3	Hauptforum mit Forumtempel
4	Tempelbezirk Sichelen 1
5	Tempel Sichelen 3
6	Forum auf dem Neusatz, ‹Süd-Forum›
7	Zentralthermen
8	Tempelanlagen auf dem Schönbühl
9	Theater
10	Amphitheater
11	Osttor mit Ostmauer
12	Westtor mit Westmauer
13	Rundbau, Grabmal
14	Strassenkreuzung Süd
15	Grienmatt, Säule Aubert Parents

sten, derzeit noch nicht ausgegrabenen Tempelanlagen; sie zeigen jedoch durch ihre Bestimmung als Septizodium, d. h. Wochentagtempel, dass an dieser Stelle ein Kalenderbau stand, was die These der Bedeutung dieses Ortes als kosmologischem Ankerpunkt bekräftigt.[34]

Lage des Oppidums auf dem Münsterhügel, Ausrichtung der antiken Strassenachsen

Die jüngere, um die Mitte des 1. Jahrhunderts v. Chr. angelegte keltische Siedlung von Basel, das mit dem Murus Gallicus befestigte Oppidum auf dem Münsterhügel, ist der eigentli-che Kernpunkt für die Entwicklung der Stadt Basel[35] (Abb. 4 und 6). Von besonderem Interesse ist nun die Beobachtung, dass die antike Strasse auf dem Münsterhügel (Abb. 4) exakt gleich orientiert ist wie die Hauptstrassenachse (Cardo maximus) von Augusta Raurica, nämlich rechtwinklig zum Sonnenaufgang im Sommer-Solstitium. Das Basler Münster (Abb. 4,4) hat diese Ausrichtung übernommen. Die Strasse auf dem Münsterhügel war eine Sackgasse, die beim Martinssporn (5) endete. Die Fernstrasse führte auf der Talsohle vom Schlüsselberg an auf der linken Birsigseite über den heutigen Spiegelhof zum Blumenrain (6). Einige keltische Funde lassen auf eine in diesem Bereich gelegene Siedlungsstelle schliessen.[36] Später wurden hier eine römische Strassenstation und die älteste Marktstelle, wo die mittelalterliche Talstadt[37] im 10. Jahrhundert ihren Anfang nahm, angelegt. Seit keltischer Zeit führte die Strasse von der Birsigmündung (6) in gerader Linie durch die heutige St. Johanns-Vorstadt und Elsässerstrasse über den Voltaplatz (7) ins Elsass. Dieser Strassenzug verbindet die beiden keltischen Siedlungsstellen und verläuft über die Strassenspange zwischen Sierentz und Kembs bis zum Fusse des Petit Ballon in mehr oder weniger gerader Linie annähernd identisch zur Hauptachse des Belchenkreuzes (Abb. 6).[38] Der antike Strassenzug wirkte im St. Johanns-Quartier prägend für die Orientierung des Quartierstrassennetzes (8) südlich der Voltastrasse. Die Stadtplaner des letzten Jahrhunderts haben hier wohl unbewusst, aber aufgrund der Vorgaben doch nicht rein zufällig, einen Bezug zur keltischen Strassenachse, dem Rückgrat des ältesten Basel, hergestellt.

Bedeutung und Konsequenzen

Aufgrund der mathemathischen Wahrscheinlichkeit[39] darf ein Zufall der hier vorgelegten astronomischen und archäogeometrischen Zusammenhänge ausgeschlossen werden. Dabei ist zu unterscheiden zwischen den Mitteln und Möglichkeiten, die den keltischen Bewohnern als Grundlage für die Orientierung gedient haben, und der Archäogeometrie, die hier als Methode zur Erschliessung und Darstellung des Systems angewandt wird. Mit Gewissheit standen den ‹Druiden› keine Messpläne in der Art von Abbildung 3 zur Verfügung. In diesem Sinne ist das ‹Belchenquadrat› eine Konstruktion, die uns aus heutiger Sicht gestattet, die harmonisch-geometrische Anordnung der Bezugspunkte und Siedlungen zu definieren, und damit die Gesetzmässigkeiten, die dem System zugrunde liegen, zu beweisen.

Praktikabilität und Funktionsweise des Vermessungsnetzes

Zu Recht kann man sich fragen, wie weit die dem Messsystem zugrunde liegenden Zusammenhänge den Priestern und Feldvermessern in vorrömischer Zeit bewusst waren, und wie dieses ‹Weltbild› veranschaulicht bzw. dargestellt wurde.[40] Diese offenen Fragen berechtigen uns jedoch nicht, die Tatsache der nachgewiesenen Gesetzmässigkeiten an sich in Frage zu stellen. Während das Koordinatennetz des ‹Belchenquadrats› (Abb. 3) – wie oben erwähnt – lediglich als methodisches Hilfsmittel zur Darstellung der geometrischen Zusammenhänge dient, dürfen wir die Kenntnis des pythagoreischen Dreiecks mit den Seitenverhältnissen 3:4:5 und die damit in Zusammenhang stehende Praxis der Feldvermessung mit der Zwölfknotenschnur auch in unserem Gebiet schon zu Beginn der Metallzeit, mit Sicherheit jedoch in keltischer Zeit, als bekannt voraussetzen.[41] Im Gegensatz zum Belchenquadrat darf deshalb das in Abbildung 2 dargestellte ‹Belchenkreuz› als eine reale Möglichkeit der praktischen Anwendung dieses Prinzips betrachtet werden. Die Tatsache, dass drei der vier Bezugspunkte – die Eckpunkte des Belchendreiecks, die auf das sicher ältere astronomische Visursystem zurückgehen – im Messsystem übernommen wurden und dass der vierte Belchen, der Petit Ballon, als Zielpunkt der 120 Centurien messenden Grundstrecke so festgelegt wurde, dass das Achsenkreuz exakt mit den Winkelwerten des pythagoreischen Dreiecks in der Landschaft fixiert ist, verleiht dieser Hypothese eine mathematisch ausgedrückt ‹annähernd unendlich grosse Wahrscheinlichkeit›.

Ausgehend von dieser Grundachse (AB) konnten mittels der Zwölfknotenschnur und entsprechender Distanzangaben beliebige Orte in der Region definiert bzw. Vermessungen in einem regionalen Netz durchgeführt werden. In schwer zugänglichem Gelände konnten Distanzen durch Umgehung leicht berechnet werden. So könnte man beispielsweise die Strecke von der Belchenflue (A) zum Petit Ballon (B) vom Rheinknie bei Basel aus (Abb. 3,N) im mehr oder weniger flachen Gelände der Rheinebene ohne Schwierigkeiten mit Stäben und Messleinen abmessen bzw. berechnen: Man trage 64 Centurien von Basel (N) Richtung Nord ab und visiere von dort nach Westen zum Zielpunkt Petit Ballon (B), der von der Belchenflue (A) bzw. von Basel aus im Winkel β mittels der Zwölfknotenschnur anvisiert wurde. Die Distanz NB beträgt entsprechend dem Verhältnis 5:4 (64 : 4 = 18 x 5 = 80) 80 Centurien. Trägt man von Basel 24 Centurien nach Osten ab, können wir die längere Kathete und die Hypotenuse des Teildreiecks berechnen: Die Hypothenuse misst 40 (= 5:3 → 24 : 3 = 8 x 5 = 40), die Kathete 32 Centurien (= 4:3 → 24 : 3 = 8 x 4 = 32).

Diese Beispiele zeigen, dass das Belchenkreuz gleichsam als ein in der Landschaft verankertes Koordinatennetz diente, das ohne Karte zur Abmessung von Distanzen für die Feldvermessung und zur geographischen Orientierung geeignet war. Dieses Messsystem dürfte ferner für die Ortung und Berechnung der Standorte und Bahnen der Gestirne verwendet worden sein.

Rückschlüsse auf die geistige Welt

Die kulturgeschichtliche Bedeutung der im Belchen-System anklingenden Zusammenhänge und die daraus abzuleitenden Prinzipien für die Ortswahl in prähistorischer Zeit ergänzen unser hauptsächlich auf den materiellen Grundlagen der Archäologie entwickeltes Bild der Kelten. Einzig eine interdisziplinäre Gesamtschau aus den Blickwinkeln aller an der Erforschung der Kulturgeschichte beteiligten Fachgebiete ermöglicht uns, Vorstellungen über die geistige Welt des ur- und frühgeschichtlichen Menschen zu entwerfen.

Seit seiner Frühzeit versucht der Mensch, den Kosmos zu verstehen und zu erklären. Die Zeitmessung – Kalender und Tageszeit – wurde spätestens seit seiner Sesshaftigkeit lebensnotwendig. Der Mensch erlebte seine Welt, den Mikrokosmos, als Abbild des Makrokosmos. Dieses Weltbild galt nicht bloss im Vorderen Orient oder im klassischen Griechenland, sondern dürfte, wie die Beispiele in unserer Region zeigen, auch im Kulturraum der Kelten schon früh verbreitet gewesen sein. Diese Annahme findet u.a. auch in der Überlieferung durch die Ethnographen und Geschichtschreiber der Antike Bestätigung. Auf die Verwandschaft keltischer Weltanschauung mit pythagoreischer Philosophie hat z.B. Valerius Maximus (II,6,60) hingewiesen: «Sie sind von der Unsterblichkeit der menschlichen Seele überzeugt; ich würde sie deswegen für dumm halten, stimmten die

Vorstellungen dieser bärtigen Barbaren nicht mit Ideen überein, die auch Pythagoras, den das Pallium schmückte, vertreten hat.» Bei Diodor von Sizilien (V,28) lesen wir: «Die Lehre des Pythagoras von der Unsterblichkeit der Seele hat bei ihnen viel Gewicht ...»

Ob nun diese Verwandtschaft auf direkte Kontakte oder auf ein den Pythagoreern und Kelten gemeinsames Substrat zurückzuführen ist, möge dahingestellt bleiben. In unserem Zusammenhang ist jedoch von Interesse, dass die

Basel-St. Louis, Verlauf der antiken Landstrasse (Abb. 6, M. 1:45 000). ▷

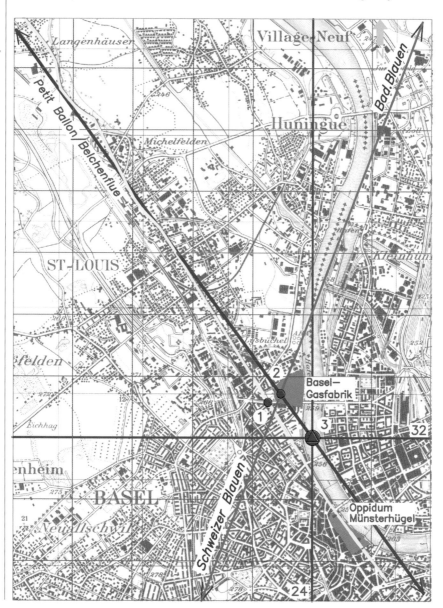

1 Voltaplatz
2 Sodbrunnen Basel-Gasfabrik (Schnittpunkt Blauen-Belchenlinie)
3 Messpunkt N (im regionalen Vermessungsnetz)

im Belchen-System zum Ausdruck kommende Regelhaftigkeit der Ortswahl in der pythagoreischen ‹Ortswahl-Theorie›[42] eine sinnvolle Entsprechung findet. Diese Theorie baut auf folgenden Prinzipien auf:
– der Vorstellung einer geordneten, harmonischen, der menschlichen Erkenntnis zugänglichen Welt, die die Griechen ‹Kosmos› (schöne Ordnung) nannten;
– der Auffassung, die Götter hätten den Kosmos und die Erde nach Prinzipien der Harmonie und der Geometrie der regelmässigen Vielecke geordnet;
– der Zahlenmystik, wonach sich in der Natur harmonisch-mathematische Verhältnisse, beruhend auf Proportionen ganzer Zahlen, nachweisen lassen.
Beruhen diese Theorien auf ‹archäogeometrischen› Beobachtungen der Pythagoreer, die damit die kosmologische Komponente der Ortswahl erstmals in eine wissenschaftlich nachvollziehbare Formulierung brachten? Bezeichnenderweise haben nicht die Menschen, sondern die Götter ‹den Kosmos und die Erde› geordnet. Die Bewegung der ‹göttlichen Gestirne› im Kosmos wird berechenbar, wenn deren Laufbahn und Wendepunkte auf die Erde projiziert werden. Insofern sich die Ortswahl nach den topographischen Fixpunkten der Gestirne richtet, gelten für die Anordnung der Siedlungen die gleichen ‹harmonisch-mathematischen Verhältnisse› wie im astronomisch-topographischen Beziehungsfeld.
In unserer Region kommt diese ‹harmonischmathematische› Regelhaftigkeit in der Anordnung der bedeutendsten prähistorischen und antiken Siedlungen der Region: Basel-Gasfabrik und -Münsterhügel, Augst, Sierentz, Illzach, Britzgyberg – die Reihe kann durch weitere Orte wie Breisach und Tarodunum bei Freiburg ergänzt werden – klar zum Ausdruck. Wie an den Beispielen von Basel-Gasfabrik und Augst gezeigt werden kann, wird die Ortswahl und Anlage der Siedlung im Nahbereich eines ‹harmonisch-geometrischen› Messpunktes nach kosmologischen und topographischen Gegebenheiten ausgerichtet. Es ist gewiss kein Zufall, dass die Achsen der Hauptstrassen in Augst und auf dem Münsterhügel parallel verlaufen – die Orientierung der beiden Siedlungen erfolgte

nach denselben übergeordneten Gesetzmässigkeiten. Gleiches gilt wohl auch für den Verlauf der Fernstrasse zwischen der Birsigmündung bei Basel und dem am Fusse des Petit Ballon gelegenen Ort Buhl bei Guebwiller. Es scheint, dass dieser Strassenzug – in Anpassung an das lokale Geländerelief – bewusst entlang der Hauptachse des Belchenkreuzes, und damit entsprechend den astronomisch-geographischen Gegebenheiten für unsere Region, annähernd rechtwinklig zum Sonnenaufgang am längsten Tag angelegt worden ist.
Das Bewusstsein für kosmologische Zusammenhänge in der Ortsplanung und Architektur scheint über die Antike hinaus bis ins Mittelalter und – in Sitten, Bräuchen, Sagen, Redewendungen, Ortsbezeichnungen und anderen Relikten – bis in die Gegenwart fortzuleben. Dies kommt unter anderem in der Ortskontinuität von Siedlungen und Kirchen zum Ausdruck. So liegen 90 % der frühen mittelalterlichen Kirchen in der badischen Nachbarschaft an Orten mit keltischen Spuren bzw. über römischen Ruinen. Auch die Ausrichtung der Kirchen und Kathedralen nach den Sonnenständen an den kalendarischen Richttagen – das Basler Münster ist ein Beispiel unter vielen – bestätigt diese Annahme.
Es steht ausser Zweifel, dass die keltischen Bewohner unserer Region über die erforderlichen Kenntnisse für die Einrichtung und Anwendung des hier beschriebenen Vermessungsnetzes im Belchensystem verfügten. Unter anderem finden wir in den Berichten der antiken Autoren verschiedene Hinweise über die Fähigkeiten der Kelten. So bezeugt beispielsweise Horatio (XLIX) den keltischen Druiden «die Kunst des Weissagens und jede andere Wissenschaft; ohne ihre Zustimmung durfte der König weder handeln, noch eine Entscheidung treffen ...».[43]
Ausser den antiken Schriftquellen belegen kostbare Importfunde und Imitationen bzw. Umformungen von klassichen Vorbildern seit der Mitte des 1. Jahrtausends v. Chr. Handelsbeziehungen sowie künstlerische und geistige Kontakte zur antiken Welt. Dieser Austausch setzt ein entwickeltes Wegenetz und Orientierungsmittel für die Routenbeschreibung voraus. In diesem Zusammenhang ist auch daran zu erinnern, dass keltische Verbände im Jahre 387 v. Chr.

Rom erobert haben und seit diesem Zeitpunkt als Verbündete und Söldner der Griechen und Etrusker in der antiken Mittelmeerwelt präsent waren.[44] Vor diesem kulturgeschichtlichen Hintergrund werden die komplexen geistig-religiösen Vorstellungen, die im Belchen-System zum Ausdruck kommen, besser verständlich. Dennoch bleibt die Eigenart dieser über weite Teile Europas verbreiteten schriftlosen Kultur- und Völkergemeinschaft für den modernen Forscher ebenso schwer verständlich wie für die zeitgenössischen Geschichtsschreiber, die in ihren Berichten zwischen Verachtung und grosser Bewunderung schwankten, wie die zitierten Beispiele zeigen. Diese Ambivalenz dürfte auch ein wichtiger Grund für die Faszination – Stichwort ‹Keltomanie› – sein, die von der keltischen Kultur bis in die heutige Zeit ausgelöst wird.

Es bleibt zu hoffen, dass die hier vorgelegten Thesen nicht nur in ihrem theoretischen Ansatz zur Kenntnis genommen werden, sondern auch konkret in die Diskussion über die Geschichte der Bewohner unserer Region einfliessen. In dieser Beziehung ist vor allem den Schlüsselfragen, die im Laufe der Forschungsgeschichte je nach Befundlage immer wieder neu diskutiert und auf verschiedene Weise beantwortet wurden, Beachtung zu schenken. Dies gilt unter anderem für die Limitation der Colonia Raurica[45] wie für die Beziehungen zwischen den Siedlungen von Basel und Augst. Ist es möglich, dass in Augst bereits vor der Koloniegründung in augusteischer Zeit ein keltisches Heiligtum errichtet wurde, das mit dem keltischen Kultzentrum von Basel-Gasfabrik in Beziehung stand?[46] Auch die in der älteren Forschergeneration gültige Ansicht, die auf der Peutingerschen Karte überlieferte Strassenstation ‹Arialbinnum› sei mit der spätkeltischen Siedlung Basel-Gasfabrik identisch, gewinnt aufgrund der hier vorgelegten Thesen zur Ortsplanung wieder an Wahrscheinlichkeit.[47]

Anmerkungen

1 Mathias Feldges, Sonne und Mond – Auf der Suche nach Kelten-Visuren, Bericht über einen Vortrag in der Basler Zeitung vom 28.11.1986, S. 47.

2 Walter Eichin, Andreas Bohnert, Das Belchen-System; in: Das Markgräflerland 2, 1985, S. 176ff.

3 Dieses schwer entzifferbare Manuskript liegt unbearbeitet in der Universitätsbibliothek von Freiburg/Br. Es enthält die ‹Geheimsprache› eines Männerbundes, dem Hebel als Gründungsmitglied angehörte. Das Wort ‹Belchen, Belchigkeit› spielt dabei eine besondere Rolle im Sinne von etwas Schönem, Grossartigem.

4 Zuletzt R. Moosbrugger-Leu, Fünf kritische Bemerkungen zum sogenannten Belchen-System; in: Das Markgräflerland 2, 1996, S. 74ff.

5 Ein erster Überblick erschien in der Wochenzeitung für das Dreiland: Rolf d'Aujourd'hui, Das Belchen-Dreieck, Basler Zeitung vom 18.6.1992 (Dossier).

6 Den neusten Forschungsstand hat der Schreibende in der Festschrift für Ludwig Berger, Forschungen in Augst, Bd. 25, August 1998, S. 19ff. zusammengefasst.

7 Den Kollegen vom Hochbau- und Planungsamt, Fritz Schuhmacher, Roland Zaugg und Rolf Schenker, sowie dem beim Tiefbauamt für die Nordtangente Verantwortlichen, Niklaus Baumann, sei an dieser Stelle für die gute Zusammenarbeit herzlich gedankt.

8 Zeitschrift Regio Basiliensis.

9 Vgl. Julius Prokorny, Indogermanisches etymologisches Wörterbuch, Bd. 1, Bern 1959, S. 118: *bhel*; S. 119: *belo*; S. 160: ‹Blauen› → *bhle-uo-s, bla, blar*.

10 Die Bedeutung von Steinen als Grenzmarken und Messpunkte geht u.a. aus antiken Schriftquellen hervor. Vgl. F. Blume, K. Lachmann, A. Rudorff, Die Schriften der römischen Feldvermesser, Bd. II, Berlin 1852 (Nachdruck: Hildesheim 1967), S. 234ff.

11 Zum Begriff und zur Funktion der ‹Druiden› vgl. Jean Markale, Die Druiden, München 1989.

12 Diese Fähigkeiten werden ihnen unter anderem von den antiken Autoren bestätigt. Vgl. Anm. 11.

13 Die von W. Eichin beschriebenen Visurlinien sind teilweise zu korrigieren bzw. zu präzisieren und ergänzen.

14 Die Sonne geht in der Verlängerung dieser Visurlinie über der Alpenkette auf.

15 Keltische Festtage vgl. Anm. 2, S. 180ff.

16 Roger Schweitzer, Le Britzgyberg, station du Hallstatt, Bull. du Musée Hist. de Mulhouse 81, 1973, S. 43ff.

17 ‹Entgegengesetzt› heisst um je ein halbes Jahr versetzt.

18 Vgl. Anm. 1.

19 Zum Umlauf des Mondes vgl. z.B. Rolf Müller, Der Himmel über den Menschen der Steinzeit, Berlin 1970, S. 9ff.

20 Vgl. Anm. 6. Erläuterung zu den Azimuten der Sonnenstände vgl. Festschrift Berger, wie Anm. 6, Anm. 24–26 und Anm. 53.

21 Die Masszahlen des Vermessungsnetzes werden in römischen Centurien – 1 Centurie = 710,4 m (2400 Fuss) – angegeben. Dieses auf der Zwölferreihe aufbauende System ist mit älteren und jüngeren Masseinheiten kompatibel. Vgl. J. Maurizio, Von den Haupthimmelsrichtungen im Stadtbild Altbasels, Regio Basiliensis 7.2, 1966, S. 148.

22 Die in den Abbildungen und im Text erwähnten Masszahlen wurden von Udo Schön im CAD-Verfahren berechnet bzw. dargestellt. Die Werte sind präzis.

23 Die Richtung stimmt präzis. Der Endpunkt B liegt nicht genau auf, sondern rund eine halbe Centurie vor dem höchsten Punkt am Hang.

24 Neben den im Text erwähnten Ballons dienen drei weitere, nämlich Le Ballon, der Ballon de Gunon und der Ballon St. Nicolas als Hilfsmess- bzw. Visierpunkte.

25 Der Fluchtpunkt der Visierlinie CD liegt am südlichen Rand des Hochplateaus.

26 J.-J. Wolf, Sierentz, 5000 ans d'histoire. Annu. Coc. Hist. de la Hochkirch 1985, S. 1ff. Von besonderem Interesse sind hier die systematisch angeordneten Gräben aus keltischer Zeit, die möglicherweise als Visiergräben für die Sonnen- und Mondstände gedient hatten.

27 Die 10 Hügel sind auf einer NNW-SSE ausgerichteten Achse angeordnet. R. Schweizer, Découvertes archéologiques récentes dans la région mulhousienne, Bull. Mus. Hist. Mulhouse 75, S. 17ff.; ders., Annu. Soc. Hist. sundgauvienne 1985, S. 10ff.

28 Rund 900 m südlich der metallzeitlichen Grabhügelgruppe am Katzenberg. Punkt J ist der Mittelpunkt, d.h. der Schnittpunkt der Winkelhalbierenden im grossen pythagoreischen Dreieck AFD_1. Die Distanz NJ ist identisch mit NQ = 16 Centurien.

29 Die Differenz zwischen dem hier ermittelten Schnittpunkt und dem in der Festschrift Berger, wie Anm. 6, in Abb. 5 angenommenen Punkt M beruht auf einer Korrektur der Plangrundlagen (Entzerrung der Karten). Das gilt entsprechend auch für die Verbindungslinie nach Augst.

30 E. Major, Gallische Ansiedelung mit Gräberfeld bei Basel, Basel 1940, Abb. 3, A.B.C. Vgl. auch P. Jud, M. Mundschin, Totenrituale im Industriegebiet, Basler Stadtbuch 1996, Basel 1997, S. 220–224.

31 Betreffend Korrektur der in der Festschrift Berger, wie Anm. 6, veröffentlichten Abbildung 5 siehe Anm. 29.

32 Siehe Anm. 6.

33 Die Orientierung des Pentagons entspricht genau dem für unsere Breite gültigen astronomischen Azimut von 54° für den Sonnenaufgang im Sommer-Solstitium. Das topographische Azimut beträgt rund 55°. Der Decumanus maximus weicht mit 53,8° rund ein halbes Grad von der Forumsachse (54,3°) ab. Vgl. dazu Anm. 6, dort S. 23.

34 Hier ist an die ‹topographischen Sonnenuhren› des Koloniegründers Kaiser Augustus, u.a. an die Ara Pacis in Rom, zu erinnern. Vgl. Festschrift Berger, wie Anm. 6, 27 und Anm. 39.

35 Vgl. Rolf d'Aujourd'hui, Der Archäologische Park am Murus Gallicus, Führer durch die Ausstellung an der Rittergasse in Basel, Basler Stadtbuch 1993, Basel 1994, S. 196–204.

36 Vgl. Ludwig Berger, Die Ausgrabungen am Petersberg in Basel, Basel 1963, S. 31f.

37 Vgl. Anm. 36.

38 Zwischen Pulversheim und Buhl am Fusse des Petit Ballon verläuft die Strasse praktisch identisch mit der Belchenachse.

39 Ich danke Emil Fellmann und Christoph Im Hof für ihre Gesprächsbereitschaft und Beratung in mathematischen Fragen.

40 Vgl. dazu auch Blume, Lachmann, Rudorff, wie Anm. 10; ferner Emil Bachmann, Wer hat Himmel und Erde gemessen?, Thun 1965.

41 Vgl. zur Geschichte des Vermessungswesens, VDV-Schriftenreihe (Autorenkollektiv), Bd. 8, Wiesbaden 1995.

42 Die Prinzipien der ‹Ortswahl-Theorie› sind der unpublizierten Arbeit von F. Kerek, ‹Pythagoreische Topographie der sakralen Daker-Hauptstadt›, entnommen. Dem Plan der Dakerstadt liegt ebenfalls ein Fünfeck zugrunde.

43 Vgl. Anm. 11.

44 Die goldenen Halsringe von Erstfeld sind ein eindrückliches Beispiel für diese Beziehungen in der Zeit um 300 v. Chr. Vgl. Andres Furger-Gunti, Die Helvetier, Kulturgeschichte eines Keltenvolkes, Zürich 1984, S. 26ff.

45 Vgl. Festschrift Berger, wie Anm. 6, Anm. 60 und 61.

46 In Frage kämen etwa die älteren Tempelanlagen auf Schönbühl, die nach L. Berger in ‹einheimisch-raurakischer› Tradition stehen, oder die noch unerforschten Vorgängeranlagen des Septizodiums in der Grienmatt.

47 Vgl. Felix Stähelin, Das älteste Basel, Basler Zeitschrift für Geschichte und Altertumskunde 20, 1922, S. 144f.; ferner Rudolf Laur-Belart, Über die Colonia Raurica und den Ursprung von Basel, Basel 1957, S. 16ff.

Das Wunder am Berowergut

Gerhard Kaufmann

Fondation Beyeler in Riehen – der politische Weg

Es dürfte seit Christoph Merian in Basel nur wenige Stifter gegeben haben, und wenige Stiftungen dürften errichtet worden sein, die in vergleichbarer Grosszügigkeit wie die Fondation Beyeler die Öffentlichkeit beschenkt haben. Privates Mäzenatentum, soll es sich voll entfalten können, bedarf aber mitunter des Zusammenwirkens mit der öffentlichen Hand. Solches galt auch bei der Standortsuche für den in den vergangenen zwei Jahren in Riehen entstandenen Museumsbau der Fondation Beyeler.

Ernst und Hildy Beyeler. ▷

Die nachfolgenden Ausführungen zeigen, wie der Weg bis hin zum 18. Oktober 1997, dem Tag der Einweihung, gemeinsam gemeistert wurde.

Glücksfälle

Die Entstehung der Sammlung des Ehepaares Ernst und Hildy Beyeler ist allein schon für sich genommen ein Glücksfall. Sozusagen als beglückende Spätfolge dieser Sammlertätigkeit folgte dann der Entscheid der beiden Kunstsammler, ihre Bilder und Skulpturen von Weltrang in eine Stiftung einzubringen und in Basel oder der nächsten Umgebung der Öffentlichkeit zugänglich zu machen. Als weiterer Glücksfall darf schliesslich gewertet werden, dass zum richtigen Zeitpunkt in Riehen ein Grundstück, das sich in öffentlichem Besitz befand, zur Disposition stand, dessen ursprüngliche Zweckbestimmung – Bau eines Frei- und Hallenbades – sich aus mehreren Gründen als undurchführbar erwiesen hatte. Die Qualität dieses Grundstückes versetzte den von Ernst Beyeler ausersehenen Architekten anlässlich seines ersten Besuches in Riehen in helle Begeisterung.

Das La Roche-Areal in Riehen

Im Jahre 1976 verkauften die Geschwister Hans Benedikt La Roche (1910–1994) und Alice Catherine Forcart-La Roche (1914–1989) das 61 000 Quadratmeter grosse, zwischen Weilstrasse und Bachtelenweg, Mühleteich und Baselstrasse gelegene Areal zum Preis von 9,3 Millionen Franken an die Gemeinde Riehen. Er sei es leid, liess Hans Benedikt La Roche den Gemeinderat wissen, seine Überbauungspläne wegen der Ungewissheit über die Linienführung einer künftigen Umfahrungsstrasse immer wieder in Frage gestellt zu sehen. Der Gemeinderat trat auf das Angebot ein, war aber nicht in der Lage, dem Einwohnerrat verbindliche Angaben über die künftige Zweckbestimmung des Kaufobjektes zu machen. Ein Grundstück dieser Grösse, hervorragend erschlossen und nahe dem Dorfzentrum gelegen, dürfe nicht in falsche Hände geraten, liess der Gemeinderat seine Oberbehörde wissen; als Landreserve und als Anlageobjekt sei dieser Liegenschaftskauf allemal sinnvoll. Hans Benedikt La Roche hatte immerhin anhand eines von ihm in Auftrag gegebenen Projektes nachgewiesen, dass sich auf dem zum Kauf angebotenen Grundstück Wohnungen für rund 700 Menschen hätten realisieren lassen, also eine Art ‹Riehener Liebrüti›. Der Einwohnerrat stimmte ohne Gegenstimme dem Kauf zu – ein weiser Entscheid, wie sich in der Folge zeigen sollte.

Intermezzo Katzenmuseum

Im Wissen darum, dass sich ein klares Konzept für die künftige Nutzung des La Roche-Areals nicht so rasch werde finden lassen, vermietete die Gemeinde das mitten auf dem Areal gelegene, 1934 erbaute grossbürgerliche Haus ‹Im Byfang› im Jahre 1984 an Rosemarie Müller, Inhaberin eines bekannten Antiquitäten- und Kuriositätengeschäftes am Spalenberg. Rosemarie Müller plante, in ihrer Riehener Residenz ein Katzenmuseum einzurichten, eine Absicht, die sie sogleich in die Tat umsetzte. Der sich einstellende Beachtungserfolg gab Rosemarie Müller und ihrem Wagemut anfänglich recht, und dank geschickter Medienarbeit gelang es der Museumsbetreiberin und ihrem Partner, Interessenten aus der halben Welt auf das Katzenmuseum Riehen aufmerksam zu machen.
Am 30. Juni 1994 lief der mit der Gemeinde abgeschlossene Mietvertrag aus, ein Termin, der ziemlich genau dem von der Beyeler-Stiftung vorgesehenen Baubeginn für den Museumsbau entsprach. Leider endete das Mietverhältnis mit der Betreiberin des Katzenmuseums mit einem schrillen Misston. Zunächst versuchte die Mieterin, die infolge Vertragsablaufes wirksam gewordene Kündigung anzufechten. Entgegenkommenderweise bot die Gemeinde ihr für die Unterbringung und die Präsentation ihres Museumsgutes ein taugliches Ersatzobjekt an. Die-

ses Ersatzangebot schlug Rosemarie Müller aus – nach Ausschöpfung aller Rechtsmittel und in vollständiger Verkennung ihrer Position; sie mobilisierte ihre nicht mehr sehr zahlreiche Anhängerschaft, in der Hoffnung, politischen Druck auf die Gemeinde ausüben zu können. Das traurige Ende: noch während sich der Abbruchbagger anschickte, das Dach des Hauses ‹Im Byfang› einzudrücken, wurden die letzten Objekte des Katzenmuseums aus dem Haus getragen.

Ein Vertrag wird abgeschlossen

Dass etwas getan werden musste, damit der sich abzeichnende Glücksfall – nämlich der Verbleib der Sammlung Beyeler in der Region Basel – tatsächlich eintreten konnte, war allen Beteiligten klar, vor allem den Verantwortlichen im Kanton und in der Gemeinde. Ein erstes Gespräch fand, unter Beteiligung der Gemeinde Riehen, Anfang Februar 1990 zwischen dem damaligen Vorsteher des Finanzdepartementes, Regierungsrat Kurt Jenny, und dem Verfasser dieser Zeilen statt. Aus einer Vielzahl von Verhandlungen und Gesprächen resultierte ein dreiseitiges Vertragswerk, abgeschlossen zwischen der Beyeler-Stiftung, dem Kanton Basel-Stadt und der Gemeinde Riehen und feierlich unterzeichnet am 12. Januar 1993 im Rathaus Basel. Der Vertrag legt die Leistungen des Kantons mit 1,6 Millionen Franken, diejenigen der Gemeinde Riehen mit 750 000 Franken pro Jahr fest. Die Gemeinde Riehen erbringt ihren Beitrag in Form des unentgeltlich eingeräumten Baurechtes (370 000 Franken), des Verzichtes auf den Mietzins für die Bero-

Ein lichter Bau:
Roter Porphyr aus
Patagonien trägt
die mit Glas
ausgefachte
Dachkonstruktion.
▷

wervilla, die für die Museumsverwaltung und das Museumscafé genutzt wird, des gärtnerischen Unterhaltes des Berowerparks sowie einer jährlichen Barleistung von 180 000 Franken. Der Einwohnerrat stimmte dem Vertrag im Februar 1993 mit 36 Ja- bei 2 Neinstimmen zu; der Grosse Rat des Kantons Basel-Stadt folgte im März des gleichen Jahres.

Demokratie ist nicht ohne Risiko

Eine klare Parlamentsmehrheit ist keine Garantie für das Ausbleiben eines Referendums.

Dennoch hat es überrascht, zum Teil sogar schockiert, dass gegen das vom Einwohnerrat genehmigte Vertragswerk das Referendum ergriffen wurde, und dies zum Teil von Personen, die der Gemeinde bzw. ihrer Verwaltung sehr nahe standen. Die Argumente des Referendumskomitees lauteten: Zusätzlicher Verkehr, schlechte Finanzlage von Kanton und Gemeinde, fehlende Zonenkonformität des zur Überbauung bestimmten Grundstücks, Verwendung von Steuergeldern zugunsten einer privaten Liebhaberei.

Ernst Beyeler hat
sich entschieden,
seine Sammlung
bleibt in Basel.
▽

Zeitgleich mit dem in Riehen geführten Abstimmungskampf war die Sammlung Beyeler in der Nationalgalerie in Berlin ausgestellt und damit zum zweiten Mal nach Madrid in ihrem ganzen Umfang der Öffentlichkeit zugänglich gemacht worden. Nicht nur die Berliner Ausstellung stiess auf ein grosses Publikums- und Medieninteresse; auch das Riehener Referendum machte in Deutschlands einstiger und künftiger Hauptstadt Schlagzeilen. Dabei reagierte die Berliner Öffentlichkeit mit Unglauben und zum Teil mit Spott auf die in Riehen ablaufenden Vorgänge – vielleicht Zeichen eines in Deutschlands Metropole nicht sehr ausgeprägten Demokratieverständnisses. In einer denkwürdigen Abstimmung am 4./6. Juni 1993 sanktionierten die Stimmbürgerinnen und Stimmbürger von Riehen mit 6042 Ja- gegen 3889 Nein-Stimmen die abgeschlossenen Verträge.

Nachlese

Noch ist es zu früh, vom ‹Riehener Museums-Alltag› zu reden. Um das Verkehrsgeschehen rund um das Museum in den Griff zu bekommen, ist schon viel getan worden; einiges muss noch unternommen werden. Mit dem Wachsen und Werden des grossartigen Museumsbaues sind viele der ehemaligen Skeptiker zu vorbehaltlosen Bewunderern geworden. Dies äussert sich unter anderem in einem zur Schau getragenen Besitzerstolz, wann immer das Museum im Gespräch zwischen Ortsansässigen und auswärtigen Besuchern zum Thema wird.

Das Museum Beyeler fügt sich harmonisch in das Riehener Orts- und Landschaftsbild ein. Doch nicht nur dies: es verkörpert in seiner Funktion und in seiner Erscheinung das vom Gemeinderat für Riehen verfolgte Ziel des qualitativen Wachstums in idealtypischer Weise. Dies ist gleichzeitig eine Absage an die Adresse all derjenigen, die Riehen noch immer ein in erster Linie quantitatives Wachstum verpassen möchten. Diese vom Gemeinderat verfochtenen Ziele mögen den Vorwurf laut werden lassen, in Riehen geniesse das Elitäre Vorrang vor dem Egalitären. Doch selbst, wenn dieser Vorwurf geäussert würde, bin ich zuversichtlich, dass die in Riehen von Gemeinderat, Einwohnerrat und Stimmbürgerschaft getroffenen Entscheide vor der Zukunft Bestand haben werden.

Ein eigenes Tram bringt die Besucher nach Riehen ins neue Museum.
◁

Lutz Windhöfel

Das Museum der Fondation Beyeler in Riehen

Seit das Sammlerpaar Ernst und Hildy Beyeler mit Ausstellungen in Madrid (1989) und Berlin (1993) dem Publikum erstmals einen Blick auf seine Schätze gewährte, rumorte es in der Kunstwelt. Zwar hatte man zuvor gewusst, dass das Galeristen- und Kunsthändlerduo eine Collection hochkarätiger Kunst aus Europa, Nordamerika, Afrika und Ozeanien besass; doch die Anzahl der Werke und das durchweg hohe bis höchste formale und ästhetische Niveau der Objekte sorgte für Überraschung. Man staunte und nahm zur Kenntnis.

Seit 1989 trafen begierige Anfragen aus Europa und Südamerika ein, die gerne den Basler Kunstbesitz mit repräsentativen Museumsbauten gebunden hätten. Aber Beyeler entschied sich für den Verbleib der Sammlung in seiner Heimatstadt. 1992 legte der genuesische Architekt Renzo Piano ein Bauprojekt vor, 1993 machte eine Volksabstimmung in Riehen den politischen Weg frei. Auf der 6000 Quadratmeter grossen Parzelle zwischen Baselstrasse, Bachtelenweg und Weilstrasse konnte nun ein Museum mit knapp 3000 Quadratmetern Ausstellungsfläche gebaut werden. Im Oktober 1997 wurde es eingeweiht.

Ein Weg ins 20. Jahrhundert

In Riehen gibt es jetzt einen Weg in das 20. Jahrhundert. Er führt von einer kleinen Hügelkuppe auf eine leicht abgesenkte Ausstellungsebene. Der Zugang wirkt in der Längsachse leicht gewölbt, und Kindern könnte man erzählen, dass so ähnlich der Mann im Mond spazierengeht, wenn nachts am Himmel eine flache Sichel sichtbar ist und er, in Samtpantoffeln auf der Innenkannte balancierend, sein Reich inspiziert, um den Erdenmenschen beim Schlafen zuzusehen. Am Ende dieses Weges erreicht man eine monumentale Eingangspforte aus Glas, dann einen ebenso hohen Korridor (5,8 Meter) mit gedämpftem Licht, nach weiteren 18 bis 20 Metern den ersten Oberlichtsaal. Und dann steht man mitten im 20. Jahrhundert. Die Kunst, die hier die makellos weissen Wände belebt, versetzt selbst professionelle Museumsbesucher in Erstaunen. Renzo Piano hat den Werken ein edles und würdevolles, helles und transparentes Haus gebaut. Berühmte Museen berühmter Architekten – Henry van de Veldes ‹Rijksmuseum Kröller-Müller› (1936–38) in Otterlo, die ‹Louisiana-Kunstgalerie Humblebæk› (1958) von Jøgen Bo/Vilhelm Wohlert auf der dänischen Hauptinsel Seeland, Frank Lloyd Wrights ‹Salomon R. Guggenheim Museum› (1943–46 und 1956–59) in New York, die ‹Neue Nationalgalerie› (1962–68) von Ludwig Mies van der Rohe in Berlin – haben in Riehen einen architekturgeschichtlichen Nachfolger gefunden. Piano legt den imposanten Baukörper mit einer Seitenlänge von 124 Metern wie ein gestrandetes Schiff in das zum Wieseufer hin leicht abfallende Terrain. Er deutet damit sanft an, dass unser Jahrhundert zu Ende geht, und weist diskret auf einen analogen Sachverhalt in der Sammlungstätigkeit der Bauherrin hin.

Die jüngsten Werke der Collection stammen von Georg Baselitz und Anselm Kiefer. Zur gleichen Generation gehört Antonio Tàpies. Von den lebenden Künstlern sind ferner Robert Rauschenberg, Jasper Johns und Edduardo Chillida vertreten. Mit repräsentativen Bildern und Plastiken von Marc Rothko und Roy Lichtenstein, von Mark Tobey, Francis Bacon, Jean Dubuffet und Frank Stella, aber auch mit einem stillen Frühwerk von Jean Tinguely, schliesst

△
Blick vom Matisse-
Raum auf Barnett
Newman.

die Fondation Beyeler ihren Blick auf die europäische Nachkriegszeit ebenso souverän wie eigenwillig ab. In den zeitlichen Block der Jahre nach 1945 hinein ragen klangvolle Namen des heroischen Aufbruchs der modernen Kunst: Henri Matisse, Joan Miró, Pablo Picasso, Alberto Giacometti, Josef Albers, Max Ernst. Eingestreut in viele Säle sind die Plastiken und Skulpturen der Fondation aus Afrika und Ozeanien. Sie machen augenfällig, was die Kunst Europas den Kulturen aus Übersee verdankt.

Das Herz der Sammlung jedoch liegt in der Zeit vor 1940, dem Todesjahr Paul Klees. Der in Bern geborene und verstorbene Künstler, dem man sein Leben lang die Schweizer Staatsbürgerschaft verweigerte, ist in einem eigenen Saal präsent. Klees kleinformatige Bilder sind von einem Zauber, einer Zartheit, einer intimen

Dichte, die hier in ihrer ganzen Tiefe ausgelotet werden, und mit intelligenten Titeln wird das komplexe Feld von Bild und Sprache so verbunden, wie es bis heute konkurrenzlos bleibt. Der Saal in der Fondation Beyeler macht Klees Ausnahmeerscheinung in der modernen Kunst deutlich. Umfangreicher ist der geniale Künstler nur im Berner Kunstmuseum und in der Kunstsammlung Nordrhein-Westfalen in Düsseldorf zu sehen. Prachtvoll in Riehen ist auch das Bilderensemble von Fernand Léger – wie überhaupt der Kubismus, nicht zuletzt dank der Schenkung von Raoul La Roche an das Kunstmuseum, nirgends auf der Welt gültiger präsentiert ist als in der Region Basel. Ernst Beyeler hat dem Kubismus einen grossen Saal eingeräumt: Werke von Picasso, Georges Braque und Jacques Lipchitz zeigen die Wendezeit, als die

△
Dubuffet-Raum.

bildenden Künstler die Welt in und hinter den sichtbaren Dingen entdeckten. Mit einem dichten Ensemble von Bildern Piet Mondrians und einem Werk Wassily Kandinskys wird die Epoche abgeschlossen.

Den Parcours in Riehen eröffnet eine Urwaldlandschaft von Henri Rousseau und ein grosses Seeerosenbild von Claude Monet. Vor den Monet-Saal und die Eingangsfassade hat Piano einen kleinen Teich plaziert. Wenn dort einst die Seerosen blühen werden, wird man Zeuge eines Dialoges zwischen Natur und Kunst. Auch die sensibel proportionierten Masse des Giacometti-, des Picasso-, des Dubuffet-, des Matisse- und des Joan Miró-/Max Ernst-Saals sorgen für retinalen Genuss.

Wandel in der Ästhetik der Museumsarchitektur

Am Werk des Architekten Renzo Piano lässt sich der Wandel der westlichen Ästhetik in der Museumsarchitektur während der letzten fünfundzwanzig Jahre ablesen. Das ‹Centre National d'Art et de Culture Georges Pompidou› in Paris (1971–77), von Piano und Richard Rogers entworfen, atmet noch den technizistischen Geist der Nachkriegskultur. Hier hatten die Architekten das geflügelte Wort «C'est beaux, c'est grand, c'est français» in Glas und Metall verewigt. Formal schon wesentlich ruhiger war Pianos Bau für die ‹De Menil-Collection› in Houston (1988), was sich vor allem am Herzstück dieses privaten Museums zeigt, der ‹Rothko-Chapell›. Für die Sammlung Beyeler 145

△
Amerikaner-Saal.

hat das Moment des Sakralen nun überall Gültigkeit – bei der monumentalen Eingangssituation, bei den grosszügigen, dank filigranen Oberlichtkonstruktionen nobel ausgeleuchteten Sälen, bei der durchgehenden Verglasung zu einer grossen Naturwiese und zum Flussufer hin, beim Parkett aus Eiche, bei den eleganten Falttüren, die über die gesamte Höhe des Innenraumes gehen: wo man bei geöffneten Türen ohne Hindernis von einem Raum in den anderen gehen kann, da kann auch der Blick frei die Decke entlang schweifen. Diese völlige Gleichwertigkeit von Boden und Decke könnte man als Metapher für das Demokratieverständnis unseres Jahrhunderts begreifen, dem die Kunst der Moderne fast sklavisch verbunden war.

Renzo Pianos Museum grenzt sich von anderen architektonischen Haltungen leicht idigniert ab, etwa von Hans Holleins Variantenspiel beim Mönchengladbacher ‹Museum Abteiberg› (1972–82) oder vom Formenspiel James Stirlings und Michael Wilfords bei der ‹Staatsgalerie Stuttgart› (1977–83). Auch die wilden Verschachtelungen, die Frank O. Gehrys im Herbst 1997 eingeweihtes Guggenheim-Museum in Bilbao prägen, können Piano nicht interessieren. Die Ästhetik des Italieners liegt eher in der Nähe von Alvaro Siza da Vieiras ‹Centro Galego de Arte Contemporánea› im nordspanischen Santiago de Compostella (1994) oder Norman Fosters ‹Carré d'Art› im südfranzösischen Nîmes (1993). Das Riehener Museum ist in seiner Eleganz und Lichthaltigkeit Richard Meiers ‹Museo de l'Arte Comtemporaneo› in Barcelona (1987–95) verwandt. Härter in der Materialwahl und ungleich bescheidener in ih-

Blick aus dem
Giacometti-Raum
auf den Park.
Im Hintergrund
das Berowergut. ▷

Der Park mit
Alexander Calders
‹Otto's Mobile›.
Im Hintergrund der
Tüllinger Hügel.

ren räumlichen Dimensionen sind Museen wie jenes für Ernst-Ludwig Kirchner in Davos (Gigon & Guyer, 1989–92) oder die ‹Sammlung Goetz› in München (Herzog & de Meuron, 1989–92). Beide mögen der elementar einfachen Baukunst am Ende dieses Jahrhunderts eher entsprechen, und Herzog & de Meurons ‹Tate Gallery of Modern Art› in London wird vielleicht die Ästhetik im Museumsbau des kommenden Jahrhunderts prägen.

Doch Renzo Pianos neues Museum ist *das* Kunstmuseum des 20. Jahrhunderts. Wenn man das Gebäude betritt, fällt der Blick in den ersten Ausstellungssaal und zugleich hinaus auf eine Wiese. Für die Gestaltung des Naturraumes sprach der Gemeinderat Riehen im März 1997 einen Kredit. Im Frühling wird hier ein Blumenmeer blühen, und man wird vor dem Fenster einen Gartenausschnitt sehen, wie er auf Bildern des Romantikers Karl Blechen (1798–1840) oder des Pleinairisten Edouard Manet gemalt wurde. Im neuen Museum am Berowergut steht der Besucher dann mitten im 20. Jahrhundert – und geniesst gleichzeitig den Blick auf das Jahrhundert davor.

Christine Richard

Der massgeschneiderte Miniruck

Basel-Landschaft und Basel-Stadt haben einen Kulturvertrag geschlossen

Er kommt nicht, er kommt, er kommt nicht – er kommt doch! Nach langem Hin und Her konnte im November 1997 endlich der Kulturvertrag zwischen Basel-Landschaft und Basel-Stadt unter Dach und Fach gebracht werden. Sein Zielgedanke: partnerschaftliche Zusammenarbeit beider Kantone im Kulturbereich per Staatsvertrag. Sein handfestes Ergebnis: ein Prozent der Steuereinnahmen der natürlichen Personen fliesst inskünftig aus dem Baselbiet an Kulturinstitutionen der Stadt Basel. In Zahlen ausgedrückt: statt der bisher 3,42 Millionen Kulturfranken wird die Stadt in Zukunft vom Land rund 7 Millionen Franken erhalten. Das ist eine glatte Verdoppelung, gerechnet allerdings immer auf der Grundlage des derzeitigen Steueraufkommens.

Der Vertrag gilt rückwirkend auf Anfang 1997 und läuft im Prinzip unbefristet, was den Kulturschaffenden eine längerfristige Planung erlaubt. Aber er kann Ende jeden Jahres wieder gekündigt werden, wovon allerdings längere Subventionsverhältnisse, etwa mit dem Theater Basel, nicht berührt sind.

Baselland zahlt und mischt mit

Das vom Steueraufkommen hochgerechnete Kulturprozent fliesst in zwei Töpfe. Der Landkanton stellt Basel nicht nur frei verfügbares Geld in einem Dispositionsfond zur Verfügung (derzeit rund 600 000 Franken); er mischt sich, in Absprache mit Basel, auch aktiv in die Kulturförderung der Stadt ein, er setzt Schwerpunkte, indem er für ein Dutzend ausgewählter Kulturträger feste Subventionen vorsieht (derzeit rund 6,4 Millionen Franken). Den Löwenanteil erhalten dabei das Theater Basel (mit 3,5

Millionen Franken statt bisher 1,5 Millionen) und die Stiftung Basler Orchester (mit 1,7 Millionen Franken). Der Landkanton, bekannt durch seine explizite Förderung zeitgenössischer Kunst und der sogenannten ‹freien› Szene, hat auch bei den kleineren Kulturinstitutionen teilweise massiv aufgestockt, etwa beim Vorstadttheater Basel. Von der Gunst der Stunde profitieren auch junge Truppen wie das Tanzensemble von Cathy Sharp, das sich somit etwas mehr konsolidieren kann. Dass die Kulturwerkstatt Kaserne die für Theatergastspiele dringend nötigen 100 000 Franken erhält, beweist, dass sich Liestal der Lücken im Basler Kulturleben klar bewusst ist, und dass hier nicht nach dem Giesskannenprinzip Gelder ungezielt verteilt werden. Indem sich Basel-Landschaft auch mit den künstlerischen Inhalten städtischer Kultur auseinandersetzt, wird es enger angebunden an Basel-Stadt.

Basel-Stadt hat nicht nur einen Geldgeber gefunden, sondern auch einen kompetenten Ratgeber in Kulturfragen – sehr spät allerdings. Andere Städte in der deutschen Schweiz, wie Basel überbürdet mit Zentrumsfunktionen, hatten sich ihre Partner schon längst gesucht. In Bern bestimmt das kantonale Kulturförderungsgesetz, dass bedeutende Kulturinstitute durch Kernstadt, Kanton und Umlandgemeinden finanziert werden; die Stadt selber muss nur 40 % aller Kultursubventionen aufbringen (allerdings meutern die kleinen Gemeinden gewaltig). In Zürich wird das Opernhaus (mit rund 53 Millionen Franken jährlich) zu 100 % vom Kanton getragen. Das ‹Neue Städtebundtheater› Biel und Solothurn wird entscheidend mitfinanziert durch die Regionsgemeinden und die Kantone Bern und Solothurn. Das einstige Stadttheater

Luzern ist inzwischen eine Stiftung von Stadt, Kanton und Agglomerationsgemeinden.

Ohne Partner geht es nicht

Ohne Verteilung zentralörtlicher Lasten auf die breiteren Schultern der ganzen Region läuft gar nichts mehr – schon gar nicht ein Theater wie das in Basel, das nicht nur der grösste Dreispartenbetrieb der Schweiz ist, sondern auch phasenweise von europaweiter Ausstrahlung, wie derzeit die Sparte Oper unter Albrecht Puhlmann beweist. Leistungen dieser Grössenordnung sind nur durch reiche Kantone oder durch den Bund angemessen finanzierbar; aber der Stadtkanton Basel ist klein, und der Kulturförderungsartikel, der den Einsatz von Bundesmitteln erlaubt hätte, scheiterte 1995 am Ständemehr. So bleibt den Städten nur noch das unmittelbare Umland – und wenn dieses ungenügend mithilft, dann werden Theater geschlossen wie in Chur oder verkleinert wie das Theater Basel, wo eine Vielzahl von Stellen in den Bereichen Tanz und Technik gestrichen wurden. In keiner vergleichbaren Stadt wurden – und werden, auch nach dem Kulturvertrag – zentralörtliche Kulturleistungen so ungenügend vom Umland mitgetragen wie in Basel. Die Stadt Basel, vor allem auch ihr Theater, war spät auf Brautwerbung gegangen. Dass der Bund mit einem Partner jenseits der eigenen Kantonsgrenze geschlossen werden musste, und dies ausgerechnet noch in Sparzeiten, hatte die Eheschliessung kompliziert und die Mitgift nicht gerade üppig ausfallen lassen. Für Basel-Landschaft bedeutet das im neuen Vertrag festgelegte Kulturprozent zwar eine Verdoppelung ihrer Beiträge an die Stadt – Chapeau! Gemessen jedoch an den, grob gerechnet, 130 Millionen Franken, die die Stadt pro Jahr für Kultur ausgibt, sind die insgesamt 8,14 Millionen (Kulturvertrag plus bisherige Einzelprojektförderung) immer noch sehr wenig. Ganz gewiss nicht verschwindend wenig, denn ohne den Kulturvertrag wären etwa das Marionettentheater oder das überregional bekannte ‹junge theater basel› in ihrer Existenz bedroht gewesen, hätte die Kaserne sich eventuell von der Sparte Tanz und Theater verabschieden müssen, hätte das Theater Basel nach dem Spardiktat der Stadt den Gürtel unerträglich eng schnallen müssen. Aber,

Zwei Szenen aus dem TanzTheater: ‹Hochland›.
◁   ▷

um beim Beispiel Theater Basel zu bleiben: dass die Stadt Basel den Theaterbetrieb trotz Kulturvertrag immer noch zu 90 % selber tragen muss, obwohl die Hälfte des Publikums gar nicht aus Basel-Stadt stammt, sondern von ausserhalb kommt (der Grossteil aus dem Baselbiet), ist immer noch rechnerisch eine Ungerechtigkeit. Auch nach dem Kulturvertrag ist es für Baselstädter schwer einsehbar, warum sie für das gleiche Leistungsbündel so viel mehr berappen sollen als die Baselbieter. Umgekehrt ist das grosse Theater Basel auf das Publikum aus der Gesamtregion angewiesen und wurde auch dafür konzipiert.

Der Kulturvertrag trägt einer Entwicklung Rechnung, die längst noch nicht abgeschlossen ist: Der Gegensatz zwischen ‹Stadt› und ‹Land› weicht zunehmend auf; Städter ziehen aufs Land und profitieren weiterhin von den Kulturleistungen der Stadt; Agglomerationen und ganze Kulturregionen werden wichtiger. Bei der

Strukturförderung der EU beispielsweise sind die Akteure und Adressaten immer seltener einzelne Städte, sondern Stadtregionen. So ist es nur konsequent und richtig, dass sich die Kulturabteilungen der beiden Halbkantone in den letzten Jahren schrittweise angenähert haben. Schon vor dem Kulturvertrag war Basel-Landschaft mit Rat und Tat und auch mit einer hübschen Summe Geldes in baselstädtischen Kulturinstitutionen dabei. Mehr als die Hälfte, die der Landkanton 1996 für zeitgenössisches Kulturschaffen ausgab, floss in die Stadt. Gemeinsam betrieben werden Fachausschüsse, die Projektgelder vergeben, etwa für Theater und Tanz; gemeinsam trat man 1995 für den inzwischen leider abgewiesenen Kulturförderungsartikel des Bundes ein; gemeinsam finanziert und betreut werden Festivals wie ‹Welt in Basel›; gemeinsam bewirbt man sich um das Label ‹Kulturstadt Europas 2001›.

Trotz aller Gemeinsamkeiten scheinen die gegenseitigen Vorbehalte der beiden Stiefgeschwisterkantone noch nicht überwunden zu sein. Die stolzen Städter gucken teilweise immer noch aufs Land hinab, als hätten sie es dort mit einem leicht zurückgebliebenen Naturvolk zu tun – und ignorieren, dass Schulbildung, Mediennetz, Konsumgewohnheiten und nicht zuletzt die neue Liebe zur Natur längst Stadt und Land einander nähergebracht haben. Die Baselbieter revanchieren sich mit dem Stolz der Verachteten, sie pochen auf ihre eigene Kultur und auf die Natur – und ignorieren gerne, dass sie die Stadt als traditionellen Ort für Arbeit, Kultur und Weiterbildung extensiv nutzen und brauchen. Diese faktische Annäherung geschah im grossen und ganzen als Wildwuchs; der Kulturvertrag hebt diese Entwicklung nun, blumig gesagt, auf eine höhere Stufe der Zivilisation: auf jene der bewussten Zustimmung zum kulturellen Miteinander. Das ist sein geistiges Verdienst.

Die Idee ging vom Land aus

Obwohl die Stadt als ‹Zentrum des kulturellen Lebens› gerne den Geist für sich allein beansprucht, ging die Idee zum Kulturvertrag nicht von ihr aus, sondern wurde erstmals festgeschrieben in der Info-Gazette der Erziehungs- und Kulturdirektion von Basel-Landschaft. Im Bericht ‹Zeitgenössische Kunst- und Kulturförderung im Kanton Basel-Landschaft› 1996 schliesslich tauchte der Begriff ‹Contrat culturel› offiziell als mögliche Perspektive einer Zusammenarbeit mit Basel-Stadt auf. Die Regierung von Basel-Stadt hatte dazu allenfalls 1992 den äusseren Anstoss gegeben mit ihrer Aufforderung ans Theater Basel, sich ein 30%-Sparszenario auszumalen und sich im übrigen doch bitteschön noch weitere Subventienten zu suchen.

Dass fast die Hälfte aller Theaterbesucher aus Basel-Land kamen, musste selbstverständlich finanziell stärker abgegolten werden als bisher. Der unglückliche Beschluss der Baselbieter Regierung vom Februar 1996, die Subvention ans Theater nur dann auf 4,5 Millionen Franken zu erhöhen, wenn das Stimmvolk gleichzeitig einer Steuererhöhung um 0,5% zustimmt, verschwand gottlob im Juni 1996 in der Versenkung. Herausgezaubert wurde stattdessen erneut der Kulturvertrag. Noch mussten einige hohe Hürden genommen werden. Die Verabschiedung in den beiden Kantonsregierungen im Januar 1997 brachte leichte Korrekturen im Vertragstext: Beibehalten wurden zwar die beiden Töpfe – Institutionsförderung einerseits und frei verfügbarer Dispositionsfonds andererseits; aber um Basel-Landschaft stärker in die direkte Verantwortung gegenüber den einzelnen Kulturinstitutionen einzubinden, begnügte sich die Stadt nicht mit einem pauschalen Institutionsfonds, sondern beharrte darauf, dass Basel-Landschaft sich direkt mit der Lage der einzelnen Subventionsempfänger auseinandersetze, indem es in Absprache mit der Stadt nach einem Verteilungsschlüssel direkt die Betriebsbeiträge an die einzelnen Institutionen ausschüttet. Was danach vom Kulturprozent noch übrigbleibt, fliesst in einen Dispositionstopf, den der Stadtkanton frei für ‹punktuelle Unterstützung› einsetzen darf – etwa als Zustupf für

△
Szene aus
Carl Sternheims
‹Der Snob›.

ein neues Schauspielhaus, wenn im Jahr 2001 der Mietvertrag in der Komödie ausgelaufen sein wird.

Nachdem der Kulturvertrag in seiner endgültigen Form von den beiden Regierungen beschlossen worden war, akzeptierte ihn im Juni 1997 auch der baselstädtische Grosse Rat einstimmig, wies aber zu Recht darauf hin, dass es sich nur um einen ersten Schritt handeln könne, weil die Kulturleistungen der Stadt immer noch unzureichend abgegolten würden. Mit wenigen Gegenstimmen sprach sich, ebenfalls noch im Juni, der basellandschaftliche Landrat für den Kulturvertrag aus. Das von den Schweizer Demokraten ergriffene Referendum führte schliesslich im Baselbiet zu einer Volksabstimmung im November 1997 – und mit knapp 59% zu einem klaren ‹Ja› zum Kulturvertrag.

Der Kulturvertrag ist eine schwere Spätgeburt, bei der zwei Hebammen taktisch nicht immer geschickt herumhebelten, um die Zange in den

Mauricio Kagels
Lieder-Oper
‹Aus Deutschland›
trug den Ruf vom
Theater Basel
hinaus in die Welt.
▷

eigenen Griff zu bekommen. Beinahe wäre ihnen das Kind unter den Fingern weggestorben.
Doch bei jedem Rucken und Zucken wuchs
die Sensibilität der Geburtshelfer für einander.
Dass die Geburt von langen Diskussionen begleitet war, hat das Kind letztendlich gekräftigt.
Es weiss jetzt definitiv: es ist willkommen.

Gewinnerin ist auch die Lokalkultur

Der Kulturvertrag hat seine Legitimation vom
Baselbieter Volk erhalten, vor allem von den
Vorortsgemeinden, aber auch von den grösseren
Zentren im Oberbaselbiet. Für sie gilt, was der
Nationalökonom René L. Frey insgesamt fest-
stellte: «Von wenigen Ausnahmen abgesehen,
gehören die Vorortsgemeinden zu den Gewin-
nern von zentralörtlichen Leistungen.» Diese
Einsicht scheint bei der Abstimmung zu Buche
geschlagen zu haben. Bleibt zu hoffen, dass die
Gemeinden – wie andernorts auch – stärker die

Stadtkultur mittragen helfen. Hier sind viele
Modelle möglich, angefangen bei Patenschaf-
ten für bestimmte Projekte oder Institutionen,
aufgehört bei einem gemeinsamen Abgaben-
topf für die Stadtkultur.
Wer Lokalkultur fördern will, muss inzwischen
globaler denken. Längst geht es nicht mehr nur
darum, die Riehemer oder Allschwiler Identität zu schützen gegen eine baselstädtische Kul-
turvorherrschaft. Die Kultur der Gesamtregion
muss gestärkt werden gegen die Aufdringlich-
keiten der Kommerzkultur, gegen die Dominanz von Zürich, auch gegen eine gesichtslose
Euro-Kultur. So liebenswert kulturelle Kirch-
turmpolitik im einzelnen sein mag, so wirkungs-
los ist sie im allgemeinen. Es gilt, den Eigensinn regionaler Kultur zu bewahren im Miteinander, statt im widersinnigen Gegeneinander
den Multis und Multikultis das Feld zu überlassen. Der Kulturvertrag ist ein erster Schritt
dazu – ein massgeschneiderter Miniruck.

Christian Fluri, Brigitte Guggisberg, Joerg Jermann

Neue Kunst in Oper und Tanz – Krise im Schauspiel

Michael Schindhelms erste Saison am Theater Basel

Mit dem Slogan ‹So viel Anfang war nie› waren Theaterdirektor Michael Schindhelm, seine Leitungscrew und die Ensembles der drei Sparten Oper, TanzTheater und Schauspiel im Sommer 1996 angetreten. Die Aussage hatte ihren Grund: Nach der Ära Frank Baumbauer (1988–1993), in der gerade Schauspiel und Oper von sehr hoher Qualität gewesen waren und internationales Renomee genossen hatten, war das Theater Basel unter Wolfgang Zörner in die wohl tiefste Krise seiner Geschichte gestürzt. Danach hatte der alte ‹Theaterhase› Hans Peter Doll als Interimsdirektor zwei Jahre lang eine wertvolle wie notwendige Flickarbeit zu leisten gehabt.

Schindhelm, Quantenchemiker aus der ehemaligen DDR und zuletzt Theaterdirektor in Gera, übernahm die Aufgabe, wieder spannende zeitgenössische Kunst in allen drei Sparten in das Haus zu bringen. Er fand eine schwere Hypothek vor: Basel-Stadt hatte seine Subventionen um 20 % gekürzt, und ob Baselland seine niedrige Subvention von 1,5 Millionen Franken erhöhen würde, und in welchem Masse, war noch unklar.

Angesichts der geringeren finanziellen Mittel tat Schindhelm das von künstlerischem Gesichtspunkt aus einzig Richtige und wandelte das Ballett in ein Tanztheater um. Statt das Corps zu reduzieren und dabei Mittelmass in Kauf zu nehmen, entschloss er sich zur – längst überfälligen – künstlerischen Erneuerung und holte als TanzTheater-Direktor den international renommierten jungen Choreographen Joachim Schlömer und dessen Compagnie mit 14 Solisten nach Basel. Zudem engagierte er als erster Basler Theaterdirektor einen Theaterpädagogen: Martin Frank, der sowohl bei den Schülern wie bei den Erwachsenen wichtige Arbeit leistet. Die Sparte Musiktheater konnte dort fortfahren, wo Baumbauers Crew 1993 aufgehört hatte – der neue Operndirektor Albrecht Puhlmann war unter Baumbauer Dramaturg gewesen. Die Oper machte mit ihren Inszenierungen wieder weit über die Grenzen hinaus Furore, und auch im Schauspiel war ein Neuanfang angekündigt. Doch kaum hatte die Saison begonnen, rutschte das Schauspiel in seine erste kleine Krise.

Schauspiel

Im gesamten deutschsprachigen Raum ist das Schauspiel seit Jahren der verletzliche, angegriffene und sensible Bereich des Theaters. Gleichzeitig wird es, auch hier in Basel, als die imageträchtigste Sparte des Theaters verstanden. Am Anfang wurde Theaterdirektor Schindhelm immer wieder mit den hochgelobten Zeiten eines Frank Baumbauer oder gar eines Werner Düggelin konfrontiert, an die es anzuschliessen gelte. In der zerfahrenen Situation, die er nach dem Abgang von Zörner und Doll vorfand, war es keine leichte Aufgabe für Schindhelm, dem Schauspiel eine aufbauende Kontinuität, ein eigenes Gesicht zu geben und originäre Anerkennung zu erlangen.

Auch die Spartenleitung fluktuierte: Schindhelm engagierte als Schauspieldirektor Peter Löscher; der jedoch erfüllte die Erwartungen nicht, so dass Theater- und Schauspieldirektor sich schon nach einer Saison wieder trennten. Als interimistischer Chefdramaturg folgte John von Düffel, der bald erfuhr, dass er 1998 von Jungstar Stefan Bachmann abgelöst werden würde. Unbeständigkeit und Linienverluste folgten auch auf der Bühne, man gab inszenatorisches

Szene aus
Carl Sternheims
‹Der Snob›. ▷

Höhepunkt der
Schauspielsaison
war Ferdinand
Bruckners ‹Krank-
heit der Jugend›. ▷

Mittelmass am laufenden Meter. Mit Brechts ‹Baal› begann es, mit Mrozeks ‹Tango› hörte es auf. Dazwischen hielt man mit modernen Durchhängern wie ‹Mütternacht› oder ‹Waikiki-Beach› tapfer einige künstlerische Belanglosigkeiten hoch.

Auch aus dem erhofften Durchbruch mit Löschers Inszenierung von Shakespeares ‹Richard III.› auf der Grossen Bühne wurde nichts, trotz Ulrich Wildgruber in der Hauptrolle und Herbert Wernickes einprägsamem Bühnenbild mit riesigen, schrägstehenden Kreuzen. Das Manko waren fehlende künstlerische Ausstrahlung, unbeständige Regieleistungen und wenig mitreissende Neuinterpretationen.

Dabei haben die Schauspielerinnen und Schauspieler durchaus gezeigt, dass es an spielerischem Potential nicht fehlte. In Gorkis ‹Nachtasyl› konnte beispielsweise Katja Jung ihren Namen festigen, im ‹Diener zweier Herren› Stefan Saborowski. Hervorzuheben sind auch Thomas Hodina, der immer überzeugte, Tilo Nest als ‹Snob› und Willem Menne im ‹Tango›. Die grossen Möglichkeiten des Ensembles wurden in den wenigen prägnanten Inszenierungen deutlich. Matthias Brenner etwa verstand es in Bruckners ‹Krankheit der Jugend› blendend, eine durchdachte und von allen Akteuren mitgetragene Aufführung vorzulegen, die in Rhythmisierung, Prägnanz und Ästhetik der Höhepunkt der Saison war; Altmeister Peter Palitzsch bot mit Pinters ‹Ashes to Ashes› eine anregende, tiefgründige Leistung. Herauszustreichen sind auch die Versuche, den Spielplan mit einem roten Faden auszustatten.

Dabei kamen auch die Jugendprobleme nicht zu kurz, und mit der Arbeit des Theaterpädagogen Martin Frank wurde ein glänzender Akzent gesetzt. Die zentralen Spannungen innerhalb der jungen Generation und die Drogenproblematik tauchten in ‹Vinny› auf; in ‹Disney Killer› war einiges von den neuen Angstzuständen zu sehen und nachzuvollziehen; Kleists ‹Familie Schroffenstein› rundete das Bild ab, wird doch darin vor allem die Jugend mit dem Thema der Gewalt konfrontiert. Was aber fehlte, waren die guten neuen Stücke, die Schweizer Autoren und die hauseigenen Produktionen ohne festen Ausgangstext. Nur mit ihnen, und mit der eingangs reklamierten Kontinuität der Leitung, wird man die Ernte des Aufbaus am Theater einfahren und das lang ersehnte Profil erlangen können.

Musiktheater

Dass Schindhelm seine erste Saison trotz Schauspiel-Krise erfolgreich abschliessen konnte, ist vor allem dem Musiktheater zu verdanken, das sich zur eigentlichen Vorzeigesparte entwickelte und alle hohen künstlerischen Erwartungen erfüllt hat. Zudem lag hier die Auslastung mit 79 % um 2 % höher als in Dolls zweiter und letzter Saison. Operndirektor Puhlmann und seine Dramaturgin Ute Haferburg hatten in Regisseur- wie Dirigentenwahl glückliche Hände. Sie bildeten aus den meist regelmässig in Basel arbeitenden Gästen und den fest angestellten Sängerinnen und Sängern ein Ensemble, das sich mehr als sehen lassen kann.

Die englische Dirigentin Julia Jones* liess Verdis ‹Un ballo in maschera› neu hören: sie deckte die Tiefenschichten des Werkes auf. Michael Hofstetter erreichte bei seinem ‹Alcina›-Dirigat auch ohne historische Instrumente einen schlanken Orchesterklang und packenden Drive. Sängerische Glanzpunkte setzten die Sopranistin Luana Devol als Elektra und die Mezzosopranistin Ute Trekel-Burckhardt als ihre Mutter Klytämnestra in Richard Strauss' ‹Elektra› sowie Sonia Theodoridou (Sopran) als Alcina und Annette Markert (Mezzosopran) als deren Geliebter Ruggiero in Händels ‹Alcina›.

Ähnliches grosses Lob ist Herbert Wernicke zu zollen, einem der besten Regisseure und stets sein eigener Bühnenbildner. Wernicke ist ein Glücksfall für Basel. Seine komprimierte und höchst aktuelle ‹Alcina› und seine eindrückliche szenische Interpretation von Schuberts ‹Winterreise› am Theater Basel trugen dazu bei, dass er bei der Kritikerumfrage der Fachzeitschrift ‹Opernwelt› zum ‹Regisseur der Saison 1996/97› gewählt wurde. In der Geschichte der Zauberin Alcina lieferte er zudem einen künstlerischen Kommentar zum derzeitigen Kulturabbau – in der Schweiz wie in Deutschland: Der Bürger zerstört die Zauberwelt Alcinas, weil er sie nicht versteht und nicht in seine Ordnungschemata pressen kann. Er ängstigt sich vor ihrem Zauber und muss sie daher vernichten.

Kunstwille, ein genaues Nachdenken über Oper,

Sängerische Glanz-
punkte in Richard
Strauss' ‹Elektra› …
▷

… und in Georg
Friedrich Händels
‹Alcina›.
▷

eine Aktualität, die fern ist von oberflächlicher Aktualisierung, das Ergründen unbekannter Dimensionen der Werke sowie spannende szenische Umsetzungen zeichnen das neue Musiktheater in Basel aus. Neben Wernickes Arbeiten legte auch Andreas Homokis Inszenierung von Richard Strauss' ‹Elektra› Zeugnis davon ab. Abstraktion, Reduktion und präzise Personenführung machten das Grauen der von Rache, Angst und Machtkämpfen beherrschten kriegerischen Welt sinnlich erfahrbar. Wie packend Oper in Basel wieder von unserer Gegenwart erzählt und in den grossen musikalischen Kunstwerken ihren immer noch gültigen Gehalt entschlüsselt, zeigte auch Barbara Beyer: In ihrer abstrahierenden Inszenierung von Giuseppe Verdis ‹Un ballo in maschera› leuchtete die Regisseurin die Leere einer modernen, allein auf schäbige Machtinteressen bauenden Welt aus, in der Gefühle nur noch gespielt werden.

Die Operndramaturgie ging die für innovative Arbeit notwendigen Risiken ein: Regiestar Leander Haussmann, Schauspieldirektor in Bochum, sowie die Choreographen Rui Horta und der Basler TanzTheater-Direktor Joachim Schlömer inszenierten ihre ersten Opern. An Mozarts ‹Le nozze di Figaro› gescheitert ist Haussmann; trotz einiger erhellender Momente und virtuosem Spiel des Ensembles blieb seine Inszenierung oberflächlich. Besser als Haussmann reüssierten Horta mit Strawinskys ‹The Rake's Progress› und Schlömer mit Glucks ‹Orfeo ed Euridice›.

Das Basler Theater-Ereignis der Saison aber fand nicht bei uns, sondern in Amsterdam statt: Mauricio Kagels Lieder-Oper ‹Aus Deutschland› in der Inszenierung von Herbert Wernicke war ein grosser Erfolg. Aus etwa 200 Flügeln hatte Wernicke Caspar David Friedrichs ‹Eismeer› neu nachgebaut. ‹Aus Deutschland› ist eine in poetische, enorm präzise, vielschichtige und spannende Bilder gesetzte Auseinandersetzung mit der Romantik und ihren Folgen bis über den Zweiten Weltkrieg hinaus. Das einmalige Kunstwerk wurde in Basel produziert. Auf seiner Reise nach Amsterdam und Wien trug es den Ruf des Theaters weit in die Welt hinaus, bevor es hierher zurückkehrte.

TanzTheater

Seinen schwierigen Anfang hat das TanzTheater hinter sich. Das Ende der ersten Saison ist geprägt von Erleichterung und Stolz, denn der Einstieg in eine neue stilistische Form des Tanzes ist dem Ensemble gelungen. Die Änderungen, die mit dem Intendantenwechsel am Theater verbunden waren, hatten sich in der Sparte Tanz am deutlichsten ausgewirkt. Hier wurde nicht nur das gesamte Ensemble ausgewechselt, sondern mit Joachim Schlömer als neuem Direktor des TanzTheaters eine grundsätzlich neue Stilrichtung eingeführt. Schlömer selbst hat sich nie auf eine Diskussion über die verschiedenen Tanzstile eingelassen. Der Stilgedanke zerstöre den Freiheitsgedanken in der künstlerischen Arbeit, meinte er gleich zu Beginn der Saison und konzentrierte sich darauf, dem Basler Publikum seine Arbeit konkret und auf der Bühne näherzubringen.

Er tat dies mit Erfolg: Die Publikumszahlen im TanzTheater waren nahezu gleich hoch wie in der Abschiedssaison von Youri Vàmos' Basler Ballett, und Schlömers Stücke wurden insgesamt gut aufgenommen. Der Direktor arbeitet vorzugsweise an grösseren Tanzstücken, und so wurden in der vergangenen Saison mit ‹Neuschnee in Troja›, ‹Orfeo ed Euridice›, ‹Hochland› und ‹Albert zieht um› vier abendfüllende Stücke gezeigt. Teilweise konnte Schlömer dabei auf seine bisherige Arbeit in Ulm und in Weimar zurückgreifen, überarbeitete allerdings alle Stücke für Basel neu.

Alle Tanzaufführungen haben einen starken thematischen Bezug zueinander, wobei das jeweilige Thema gross, bedeutsam und konkret sein kann wie in ‹Neuschnee in Troja›, das den Krieg thematisiert, oder vage und flüchtig wie in ‹Albert zieht um›, das allgemeine Interpretationen menschlicher Beziehungen zur Darstellung bringt. Fast immer stellt Schlömer den Menschen ins Zentrum seiner Arbeiten: Facetten des Lebens, die Nöte und Ängste, aber auch die Glanzpunkte menschlichen Daseins. Seine Geschichten entwickelt er aus der Dynamik des Tanzes heraus. Die ‹Handlungselemente› entstehen dabei spontan aus der Struktur der Choreographie. Diese Arbeitsweise und Art der Darstellung stellt sowohl an den Choreogra-

Statt Diskussionen um Tanzstile brachte Joachim Schlömer mit ‹Hochland› frisches, unverbrauchtes Tanztheater. ▷

phen und sein Ensemble wie auch an das Publikum hohe Ansprüche. Wer als Zuschauer von Vàmos zu Schlömer wechselte, musste einige Sehgewohnheiten aufgeben, hatte aber im Gegenzug ganz neue und spannende Erlebnisse mit Tanztheater. Neben dem klar definierten Handlungsstrang fehlt auch die klar definierte Tanzstruktur des klassischen Balletts, fehlen Prunk und Pomp, mit denen sich diese Tanzform oft selbst inszeniert. Schlömers Stücke sind offen für Interpretationen, lassen ein persönliches, individuelles Betrachten zu.

‹Hochland› war am stärksten von dieser Experimentierlust geprägt, war am unkonventionellsten und wurde vom Publikum dementsprechend unterschiedlich aufgenommen. In ‹Hochland› löst Schlömer fast alle bekannten Tanzstrukturen auf und konzentriert sich völlig auf die Umsetzung von Assoziationen, Gefühlen und Stimmungen. Glucks ‹Orfeo et Euridice›, Schlömers Opernproduktion, ist bereits von der Anlage her wesentlich konkreter und narrativer. Auch in diesem Stück modifizierte er die bestehende Erzählstruktur deutlich und löste sie in einem Wechselspiel von individuellem Tanz und Gruppenchoreographie auf. Das Nebeneinander von ‹Allgemeinheit› und ‹Individuum› prägt auch ‹Neuschnee in Troja›, das als Saisonpremiere zu sehen war. Hier wird das Kriegsthema aufgearbeitet, indem das unpersönliche ‹Ereignis Krieg› mit individuell empfundener Trauer und Schmerz kontrastiert wird. ‹Albert zieht um› schliesslich, das letzte Stück der Saison, geht nur noch in dieser Innenschau der menschlichen Psyche auf und bleibt dabei Schlömers bisher schwächstes Stück.

Prägend bei allen seinen Stücken ist die Authentizität der Bewegungen, die Schlömer findet, um Gefühlen Ausdruck zu verleihen. Auch mit Bühnenbild, Kostümen und Musikwahl wird vorsichtig und verantwortungsvoll experimentiert. Für Schlömer ist die Aufrichtigkeit der Darstellung wichtiger als die rasche Wirkung.

Anmerkung

* Ab Saison 1998/99 ist Julia Jones Chefdirigentin am Theater Basel.

Ohne Haus kein Theater

Vom neuen Schauspieldirektor Stefan Bachmann, der im Sommer 1998 mit seiner Arbeit in Basel beginnt, verspricht man sich die erhoffte eigene künstlerische Handschrift und die hohe Qualität, die das Schauspiel in Basel so dringend benötigt. Dennoch kann Schindhelm nicht unbesorgt in Basels Schauspiel-Zukunft blicken. Im Jahr 2001 läuft der Vertrag für die Komödie aus. Spätestens dann sollte das neue Schauspielhaus stehen. Und Basel braucht ein Schauspielhaus: Die Grosse Bühne eignet sich für die meisten Stücke nicht, und die Kleine Bühne ist eine Experimentierbühne, ein Raum für szenische Kleinode.

So initiierte das Tabakskollegium, eine Vereinigung einflussreicher Persönlichkeiten aus (Privat-) Wirtschaft und Verwaltung, das Ganthaus-Projekt des Theaterarchitekten Rolf Gutmann und zeigte sich bereit, fünf der erforderlichen zwanzig Millionen Franken beizusteuern. Stadtplaner Fritz Schumacher entwickelte dagegen ein Neubauprojekt, das von der Basler Regierung gestützt wird. Sein Plan, das Schauspielhaus auf dem leicht abfallenden Kiesplatz unterhalb des Fasnachtsbrunnens von Jean Tinguely zu errichten, entfachte einen Protesturm in der Bevölkerung. Schumachers Vorhaben weckte die Befürchtung, der ‹Tinguely-Brunnen› könne zwischen Kunsthalle und Schauspielhaus erdrückt werden. Vor allem scheint der Kiesplatz mit den Kastanienbäumen den Baslern ans Herz gewachsen zu sein, auch wenn der Begriff ‹Platz› aus städtebaulicher Sicht verfehlt sein mag.

Schumacher verkaufte sein Konzept, am Ort des ursprünglichen Stadttheaters einen Neubau zu errichten, schlecht: Er zeichnete zur Illustration einen viereckigen Betonklotz in den Lageplan und löste damit noch mehr Befürchtungen aus. Dennoch spricht vieles für einen städtebaulichen Akzent am Steinenberg, wobei Jakob Steibs ästhetisch wie funktional hervorragendes Projekt natürlich den Brunnen wie den ganzen Theaterplatz in die Planung miteinbezogen hat. Steibs Vorschlag wurde denn auch am 17. Dezember der Öffentlichkeit als Sieger des Architekturwettbewerbes vorgestellt, den die Basler Regierung Ende April ermöglicht hatte.

Zuerst muss nun der Grosse Rat über die Frage ‹Neubau oder Ganthaus-Projekt› entscheiden, danach wird wohl das Volk gefragt. Aber die Zeit drängt, und jede Verzögerung erhöht die Gefahr, dass das Theater Basel im Jahr 2001 plötzlich ganz ohne Schauspielhaus dasteht. Noch nicht gesichert ist zudem die Finanzierung: Zwar hat die Regierung einen Investitionskredit von 15 Millionen Franken beschlossen (der Neubau kostet 25 Millionen Franken), doch der demokratische Entscheidungsprozess steht noch aus. Das Tabakskollegium hat die versprochenen fünf Millionen Franken noch nicht zusammen. Wo wären weitere Gönner zu finden? Wieviel kann Basel aus dem Dispositionsanteil des Kulturvertrages mit Baselland in das neue Schauspielhaus investieren? Solche Fragen und Unsicherheiten belasten die Zukunft des Theaters.

André B. Wiese

Ägypten – Augenblicke der Ewigkeit

Unbekannte Schätze aus Schweizer Privatbesitz

Vom 18. März bis zum 13. Juli 1997 waren im Antikenmuseum Basel und Sammlung Ludwig auserlesene ägyptische Kunstwerke aus Schweizer Privatbesitz zu sehen. ‹Ägypten – Augenblicke der Ewigkeit› hiess die Sonderschau, in der sich einmalige Momentaufnahmen aus dem pharaonischen Ägypten befanden – Augenblicke, die für die Ewigkeit geschaffen worden waren.

An die 75 000 Besucher und Besucherinnen von nah und fern bewunderten die rund 350 Exponate, die einen Spaziergang durch die ägyptische Kunstgeschichte von ihren Anfängen im 4. Jahrtausend v. Chr. bis zu ihrem Ausklang im 4. nachchristlichen Jahrhundert erlaubten. Ein besonderer Reiz der Ausstellung war, dass es sich weitgehend um unbekannte Werke handelte, die zum ersten Mal einer breiteren Öffentlichkeit vorgestellt wurden. Auf sandfarbenem Stoff präsentiert und im lichtgedämpften Raum herrlich ausgeleuchtet, war die Ausstellung nicht nur für den Kenner, sondern auch für den interessierten Laien ein Genuss.

Breite Zusammenarbeit für den Erfolg

Die Ausstellung war in Zusammenarbeit mit dem Musée d'Art et d'Histoire in Genf entstanden, wo sie vom 25. September 1997 bis zum 11. Januar 1998 zu sehen war. Ein verständlich geschriebener, wissenschaftlich fundierter Katalog, der auch in französischer Sprache erschien[1], begleitete die Besucher durch die Ausstellung. Grosse Texttafeln in den Ausstellungsräumen machten auf die Grundgesetze der ägyptischen Kunst und deren Funktionen aufmerksam. Jede Epoche wurde zudem historisch eingeleitet.

Abermals bewährte sich die Zusammenarbeit von drei grossen Basler Museen im Werbesektor. Um eine optimale nationale und internationale Öffentlichkeitswirkung zu erreichen, schlossen sich das Kunstmuseum, das Museum der Kulturen und das Antikenmuseum für eine Werbekampagne zusammen, mit der sie ihre Sonderausstellungen gemeinsam dem Publikum präsentierten. In der Folge kamen an Spitzentagen mehr als 2000 Besucher ins Antikenmuseum – eine harte Bewährungsprobe für Mensch und Material. 425 Schulklassen stürmten regelrecht die Ägyptenschau, und auch die Zahl privater Gruppen war gross. Insgesamt 557 Führungen mussten abgehalten werden.

Auch die Agora, die pädagogische Abteilung des Museums unter der Leitung von Anne-Käthi Wildberger, tat sich durch verschiedene ausstellungsbezogene Veranstaltungen für gross und klein hervor. So konnte man sich als altägyptischer Steinmetz im Meisseln von Hieroglyphen üben oder in einem Crash-Kurs alles, was man schon immer über die altägyptischen Hieroglyphen wissen wollte, erfahren. Verantwortlich für die Betreuung der Kurse waren Silvia Winterhalter-Maier und Boris Schibler. Im Museumsshop, der wie gewohnt von Käthi Hecker betreut wurde, konnten die Besucher neben dem farbigen Ausstellungskatalog, Postkarten und ägyptologischer Literatur auch Schmuck und Abgüsse von Originalen erwerben. Besonders grossen Anklang fand dabei das reizende, kleine Nilpferd aus blauglasierter Fayence.

Parallel zu dieser Sonderschau fand eine Reihe von Lichtbildvorträgen statt. Fachleute aus dem deutschsprachigen Raum referierten über die Besonderheiten der ägyptischen Kunst und ihrer Grundgesetze, die sich so fundamental von

161

denen der griechischen Kunst unterscheiden. E. Hornung brachte die Darstellung der Götter, E. Staehelin jene der Tiere in der ägyptischen Kunst zur Sprache; der Direktor des Ägyptischen Museums Berlin, D. Wildung, spannte den Bogen zur klassischen Moderne, indem er Vergleiche mit Picasso und Giacometti anstellte. Der Hörsaal im Kollegienhaus der Universität war bei jeder Veranstaltung brechend voll. Auch die Mitglieder des Ägyptologischen Seminars der Universität beteiligten sich am Ausstellungsgeschehen. So entstand insbesondere der Katalog in enger Zusammenarbeit mit dem Ägyptologischen Seminar; die Studenten führten auch unermüdlich Gruppen durch die Sonderschau, wobei sie sich im freien mündlichen Vortrag übten.

Die Ausstellung konnte nur dank der grosszügigen Unterstützung durch La Roche & Co. Banquiers und den Mövenpick-Konzern realisiert werden; letzterer unterhielt überdies ein attraktives und vielbesuchtes Zeltrestaurant mit ägyptischen Spezialitäten im Innenhof des Museums, wozu der Koch und die Bedienung extra aus Ägypten eingeflogen wurden. So entwickelte sich die Ausstellung bereits in den ersten Wochen zu einem Begegnungsort besonderer Art, wo ausserhalb der offiziellen Öffnungszeiten an verschiedenen Abenden Privatanlässe stattfanden. Die opulenten orientalischen Buffets waren nicht nur für den Gaumen, sondern auch für das Auge ein Genuss: 35 000 bis 40 000 Gäste konnte Lorenz Meier von der Brasserie Baselstab/Mövenpick bewirten.

Aussergewöhnliche Kunstschätze

In der eigentlichen Ausstellung zu sehen waren vorwiegend Werke der ägyptischen Kleinkunst und Gegenstände aus dem kunsthandwerklichen Bereich – Objekte also, die zum beweglichen Grabinventar der Alten Ägypter gehört hatten. Doch auch monumentale Werke waren vertreten, zum Beispiel das Fragment eines granitenen Tempelreliefs mit dem Kopf des Königs Haremhab oder eine Statuengruppe aus Quarzit mit Ramses II. und einer löwenköpfigen Göttin. Einzigartige Momentaufnahmen aus dem pharaonischen Ägypten waren eine Figurengruppe mit einem kleinen Knaben, der seinen Hund zum Spiel auffordert, und ein blaues

Fayence-Nilpferd mit einer Zeichnung auf dem Rücken, die einen Frosch auf einer Lotusblüte zeigt, der nach einem Schmetterling späht. Einmalige Meisterwerke prähistorischer Töpfer- und Bildhauerkunst waren ein tönernes Nilpferdgefäss aus der Mitte des 4. Jahrtausends v. Chr. sowie eine minuziös gearbeitete Pantherkröte aus Korallenkalk, die wenig später entstanden ist.

Museumsfachleute aus aller Welt, von Boston über Berlin bis Wien, besuchten die Ausstellung in Basel. Was sie dabei sahen, überbot ihre Erwartungen um ein Vielfaches. Zweifellos hätte diese Ägyptenschau eine mehr als nur repräsentative Abteilung Ägyptischer Kunst im Antikenmuseum ergeben; und so entstand auf Initiative des Museums und einiger Privatsammler das Projekt, dem Antikenmuseum Basel und Sammlung Ludwig eine Abteilung mit Ägyptischer Kunst anzugliedern.

Ägyptische Kultur in Basel

Basel ist schon seit längerem auf vielfältige Weise mit Ägypten verbunden. An erster Stelle steht natürlich der Basler Orientreisende Johann Ludwig Burckhardt (1784–1817), besser bekannt als ‹Scheich Ibrahim›, der am 22. März 1913 den berühmten Felsentempel von Abu Simbel entdeckte.[2] Weniger bekannt sein dürfte der Maler Johann Jakob Frey (1813–1865), der

△
Tongefäss
in Gestalt eines
Nilpferdes.
Prädynastisch,
um 3500 v. Chr.

zwischen 1842 und 1845 den deutschen Ägyptologen Carl Richard Lepsius auf dessen grosser Ägypten-Expedition als Zeichner begleitete.[3] Von Frey waren in der Ausstellung fünf grossformatige Ägyptenbilder in Öl zu sehen, die sich durch ihre einzigartige Stimmung auszeichnen. Auch der Kunstmaler Emil Beurmann (1862–1951) weilte 1894 und 1895/96 zu Studienzwecken in Kairo und beschrieb in seinen ‹Malerfahrten im Orient und in Spanien›[4] den Aufenthalt auf höchst lustige und anschauliche Weise.

Zahlreiche Basler Baumwollfabrikanten, Geschäftsleute, Industrielle und Ärzte lebten in der zweiten Hälfte des 19. und in der ersten Hälfte des 20. Jahrhunderts in Ägypten und brachten bei ihrer Rückkehr ägyptische Kunstwerke in die Heimatstadt mit. Einige davon befinden sich heute im Museum der Kulturen an der Augustinergasse, die meisten jedoch sind immer noch in Familienbesitz. Das Antikenmuseum möchte nun die Ägyptische Kunst in Basel aus ihrem Schattendasein befreien, die Stücke publizieren und in erweitertem Umfang der Öffentlichkeit präsentieren.

Ohne den unermüdlichen Einsatz der Privatsammler, die oft keine Kosten scheuen, um die Kunstwerke zu restaurieren und zu sockeln, wäre die Ägypten-Ausstellung nicht zustande gekommen. Ihnen allen gebührt grösster Dank dafür, dass sie spontan und vorbehaltlos bereit waren, sich für so lange Zeit von ihren Kunstwerken zu trennen. Dies ist in der heutigen Zeit, in der die Sammler durch restriktive Gesetzgebungen wie die UNIDROIT-Konvention[5] zunehmend verunsichert werden, keine Selbstverständlichkeit.

Anmerkungen

1 Madeleine Page-Gasser/André B. Wiese, Ägypten – Augenblicke der Ewigkeit, Unbekannte Schätze aus Schweizer Privatbesitz, Basel 1997.
2 Johann Jacob Burckhardt, Travels in Nubia, London 1819, S. 88ff., bes. 90–92.
3 André B. Wiese, Das klare Licht des Orients, Die Ägyptenbilder von Johann Jacob Frey in der Ausstellung ‹Ägypten – Augenblicke der Ewigkeit›, in: Antike Welt, 28. Jahrgang, 1997/2, S. 157–158.
4 Emil Beurmann, Malerfahrten im Orient und in Spanien, Basel 1899, S. 17–158.
5 Die UNIDROIT-Konvention hält fest, dass Kunstschätze derjenigen Nation gehören, aus deren Kulturfeld sie entfernt wurden, und deshalb an ihren Ursprungsort zurückzubringen sind. – Doch was nützte es Ägypten, wenn all seine Schätze in dem ohnehin schon überfüllten Museum in Kairo stünden? Ist es nicht viel sinnvoller, einen Teil dieser Kulturdenkmäler in Museen auf der ganzen Welt zu Botschaftern dieses einzigartigen Landes am Nil werden zu lassen?

Johann Jakob Frey (1813–1865). Palmenhain bei Mitrahine/Memphis mit einer Kolossalstatue Ramses' II. Öl auf Leinwand, 1856. ▷

Christian Müller

Dürer, Holbein, Grünewald

Meisterzeichnungen der deutschen Renaissance aus Berlin und Basel

Ausstellungen von Zeichnungen des 15. und 16. Jahrhunderts gehören zu den selteneren Veranstaltungen im heutigen Ausstellungsbetrieb. Dies gilt erst recht, wenn Zeichnungen der bedeutendsten Künstler der deutschen Renaissance in grosser Zahl gezeigt werden. Das Kunstmuseum Basel präsentierte vom 14. Mai bis zum 24. August 1997 insgesamt über 180 Werke von 25 Künstlern. Dabei dürfte es sich um die grösste Ausstellung dieser Art nicht nur in Basel, sondern in der Schweiz gehandelt haben. Sie ist das Resultat der fruchtbaren Zusammenarbeit der Kupferstichkabinette Basel und Berlin. Beide verfügen über reiche Bestände auf dem Gebiet der älteren deutschen Zeichnung und besitzen im internationalen Vergleich neben Wien, London und Paris auf diesem Gebiet Sammlungen von besonderer Qualität, gemessen an den jeweils vertretenen Künstlern und am Umfang der Zeichnungsgruppen.

Das Basler und das Berliner Kupferstichkabinett

Das Basler und das Berliner Kupferstichkabinett basieren jeweils auf anderen Voraussetzungen. Sie haben ihre eigene Geschichte, die unterschiedlicher nicht sein könnte. Das Berliner Kupferstichkabinett hat zwar seine Wurzeln in der verhältnismässig bescheidenen Sammlung des ‹Grossen Kurfürsten› Friedrich Wilhelm von Brandenburg, der von 1640 bis 1688 regierte. Tatsächlich handelt es sich jedoch um eine Museumsgründung des 19. Jahrhunderts mit programmatischen Zügen. Von Anfang an verfolgte man, unter anderem auf Initiative Wilhelm von Humboldts, das Ziel, europäische Zeichnungen und druckgraphische Werke zu

sammeln. Die deutschen Zeichnungen spielten also nur eine nebengeordnete Rolle neben den italienischen, niederländischen und französischen Arbeiten.

Das späte 18. und frühe 19. Jahrhundert war eine Zeit, in der es noch zahlreiche grosse Privatsammlungen gab, von denen viele im Laufe des 19. Jahrhunderts veräussert wurden. Es war sozusagen das ‹Goldene Zeitalter› für Erwerbungen im grossen Stil. Dies macht, um nur ein Beispiel zu nennen, die 1835 für das Berliner Kupferstichkabinett erworbene Sammlung des Generalpostmeisters und späteren Staatsministers von Nagler deutlich. Sie umfasste über 50 000 Objekte, darunter auch zahlreiche deutsche Zeichnungen, von denen etliche in der Ausstellung im Kunstmuseum zu sehen waren.

Die Sammlung älterer Zeichnungen im Basler Kupferstichkabinett geht im wesentlichen auf das Amerbach-Kabinett zurück. Diese Sammlung eines Basler Bürgers war im späteren 16. Jahrhundert entstanden. Basilius Amerbach (1533–1591) hatte seine Zeichnungen hauptsächlich in Basel und in der näheren Umgebung der Stadt erworben. Immerhin brachte er etwa 1800 Zeichnungen des 15. und 16. Jahrhunderts zusammen, naturgemäss vorwiegend Zeichnungen von Künstlern, die hier arbeiteten. Seit dem Ankauf des Amerbach-Kabinetts durch die Stadt Basel im Jahre 1661 konnten die Bestände an älteren Zeichnungen bis heute nur unwesentlich erweitert werden. Erwerbungen waren im 19. Jahrhundert so gut wie nicht möglich, und so gehen mehr als zwei Drittel des heutigen Gesamtbestandes auf das Amerbach-Kabinett zurück.

Trotz ihrer unterschiedlichen Geschichte weisen beide Sammlungen Gemeinsamkeiten auf.

△
Martin Schongauer.
Die Muttergottes
mit der Nelke.
Feder in Braun, um
1475/80. (Berlin,
Kupferstich-
kabinett.)

Dürerzeichnungen aufwarten, Basel lediglich mit neun.

Umfassendes Bild
der deutschen Zeichenkunst

Aus diesen Vergleichen wird deutlich, wie gut sich beide Sammlungen im Grunde ergänzen und wie sie in ihrer Zusammenführung ein relativ vollständiges Bild der deutschen Zeichenkunst geben können. Der Zeitraum zwischen 1450 und 1550, der ungefähr die Grenzen der Ausstellung absteckt, gehört tatsächlich zu den folgenreichsten für die deutsche Kunst. Das Erstarken der Städte und die Rolle des Bürgertums als Auftraggeber, die Reformation und die Bauernkriege sind historische Phänomene, die von der Vorstellung der deutschen Renaissance ebensowenig abzutrennen sind, wie die vorzugsweise von Kunst- und Kulturgeschichtlern ins Auge gefassten, nämlich das Entstehen einer religiösen und profanen Kunst und neuer Bildgattungen – von den grossen Wandelaltären bis hin zum privaten Bildnis – die Darstellung der umgebenden Natur mit hohem Wirklichkeitsanspruch, die erneute Beschäftigung mit der Antike, schliesslich die Suche nach der Selbstbestimmung des Menschen, des Individuums, in einer komplexer gewordenen Welt.

In dieser Zeit spielen Zeichnung und Druckgraphik eine bis dahin unbekannte Rolle. Zeichnungen werden nötig, als im Zusammenspiel zwischen Künstler und Auftraggeber die Bilderfindung bei der Vorbereitung von Gemälden und Altären an Bedeutung gewinnt. So sind zum Beispiel Schongauers Zeichnungen und Kupferstiche mehr als nur Arbeitsvorlagen für Handwerker und Künstler. Sie wurden ausnahmslos vom Meister signiert, der damit zur Verbreitung seines Namens beitrug, und besitzen eine eigenständige Qualität als Kunstwerke. Es mögen schon Sammler gewesen sein, keineswegs nur aus dem adligen Milieu, sondern auch gebildete Städter, die Werke dieser Art kauften oder in Auftrag gaben.

Dürer ...

Dürer kam eine ähnliche Rolle zu wie Schongauer. Seine Leistung besteht unter anderem darin, mit seiner Druckgraphik entscheidend zur Verbreitung neuer Bildideen beigetragen zu

Der unmittelbarste Berührungspunkt zeigt sich auf dem Gebiet der älteren deutschen Zeichnung bei Hans Holbein d. Ä., von dem beide Kabinette grosse Gruppen von Silberstiftzeichnungen besitzen, die aus Skizzenbüchern des Künstlers stammen. Doch während Berlin über zahlreiche Zeichnungen der Meister der sogenannten ‹Donauschule›, Albrecht Altdorfer und Wolf Huber, verfügt, besitzt Basel nur wenige Blätter dieser beiden Künstler. In Basel wiederum befindet sich die weltweit grösste Sammlung von Zeichnungen Hans Holbeins d. J., während Berlin nur drei eigenhändige Arbeiten des Künstlers besitzt. Berlin kann mit über 100

haben, darunter solche, die sich an antiken und italienischen Kunstwerken orientierten. Von keinem anderen Künstler der damaligen Zeit hat sich ein zeichnerisches Werk in vergleichbarem Umfang erhalten, von keinem anderen besitzen wir schriftliche Aufzeichnungen in diesem Masse und kennen ein vergleichbares Mitteilungsbedürfnis. Stärker als bei Schongauer verrät sich bei ihm eine Neigung zum Ornamentalen und Kalligraphischen, die über das Gegenständliche hinausweist. Dürer wirkte nicht zuletzt deshalb schulbildend – zu nennen sind hier Hans Schäufelein, Hans von Kulmbach und Hans Springinklee. Der eigenständigste Künstler, der zeitweise in Dürers Umgebung arbeitete, war Hans Baldung, von dem aus beiden Kabinetten jeweils acht Zeichnungen zu sehen waren.

Künstler mit eigenen Konzepten treten dementsprechend deutlich in Erscheinung. Da sind Matthias Grünewald, dann die Meister der sogenannten ‹Donauschule›, Lucas Cranach d. Ä., die Schweizer Urs Graf und Niklaus Manuel, schliesslich Hans Holbein d. J. Letzterer bildete den Abschluss der Ausstellung und beinahe einen Gegenpol zu Dürer.

Grünewald …

Die neun Zeichnungen von Grünewald, eine äusserst eindrucksvolle Gruppe, könnten im Charakter kaum unterschiedlicher sein als Dürers Arbeiten. Von Grünewald kennen wir keine druckgraphischen Werke; er stellte seine Zeichnungen wohl fast ausschliesslich in den Dienst seiner Malerei, die meisten von ihnen waren Vorbereitungen für spätere Gemälde. In ihrer differenzierten Ausarbeitung mit schwarzer Kreide und Pinsel, mit Höhungen in Deckweiss, besitzen diese Zeichnungen eine ausgesprochen malerische Qualität. Grünewald war nicht Graphiker, sondern Maler-Zeichner. Wenn man sich vorstellt, dass von ihm nicht mehr als rund dreissig Zeichnungen bekannt sind, ist seine Einstufung vor allem als Maler religiöser Tafelbilder mit Personen, die ihren Glauben und ihre Compassio mit Christus auf ekstatische Weise zum Ausdruck bringen, vielleicht eine Fehleinschätzung. Grünewald gehörte zu den Künstlern, die den Polarisierungen während der Glaubensspaltung nicht durch in-

tellektuelle Konstruktionen – wie Dürer – entgegnen konnte oder wollte.

… Holbein

Hans Holbein d. J. vertritt eine jüngere Generation. Sein Hintergrund war Augsburg, die grosse Werkstatt des Vaters. Holbein kannte selbstverständlich Werke von Schongauer und Dürer. Wann immer es ihm opportun erschien, griff er auf die von ihnen gefundenen Kompositionen und Bildformulierungen zurück. Dürers Bemühungen in der Kunsttheorie, seine Beschäftigung mit Problemen und Fragen der Zentralperspektive, all dies findet sich bei Hol-

△ Matthias Grünewald. Studie für eine hl. Dorothea. Schwarze Kreide und Pinsel, mit Bleiweiss gehöht, um 1511/12. (Berlin, Kupferstichkabinett.)

bein nicht in vergleichbarer Weise. Dennoch hatte er Kenntnis davon und entwickelte schon früh ein eigenes Figurenideal, von dessen Voraussetzungen wir noch nicht genug wissen. Holbein ging in ganz anderer Weise als Dürer an diese Themen heran. Theorie scheint ihn lediglich im Hinblick auf die praktische Anwendung bei seinen Bildformulierungen interessiert zu haben. Fragen der Perspektive waren ihm wichtig, sofern sie bei der Umsetzung eines Bildgedankens dienlich waren, doch hat er wohl zentralperspektivische Konstruktionen als Einschränkung seines künstlerischen Freiraumes empfunden. All dies erschliesst sich freilich nicht aus schriftlichen Äusserungen, sondern nur indirekt. Denn erhalten haben sich keinerlei schriftliche Dokumente dieses Künstlers, der im Vergleich zu Dürer geradezu stumm bleibt. Signaturen gehören auf Holbeins Zeichnungen zur Ausnahme, während Dürer sogar Studien zu den Figuren seiner Ältäre gross und an prominenter Stelle signierte. Von einigen Ausnahmen abgesehen – dies betrifft besonders die bildhaften frühen Hell-Dunkel-Zeichnungen aus der Zeit um 1518/20 – waren die meisten seiner Zeichnungen Entwürfe für Arbeiten in einem anderen Medium. Zu nennen sind zunächst die Scheibenrisse, die von spezialisierten Glasmalern ausgeführt wurden; dann Entwürfe für kunsthandwerkliche Gegenstände und Goldschmiedearbeiten; und schliesslich seine Vorarbeiten für gemalte Porträts, die er selbst ausführte. Zeichnungen scheinen bei Holbein häufig im Dienst des angestrebten Endproduktes zu stehen, und nur wenige sind von Emotionalität geprägt, die sich in einer Signatur oder in freiem Linienspiel äussern kann. Des Künstlers Interesse galt dem Bild als Erfindung, seiner konsequenten Struktur und Aussage.

500. Geburtstag Hans Holbeins d. J.

Die Ausstellung ‹Dürer, Holbein, Grünewald› fand in den internationalen Medien ein sehr grosses Echo und vermochte 66 000 Besucher anzuziehen. Sie war Bestandteil des 1997 veranstalteten Holbein-Jubiläums. Aus diesem Anlass fand, parallel zur Zeichnungsausstellung im Zwischengeschoss des Kunstmuseums, eine Ausstellung des druckgraphischen Werkes von Hans Holbein d. J. statt, zu der ein Bestandeskatalog erschien. Eine Studioausstellung war den beiden restaurierten Schulmeistertafeln von Hans und Ambrosius Holbein gewidmet. Ausserdem veranstaltete die Öffentliche Kunstsammlung Basel zusammen mit dem Schweizerischen Kunsthistorikerverband vom 26. bis 28. Juni 1997 ein internationales Kolloquium zum 500. Geburtstag Hans Holbeins d. J.

Hans Holbein d. J., Christus in der Rast. Feder in Braun, weiss gehöht, auf ockerfarben grundiertes Papier, 1519. (Berlin, Kupferstichkabinett.) ▷

Literatur

Dürer – Holbein – Grünewald, Meisterzeichnungen der deutschen Renaissance aus Berlin und Basel, Ausstellungskatalog, Ostfildern Ruit 1997.
Bernd Lindemann, Ein schulmeister schilt vf beiden seiten gemolt, Holbeins Beitrag zur Frühgeschichte des Genrebildes (= Ins Licht gerückt 3), Basel 1997.
Christian Müller, Hans Holbein d. J., Die Druckgraphik im Kupferstichkabinett Basel, Basel 1997.

Stefan Hess

Der geniale Trunkenbold

Zum Nach(t)leben Hans Holbeins d. J. in Basel

«... das Bild, das sich die Nachwelt von Hans Holbein gemacht hat, ist von einer wahrhaft statischen Ruhe und Gleichmässigkeit.»[1] Mit diesen knappen Worten versuchte der Basler Kunstgeschichtsprofessor Joseph Gantner an der Vernissage zur grossen Holbeinausstellung von 1960 die Rezeptionsgeschichte des Malers auf den Punkt zu bringen. Dabei handelt es sich um eine typische Projektion aus der Perspektive des 20. Jahrhunderts, in welchem die hohe kunsthistorische Bedeutung Holbeins nie mehr ernsthaft in Frage gestellt wurde. Beim Studium älterer Äusserungen über Holbein lässt sich dagegen schnell feststellen, dass dessen Einschätzung als Künstler und vor allem als Mensch grossen Schwankungen unterworfen war. Selbst in Basel war man keineswegs – wie Hans Reinhardt im Katalog zur gleichen Ausstellung suggeriert – «seit jeher stolz auf seinen grossen Mitbürger Hans Holbein d. J.»[2], ja es scheint, dass am Rheinknie die Beschäftigung mit diesem Künstler über Generationen hinweg die entscheidenden Impulse von aussen erhielt.

Der deutsche Apelles

Nach Holbeins Tod in London 1543 behielt sein Name den schon zu Lebzeiten erworbenen guten Klang; das Hauptinteresse der Kunstliebhaber richtete sich aber bald auf andere, jüngere Maler. Zwar standen trotz des sich verändernden Geschmackes die führenden Vertreter der Renaissance-Malerei weiterhin in hohem Ansehen, doch wurde Holbein in dieser Zeit bei weitem nicht die gleiche Aufmerksamkeit zuteil wie etwa den Italienern Raffael und Leonardo oder dem Nürnberger Albrecht Dürer. Auch in Basel, wo ein beachtlicher Teil seines Schaffens zu besichtigen war und einzelne

Werke, wie die Wandmalereien am Haus zum Tanz, jedermann vor Augen standen, hat man sich zu dieser Zeit kaum mit Holbein beschäftigt. Während im späten 16. Jahrhundert etwa mehrere Abhandlungen über Erasmus von Rotterdam erschienen, fand dessen wichtigster Porträtist in der Basler Literatur nur selten Erwähnung. Immerhin wies Christian Wurstisen in der 1577 erschienenen ‹Epitome Historiae Basiliensis› darauf hin, dass im Basler Rathaus «des *Holbeins*, des berühmten deutschen Apelles (dessen wol verfertigte Kunststücke auch die Holl- und Engelländer bewundert haben) verschiedene Gemählde gesehen werden».[3] Diesen Vergleich mit Apelles, dem berühmtesten Maler des Altertums, gilt es jedoch insofern zu relativieren, als er damals geradezu topischen Charakter aufwies und etwa in den Viten von Vasari bei einer ganzen Reihe von Künstlern bemüht wurde.

Die Beachtung eines Künstlers lässt sich indessen nicht allein an schriftlichen Zeugnissen messen. Im Bereich des Kunstschaffens hat nämlich das Werk von Holbein gerade in Basel durchaus weitergewirkt, ja es bildete in der angewandten Kunst eine der wichtigsten Inspirationsquellen.[4]

Die begehrlichen Blicke der europäischen Kunstsammler

1604 publizierte der niederländische Maler Carel van Mander sein ‹Het Schilder-Boeck›, in welchem er auch einige Werke Hans Holbeins in Basel beschrieb und somit ihre Bekanntheit wesentlich erhöhte.[5] In der Folge versuchten verschiedene Kunstliebhaber, einzelne oder mehrere dieser Bilder in ihren Besitz zu bringen.[6] Zum Verkauf eines Gemäldes aus Basler

Original-Stock des Holbeinbrunnens in der Spalenvorstadt (um 1545).
Die tanzenden Bauernpaare sind nach einem Metallschnitt Hans Holbeins d.J. von 1523, der Dudelsackbläser nach einem Kupferstich Albrecht Dürers von 1514 geschaffen. ▷

Besitz scheint es zwar nur 1633 gekommen zu sein, als die Erben von Lukas Iselin-d'Annone d. J. die Madonna des Basler Bürgermeisters Jakob Meyer zum Hasen an einen Amsterdamer Kunsthändler abtraten. Ein ähnliches Schicksal drohte aber auch dem Amerbach-Kabinett mit seinen 15 Gemälden und etwa 240 Zeichnungen von Holbein, um deren Erwerb sich im Laufe des 17. Jahrhunderts mehrere Kunstsammler bemühten. Ein konkretes Kaufangebot aus Holland veranlasste schliesslich die Basler Regierung, 1661 die ganze Sammlung für 9000 Reichstaler aufzukaufen. Ausschlaggebend war dabei offenbar weniger der Bestand an Werken Holbeins als vielmehr der ebenfalls darin enthaltene Nachlass des Erasmus und die umfangreiche Bibliothek.

Holbein als Inbegriff eines ‹liederlichen Künstlers›

Einen neuen Impuls zur Beschäftigung mit Hans Holbein gab die Veröffentlichung von Joachim von Sandrarts ‹Academie der Edlen Bau-, Bild- und Mahlerey-Künste› im Jahre 1675, worin auch auf die in Basel vorhandenen Werke dieses Künstlers eingegangen wird.[7] Am meisten angetan hatten es dem deutschen Maler und Kunstschriftsteller die damals im Rathaus aufbewahrten Passionstafeln, welche er als das «allervortrefflichste und die Kron von aller seiner Kunst» bezeichnete.[8] Weniger Gefallen fand er dagegen an Holbeins ‹Toter Christus im Grabe›, den er «nicht so gut als andere seine Werke gebildet» fand.[9]

Nur ein Jahr nach Sandrarts vielbeachtetem Werk erschien in Basel die erste Biographie über den Künstler, und zwar innerhalb der frühesten Ausgabe von Erasmus' ‹Lob der Torheit› mit Kupferstichen nach Holbeins Randzeichnungen.[10] Der anonyme Autor[11] dieser ‹Vita Joannis Holbenii› stand allerdings vor der Schwierigkeit, dass sich vom Leben des Malers nur wenige schriftliche Zeugnisse und kein einziges von dessen eigener Hand erhalten haben. Um seiner Lebensbeschreibung dennoch etwas Farbe zu geben, reicherte er sie mit verschiedenen anekdotischen Erzählungen an. Dabei handelte es sich einerseits um Adaptionen gängiger, zum Teil schon in der Antike verbreiteter Künstlerlegenden, wie etwa Episoden, welche das hohe artistische Können des Malers illustrieren sollten; andererseits wurde Holbein in dieser Vita erstmals das Etikett eines Schürzenjägers und Trunkenboldes verpasst.

Solche Legenden haben das Bild des Künstlers während mehr als zwei Jahrhunderten massgeblich beeinflusst, weshalb Holbein lange Zeit ein eher zwiespältiger Ruf anhaftete. Während etwa seine Werke im Zeitalter des Klassizismus sehr geschätzt wurden, bildete gleichzeitig der dem Maler angedichtete Lebenswandel einen Stein des Anstosses. So wusste der deutsche Pädagoge Joachim Heinrich Campe in den Aufzeichnungen über seinen Aufenthalt in Basel im Jahre 1785 «von diesem liederlichen Künstler» nur eine «lächerliche Geschichte» zu erzählen,[12] und noch 1841 glaubte der Pfarrer Abel Burckhardt in einem ‹Neujahrs-Blatt für Basels Jugend› die Leserschaft darauf hinweisen zu müssen, dass «Hans Holbein leider in seinem Wandel nicht gewesen was er in seiner Kunst war».[13]

Ein ungleiches Freundespaar

Im Laufe des 19. Jahrhunderts machten allerdings am Rheinknie solche Bedenken zunehmend dem Bedürfnis Platz, den berühmten Künstler als bedeutenden Bürger der Stadt zu vereinnahmen. So sah man in Holbein schon zur Jahrhundertmitte einen der Hauptvertreter von Basels ‹Blütezeit› zu Beginn des 16. Jahrhunderts. Dabei wurde er immer wieder in einem Atemzug mit Erasmus von Rotterdam genannt, wobei man zwischen diesen beiden so unterschiedlichen Männern eine eigentliche Freundschaft zu konstruieren suchte.[14] Die damals einsetzende Verehrung des Malers fand ihren Niederschlag in mehreren ‹literarischen› Werken, in einer Ausstellung zu seinem 400. Geburtstag[15] und in einigen allerdings nicht realisierten Denkmalprojekten[16].

Das Holbein-Bild im 20. Jahrhundert

In der zweiten Hälfte des 19. Jahrhunderts begann sich auch die wissenschaftliche Forschung ‹Basels grösstem Künstler› zuzuwenden. Diese Beschäftigung mit Holbein hielt im 20. Jahrhundert unvermindert an und blieb keineswegs auf den Kreis der Kunsthistoriker beschränkt. Zwischen 1942 und 1946 veröffentlichte etwa

IOHANNES HOLBEIN
Civis Bafiliensis immortale
Natus Anno Domini 1498.

Hans holbein de mailer

I.F. PICTOR CELEBER
Patriæ Britanniæque Decus
Denatus Londini Anno 1554.

H. Holbein pinx. Bafileæ apud Chr: a Mechel Chalcog.r. *B. Hübner fculp: 1790.*

der Basler Schriftsteller Emanuel Stickelberger eine umfangreiche Holbein-Trilogie, die damals starke Beachtung fand.[17] Überdies wurde der Maler 1943 anlässlich seines 400. Todestages durch verschiedene Veranstaltungen geehrt. Diese Hinwendung zu Holbein während des Zweiten Weltkriegs ist weniger vor dem Hintergrund der ‹geistigen Landesverteidigung› zu sehen, sondern eher als Flucht vor der grauenvollen Wirklichkeit der Gegenwart in das hehre Reich der Künste zu begreifen. Der um die Schweiz herum tobende Krieg fand indessen auch in den Ehrungen des Künstlers seinen Widerhall. Dies zeigt sich etwa daran, dass im

△
Kupferstich aus dem Jahre 1790 nach Hans Holbeins Kreidezeichnung ‹Mann mit rotem Barett›.

Rahmen der ‹Basler Kunst- und Musikwochen im Holbeinjahr 1943› ein Totentanzspiel zur Aufführung gelangte, das in den Presseunterlagen explizit mit den aktuellen Ereignissen in Verbindung gebracht wurde.[18]

Das Kriegsende tat dem Interesse an Holbein keinen Abbruch. Dies hängt nicht zuletzt mit der fortdauernden Neigung zusammen, das Wesen der Stadt durch ihre ‹Vergangenheit› zu definieren. So wird in Basel bis heute gerne auf den berühmten Maler verwiesen, wenn es gilt, den Beweis für die kulturelle Bedeutung der Stadt zu erbringen. Deshalb kann es auch nicht erstaunen, dass in den Diskussionen um die Bewerbung Basels als Kulturstadt Europas im Jahr 2001 regelmässig mit Holbein argumentiert wird – einem Künstler, der immerhin seit mehr als 450 Jahren tot ist.

Holbein-Medaille von Hans Frei zum 400. Geburtstag des Malers 1897. Holbeins Porträt folgt der Kreidezeichnung ‹Mann mit rotem Barett›. ▷

Anmerkungen

1 Die Malerfamilie Holbein in Basel, Vernissage der Ausstellung, [Basel 1960], S. 12.
2 Die Malerfamilie Holbein in Basel, Ausstellung im Kunstmuseum Basel zur Fünfhundertjahrfeier der Universität Basel, [Basel 1960], S. 17.
3 Christian Wursteisen, Epitome Historiae Basiliensis, Basel o.J. [1577], S. 250; hier zitiert in der deutschen Übersetzung von Jacob Christoph Beck in: Christian Wursteisens Kurzer Begriff der Geschichte von Basel, aus dem Lateinischen übersetzt, Basel 1757, S. 357; Hervorhebung im Original.
4 Vgl. Elisabeth Landolt, Der Holbeinbrunnen, Basel 1984 (Basler Kostbarkeiten 5, hrsg. von Baumann & Cie, Banquiers); Historisches Museum Basel, Führer durch die Sammlungen, hrsg. vom Historischen Museum Basel, London 1994, Nrn. 160, 161, 214, 241 und 283.
5 Carel van Mander, Het Schilder-Boeck, Haarlem 1604, fol. 220–224.
6 Für das Folgende: Julia Gauss/Alfred Stoecklin, Bürgermeister Wettstein, Der Mann, das Werk, die Zeit, Basel 1953, S. 362 und 501–503; Christian Geelhaar, Kunstmuseum Basel, Die Geschichte der Gemäldesammlung und eine Auswahl von 250 Meisterwerken, Basel 1992, S. 29f.
7 Joachim von Sandrarts, Academie der Edlen Bau-, Bild- und Mahlerey-Künste von 1675, Leben der berühmten Maler, Bildhauer und Baumeister, hrsg. und kommentiert von A.R. Peltzer, München 1925, S. 98–103 und 321–323.
8 Ebd., S. 322.
9 Ebd., S. 99.

10 ΜΟΡΙΑΣ ΕΓΚΩΜΙΟΝ [Moriae Encomium], Stultitiae Laus, Des. Erasmi Rot. Declamatio, Cum commentariis Ger. Listrii, & figuris J. Holbenii, Basel 1676.
11 In Frage kommen Sebastian Faesch oder Charles Patin, der Herausgeber und Verfasser des Vorwortes.
12 Joachim Heinrich Campe, Aus einer Reise von Hamburg bis in die Schweiz im August 1785, Neujahrs-Blatt der Hülfgesellschaft von Winterthur, Jg. 24, Winterthur 1886, Zitate auf S. 52.
13 [Abel Burckhardt], Hans Holbein der Jüngere von Basel, 20. Neujahrsblatt der GGG, Basel 1842, Zitat auf S. 14 (Kapitelüberschrift).
14 Siehe z.B. Der Maler Hans Holbein, Basel 1857; Balth[asar] Reber, Erasmus, Platter, Holbein, Nachklänge zur vierhundertjährigen Säcularfeier der Universität Basel September 1860, Basel 1862.
15 Vgl. Ausstellung von Werken Hans Holbeins d.J. Basel 1897/98, Basel 1897.
16 Vgl. Gustav Adolf Wanner, Rund um Basels Denkmäler, Basel 1975, S. 23–30; Die Geschichte des Basler Kunstvereins und der Kunsthalle Basel 1839–1988, 150 Jahre zwischen vaterländischer Kunstpflege und modernen Ausstellungen, hrsg. vom Basler Kunstverein, Basel 1989, S. 55.
17 Emanuel Stickelberger, Der Mann mit den zwei Seelen, Ein Holbein-Roman, Stuttgart 1942; ders., Holbein in England, Roman, Aarau 1944; ders., Künstler und König, Ein Holbein-Roman, Frauenfeld 1946.
18 Staatsarchiv Basel-Stadt, DI-REG 1, 8-1-4.

Esther Maria Jenny

Erinnere dich, denk an mich

Ein Phantom wird crazy

Die Dernière findet an einem sehr schönen, warmen Sommerabend, dem 27. Juli 1997, statt. Einige Tage zuvor sind Einladungen zur ‹Last night party› verschickt worden, doch die gemeinsame Feier der geladenen Gäste und des Ensembles wird nicht stattfinden: Die Künstlerinnen und Künstler sagten ab. Also wurden die Gäste der Messe Basel und der Really Useful Company (RUC) kurzfristig zu einem Apéro vor der letzten Vorstellung des ‹Phantom of the Opera› eingeladen.

Da stehen sie nun um die auf dem Balkon verteilten Tische, bedienen sich mit Crudités, Pastetchen und Gebäck, nippen an Orangensaft, Wasser, Champagner. Man steht beisammen, spekuliert über die Gründe für die als ‹abrupt› oder ‹überraschend› oder ‹seit Anfang Jahr absehbar› empfundene Absetzung des Musicals. Man mutmasst, ob und wie weit damit finanzielle und arbeitsrechtliche Präzedenzfälle für kommende Produktionen geschaffen wurden, ob das ‹mutige Experiment Musicaltheater› als ‹Erfolg› oder ‹Misserfolg› zu werten sei. Von ‹Missmanagement› ist die Rede, von ‹verfehlter Preispolitik›, von ‹Null-Marketing›. Man stellt Vermutungen an über die Zukunft des bald leerstehenden Hauses.

Messe und RUC hatten versichert, sie hätten sich im gegenseitigen Einvernehmen getrennt – könnte dies auf eine neue Zusammenarbeit schliessen lassen? Hände werden geschüttelt, Wangen geküsst; Programmhefte fächern einen Hauch von Luft herbei. Man muss jetzt ‹den Blick in die Zukunft richten›, ‹positiv denken›. Etwas ‹aktueller› sollten die neuen Produktionen sein; das Phantom der Oper sei bereits seit zu vielen Jahren und in zu vielen Städten gezeigt worden. Über 700 000 Zuschauer und Zuschauerinnen in nicht einmal zwei Jahren – welches Theater in der Schweiz konnte so hohe Zahlen vorweisen?

Also geisterte das Basler Phantom doch mit Erfolg durch die eigens gebauten Kulissen. Man gibt das zu, doch leises Bedauern schwingt mit – und der Erfolg hätte ein länger andauernder sein können, wenn … Man klatscht über nicht anwesende VIPs; «wer geht schon gern an eine Beerdigung?» Die Frage nach dem ‹wer› kann nicht beantwortet werden, aber die Frage nach ‹wie vielen›: 1600, das Theater ist bis auf den letzten Platz ausverkauft.

Jede Dernière bedingt eine Première. Sie hatte Ende Oktober 1995 stattgefunden, und wer Rang und Namen hatte in Wirtschaft, Politik und Medien, auch ausserhalb Basels, war da. Nach Ende der Vorstellung war die illustre Gästeschar in den Festsaal der Messe Basel gebeten worden. Die Dekorateure der RUC hatten ihn verwandelt, verzaubert in ein riesiges Sternenzelt, und der Saal wurde seinem Namen endlich einmal gerecht. Diese Premièrennacht bleibt unvergesslich. Das war Show-biz, Glanz und Glamour – und dies in dieser unserer Stadt.

Wie schnell dies alles erreicht worden war! Im Zusammenhang mit dem auch in Basel erfolgreich aufgeführten Musical ‹Cats› war Anfang 1994 die Idee zu einem Musicaltheater in der Messehalle 107 aufgetaucht. Bereits im April desselben Jahres hiessen Regierung und Grosser Rat einen Kredit von 10 Millionen Franken gut. Zehn Millionen in Zeiten, in denen Sparen, als Substantiv wie als Verb, das von Politikern und Politikerinnen am häufigsten gebrauchte Wort war? In anderen Kultursparten hatte man den Rotstift angesetzt – jetzt sollte soviel Geld auf einmal kreditiert werden? Theater, das war

Kultur, doch in Verbindung mit Musical war es keine mehr. Denn es war nicht der für die Kultur zuständige Vorsteher des Erziehungsdepartements, sondern sein Regierungsratskollege vom Wirtschafts- und Sozialdepartement, der das Projekt im Grossen Rat vertrat. Der Beschluss, das Theater zu bauen, war also kein kultureller, sondern ein wirtschaftspolitischer. Was Kultur ist, darüber besteht wohl nicht nur in Basel Dissens. Landläufig wird sie mit ‹klassisch› und somit ‹bildend› assoziiert. Viele Bas-

Das Phantom geht.
▽

ler, die sich für Kultur interessieren und engagieren, verstehen denn Musicals auch nicht als bildend, sondern als reine Unterhaltung. Bei aller Weltoffenheit ist Basel eine protestantische, manchmal etwas puristische Stadt, und Unterhaltung pur gilt als eher tadelnswürdig. Auch wenn Musicalsänger und -sängerinnen eine jahrelange klassische Gesangsausbildung haben, wenn Schauspielerinnen und Schauspieler so talentiert sind wie ihre Kollegen an anderen Häusern, Tänzerinnen und Tänzer so ausdrucksstark wie die anderer Companies – es reicht nicht für das Etikett ‹kulturell›.

Im Gegensatz jedoch zu vielen anderen kulturellen Produktionen, Theatern, Vorstellungen sind Musicals fast immer kommerziell erfolgreich. Der Sinn fürs Geschäft wiederum entspricht dem Basler Geist – und so investierte die Messe Basel 15 Millionen Franken für den Theaterbau, während Regierung und Parlament einen Kredit von weiteren 10 Millionen zusagten, den man via Billettsteuer später in die Staatskasse zurückzuholen gedachte.

Im Juni 1994 wurden die Verträge mit Andrew Llyod Webbers Really Useful Group (RUG), respektive deren Schweizer Tochter RUC, unterzeichnet. Im Oktober desselben Jahres erfolgte die Grundsteinlegung, und dann wurde teilweise in Schichten gearbeitet, jeweils von sechs Uhr morgens bis zehn Uhr in der Nacht. Ein Jahr später war mit 1600 Plätzen eines der grössten Bühnenhäuser der Schweiz fertiggestellt. Hatte denn nicht auch Zürich Musicalstadt werden wollen? Das engagierte, rasche und personalpolitisch unbürokratische Handeln hatte sich gelohnt – Basel war der grossen Nachbarin endlich um eine Nasenlänge voraus, zumindest vorübergehend.

«Herzlich willkommen zum Phantom der Oper. Foto- und Tonaufnahmen sind verboten, und wir bitten Sie, Mobiltelefone auszuschalten.» Mit dieser Aufforderung hat wohl jede der 737 Aufführungen begonnen. Elf Millionen Franken hatte die RUG in die Basler Produktion investiert, die für eine Laufzeit von drei Jahren, mit einer Option für weitere drei Jahre, vorgesehen war. Anfangs ging alles gut, es gab das Musical, und man sprach kaum mehr davon. Ende 1996 jedoch tauchen die ersten Gerüchte auf, dass es Probleme gebe. Die Vorstellungen sind nicht mehr ausverkauft, im Frühling 1997 wird publik, das Phantom solle zur Jahresmitte abgesetzt werden. Nicht doch! Aber ja! Nun ja, vielleicht auch nicht… Die RUC will ihren Angestellten auf Ende Mai kündigen, um die Spieldauer Ende Juli vorzeitig abbrechen zu können. Die Messe Basel pocht auf Einhaltung der bis September 1998 geltenden Verträge, die RUC scheint einzulenken, die Messe Basel faxt zurück, man nehme mit Freude zur Kenntnis, dass der Vertragspartner von seinem Vorhaben absehe. Das aber tut die RUC dann doch nicht, und wenige Tage später, am 4. Juni 1997, faxen Messe Basel und RUC spät nachts den definitiven Entscheid an die Medien: Das Phantom der Oper wird am 27. Juli zum letzten Mal aufgeführt.

Am 5. Juni Pressekonferenz. Nicht mehr phantastisch inszeniert wie die erste, sondern nüchtern. Da kommen auch keine hundert Journalisten mehr, sondern nur noch einige wenige. Die RUC habe in den letzten Monaten Verluste erlitten, gestand der Manager Kevin Wallace ein, doch beziffern wollte er sie nicht. Erfahrungsgemäss seien die Produktionskosten innerhalb von 32 bis 52 Wochen einzuspielen, doch in Basel habe man eine völlig neue Situation angetroffen, nämlich einen landesweit zergliederten Markt, der entsprechend intensiver erobert werden müsse. Auch reisten die Schweizer viel, nicht zuletzt in andere Städte mit Musicalangeboten. Vielleicht wäre ja ein neueres Musical als das ‹Phantom› attraktiver gewesen? Die Einsicht kommt zu spät, doch der Vergangenheit anzuhängen ist Sache der RUC nicht. Man habe Basel zur Musicalstadt gemacht, wer nachfolge, finde ein gutes Fundament vor. Zu teuer war offenbar nicht nur die mit 57 Kulissenzügen höchst aufwendige Produktion, es waren auch die Betriebskosten. Erstaunlich war dies aber eigentlich nicht, da doch jede Ersatzbirne, jedes Efeugebinde extra aus London eingeflogen werden musste. Auch seitens der Theatereigentümerin, der Messe Basel, gab man sich mit Zahlen zurückhaltend. Man habe der RUC seit Beginn des Jahres Mietreduktionen gewährt, über deren Höhe Stillschweigen vereinbart worden sei. Die Messe habe am Phantom verdient, wenn auch nicht so viel wie erwartet.

△
Vom Broadway an die Erlenstrasse: ‹Crazy for you›.

«Wenn Musik der Liebe Nahrung ist – spielt weiter.» ▷

Es soll jedoch kein schlechtes Geschäft für Basel gewesen sein, wie eine Studie der Universität Basel zeigt: Die Phantom-Produktion hat volkswirtschaftlich Nebeneinnahmen von durchschnittlich 30 Franken pro Besucher generiert, insgesamt also über 20 Millionen Franken. Vom Kredit, den der Kanton gewährt hatte, sind bis heute (September 1997) 6 Millionen Franken über die Billettsteuer zurückerstattet worden. Die Zahlungen waren zwar stets erfolgt, doch nachdem sich die RUC Anfang 1997 einer Klage der Konzertagentur Good News gegen die Einforderungen der Mehrwert- und der Billettsteuer angeschlossen hatte, flossen die Abgabegelder nicht mehr in die Staatskasse, sondern auf ein Sperrkonto.

Das Basler Verwaltungsgericht hat sich bisher nicht mit der Angelegenheit befasst, die Diskussion um die Billettsteuer ist nach wie vor

hängig. Ohne diese Steuer nämlich wäre der Kredit nie gesprochen, das Theater wohl auch nicht gebaut worden. Alle Parteien hatten bei Vertragsunterzeichnung Kenntnis von dieser Steuer – jetzt plötzlich wurde sie zum ‹Standortnachteil›.

Zurück zur Dernière: Florian Schneider (Phantom) und Ute Baum (Christine) und alle, die mit ihnen singen, tanzen und musizieren, geben an dieser letzten Vorstellung in Basel ihr Bestes. Noch einmal lässt sich das Publikum an den grossartig inszenierten Maskenball, in die unterirdischen, labyrinthischen Gewölbe der alten Pariser Oper entführen. Am Schluss dann Standing ovations und – Tränen. Weil's so schön war? Weil's die letzte Vorstellung war? Oder weil für viele der Mitwirkenden die Zukunft unsicher ist? Denn als Anfang Juni endlich klar wurde, dass das Musical keinesfalls bis Ende 1997 gespielt werden würde, war der Zeitpunkt, sich nach einem Engagement für die nächste Saison umzusehen, verpasst, vor allem für die Sänger und Sängerinnen. Sie warfen der RUC den Bruch mündlich gegebener Versprechen vor; die jedoch liess wissen, sie habe Verträge und Kündigungsfristen korrekt eingehalten. Ob es zu einer Einigung über die Fortzahlung der Löhne kommen wird oder zu einer gerichtlichen Auseinandersetzung, ist noch ungewiss. Den meisten der ausländischen Angestellten wurde die Aufenthaltsbewilligung pauschal verlängert, und möglicherweise werden sich ihnen neue Chancen am Musicaltheater eröffnen. Das Phantom tritt vor: «Wir haben gerne für Sie gespielt», beteuert Florian Schneider, «und wenn Musik der Liebe Nahrung ist», zitiert er Shakespeare, «spielt weiter.» Musik, Liebe, Nahrung – alles Teile dessen, was man Kultur nennt? Die Fortsetzung von Shakespeares Versen lässt das Phantom weg: «… auf dass die nimmersatte Lust erkrank' – und sterbe.» Stattdessen nimmt es seine berühmte Halbmaske ab und legt sie auf den Bühnenrand. Der Vorhang fällt.

Epilog

Anfang September 1997: Die Messe Basel lädt zu einer Pressekonferenz. Ab Ende Oktober 1997 stehe eine neue Musicalproduktion auf dem Programm. Ihr Titel: ‹Crazy for you›.

Markus Kutter

Basel schreibt und dichtet

Beobachtungen vom Rand seiner Literaturszene aus

Ein grosser Pavillon aus grauem Holz. Er öffnet sich wie eine Muschel gegen den Platz im Park – eine Erinnerung an Spätbarock oder an Jugendstil? Das leicht erhöhte Podium ist mit einem Blumenstrauss garniert. In der Mitte steht ein Tisch mit Mikrofon, dahinter sitzt im Regenmantel ein Literat und liest. Warum im Regenmantel? Weil es regnet, nicht nur gemütlich, es schüttet sogar. Auch seine Haare scheinen regennass. Und wo sitzt das Publikum? Nicht zu seinen Füssen, dort stehen nur klatschnasse Bänke und Tische, auf denen der Regen ein liegengelassenes Programmblatt aufweicht. Die Leute sind geflüchtet in ein Zelt, auf dessen Dach der Regen trommelt. Hier sitzen sie dicht gedrängt, die meisten etwas angefeuchtet. Zum Glück gibt es Lautsprecher, kein Wort des Vorlesers geht verloren. Er liest, was die Welt in Chicago und Hongkong, in Ägypten und Russland, im Kanton Jura und im Kleinbasel auf die Fernsehschauenden, Radiohörenden, Zeitungslesenden und Internetsurfenden wöchentlich, täglich, stündlich, minütlich loslässt. Mediale Realitätsfetzen, ein wahnwitziges verbales Panoptikum ohne Punkt und Komma. Die Distanz des Vorlesers zu den Zuhörenden, die von den Worten überschüttet werden, entspricht auf listige Weise der Textanlage selber: All das passiert tatsächlich, aber wir sind dank den Medien von den eigentlichen Vorgängen rettungslos (was wäre die Rettung?) weit entfernt. Wir sind Publikum, mehr nicht, und nur das, aber wir vernehmen, was dem Publikum anderswo und eben auch hier jederzeit passieren kann, und merken, welche Gestalt das eigene Unglück in der nachrichtentechnischen Aufarbeitung gewinnen würde.

Es war am 21. Juni 1997, dass Jürg Laederach am Literaturfestival im Basler Schützenmattpark neue Texte las. Es wirkte wie das geballte Feuer eines Artillerieregimentes. Ohne Absatz und Pause hängte der Autor den Schlusssatz «Ich danke Ihnen» an, räumte seine Papiere zusammen und verliess die Muschel des Pavillons.

Ein Literaturfestival

Festivals gibt es für Filme, für Tanzgruppen, für Musik aus jedem erdenklichen Bereich, für Trachten, Weine und Pferde. Literaturfestivals sind die Ausnahme – da kann man kein Tänzlein wagen, da spielt keine Musikkapelle auf; ein Umzug mit Fahne ist nicht vorgesehen. Was macht man an einem Literaturfestival? Man hört den Autoren und Autorinnen zu. Wenn es mehr als zwanzig sind und jeder oder jede nur eine halbe Stunde liest, kommt man auf zehn Stunden Vorlesen und Zuhören. Wer will eine solche Strapaze über zwei Tage auf sich nehmen? Ein Festival entwickelt sich vernünftigerweise nur in einem Park oder Garten oder auf einer offenen Wiese, doch dann besteht das sogenannte ‹Wetterrisiko›. Es hat im Juni 1997 Wort gehalten.

Aber die Leute kamen. Es dürften mehr als fünfhundert gewesen sein. Diese Leute hörten zu. Sie fanden die Sache nicht bloss lustig; sie interessierten sich, sie wollten etwas erfahren. Der Regen war wohl lästig, aber er hinderte nicht. Für den Rundgang im Park benötigte man einen Regenschirm, dafür standen einzelne Texte wie Plakate im Rondell. Zu essen gab es auch, vor, nach und während der Vorlesungen, das störte nicht einmal. Die Nässe half bei der Auswahl des echten Publikums. Dieses Publikum waren die Leserinnen und

Leser, die Büchermenschen. Mehr weibliche als männliche Personen. Es war ein Publikum, das man in dieser Art sonst selten zusammen sieht. Vielleicht waren es die Leute, die man einzeln in Buchhandlungen trifft. Dass sie ein sichtbares Publikum ausmachen, war die Überraschung. Somit gibt es also in Basel tatsächlich, und entgegen allen Prognosen, ein Lesepublikum, das nicht von Bestsellerlisten lebt, sondern eigene Entdeckungsreisen unternimmt. Das Literaturfestival hat etwas geweckt.

standen Kolleginnen und Kollegen wie Verena Stössinger, Martin R. Becher, Ruedi Bind, Martin R. Dean. Aber diese Literaten hätten es auch nicht geschafft ohne die Bachletten-Buchhandlung von Ursula Wernle, ohne den Bachletten-Quartierverein und ohne die Unterstützung der Christoph Merian Stiftung und der Kulturpauschale. Noch viel wichtiger: Die Kolleginnen und Kollegen, die schreiben, haben mitgemacht. Sie haben – trotz Regen – Verpflegungsmöglichkeiten eingerichtet, unter einem Zelt-

Ein interessiertes Lesepublikum versammelte sich im Schützenmattpark. ▷

Die Initiative einer kleinen Gruppe von Autorinnen und Autoren, die hinter diesem Festival stand, hat etwas sichtbar gemacht, das es eigentlich schon gab, von dem aber bisher wenig die Rede war. Ohne die Entschlossenheit des Autors Matthyas Jenny, bekannt durch das ‹Poesietelefon›, den ‹Tag der Poesie› und seinen Verlag ‹Nachtmaschine›, hätte dieses Festival im Juni 1997 nicht stattgefunden. Ihm zur Seite

dach eine Buchhandlung hingestellt, Texte im Park verteilt. Plötzlich kam viel zusammen, von dem man nicht gewusst hatte, ob es in Basel je zusammenkommen würde: eine Literaturszene.

Eine Literaturszene

Was ist eine Literaturszene? In und um Basel betrachten mehr als fünfzig Autorinnen und

177

Autoren belletristisches Schreiben als ihren Beruf oder – neben dem Broterwerb – ihre Berufung. Wer schreibt, sitzt allein vor einem Blatt Papier. Schreibende bilden im Unterschied zu den Filmern oder Tänzern, die immer andere brauchen, keine Szene. Eine solche entsteht erst, wenn auf der einen Seite sich die Medien und die Verleger für die Autoren zu interessieren beginnen und auf der anderen Seite Autorinnen und Autoren einander interessiert zur Kenntnis nehmen und das Gespräch beginnen. Vorausgesetzt natürlich, das Publikum liest.

Hinzu kommt, dass die Leute, die schreiben, verschieden schreiben. Die eine schreibt Gedichte, der andere Theaterstücke, die dritte sitzt an einem Roman, der vierte schreibt ein Drehbuch. Basel und seine Umgebung haben sozusagen eine kritische Grösse – zwar schreiben viele, aber sie schreiben weit voneinander entfernt. Es schreiben ja auch die Journalistinnen und Werbetexter, die Historikerinnen und Kritiker. Und neuerdings diejenigen, die im Internet schreiben. Eine Literaturszene hat es schwer, sich heranzubilden: Die Basler Verleger, die sich ernsthaft um ‹schöne Literatur› bemühen, sind an den Fingern einer Hand abzuzählen. Kein Restaurant und kein Café in Basel hängt Literaturzeitungen auf. Literaten, die drei Stunden über einer Tasse Kaffee lesen, sind nicht gerade ein interessantes Publikum.

Lassen wir die akademisch geprägte Szene rund um die ‹Basilea poetica› gegen Ende des 19. Jahrhunderts beiseite, ebenso die Zwischenkriegszeit mit der literarisch wichtigen, politisch problematischen Figur Jakob Schaffner. Sicher war es von Nutzen, dass es nach dem Zweiten Weltkrieg in Basel mehr als zwei Tageszeitungen gab, die zu gewissen Autorengruppen in enger Beziehung standen. Die Reduktion auf nur noch eine einzige Zeitung hat den Literaten nicht gut getan, denn damit gerät der verantwortliche Redaktor, vor allem, wenn er selber schreibt, in die unangenehme oder lustvolle Rolle eines Königmachers.

Hier kann der Chronist nur subjektiv, und somit voreingenommen, berichten, was er selber beobachtet hat. Nach dem Krieg war Claude Richard Stange, der viel Kritisches, aber versteckt auch Literarisches schrieb, der Protagonist einer literarischen Szene. Die Buchhand-

lung von Hans Werthmüller, der später eine grosse Basler Litcraturgeschichte schrieb – in mehr als einer Beziehung die umfassendste –, war jahre- und jahrzehntelang auch so etwas wie ein Literatursalon, eine kompetente Beratungsstelle für Freunde der schönen Literatur, in der still hintersinnige Gedichte ihren Platz hatten. Wer je neben Ulrich Becher sass, realisierte bald, dass Literatur in Basel ohne Bezüge bis hinauf in den Berliner Raum nicht möglich war. Mit Gedichten meldete sich auch Dieter Fringeli zu Wort – er ist noch immer der aufmerksamste Beobachter des literarischen Geschehens in Basel und in der ganzen Schweiz. Rainer Brambach lud die damals jungen Tadeus Pfeifer und Frank Geerk an wechselnde Beizentische, eine Fülle von Trinkliedern eigener Art entstand, die nach dem Tod Brambachs verklangen. Was das Theater für Schriftsteller bewirken konnte, zeigten die Aufführungen von Stücken der in Basel ansässigen Heinz Henkel, Dieter Forte, Hansjörg Schneider. Von jeder Szene entfernt blieben Heinrich Wiesner und Adelheid Duvanel; vielleicht wird deshalb ihre Bedeutung unterschätzt. Rolf Hochhuth, am Basler Himmel gleich einem Kometen auftauchend, ist seine eigene Szene, noch ausgeprägter ist es Jürg Laederach, baslerisch in keiner Beziehung, es sei denn in seiner Doppel- und Mehrfachbödigkeit, die den Leser in den Bewusstseinsuntergrund einer Neu- und Altstadt entführt, die nicht mehr sehr gemütlich ist. Aus der Werbung kommen Robert Stalder und Martin Suter; der eine hält inne an der unsichtbaren Grenze, die den Kolumnisten vom Schriftsteller trennt, der zweite hat sie soeben mit einem ersten Roman überschritten und ist häufiger auf glücklichen Inseln anzutreffen als unter seiner Basler Adresse.

Neuer Aufbruch

Nun sind die Jüngeren am Zug. Nein, sie haben keinen Verein und keinen Schriftstellerverband gegründet, sondern taten das nächstliegende: sie luden die Kolleginnen und Kollegen an einen gemeinsamen Tisch. Sofort entstand Bewegung. Zum ersten Mal reisten im April 1997 Basler Autorinnen und Autoren an die internationale Messe für Buch und Presse in Genf. Ohne diese Gruppierung wäre auch das Literaturfestival im Schützenmattpark mit fast dreissig eingeladenen Literaten nicht möglich geworden – es brauchte freilich ein tiefes Atemholen.

Wenn freie Gruppierungen ohne Statuten, Mitgliederbeiträge und gewählte Ausschüsse (eben eine Szene) etablierten und staatlichen Institutionen gegenübertreten, lauern Konflikte. Einer Notiz der Literaturgruppe ist zu entnehmen, dass Martin R. Dean, Matthyas Jenny, Tadeus Pfeifer und Verena Stössinger am 12. April 1997 mit der Literaturkreditkommission Basel-Stadt eine Aussprache führten. Die Literaturgruppe forderte den Rücktritt der jetzigen Literaturkreditkommission, die Neubesetzung und eine Amtszeitbeschränkung. Die Gruppe wollte wissen, wofür die zur Verfügung stehenden Gelder verwendet werden. Die Notiz vermerkt: «Die Diskussion mit der Literaturkreditkommission endete ohne Ergebnis.» Nicht unschuldig an diesem Konflikt war das Mitteilungsblatt ‹vis-à-vis› des Ressorts Kultur beim Erziehungsdepartement Basel-Stadt. Den frei gruppierten Literaten waren einige der darin abgedruckten Formulierungen in den falschen Hals geraten: «Auf die Subjektivität der Literatur können wir nur mit Subjektivität antworten.» «Manchmal besteht unsere Aufgabe auch darin, Schreibende davor zu bewahren, Berufsautorin oder -autor werden zu wollen.» [Natürlich müsste es hier heissen: «… zu werden.»] «Wir verstehen uns als diejenigen, die den Nährboden mitbestellen, damit die Literatur in Basel überhaupt gedeihen kann.» An solchen Formulierungen begann sich die Literaturgruppe zu reiben. Sie riefen nach einer Antwort, und so brachte die Literaturkreditkommission das Kunststück fertig, dass die ergebnislose Diskussion den Anstoss zur Gründung einer neuen Literaturzeitung gab. ‹Feder & Vieh› heisst ihr Titel seit der zweiten Nummer, und die Initianten haben sich geschworen, dass weitere Nummern erscheinen sollen. Ohne staatliche Almosen.

Im übrigen hält es die Literaturgruppe mit der Überzeugung, dass der Nährboden, auf dem Literatur in Basel überhaupt gedeihen kann, in erster Linie durch neue Bäume gedüngt wird. Dass das Basler Literatur-Biotop zum kräftigen Szenenwald heranwächst, zeigen die Neuerscheinungen des Jahres 1997.

Neuerscheinungen
Januar – Dezember 1997

Guido Bachmann: Lebenslänglich, Roman. Lenos, Basel.

Martin Roda Becher: Die rosa Ziege, eine Legende aus der Kunstwelt, Roman. axel dielmann verlag, Frankfurt/Main.

Irena Brezna: Die Wölfinnen von Swernowodsk, Reportagen aus Tschetschenien, Reportagen. Quell-Verlag, Stuttgart.

Rudolf Bussmann: Die Rückseite des Lichts, Roman. Nagel & Kimche, Frauenfeld.

Martin R. Dean: Die Ballade von Billie und Joe, Roman. TB-Ausgabe, dtv, München.

Dieter Fringeli: ich bin mein gutes recht, Gedichte. Pendo, Zürich.

Frank Geerk: Das Liebesleben des Papstes, Roman. Artemis & Winkler, Düsseldorf.

Frank Geerk (Hg.): Kultur und Menschlichkeit, Neue Wege des Humanismus, Lesebuch. Schwabe-Verlag, Basel.

Zoë Jenny: Das Blütenstaubzimmer, Roman. Frankfurter Verlagsanstalt, Frankfurt.

Birgit Kempker: Liebe Kunst, Essay. Literaturverlag Droschl, Graz.

Brigit Kempker: Ich ist ein Zoo / Anleitung fürs Blut, CD mit zwei Hörstücken und Textbuch. Urs Engeler Editor, Basel (in Zusammenarbeit mit Radio DRS 2).

Birgit Kempker: Ich will ein Buch mit dir, Buch plus CD, Prosa plus Hörstück. Urs Engeler Editor, Basel (in Zusammenarbeit mit Radio DRS 2).

Elisabeth Meylan: Zimmerflucht, Erzählungen. Pendo, Zürich.

Tadeus Pfeifer: Architektur der Liebe, Gedichte. Von Loeper Literaturverlag, Karlsruhe.

Werner Schmidli: Schlitzohr, Roman. Nagel & Kimche, Frauenfeld.

Hansjörg Schneider: Das Wasserzeichen, Roman. Ammann, Zürich.

Verena Stössinger: Die Königin im Vorgarten, Roman. TB-Ausgabe, dtv, München.

Martin Suter: Small world, Roman. Diogenes, Zürich.

Literatur

Zoë Jenny

Die Fähre

Cora packt hastig ihre Windjacke vom Kleiderhaken und eilt nahe an der Wand entlang zur Schulhaustreppe, wo hunderte von schreienden und sich schubsenden Kindern wie durch einen Trichter zum Ausgang drängen. Im wilden Durcheinander, den Kopf gesenkt, als erwarte sie Schläge, zwängt sich Cora zwischen den Kindern hindurch auf den Schulhof. Das Geschrei der sich keilenden und Fusstritte austeilenden Schüler hinter sich lassend, nimmt sie mit kleinen, schnellen Schritten den Heimweg über die Rheinpromenade.

Vor wenigen Tagen hatte man ihre ältere Schwester Lore beerdigt, weil sie, so hatten die Eltern es ihr gegenüber erklärt, eine hohe Mauer hinuntergefallen war und sich beim Sturz das Genick gebrochen hatte. Seither liegen die Eltern in schwarze Kleider gehüllt zu Hause auf dem Sofa mit enttäuschtem, abgewandtem Blick. Zwei Mal am Tag geht die Mutter ans Telefon, um den Kurierdienst anzurufen, der das Essen für Cora bringt.

Lore war damals immer stummer geworden. Jeder Tag schien ihr mit kaltschnäuziger Geste eine neue Falte ins Gesicht zu graben. Einmal war Cora zielstrebig und ohne anzuklopfen in Lores Zimmer eingetreten, hatte sich ganz nah vor sie hingestellt – sie reichte Lore, die zehn Jahre älter war, bis zum Bauch –, hatte zu ihr hochgeblickt und mit dem ganzen Ernst, den ein siebenjähriges Mädchen aufbringen kann, gefragt, warum sie denn nicht mehr reden wolle. Lore hatte ihren Pullover hochgezogen, ihn über Coras Kopf gestülpt und sie mit beiden Händen fest an sich gedrückt. Cora atmete die heisse Luft unter dem Strickpullover, und durch die Maschen sah sie Lores Notenständer zusammengeklappt an der Wand stehen und die Violine verstaut im blauen Samt des offenstehenden Geigenkastens.

«Gehst du fort?» kam Coras überraschte Stimme unter dem Pullover hervor.

Aber Lore drückte ihre Hände nur noch fester an Coras Körper, so dass sie in der heissen Luft zu ersticken drohte und sich aus der Umklammerung fortriss.

Als man Cora ein paar Tage später schliesslich zu Lores Sarg führte, damit sie sich von ihrer Schwester verabschiedete, blickte sie ungläubig und fasziniert auf Lores Kopf, der geschminkt und wie ein Schmuckstück auf ein seidenes Kissen gebettet war. Cora beugte sich über sie und stellte sich vor, wie die Wörter wie Lebewesen in Lores weiss gepudertem Hals steckenblieben, im Dunkeln ihrer Halsröhre, und nicht weiterkämen, aus ihrem Mund heraus ans Licht. Aber tot war Lore doch deshalb noch lange nicht, und Cora wollte sie schon hinter dem Ohr kitzeln, um eine Reaktion zu provozieren, als ihr aus der Tiefe des Sarges dieser trostlos fremde Geruch entgegenschlug. Entsetzt rannte sie aus dem Raum und zupfte Mutter die ganze Zeit über am Ärmel und rief: «Aber das da drin kann nicht Lore sein!»

Schon seit Wochen scheint die Sonne ohne zu wärmen von einem festgefrorenen, blauen Himmel herab auf die Stadt. Cora hat jetzt die Hände in die Taschen gesteckt und zu kleinen Fäusten geballt. In der Luft liegt Schneegeruch. Der Uferweg ist mit quadratischen Steinen gepflastert, und Cora überspringt immer ein Quadrat, hüpft mehr, als dass sie geht, und stellt sich vor, links und rechts des Quadrates sei ein Abgrund; und so setzt sie den Fuss immer in die Mitte, überspringt wieder ein Quadrat, setzt den anderen Fuss auf, immer weiter, mit gesenktem Kopf, den Blick konzentriert auf diese Quadrate gerichtet, auf die kleinen Felder sicheren Bodens.

Der Wind trägt eine Handvoll braunschwarze, von der Kälte aufgerollte Kastanienblätter aus dem Unterholz auf den Weg. Mit einem trockenen Geräusch kullern sie die Böschung hinunter ins Wasser. Cora verfolgt mit den Augen ein Blatt, wie es, ein winziges Schiff, den Strom hinabtreibt und unter einer trägen Uferwelle verschwindet.

Cora bleibt unvermittelt stehen; die Fähre schlägt mit einem tiefen Glockenschlag an den Bootssteg, und etwa ein Dutzend Leute steigen in Mäntel gehüllt aus der Fähre. Dahinter, auf der gegenüberliegenden Seite des Flusses, ragen über dem alten Mauerwerk die Münstertürme auf. Noch höher als die Münstertürme ist das Riesenrad, das alljährlich um diese Jahreszeit auf dem Münsterplatz aufgebaut wird. Im blendend grellen Herbstlicht zeichnen sich die Silhouetten der Leute ab, die in den Gondeln sitzen und von hoch oben über die Stadt blicken. An den Stahlverstrebungen des Riesenrads leuchten die Lämpchen vergeblich gegen das Tageslicht zu einer bunten Sonne auf.

Der Fährmann wartet, an den Bootssteg gelehnt, auf Fahrgäste, die nicht kommen, während Cora über den Rhein blickt, über die grüne Schneise, die sie vom anderen Flussufer und von den Leuten trennt, die dort oben in den Gondeln sitzen. Kurzentschlossen betritt sie das Fährendeck und setzt sich auf die schmale, seitliche Holzbank. Mit einem Ruck stösst der Fährmann die Fähre vom Ufer ab. Drinnen in der Fährkabine legt er hastig das Ruder um, und das an einem über den Rhein gespannten Drahtseilkabel gehalterte Fährseil steigt tropfend aus dem Wasser.

Dort, wo die grauen Pfeiler der Mittleren Brücke von Wasser umspült werden, hat sich eine dunkelgrüne, glitschig aussehende Algenschicht gebildet. Das Wasser hat sich vom Ufer der Kleinstadtseite zurückgezogen, und die Wasserpflanzen, die sonst wie Haare im Fluss schweben, liegen angeklebt und trocken auf den Steinen. An einigen Stellen auf den Deckplanken der Fähre haben sich langgezogene, schwarze Flecken gebildet, dort, wo das Wasser am Holz nagt und die Planken morsch macht. Cora lauscht dem knarrenden Geräusch alten Holzes, während die Strömung die schrägliegende Fähre zögerlich über den Fluss schiebt.

Cora beugt sich über die Brüstung, um die Hand ins Wasser zu halten, so wie sie es immer zusammen mit Lore gemacht hatte. Sie hatten sich dabei vorgestellt, Wasserwesen würden sie an der Hand hinabziehen und in ihr unheimliches Reich holen. Lore hatte Geschichten von Fischmenschen erzählt, die unten auf dem Grund des Rheins wohnen, in einer Stadt, gebaut aus Sand und Fischknochen. Doch jetzt schaut Cora stumpf auf ihre Hand, die Kälte des Wassers kriecht ihr den Arm hinauf, und nichts geschieht, so sehr sie sich auch an Lores Worte und die aufgeregte Stimmung von damals zu erinnern versucht. Sie öffnet und schliesst die Hand, als wolle sie das Wasser fangen. Ruckartig zieht sie die Hand wieder heraus und steckt sie beschämt und nass in die Manteltasche zurück.

Aus dem Innern der Kabine ruft ihr der Fährmann zu: «Komm rein, willst du da draussen erfrieren?» Durch die kleine Schwingtür tritt Cora in die Fährkabine. Zwischen den beiden an der Wand befestigten Holzbänken steht ein kleiner Ofen, und in seinem Innern knackt die Wärme, die sich bis in die Ecken des Raumes hinein ausgebreitet hat. Der Fährmann sitzt neben dem Ruder am Fenster, von wo aus er den Steg beobachten kann.

«Da stehen wieder eine Menge Leute», sagt er wie zu sich selbst, holt eine Orange aus seiner Manteltasche, beginnt, das Steuerruder unter dem Arm eingeklemmt, sie zu schälen und die kleinen Schnitze nacheinander in den Mund zu stecken. Die Schalen lässt er auf den Ofen fallen, und Cora schaut zu, wie sie sich in der Hitze zu krümmen beginnen.

«Gehst du ganz alleine auf die Messe?» fragt der Fährmann neugierig.

«Nein, Lore wartet drüben. Wir gehen zusammen hin, wie jedes Jahr.»

«Wer ist Lore?»

«Meine Schwester, wer sonst», sagt Cora ungeduldig.

Der Fährmann nickt, betrachtet von allen Seiten den letzten Orangenschnitz zwischen seinen

181

dicken, kurzen Fingern, bevor er ihn in den Mund steckt.

«Vor ein paar Tagen hat sich eine junge Frau da runtergestürzt.»

Er zeigt aus dem Fenster auf die alte Pfalzmauer, eine rote, düstere Steinwand.

«Ich habe gerade angelegt, da sah ich, wie sie über die Mauer sprang. Der Körper prallte auf, dann war es still und nichts rührte sich mehr.»

Der Fährmann kreist mit der Hand über die Brust, als hätte er dort einen lästigen Schmerz wegzuwischen. Nach einer Pause fährt er fort: «Kurz darauf fuhr ein Krankenwagen über die Brücke, die Leute auf der Messe rannten eilig zur Mauer, um zu sehen, was passiert war. Ich sah nur die Reihe nach vorn gebeugter Köpfe, als würden sie über die Mauer in eine Grube schauen. Einige rannten die Treppe hinunter. Es ging alles sehr schnell. Zwei Männer haben die Frau auf einer Bahre unter einer Wolldecke weggetragen, und eine Viertelstunde später waren alle Menschen wieder fort.»

Die erhitzen Orangenschalen liegen eingerollt auf dem Ofen, der Geruch von Tanne und Zitrone liegt in der Luft. Cora trommelt mit den Fingern auf ihren Knien herum:

«Aber, ist sie tot?»

Der Fährmann lacht auf und schlägt sich mit der Hand auf den Schenkel: «Was glaubst du denn, was passiert, wenn man eine fünfzehn Meter hohe Mauer runterstürzt?! Natürlich ist sie tot», schnaubt er wütend, mit der einen Hand fest das Ruder haltend. Cora starrt auf die Knöchel seiner Hand, kleine rote Hügel. Kaum merklich neigt sich die Fähre in der kraftlosen Strömung zur Seite.

«Du lügst, niemals könnte das Mädchen deshalb tot sein. Es schläft nur, weil es müde ist», erwidert Cora und erhebt sich von der Holzbank.

Der Fährmann schaut sie eine Weile schweigend an. Cora kehrt ihm den Rücken zu, um nach draussen zu gehen, als er plötzlich hinter ihr steht und sie anfaucht, als hätte er nicht ein kleines Mädchen, sondern ein ganzes Bataillon von Feinden in die Flucht zu schlagen:

«Ich habe mich lediglich darum zu kümmern, dass das Seil nicht reisst!»

Draussen auf dem Deck blickt Cora den wartenden Leuten entgegen, die sich auf dem Bootssteg versammelt haben. Kleine Kinder sitzen auf den Schultern ihrer Väter, triumphierend Ballons in die Luft haltend. Delphine und Krokodile schweben an den Schnüren. Ein Junge vergräbt sein Gesicht in einer rosa Zuckerwatte. Die Gesichter der Leute auf dem Steg und die alte Pfalzmauer dahinter rücken näher. Die Fähre schlägt mit einem tiefen Glockenschlag an den Steg. Ohne sich nochmals nach dem Fährmann umzublicken, steigt Cora zwischen den Leuten hindurch die Treppe zum Münsterplatz hoch. Immer lauter wird das Kreischen der Kinder, die auf dem Kettenkarussell durch die Luft geschleudert werden. Ihr vergnügtes Kreischen vermischt sich mit den schnellen, dunklen Bässen der Musik und den harschen Stimmen aus den Lautsprechern. Cora stellt sich vor das Riesenrad, eine aufblinkende eiserne Sonne.

Mit einer Metallstange wird die Gondel verriegelt, Coras Füsse baumeln über dem Profilboden, und langsam hebt das sich drehende Rad Cora in die Höhe. Zuerst über die Messebuden und über die Kronen der Kastanien, über die Dächer der Häuser, hinaus über die Münsterturmspitzen, und immer weiter wird der Blick freigelegt über die Stadt und das hügelige Land dahinter.

Coras Blick schweift über das gegenüberliegende Flussufer, sie erkennt das Schulhaus, hinter dem sich das steil ansteigende Gebirge der chemischen Fabriken erhebt. Dazwischen liegt das Elternhaus. In den Fenstern leuchtet eine vorwurfsvolle Helligkeit. Seit sich Cora erinnern kann, war es im Haus still gewesen. Das Schweigen kam aus den Wänden und aus den Gesichtern der Eltern. Dann hatte Mutter Lore die Violine geschenkt, und sie wiederholte das Wort ‹Rampenlicht› täglich beim Essen. Lore spielte Violine, als wolle sie damit ins Schweigen hineinbohren. Wenn sie übte, hockte sich Cora mit Vorliebe auf die Türschwelle und blickte in ihr konzentriertes, ernstes Gesicht. Lore schickte die Musik wie ein grosses Geschenk ins ferne Zimmer der Eltern. Mutter schleppte eifrig Lehrer und Notenbücher heran. Bald darauf hatte Lore unter dem verständnislosen Protest der Mutter den Notenständer zusammengeklappt und an die Wand gelehnt. Mutters zornige Rufe zerschellten an Lores verriegelter

Zimmertür. Unüberhörbar entschlossen schritt Mutter durchs Haus. Schliesslich hatte sie mit der Begründung «Wer nicht arbeiten will, braucht auch kein Licht!» in einer raschen Aktion die Lampe aus Lores Zimmer weggeschafft und drehte von nun an beim Essen das Licht so, dass Lore am Ende des Tisches im Dunkeln sass. Monatelang hatte Mutter energisch an den Lampen gedreht, Birnen ein- und ausgeschraubt, so dass im ganzen Haus die Wege Lores mit Schatten bedeckt waren.

Die Gondel mit Cora bleibt pendelnd im Zenit der Riesenradsonne stehen. Die Fähre ist jetzt in der Mitte des Flusses angelangt, ein winziges Boot, und die Leute, die auf dem Vordeck wie Trauernde sitzen, scheinen zu winken.

Dagmar Brunner

Zoë Jenny – Eine junge Basler Dichterin macht Furore

Die junge Frau mit den grossen blauen Augen wirkt fragil und schüchtern. Unauffällig bewegt sie sich im Raum oder sitzt wachsam auf ihrem Platz, ihr Fingerspiel verrät eine produktive Unruhe. Sie spricht schnell, mit heller, verhaltener Stimme, die Wortwahl ist schnörkellos, präzise. Ihr Anspruch an sich selbst sei «relativ unangenehm hoch», konstatiert die Schriftstellerin Zoë Jenny im Gespräch.

Im August 1997 erschien ihr erster Roman ‹Das Blütenstaubzimmer›[1], und bis Ende des Jahres waren nahezu sechs Auflagen mit 60 000 Exemplaren verkauft. Zehn Verlage, darunter renommierte Häuser wie Gallimard (F), Mondadori (I) oder Simon & Schuster (USA) haben Übersetzungsrechte erworben, ein halbes Dutzend weiterer Anfragen liegt vor, eine Taschenbuchausgabe ist in Vorbereitung. Auch von einer Verfilmung ist schon die Rede. Drei angesehene Preise[2] hat Zoë Jennys Buch bereits erhalten und eine Rezensionsflut bis New York ausgelöst. Kaum eine Schweizer Zeitung, die sich den ‹Shooting Star› der Literaturszene entgehen liess. Doch die Jungautorin nimmt den Rummel gelassen, freut sich über den Erfolg, der ihr ermöglicht, zügig das nächste Buch in Angriff zu nehmen. Denn etwas anderes als Schreiben kann und will sie sich als Zukunftsperspektive gar nicht vorstellen. Das ist schon lange so – und kein Zufall.

Zoë Jenny. △

Am 16. März 1974 wird Zoë Jenny in Basel geboren; sie wächst, gemeinsam mit einem älteren Bruder, hauptsächlich beim Vater auf, der sich mit Haut und Haar der Literatur verschrieben hat. Als ebenso engagierter wie origineller Schriftsteller, Verleger, Feuilletonist und Organisator von literarischen Happenings hält er seine Familie mit diversen Teilzeit-Lohnarbeiten über Wasser. Seine Bibliothek, besonders die angelsächsische Literatur, wird zur inneren Heimat der Tochter. Doch noch vor der Einschulung sammelt Zoë Jenny bleibende Eindrücke des Südens: Zwei Jahre weilt sie mit Vater und Bruder in Meret Oppenheims ‹Casa Aprile›, einem Künstlerhaus in Carona/Tessin, ein weiteres Jahr verbringt sie auf den griechischen Inseln Ios und Korfu.

Es folgen, zuerst im Basler Gotthelfquartier, später in der Diplommittelschule (DMS) Pflichtjahre, die das sensible und eher kontaktscheue Kind als pure Zeitverschwendung erlebt. Denn eigentlich will Zoë Jenny nur eines: Lesen und Schreiben. Zwar wecken vorübergehend auch andere Gebiete wie indischer Tempeltanz und das Saxophonspiel ihr Interesse; doch immer energischer setzt sich das Schreiben durch, und es gelingt ihr fast auf Anhieb, Kurzgeschichten und Buchbesprechungen in verschiedenen Zeitungen und Zeitschriften zu veröffentlichen.

Nach der Schulzeit nimmt Zoë Jenny Brotjobs an, steht Modell in der Basler Schule für Gestaltung, hilft in einer Buchhandlung aus, ist in einer Kunstgalerie tätig. Die meiste Zeit aber widmet sie sich ihrem ersten Roman. Diszipliniert arbeitet sie täglich daran, schreibt ihn mehrfach um; nur der Titel steht von Anfang an fest. Die Verlagssuche verläuft zunächst erfolglos, auch in Basel wird ihr Manuskript von einem Kleinverlag abgelehnt. Doch plötzlich liegen gleich mehrere attraktive Angebote aus Deutschland auf dem Tisch, und Zoë Jenny trifft eine kluge Wahl. Im Mai 1997 wird sie zu den Solothurner Literaturtagen, Ende Juni auch ans Klagenfurter Wettlesen eingeladen, an beiden Orten liest sie mit grosser Resonanz. Ihr Buch wird jetzt mit Spannung erwartet.

Insgesamt habe ihr ‹Das Blütenstaubzimmer› nur Glück gebracht, findet die Autorin und freut sich, dass der Roman von vielen jungen Menschen gelesen wird, die ihr bestätigen, dass sie mit ihrer Geschichte den Nerv der Zeit, das Lebensgefühl ihrer Generation getroffen hat.

Anmerkungen

1 Zoë Jenny, Das Blütenstaubzimmer, Frankfurt 1997. (Die Taschenbuchausgabe erscheint ca. 1999.)
2 ‹3sat-Stipendium› beim Ingeborg Bachmann-Wettbewerb in Klagenfurt; Förderpreis der Jürgen-Ponto-Stiftung 1997; Literaturpreis 1997 des ZDF-Kulturmagazins ‹Aspekte›.

Fotoessay

Vera Pechel, Beat Presser

Woanders

«Allein aus Freude am Sehen und ohne Hoffnung, seine Eindrücke und Erlebnisse mitteilen zu dürfen, würde niemand über das Meer fahren.»   *(Pascal)*

Der Weg führt über vom Regen zerfurchte, steinige Pfade, durch dichtes Grün und immer wieder über Brückengebilde, die aus dünnen Baumstämmen und Ästen verflochten sind und häufig nur kleine Rinnsale überspannen, die sich tief unter uns einen Weg durch ein Gewirr von Farnen, Drachenbäumen und Schlingpflanzen bahnen.
Die gleichmässigen Reihen der Kaffeepflanzungen kündigen die Nähe der Siedlungen an. In der feuchtheissen Luft lastet schwer der süssliche Duft der kleinen, weissen Kaffeeblüten. Es ist September und Frühling in Madagaskar.

*

«Stille Nacht, Heilige Nacht» leiert die Musikanlage des Kinderkarussells. Im Geäst des daneben stehenden Baobab wippt ein aufblasbarer Weihnachtsmann auf und ab im warmen Wind. Irgendjemand muss erzählt haben, dass der Weihnachtsmann ein gebrechlicher alter Mann sei. So kommt es, dass der senegalesische ‹Père Noël›, der seit einer Woche auf der Kirmes Audienz hält, nicht nur tief gebückt, auf einen viel zu kurzen Stock gestützt, umherhumpelt; er trägt auch einen ellenlangen künstlichen Bart aus weisser Watte, der sich im Laufe des Tages und insbesondere unter dem Einfluss steigender Temperaturen zu grotesken Formen auswächst. Dreissig Grad im Schatten, und es ist Weihnachten in Dakar.

*

Die Nationalstrasse windet sich mal als Sand-, mal als Schotterpiste hügelan, hügelab die Küste entlang durch endlose Savanne nach Nordosten. Nur noch selten bilden Sträucher in der von der Sonne ausgebleichten Weite grüne Tupfer.
Allmählich zeichnet sich die dunkle Silhouette des Bergmassivs von Manongarivo am Horizont ab. Es dauert lange, bis es nah ist. Manongarivo bedeutet auf *malgache* ‹monter mille fois›.

*

«Was suchen bloss all die Fremden in den Tsingy, dort, wo kein Reis und kein Maniok wachsen?» fragt uns der Dorfälteste von Bekopaka voller Staunen. Bekopaka, ein kleines Dorf am Rande des Tsingy, des schwer zugänglichen Karstgebirges, ist seit einigen Jahren Ausgangspunkt für Exkursionen. Die daherreisenden Weissen sind für die Madagassen die ‹Pizaha-Tany›, die ‹Betrachter der Erde›. Sie selbst würden niemals in dieses abweisende Gebiet eindringen – wozu auch.

Sakkara   8. August 1985 *12:00*

Auf dem Weg nach Suez 20. August 1985 *10:30*

Tsingy de Bemahara   30. Juli 1992 *17:37*

Baie de Manafiafy 5. August 1991 *6:01*

Cap Sainte-Luce 9. Januar 1990 *14:30*

Stonehenge 7. November 1993 *15:03*

Tongariki   28. Oktober 1997 *16:15*
Rano Raraku   17. November 1997 *19:30*

Stonehenge 7. November 1993 *15:33*
Gizeh 3. August 1985 *9:45*

Djenné 21. Januar 1997 *16:20*
Manga Peulh 23. Januar 1997 *8:20*

Edition Kunst der 90er Jahre –
Die Vorsatzblätter im Basler Stadtbuch 1989–1999

Zwei Arbeiten von Gido Wiederkehr setzen die ‹Edition Kunst der 90er Jahre› im Basler Stadtbuch fort. Wie bisher sind beide Vorsatzblätter auch als Originalgraphiken (Format 60 × 80 cm) erhältlich. Pro Graphikblatt wurde eine limitierte Auflage von 100 Stück hergestellt. Die Nummern 1 bis 50, arabisch numeriert, sind für den sofortigen Verkauf bestimmt. Die Nummern I bis L, römisch numeriert, werden in eine Editionsmappe gelegt, die alle Graphiken von 1989 bis 1999 enthält und im Jahre 2000 erscheinen wird. *(Red.)*

Aurel Schmidt

Die Ordnung als Herausforderung

Das Werk von Gido Wiederkehr

Die Welt, die wir antreffen, ist zunächst eine äusserliche Erscheinung: das, was ins Licht tritt und sich darin spiegelt und abbildet, das, was wir sehen. Was sich dahinter verbirgt, hinter der Oberfläche, ist dagegen meistens nicht oder nicht auf den ersten Blick erkennbar, es entzieht sich dem schnellen Erfasstwerden. Aber dass es etwas gibt, das verborgen dahinter liegt, dass die Welt sich nicht in ihrer unmittelbaren Sichtbarkeit erschöpft, ist eine ziemlich ausgemachte Sache, weil sonst alles zu belanglos wäre. Was aber ist es? Was bedeuten die Erscheinungen, die wir sehen? Das ist eine Frage, die nicht leicht zu beantworten ist. Eine Weltanschauung liegt ihr zugrunde.

Die Phänomene können den Menschen bedrängen oder erfreuen. Wie dem auch sei, immer wieder wird der Versuch unternommen, sie zu durchschauen und zu verstehen und im wogenden Meer der überstürzenden, verwirrenden Erscheinungen eine Ordnung zu entdecken, eine Orientierung (ein Blick nach Osten, woher alle Erkenntnis zu kommen scheint), einen Anhaltspunkt.

Nichts ist selbstverständlich, aber das Selbstverständliche ist das, was wir suchen: die Ordnung (oder das, was so genannt wird) in der Unordnung (die uns so vorkommt). Die Chaos-Forschung, die heute manchmal den Eindruck einer Ersatzwissenschaft erweckt, hat seit langem Pionierdienste geleistet, als sie zu erklären versuchte, dass das Chaotische nur ein Zustand ist, dessen Gesetzmässigkeiten noch nicht oder nicht hinreichend durchschaut worden sind. Die Ordnung, das ist das Geheimnis, vorläufig. Sie ist das Unentdeckte, Unerforschte und daher, paradoxerweise, Beunruhigung und Herausforderung in einem; die Ansteckung; die Energie.

Diese Überlegungen muss anstellen, wer sich mit dem Werk von Gido Wiederkehr auseinandersetzen will. ‹Konkrete Kunst› oder ‹Hard Edge› sind wahlweise Begriffe oder Annäherungswerte für das, was Wiederkehr macht. Was er auf diesem Weg aber zu finden versucht und wozu seine künstlerische Arbeit erklärtermassen hinführen soll, ist das Erkennen von Ordnungen und Gesetzmässigkeiten, auch solche mathematischer Art, in den Manifestationen der Welt.

Der Grund, warum Wiederkehr 1962 aus dem Kanton Aargau nach Basel kam, wo er seither als freischaffender Künstler lebt, war zu einem bestimmenden Teil die Auseinandersetzung mit den Ausstellungen von Arnold Rüdlinger in der Kunsthalle Basel in jenen Jahren. Als Wiederkehr zu malen anfing, malte er gestisch, unter dem Eindruck der amerikanischen Expressionisten, die Rüdlinger zeigte und die eine ganze Generation von Schweizer Künstlern beeinflussten. Doch dann führte eine Ausstellung mit Werken von Ellsworth Kelly schlagartig zu einer Wende. Heute beruft sich Wiederkehr auf die Zürcher Konkreten, jedoch mit einer Einschränkung: ohne jeglichen Dogmatismus – also vorurteilsfrei. Nicht die mathematische und strukturelle Ordnung und Übersicht können das Ziel der Kunst sein, das reicht nicht aus und würde nur in einen nichtssagenden Schematismus führen. Sondern auch die sinnliche Erfahrung der Farbe, ihre Wertigkeit und Ausstrahlung bilden einen bestimmenden Faktor. Es muss für Wiederkehr einen spielerischen Ausgleich geben zwischen dem Nachvollzug von Gesetzmässigkeiten auf der einen und der Intuition und ästhetischen Empfindung auf der anderen Seite.

Im Unterschied zu früher, wo es Wiederkehr darauf ankam, Farbfelder und Farbflächen gegeneinander abzugrenzen und auf diese Weise gleichzeitig in Beziehung zueinander zu bringen, geht es ihm heute mehr darum, durch Übermalungen und Überschneidungen – fast wie bei einem Experiment im Labor – den Malvorgang so lange zu betreiben und weiterzuführen, bis ein Resultat entsteht, das am Anfang nicht voraussehbar war und sich erst durch den künstlerischen Prozess einstellt.

Von Zufall kann dabei keine Rede sein, da das Ergebnis schon in der Anlage des Werks enthalten war, auch wenn es keine Möglichkeit gab, es

von Anfang an zu erkennen. Der offene Ausgang: darin liegt eine nicht unbeträchtliche Attraktion, das gibt Wiederkehr unumwunden zu. Trotzdem zählt am Ende nur, was zu sehen ist, was sichtbar ist, was in vielen zurückliegenden Stufen schliesslich zum vollendeten Werk geführt hat, das ästhetische Produkt, das fertige Bild.

Wiederkehr geht vom ersten Farbauftrag aus und legt danach in mehreren Gängen Farbschichten in Bändern übereinander, die wie beim Schatten auf einer Sonnenuhr einer sich fortschreitenden, verändernden Winkelstellung folgen, welche ihrerseits für jedes Bild neu und individuell festgelegt wird. Durch Überlagerung wird so jedesmal die vorausgegangene Schicht zwar zugedeckt; doch verbindet sie sich auch jedesmal mit der neu hinzugekommen, so dass sich neue Kombinationen einstellen und rhythmische Strukturen ergeben, die sich mit jeder weiteren Farbschicht verändern und ergänzen.

Das gleiche lässt sich auch von der Farbe sagen, die Wiederkehr verwendet. Eigentlich müssten seine bildnerischen Erkundungen mit jeder Farbe möglich sein, und sie sind es auch, aber Vorlieben hat Wiederkehr deswegen trotzdem. Vor allem sind es die Wirkungen, die sich aus bestimmten Verbindungen ergeben, denen seine Aufmerksamkeit gilt: Malen als Experiment; als Exploration; als Forschungsreise. Was passiert? Was kommt dabei heraus? «Ich muss herausfinden, was für einen Klang die Verwendung bestimmter Farben ergibt», sagt er. Das steht nicht von Beginn an fest und muss erst gefunden werden: versuchsweise. Auch das ist ein Grund zu malen.

Immer ist die Frage, die sich dabei stellt, die, was für ein Ergebnis durch Anordnung und Farbe eintritt. Aber mechanistisch um jeden Preis will Wiederkehr auf keinen Fall vorgehen, so dass er schon einmal eine Unterbrechung in der Abfolge zulässt, eine Abweichung, wenn er nicht zufrieden ist. Zufall: ja, wenn es denn Zufall ist, aber Zwang: niemals.

Malen, so gesehen, wird zum Ausdruck einer geistigen Haltung, und dieser Haltung zugrunde liegt die Frage: Was geschieht, wenn jemand mit einem Bild anfängt und danach weitermacht, mit offenem Ausgang, aber in der Abfolge der einzelnen Phasen so konsequent wie möglich? Was drückt das Bild auf diese Weise aus? Was teilt es mit?

Haltung heisst daher implizit auch soviel wie: Ordnung, Gesetzmässigkeit der Welt, die sichtbar gemacht werden soll und sich exemplarisch im Kunstwerk abbildet. «Ich hänge schon an der Ordnung», bekennt Wiederkehr, «sie ist mir wichtig.» Er meint damit eine innere Ordnung, das, was die Welt im Innersten zusammenhält, wie Goethe im ‹Faust› sagt, keine äussere, aufgezwungene, schablonenhafte. «Ich bin sicher, dass es sie gibt, auch wenn ich weiter auf der Suche bin.»

Diese Ordnung ist eine vorgegebene, apriorische, auf der die Erscheinungen der Welt beruhen und auf die sie zurückzuführen sind. Es ist die gleiche Ordnung, die Wiederkehr zum Beispiel auch in der Architektur wahrnimmt, oder in der Musik, etwa der von Steve Reich, in jüngster Zeit aber vermehrt derjenigen von Johann Sebastian Bach.

An der Kunst im öffentlichen Raum liegt Wiederkehr viel, genauso wie an dem, was ‹Kunst am Bau› genannt wird und eigentlich, im Idealfall, eine Kooperation mit dem Architekten meint. Es kommt dabei besonders darauf an, sich an bestimmte Vorgaben zu halten. Was hier der äussere Rahmen ist, in den sich das Werk einfügen muss, stellen sonst die inneren Voraussetzungen dar, die Wiederkehr in seinem künstlerischen Schaffen und durch es herauszufinden versucht: indem er sie auf sich selbst bezieht und anwendet.

Beide Male stehe eine Ordnung auf dem Programm, oder die Ordnung schlechthin. Aber nur davon zu sprechen, wäre einschränkend und nicht richtig. Es geht noch um etwas anderes, um Harmonie. Das heisst, um jene Harmonie, die in der Ordnung enthalten ist und durch sie manifest wird.

Technik Graphikblätter: 4-farbige/5-farbige Serigraphie, gedruckt in 8 Druckgängen auf Elfenbeinkarton 320 g/m^2 matt. Edwin Vogt, Waldenburg. Titel: Ohne Titel.

Gido Wiederkehr, geboren 1941 in Rothrist/AG, seit 1962 in Basel wohnhaft.

Preise und Auszeichnungen: 1966/68/81 Eidgenössisches Kunststipendium. 1968/72 Stipendium der Kiefer-Hablitzel-Stiftung. 1969/70/71 Stipendium der Stadt Basel. 1973 Werkbeitrag des Kantonalen Kuratoriums Aargau. Diverse Preise und Ankäufe durch Kunstkredit Basel-Stadt; Werke in privaten und öffentlichen Sammlungen.

Einzelausstellungen u.a.: 1969/73/81/85/88 Galerie Palette, Zürich. 1970 Galerie Riehentor, Basel. 1971 Richmond Hill Gallery, Richmond/GB. 1974 Galerie Objet, Winterthur. 1980/85/95 Ausstellungsraum Klingental, Basel. 1986 Wohnbedarf, Basel. 1987 Galerie Im Trudelhaus, Baden. 1987/97 Gesellschaft für Kunst und Gestaltung, Bonn. 1988 Galerie Seestrasse, Rapperswil. 1989 Galerie ART-FORUM, Freiburg/Br. 1990/94/97 Galerie Graf & Schelble, Basel. 1994 Kunst im Alten Schützenhaus, Zofingen. 1995 März Galerien, Mannheim und Ladenburg (mit Claudio Magoni); Werkstatt-Galerie Gundis und Heinz Friege, Ramscheid. 1996 Galerie Ursula Wiedenkeller, Zürich.

Hieronymus Annoni zum 300. Geburtstag

Ulrich Bister

Erweckungsprediger und Liederdichter

Hieronymus
Annoni
(1697–1770).   ▷

Im Jahre 1764 erschien in der ‹Bürgklischen Druckerei› in Zürich eine von dem Wetzikoner Pfarrer Johannes Schmidlin herausgegebene Sammlung von 100 geistlichen Liedern zur Erweckung und Stärkung des inneren und tätigen Christentums. Hier handelt es sich um eine erstmals mit Melodien ausgestattete Liedtextsammlung des im unteren Rheinland lebenden, dem reformierten Pietismus zuzurechnenden Mystikers Gerhard Tersteegen. Vor 300 Jahren, am 25. November 1697 in Moers geboren, war Tersteegen ein Zeitgenosse und Freund des Schweizer Erweckungspredigers Hieronymus Annoni (12.9.1697 bis 10.10.1770), den er persönlich kannte und schätzte, und dessen Glaubensüberzeugung und -prägung von ihm weitgehend mitgetragen wurde. Beide, Annoni und Tersteegen, waren begnadete und begabte Dichter geistlicher Lieder, und so wie Tersteegens Sammlung ‹Geistliches Blumen – Gärtlein Inniger Seelen ... Nebst einigen geistlichen Liedern›[1] bis zu seinem Tode im Jahre 1769 in insgesamt sieben Auflagen erschien, so auch Annonis ‹Erbaulicher Christen-Schatz oder Drey-Hundert Geistliche Lieder, gesammelt aus verschiedenen schönen Gesangbüchern zum Gebrauch heilsbegieriger Seelen›: erstmals in Basel bei Andreas Burckhardt im Jahre 1739 aufgelegt, dann in den Jahren 1741 als zweite und 1777 bereits als siebente Auflage, die mittlerweile auf 400 Liedtexte erweitert worden war. Während das Leben Gerhard Tersteegens an vielen Stellen ausführlich behandelt wird[2], gerade auch jetzt, anlässlich seines 300. Geburtstages, liegt eine ausführliche Biographie des Hieronymus Annoni bislang noch nicht vor.
Nach dem Lebensabriss von Christoph Johannes Riggenbach[3] waren die Annonis italieni-

sche Glaubensflüchtlinge und seit dem 16. Jahrhundert in Basel ansässig. Als drittes Kind von Nikolaus Annoni und dessen Ehefrau Salome, geb. Burckhardt, wurde Hieronymus am 12. September 1697 in Basel geboren und zu St. Leonard getauft. Bereits sechs Jahre später, 1703, starb der Vater, und der Knabe kam zunächst für einige Zeit nach Bubendorf zu einem Onkel, bis er des Schulbesuchs wegen nach Basel zurückging. Von 1715 an versah der junge Annoni eine Hauslehrerstelle in Liestal, und nach gleichzei-

201

tig abgelegten theologischen Studien empfing er im April 1719 die Ordination.

Eine zweite Hauslehrerstelle führte ihn nach Schloss Giersperg bei Zürich, und hier lernte er offensichtlich erstmals sogenannte Pietisten kennen, darunter Conrad Ziegler, die ihn in seinem weiteren Leben entscheidend beeinflussen sollten. Mehrfach hören wir von seiner Predigttätigkeit in der Umgebung von Basel und Zürich, bis er dann im Jahre 1726 in Sissach den Vikariatsdienst aufnahm. Wir wissen nicht, was ihn veranlasste, in den Jahren 1729 und 1730 für längere Zeit in der französischen Schweiz zu bleiben; war es ihm nur wichtig, Französisch zu lernen, oder vielleicht auch die Bekanntschaft mit dem Neuenburger Gelehrten Osterwald zu vertiefen? Prägend aber war Annonis grosse Reise in die Niederlande und nach Deutschland, wo er im Jahre 1732 in Berleburg mit den dort weilenden Separatisten und Schwärmern zusammentraf, insbesondere mit Johann Friedrich Rock, den er von einer früheren Begegnung in Schaffhausen her kannte.

Seine Heirat mit der Witwe Esther Gottfried, geb. Zwinger, im Jahre 1734 verhalf ihm zu einer gesunden finanziellen Basis, so dass er in den Jahren 1735 und 1736 eine zweite Reise nach Deutschland unternehmen konnte. Wie uns seine heute noch vorliegenden Tagebuchaufzeichnungen berichten, kam es hierbei auch zu einer Begegnung mit Gerhard Tersteegen in Mülheim an der Ruhr, aber auch mit dem Grafen Zinzendorf auf der Ronneburg, mit dem Grafen von Stollberg-Wernigerode und mit Samuel Urlsberger in Augsburg.[4] Endlich, im Jahre 1739, sehen wir ihn als Pfarrer in Wallenburg und seit 1747 in Muttenz, wo er trotz des Widerstands der Basler Stadtgeistlichkeit bis zu seinem Lebensende verblieb. Einige seiner Muttenzer Predigten sind in den Sammlungen für Liebhaber christlicher Wahrheit und Gottseligkeit der Jahre 1795–1797 abgedruckt, aber auch das Zeugnis, «dass er gründliche Gelehrsamkeit besass ..., durch Beobachtungen gesammelte Welt- und Menschenkenntnis, vorzüglich viele Geistes- und Gnadengaben, und so von der Liebe zu seinem Herrn durchdrungen war, dass er sich alle Mühe gab, ihm, dem Erzhirten, Schafe zuzuführen.»[5] Ihm galt als Fundament des Christentums und des ewigen

Lebens: «Wer Christum Jesum recht erkennet, / Der hat sein' Zeit wohl angewend't.» – und dann, in unmissverständlicher Deutlichkeit: «Der Name machet keinen Christen / Und Schwätzen keinen Pietisten. / Mensch! ist dein Herz kein Gotteshaus, / So sieht's mit dir noch übel aus.»

Schon bald hören wir von sogenannten Hauskonventikeln, in denen Annoni die Gläubigen im Lesen des Wortes in der ihm eigenen Weise, nach dem Vorbild Philipp Jacob Speners, unterwies. Der ihn in der Wallenburger Zeit aufsuchende Graf Zinzendorf, dessen Freund Baron von Watteville und auch Samuel Lucius mögen ihn in dieser Aufgabe bestärkt haben. Dies muss auch Heinrich Ernst, Graf von Stolberg-Wernigerode, veranlasst haben, ihn in das Amt des Superintendenten nach Cöthen (Köthen) im östlichen Deutschland zu berufen. Annoni lehnte ab; er sah seinen von Gott gegebenen Auftrag darin, unter den Erweckten des Basler Landes zu arbeiten.

So wird er auch der Initiator der 1756 von ihm gegründeten ‹Gesellschaft guter Freunde›, die sich zum Ziel gesetzt hatte, «nach allgemeiner Christenpflicht Gottes Ehre und des Nebenmenschen Heil zu befördern und sich untereinander zu erbauen». Der Nachlass Annonis, vor allem seine Briefe und Tagebücher, geben uns noch heute einen guten Einblick in die Einzelprogramme dieser Gesellschaft, als da waren: die Förderung der Reichsgottesarbeit unter den Heiden, den Juden, den Muslimen und den verschiedenen Sekten; die wichtigen Nachrichten vom Reich Jesu Christi – so auch die ersten Neuigkeiten von der Ausbreitung des kirchlichen Lebens in Amerika – und der Aufbau einer kirchengeschichtlichen Bibliothek, die allen offenstehen sollte. Die 1780, einige Jahre nach seinem Tode, von Johann August Urlsberger in Basel gegründete ‹Deutsche Christentumsgesellschaft› setzt die begonnene Arbeit fort, weitet sie aus und lässt das Vermächtnis Annonis weit ins 19. Jahrhundert hinein wirksam sein.[6] – Am 8. Mai 1760 starb Annonis Ehefrau, die ihm aus erster Ehe zwei Kinder hinterlassen hatte[7]; er selbst starb am 10. Oktober des Jahres 1770. In einer Strophe des von ihm selbst verfassten Sterbeliedes ‹Mein Gott! ich fühl es leider, dass ich ein Sünder bin› heisst es:

△
Annonis ‹Erbau-
licher Christen-
Schatz›, erstmals
1739 in Basel
aufgelegt bei
Andreas Burck-
hardt.

Soll ich nunmehr verscheiden,
Ach! scheide nicht von mir!
Vollende meine Leiden;
Auf, auf, die Himmelsthür!
Herr Jesu, hör mein Klopfen
Und theil bei jedem Schritt
Von deinen Lebenstropfen
Mir Kraft und Labung mit.

Der uns noch heute weitgehend erhalten geblie-
bene Bibliotheksbestand Annonis in der Stadt-

und Universitätsbibliothek Basel gibt zahlreiche Hinweise zur Entstehungsgeschichte und zu
den eigenen Lieddichtungen seines Erbaulichen
Christenschatzes: «…das Schönste und Beste
an geistlicher Poesie aus alter und neuer Zeit
gesammelt», so der Kirchenhistoriker Paul
Wernle, «blosse Texte ohne Melodien, endlich
auch einmal mit klarer einfacher Anordnung.
Die Morgen- und Abendlieder voran, dann die
Festlieder und hierauf in verständlichen Rubri-
ken die Lehr- und Erweckungs-, die Buss- und
Klag-, die Glaubens-, die Liebes-, die Bitt- und
Fürbitt-, die Kreuz- und Trost-, endlich die Lob-
und Danklieder.»[8]

Hier mögen die Versmasse der französischen
Psalmen, die aus dem Freylinghauenschen Ge-
sangbuch (Halle) und die des Joachim Neander
– übrigens von Tersteegen im Geistlichen Har-
fenspiel bearbeitet – den Dichter am meisten
beeinflusst haben. Tersteegensche Lieder finden sich nicht in den ersten Auflagen, vielleicht
deswegen, weil das Tersteegensche ‹Blumen-
Gärtlein› seit 1735 in mehreren Auflagen in
Bern und Biel bereits erschienen war und somit
in der Schweiz weit verbreitet war. Und doch
werden wir in die geistliche Denkart Neanders
und Tersteegens versetzt:

Mein Herr und Gott, ich sing', ach höre!
Lass mirs gelingen für und für.
Ja, lobe, liebe und verehre
Durch deinen Geist dich selbst in mir.

Es ist für Annoni eine Erfahrung, dass nur der
Geist Gottes selbst ihm Gottes Grösse, Liebe
und Herrlichkeit erschliessen kann, und dass
diese Offenbarung zunächst sein eigenes Leben, sein Herz und sein ganzes Wesen umge-
stalten muss. Nach dem Wort der Heiligen
Schrift wird Gott als Herr geehrt durch das
Lob und die Lippen derer, die ihn ehrfurchts-
voll achten und liebhaben.

Im Jahre 1743 wurde Hieronymus Annoni
durch Hans Rudolf Merian mit der Redaktion
eines Gesangbuches für die baslerische Kirche
beauftragt, das als Anhang zu den Lobwasser-
schen Psalmen gedacht war, um wenigstens für
die Festtags- und Wochengottesdienste eine
Auswahl geeigneter Liedtexte zu haben. So entstand im Jahre 1743 das ‹Christliche Gesang-
buch in sich haltend allerhand Fest-Gesänge

und andere schöne Geistliche Lieder›. Beinahe 100 Jahre blieb diese Liedsammlung im Kirchenleben Basels erhalten. Weitere Liedtexte und -bearbeitungen Annonis finden sich in der anonym herausgegebenen Schrift ‹Heiliges Kinderspiel oder erbauliche Fragen› (Basel 1747).[9]

Wie aus der ersten postum erschienenen Ausgabe ‹Erbaulicher Christenschatz› (1777) zu ersehen ist, stammen etwa achtzig Lieder von Annoni, die sich dann auch in anderen Gesangbüchern der Schweiz, Süddeutschlands und sogar der deutschen Reformierten Kirche in Amerika (Philadelphia, 1859) wiederfinden. Nicht zu vergessen ist auch die grosse Anzahl von Traktat- und Erbauungsschriften, in denen Annoni immer wieder zu verschiedenen Anlässen Lied- und Spruchtexte formuliert: ‹Geistliche Liederbuschel für gutwillige Himmelspilger›, ‹Das Verlangen der Schäflein nach dem Erzhirten Immanuel›, ‹Erbauliche Land-Andachten› oder ‹Zufällige Gedanken über das einfältige Landleben›, ‹Geistliches Kaufmannslied› oder ‹Geistliches Soldatenlied›.[10]

Sein eigentliches Vermächtnis an die Mitpilger ist gleichzeitig auch ein Stück Autobiographie, ein ‹Beschluss› aus 26 Strophen:

> *Ein Christ besuchet oft und gerne*
> *Die Zionskinder nah und ferne,*
> *Und ist im Geist bei Tag und Nacht*
> *Um allgemeines Wohlergehen*
> *Den Bundesengel anzuflehen*
> *Trotz allem Sektenneid bedacht.*

Annonis Verhältnis zu Christen in nah und fern war Voraussetzung dafür, dass seine Spruch- und Lieddichtung so lange Zeit und so weitreichend wirkte. Unter den Deutschschweizer Dichtern geistlichen Liedguts reformierter Prägung des 18. Jahrhunderts darf er gemeinsam mit Werenfels, Ziegler, Meyer, Deggeller, Zollikofer und Spreng genannt werden.

Anmerkungen

1 Geistliches Blumen-Gärtlein, erstmals 1729 in Frankfurt/Leipzig erschienen.

2 Ich verweise auf die Wissenschaftliche Tagung in Mülheim/Ruhr im April 1997 anlässlich des Tersteegen-Gedenkjahres, in Verbindung mit der Rheinischen Kirchengeschichte und der Historischen Kommission zur Erforschung des Pietismus in Deutschland; eine Festschrift mit den auf dieser Tagung gehaltenen Vorträgen soll im Herbst 1997 erscheinen. Im November 1997 findet in Moers/Niederrhein eine Festwoche statt: ‹300 Jahre Gerhard Tersteegen›.

3 Christian Johannes Riggenbach, Hieronymus Annoni, Ein Abriss seines Lebens samt einer Auswahl seiner Lieder, Basel 1870.

4 Tagebuchaufzeichnungen, vgl. Handschriften-Abteilung der Stadt-/Universitätsbibliothek Basel, Bestand Annoni.

5 Sammlungen für Liebhaber christlicher Wahrheiten, Basel, Jahrgang 1795. S. 64 ff.

6 Albert Ostertag, Entstehungsgeschichte der evangelischen Missionsgesellschaft zu Basel, Basel 1865.

7 Unter ihnen Rosina, seit 1739 mit dem Buchhändler Thomas Bischoff aus Basel verheiratet, der später in seinem Bischoffischen Buchladen Annonis Schriften verlegte.

8 Paul Wernle, Der schweizerische Protestantismus im XVIII. Jahrhundert, Band I–III, Tübingen 1923. Darin besonders die Hinweise im Namenverzeichnis unter ‹Annoni›.

9 Unter anderem die Liedtexte ‹Arzt Israels, ich lieg im Beten›, ‹Der Jehova ist mein Helfer›, ‹Du wunderbarer Gott, du bist …› und ‹Mein Gott, ich gehe Schritt auf Schritt dem Tode›.

10 So konnten mehr als zwanzig Titel ermittelt werden, meist zwischen 1750 und 1760 in Basel erschienen. – Diese, wie auch andere wichtige Angaben verdanke ich der freundlichen Mithilfe von Urs Leu, Zentralbibliothek Zürich, Sammlung Alte Drucke.

Urs B. Leu

Hieronymus Annoni als Paläontologe

Dem 1697 in Basel geborenen und 1719 zum reformierten Pfarrer ordinierten ‹Vater des Basler Pietismus› kommt nicht nur in der Schweizer Kirchengeschichte, sondern auch in der Geschichte der Naturwissenschaften ein fester Platz zu. Hieronymus Annoni beschäftigte sich mit erdwissenschaftlichen Fragestellungen, stand mit gewissen Vertretern der zeitgenössischen geologischen Prominenz im Briefwechsel und sammelte eifrig Mineralien und Fossilien. Sein Steinkabinett umfasste «alle Naturalien des Gebiets von Basel, die für eine so kleine Landschaft zum Erstaunen gross ist. Es sind wenig Arten von Versteinerungen, die hier nicht vorkommen.»[1] Mit seinen weit über 700 Objekten erreichte es zwar nicht den Umfang der grossen Sammlungen seiner Vorbilder John Woodward (1665/67–1728) in London, der mehr als 6000 Exponate sein eigen nannte, und Johann Jakob Scheuchzer (1672–1733) in Zürich, der bereits 1716 einen Katalog seines Privatmuseums mit 1513 Nummern veröffentlichte. Trotzdem stiess sie international auf Beachtung und wurde von verschiedenen Reisenden aufgesucht und knapp beschrieben. Daniel Bruckner (1707–1781), der bei Annoni den Religionsunterricht besuchte, griff zudem für seinen von 1748–1763 in Basel erschienenen berühmten ‹Versuch einer Beschreibung historischer und natürlicher Merkwürdigkeiten der Landschaft Basel› verschiedentlich auf Annonis Sammlung zurück und bildete verschiedene Objekte ab.

Einen profunden Einblick in deren Bestand erlaubt der heute im Naturhistorischen Museum Basel verwahrte handschriftliche Katalog Annonis. Die am häufigsten genannten Fundorte sind seine beiden Pfarreien Waldenburg und Muttenz oder liegen in deren Umkreis; so werden die Birsebene, Arisdorf, Tenniken und Diegten, das Landgut seiner Frau, erwähnt. Aus seinen Reisebeschreibungen geht hervor, dass er auch unterwegs ein Auge auf die Schätze warf, die der Erdboden darbot. Während seiner Schweizerreise, die er zwischen dem 10. Juli 1730 und dem 6. Oktober 1731 als Hauslehrer gemeinsam mit seinem Zögling Johann Georg Friedrich Im Thurn (1714–1779) von Schaffhausen und Johann Ulrich Hegner von Winterthur unternahm, stiess er in der Nähe von Leukerbad auf eine Schwefelader und deckte sich mit entsprechenden Handstücken ein. In Burgdorf/BE sowie auf dem Landesplattenberg/GL widmete er sich den Fossilien, und am Gotthard sammelte und kaufte er Bergkristalle. Die Reise in die Niederlande vom April bis zum Oktober 1736 mit dem oben genannten Hegner und mit Bernhardin Im Thurn (1718–1778) nutzte er, um in der Nähe von Philippsburg Versteinerungen sowie in Rensburg und Schevelingen Muscheln zu sammeln.

Fossilien und Sintflut

Bis in die zweite Hälfte des 17. Jahrhunderts galten Versteinerungen vornehmlich als Naturspiele oder Figurensteine, die ihre Entstehung gewissen formativen Kräften der Erdrinde zu verdanken haben. Erst dem Dänen Niels Steno (1638–1687) und dem Engländer Robert Hooke (1635–1703) gelang es, der Auffassung Bahn zu brechen, dass es sich bei ihnen um Reste tierischen und pflanzlichen Lebens handelt. Der Londoner Mediziner John Woodward setzte sich in seinem 1695 publizierten ‹Essay towards a natural history of the Earth and terrestrial bodies› dafür ein, dass die Fossilien versteinerte Relikte von Lebewesen darstellten, die in der biblischen Sintflut umgekommen seien. Der Begründer der wissenschaftlichen Paläontologie in der Schweiz, Johann Jakob Scheuchzer, griff diese Theorie auf und wurde deren berühmtester Vertreter auf dem Kontinent. Ehemals der Auffassung, die Fossilien seien Spiele der Natur, berichtet er im Vorwort seiner 1708 veröffentlichten ‹Bildnissen verschiedener Fischen› über seine Hinwendung zum Diluvialismus: «Ich war ehemals auch der Meinung, da dergleichen Figuren anzusehen seyn, als Spiele der Natur, und hervor gebracht werden können nach denen von Gott geordneten Natur-Gesätzen, in dem Lett, ohne Zuthun eines Männ- oder Weibleins von gleicher Art; nachdeme aber eine grosse Menge dergleichen gebildeten Steinen von allerhand Orten her gesamlet, und mehrere observationes gemachet, sein mir die Augen in Erforschung der Wahrheit in so weit aufgegangen, das nun ganz klärlich sihe den Ursprung dergleichen versteinerten Sachen von der Sündfluth.»[2]

Die Fluttheorie war für die Erdwissenschaften von gewaltiger Wirkung, da die Versteinerungen nun mit lebenden Organismen verglichen wurden und somit der Weg zur vergleichenden Anatomie geebnet war, die mit dem Begründer der Wirbeltierpaläontologie, dem Franzosen Georges Cuvier (1769–1832), ihre erste Blütezeit erlebte.

Annoni als Diluvialist

Hieronymus Annoni war einer der vielen geistigen Schüler Scheuchzers. Er besuchte ihn einmal in Zürich, wechselte wenige Briefe mit ihm und schenkte ihm aus Dankbarkeit 1730 einen grossen, in Tenniken gefundenen Ammoniten.[3]

Der Sintflutgedanke kommt bei Annoni immer wieder zum Vorschein. In seinem Tagebuch zur Schweizerreise leitet er anlässlich der Überquerung des Gemmipasses das gegenwärtige, vielgestaltige Aussehen der Erdoberfläche von den kataklystischen Kräften der grossen Flut ab und vergleicht mit ihr das zeitweilige Brausen und Toben der Birs: «Da bald ablange Stafflen oder Stein-Hügel, bald kleine, öfters noch mit Schnee angefüllte Gruben und Tieffen auf einander immer folgen, mithin von der hohen Noohischen Sündfluth zeugen mögen, die nämlich felsen und Kiesel-Steine, Holtz und Sands dergestalten durch einander geschwämmet, die Birs hin und wieder noch biss auf den heutigen Tag ein recht gressliches Ansehen macht, und nicht ohne erstaunen betrachtet werden kan.»[4]

Nach der Besteigung des Glarner Landesplattenberges, dessen Schiefertafeln weit über die Grenzen der Eidgenossenschaft hinaus berühmt waren, hielt er fest: «Wir kahmen … zu dem Steinbruch Blattenberg, der ganz Europam mit den bekandten Schreib oder Schiefertafeln versiehet, und denen Liebhabern so manche Fische und andere Fossilia aufstellet. Dieser Berg und Steinbruch ligt Mitten zwischen denen Dörfferen Engi und Matt, ohngefehr eine halbe Stund weit in der Höhe des grossen Freybergs und bestehet auss 2 grossen Löcheren oder Gewölberen, auss denen die steinernen Blatten abgesprenget, hervorgezogen und ausspoliret werden. Da sich zugleich die Materie in solchem Überfluss äusseret, dass man wohl sagen kan, es steke hier für die Glarner ein unerschöpflicher und ewiger Stein-schatz, und für die Studiosos Historiae Naturalis ein weites Feld, De Diluvii universalis veritate et effectibus, wie auch De la Theorie de la Terre zu speculieren und zu raisonnieren.»[5]

Der französische Ausdruck am Schluss des Zitats «De la Theorie de la Terre» mag auf den ersten Blick befremden, spielt aber auf eine schmale Schrift mit dem Titel ‹Mémoire sur la theorie de la terre› des Neuenburger Mathematikers und Philosophen Louis Bourguet (1678–1742) an, welche dieser 1729 als Anhang zu seinen ‹Lettres philosophiques sur la formation des sels et des crystaux› veröffentlichte. Im mehrheitlich theologisch geprägten Briefwechsel zwischen Annoni und Bourguet findet sich ein auf den 12. November 1739 datiertes Schreiben des Letztgenannten an den Basler Kollegen, aus dem hervorgeht, dass er ihm ein Exemplar dieses Werkes zusandte, konstruktive Kritik erwartete und gewisse Fossilien gegen Bezahlung erbat: «J'attends de recevoir quelques Exemplaires de mes Lettres philosophiques, dont j'aurai l'honneur de vous en offrir une, afin que vous contribuiez à perfectionner ma Theorie de la Terre, en me procurant de

Calcitkristalle in rotem Bohnerz-Jaspis, Fundortbezeichnung ‹Tenniken 1752›. Daneben: Kupferstich des Minerals aus Daniel Bruckners ‹Merkwürdigkeiten› (1753). ▷

In seinem handschriftlichen Katalog bezeichnet Annoni das Objekt als «Agatstück mit Diamant von Tenniken». ▷

Roter Hauptrogenstein von Muttenz, wahrscheinlich aus der Sammlung H. Annoni. ▷▷

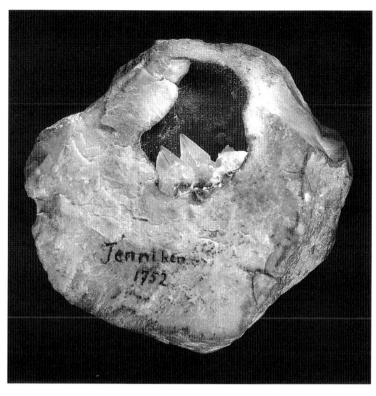

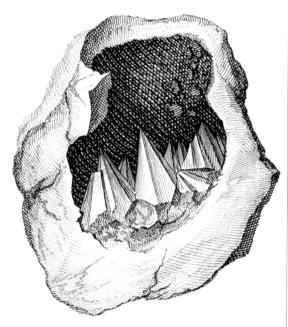

+ Geschliffener kleiner Agatstein, Basil. et
        Exotici.

+ Halb-geschliffener Agatstein, Basileens.
+ Ein dito aus d. Hardt.

+ Ein holer Agat, mit crystal, von Duelsb.

+ Ein dito, so einen Glatscher repräsentiert,
        von Leubel.

+ Ein Agatstück, mit Diamant, von Zürich.

+ Ein dito, von Duelsb, kleiner.

+ Ein st. d. grüner, worauf eine Hand abgebildet ist,
        aus d. Leed. Scheint im türckis zu sein.

+ Ein weisser rauher Agatstein mit crystalflüd, von Duelsb.

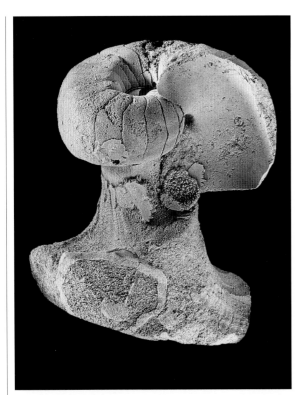

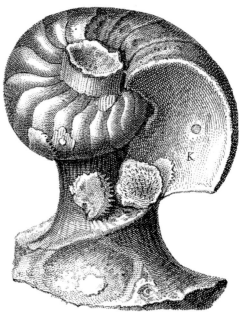

Nautilus Cenoceras intermedium aus dem Lias von Pratteln. Daneben: Kupferstich aus Daniel Bruckners ‹Merkwürdigkeiten›.
◁

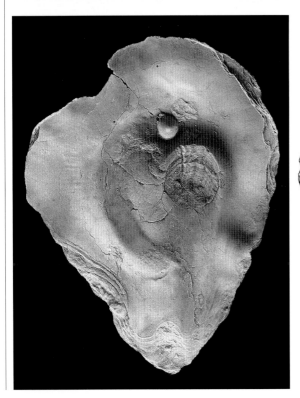

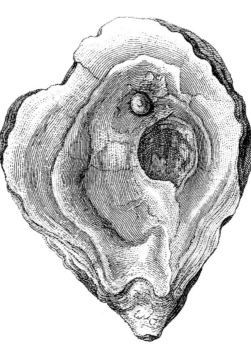

Ostres explanata mit Perle aus dem Dogger von Waldenburg. Daneben: Kupferstich aus Daniel Bruckners ‹Merkwürdigkeiten›.
◁

Seeigel
Clypneus ploti aus
dem Dogger von
Kilchberg oder
Zeglingen.
Daneben: Kupfer-
stich aus Daniel
Bruckners
‹Merkwürdig-
keiten›.   ▷

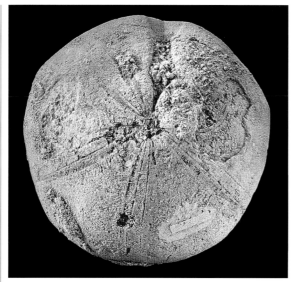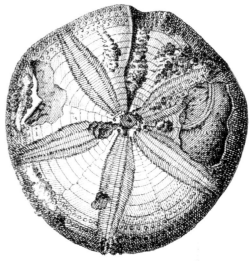

Seelilienglieder
von *Cainocrinus
andreae* aus dem
Dogger von Aris-
dorf. Daneben:
Kupferstich aus den
‹Briefen aus der
Schweiz› von
Johann G. R.
Andreae (1776).   ▷

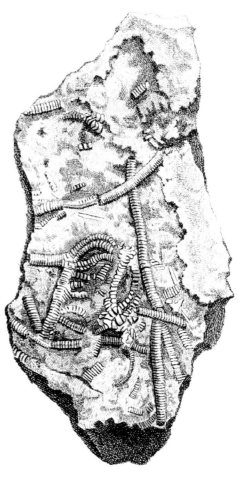

Coquillages petrifiés des especes les plus curieuses. Mais je payerai pour les paysans ce que vous m'ordonnerez.»[6]

Bourguet betrachtete die Sintflut nicht mehr als Wunder der göttlichen Allmacht, wie vor ihm Woodward und Scheuchzer, sondern erklärte sie auf dem Hintergrund verstärkter und gottgewollt zusammenwirkender bekannter Naturprozesse. Mit diesem Ansatz, vergangene Geschehnisse in der Erdgeschichte mit Hilfe gegenwärtig beobachtbarer Vorgänge zu erklären, arbeitete er dem Aktualismus des schottischen Geologen James Hutton (1726–1797) vor, wie dies übrigens schon Niels Steno tat. Die Klärung der Frage, wieweit Annoni auch ein Schüler Bourguets war, bedarf weiterer Nachforschungen.

Die Mosaische Flut («Noohische Sündfluth») fand auch in Annonis Gedichten ihren Niederschlag. In seiner ‹Erweckung zum Lobe Gottes für die Berg- und Thal-Leute im Rauracher-Land sonderlich zu D.› lautet die sechste Strophe:

> Steine, die zum Bauen gut,
> Zeugen von der Sünden-Fluth,
> Edel-Steine sind zugegen,
> Die uns ernstlich pred'gen mögen.

Annonis ‹Erbauliche Land-Andachten› von 1754 reden noch deutlicher über den Ursprung der Fossilien:

> Hohe Berg und tiefe Thäler, wo noch manche Muschel stecket,
> zeugen, wie die Wasser-Fluthen jene sichre Welt bedecket.

Annonis Sammlung

Hieronymus Annoni vermachte sein stattliches Naturalienkabinett 1768, zwei Jahre vor seinem Tod, der Universität Basel. Es bildete den Grundstock der öffentlichen Basler mineralogischen und paläontologischen Sammlungen. Insgesamt konnten im Naturhistorischen Museum bis jetzt nur zwei Mineralien und vier Fossilien aus Annonis Besitz identifiziert werden. Bei den Mineralien handelt es sich um Calcitkristalle in einem roten Bohnerz-Jaspis von Tenniken sowie um ein poliertes Stück ‹Muttenzer Marmor› (roter Hauptrogenstein).[7] An Versteinerungen sind noch ein Nautilus, eine Muschel mit Perle, ein Seeigel und ein Fragment mit Seeliliengliedern vorhanden.[8] Bruckner erwähnt in seinen eingangs zitierten ‹Merkwürdigkeiten› zudem zwei Ammoniten und ein fossiles Korallenstück aus Annonis Kabinett. Trotz der entsprechenden Abbildungen in seinem Werk[9] konnten die Original-Handstücke dazu bis heute nicht gefunden werden.

Anmerkungen

1 Gottlieb Sigmund Gruner, Reisen durch die merkwürdigsten Gegenden Helvetiens, Erster Theil, London 1778, S. 4.
2 Johann Jacob Scheuchzer, Bildnissen verschiedener Fischen …, Zürich 1708, S. 2f.
3 UB Basel, Ms F I, Brief Nr. 13.
4 UB Basel, Ms B II.2, S. 259.
5 UB Basel, Ms B II.2, S. 413f.
6 UB Basel, Ms F II, Brief Nr. 41.
7 Raritäten und Curiositäten der Natur, Die Sammlungen des Naturhistorischen Museums Basel, Basel 1980, S. 16.
8 R. Rutsch, Originalien der Basler Geologischen Sammlung zu Autoren des 16. bis 18. Jahrhunderts, in: Verhandlungen der Naturforschenden Gesellschaft in Basel, Bd. 48, 1937, S. 15–46. – Otto Wittmann, Frühe Paläontologie in der Landschaft Basel, Dietikon 1977.
9 Vgl. Daniel Bruckner, Versuch einer Beschreibung historischer und natürlicher Merkwürdigkeiten der Landschaft Basel, 9. Stück, Basel 1753, Taf. 9, Fig. d und e sowie 13. Stück, Basel 1755, Taf. 13, Fig. k.

Das Herzl-Jubiläum 1897/1997

Heiko Haumann

Der Erste Zionistenkongress von 1897 in Basel

«Sehr geehrter Herr Doktor», schrieb der Zürcher Zionist David Farbstein am 2. Juli 1897 an Theodor Herzl in Wien, «Sie dürfen nicht uns (sere) Bewegung als Frucht des Antisemitismus bezeichnen, sondern eher das betonen, dass unter dem Antisemitismus hauptsächlich die unschuldigen Juden leiden. Der demokratische Schweizer ist selbst Antisemit betreffend die reichen Juden, wird aber mit einer Bewegung der Armen sympathisiren.»[1] Es ging um den bevorstehenden Basler Zionistenkongress. Eigentlich hatte er in München stattfinden sollen; doch der Widerstand in der Israelitischen Cultusgemeinde Münchens, der dann noch durch einen ‹Protest› liberaler und orthodoxer Rabbiner im ‹Allgemeinen Rabbinerverband› Deutschlands verstärkt wurde, erzwang die Verlegung: Die Liberalen befürchteten, man könne sie mit den Zionisten identifizieren und dann ihre Bereitschaft, sich patriotisch in den deutschen Staat integrieren zu wollen, anzweifeln. Die Orthodoxen bekämpften die zionistischen Bestrebungen, weil diese Gott vorgreifen wollten, der doch die Juden aus dem Exil nach Israel zurückführen müsse.[2]

Herzl bat den ihm bekannten Farbstein um Rat, ob sich Zürich oder ein anderer Ort in der Schweiz für den Kongress eigne. Dieser riet am 11. Juni 1897 zu Basel. Zürich gelte als ‹Nihilistenstadt›, als Hort der russischen Revolutionäre im Ausland. Deshalb könnten die aus Russland anreisenden Zionisten Schwierigkeiten mit der zaristischen Regierung und Geheimpolizei bekommen. In Basel falle dieses Hindernis weg – es sei, wie er am 2. Juli hinzufügte, «keine politisch verrufene Stadt», hingegen sei eine gute Infrastruktur gegeben.[3] Mit seinem Hinweis auf den Antisemitismus der Schweizer

gegen reiche Juden wollte Farbstein gewiss nicht die weltoffene Grundströmung in Basel in Frage stellen, welche die Juden in die Gesellschaft der Stadt integrierte und den Zionistenkongress mit Sympathie aufnahm. Offenbar gedachte er, ein allzu harmonisches Bild, das Herzl von der Schweiz und von Basel hatte, zu berichtigen. Noch in deutlicher Erinnerung waren die judenfeindlichen Demonstrationen auch in Basel anlässlich des Erfolgs der Schächtverbotsinitiative von 1893. Die pietistischen ‹christlichen Zionisten› in Basel, von denen Herzl wusste und die bei der Vorbereitung des Kongresses halfen, befürworteten zwar den Zionismus, weil er in ihr Verständnis des Heilsgeschehens hineinpasste, waren deshalb jedoch keineswegs judenfreundlich gestimmt: In vielen Zeitungen, aber auch in Schnitzelbänken der Fasnacht jener Jahre sind antisemitische Klischees unübersehbar. Zugleich ging es Farbstein wohl darum, Herzl vorsichtig davon abzubringen, den Zionismus nur als Antwort auf den Antisemitismus zu verstehen. Auch die Innensicht, die materielle Not der Juden, sei zu berücksichtigen.

Die Ursachen des Zionismus

Die Grundsatzreden am Kongress, der vom 29. bis 31. August 1897 im Stadtcasino tagte, verdeutlichten die Meinungsvielfalt über das Verständnis von Zionismus. Herzl blieb dabei, den Antisemitismus und die Zurückweisung aller jüdischen Assimilationsbemühungen als Ursache des Zionismus zu benennen, und konzentrierte sich auf den Weg hin zu einer gesicherten Heimstätte in Palästina für diejenigen Juden, die dies wollten. Farbstein hingegen betonte statt dessen die soziale und wirtschaftliche Not, vor allem das unvorstellbare Elend in Osteuropa. Diesen armen und zudem noch diskriminierten Juden biete der Zionismus eine Perspektive. Möglicherweise machte sich hier bemerkbar, dass Farbstein ursprünglich aus Warschau stammte und auch von sozialistischen Gedankengängen beeinflusst war. Max Nordau, der Vizepräsident und neben Herzl die überragende Persönlichkeit des Kongresses, rührte mit seiner Analyse der Lage des jüdischen Volkes und des Antisemitismus die Anwesenden und riss sie mit, diese Zustände zu ändern. Zugleich war er bestrebt, den Juden ein neues Selbstbewusstsein zu vermitteln. Für ihn stand neben der materiellen Armut, die er hauptsächlich in Osteuropa lokalisierte, die «sittliche Judennoth» im Zentrum.[4] Mit der Emanzipation und dem Ausbruch aus dem Ghetto hätten die Juden Westeuropas ihre «Sonderart» aufgegeben, aber, durch den Antisemitismus zurückgestossen, noch keinen neuen Platz in der Gesellschaft gefunden. Nathan Birnbaum, der 1890 in seiner Zeitschrift ‹Selbst-Emancipation› den Begriff Zionismus geprägt hatte, aber anders als Herzl darin gescheitert war, eine Bewegung zu formieren, hob hervor, dass der kulturellen Orientierungslosigkeit im Westjudentum die «ostjüdische Eigencultur» gegenüberstehe, die noch in sich gefestigt sei, sich aber nicht weiterentwickeln könne. Der Zionismus biete die Möglichkeit, sich zu einer Nationalkultur zu vereinen.

Eine Emanzipationsbewegung

Deutlich wird, dass die Wurzel für die Entstehung des Zionismus in der Suche nach einem neuen Selbstverständnis als Jude gesehen wurde, selbst wenn der Antisemitismus den letzten Anstoss gegeben hatte. Die alten ‹Sicherheiten› waren aufgrund der wirtschaftlichen, sozialen, politischen, religiösen und geistigen Veränderungen seit Ende des 18. Jahrhunderts zerbrochen. Immer mehr Juden hatten versucht, nicht mehr passiv die Ankunft des Messias zu erwarten oder auf ein Entgegenkommen der nichtjüdischen Umwelt zu hoffen, sondern sich aus eigener Kraft zu emanzipieren. Der Zionismus war eine der praktizierten Möglichkeiten für ein neues Selbstverständnis. Dabei wurden, wie schon die skizzierten Reden zeigen, innerhalb dieser Bewegung die Akzente sehr verschiedenartig gesetzt. Vor allem die unterschiedliche Wahrnehmung zwischen Ost- und Westjuden weist auf erhebliche innere Differenzen hin, die auch weiterhin immer wieder zum Tragen kommen sollten. Ähnlich belegt das verabschiedete ‹Baseler Programm› bereits eine Variationsbreite im Hinblick auf Ziele und Mittel des Zionismus, die das spätere Aufbrechen tiefgreifender Gegensätze zwischen den verschiedenen

Die Tagebuchnotiz vom 3. September 1897: «… in Basel habe ich den Judenstaat gegründet» verdeutlicht Herzls Staatsverständnis.

Theodor Herzl redet am 2. Zionistenkongress 1898 in Basel (Zeichnung: M. Okin). ▷

Im August 1899 sagt Herzl der Universitätsbibliothek Basel zu, sämtliche zionistischen Publikationen zur Verfügung zu stellen. Der Brief wurde erst 1997 wieder aufgefunden. ▷

Strömungen nicht verwunderlich macht. Vorrang von Besiedlung – oder Staatsbildung, kulturelle Erneuerung des Judentums – oder diplomatisches Mächtespiel, Palästina als einziges territoriales Ziel – oder auch ein anderes Gebiet – dies sind nur einige der Themen, um die gestritten wurde. Dabei spielte die Herkunft aus Ost- oder Westeuropa ebenso eine Rolle wie die politische Ausrichtung oder die Einstellung zur Religion.

Die Zionisten wollten eine Bewegung der Jugend sein. Menschen mit neuem Selbstbewusstsein würden die zukünftige Gesellschaft aufbauen. Karpel Lippe, Alterspräsident des Ersten Kongresses und bedeutender, in Rumänien wirkender Zionist, sah «lebenskräftige, arbeitslustige junge Leute … durch Arbeit und Fleiss das verwüstete Land in ein Eden verwandeln».[5] Der starke, «männliche», «produktiv» tätige Jude sollte Ausdruck des «neuen Menschen» sein und dem Bild des gelehrten, blassen, unpraktischen, körperlich schwachen Mannes –

213

oft als «weibisch» denunziert – entgegenwirken. Max Nordau erblickte, wie auch andere, vor allem westjüdisch geprägte Zionisten, in diesem «Muskeljuden» die Antwort auf die «unbeholfenen und ausgemergelten, hustenden Jammerzwerge des östlichen Ghettos».[6] Noch einmal kam hier eine Unkenntnis der ostjüdischen Traditionen, ja eine kulturelle Verachtung dieses Milieus zum Ausdruck, die einen Teil der zionistischen Bewegung bestimmte. Das Vorbild des kämpferischen, heldischen Pioniers drängte die vorherrschende Verbindung des ‹lebenskräftigen› Juden mit der Tradition des gelehrten, lernenden Juden im Laufe des sich zuspitzenden Konflikts mit den Arabern und aufgrund der Erfahrung der Schoa allmählich zurück und wurde zum Mythos. Auswirkungen auf das Rollenverhalten und die Zuweisung von Handlungsräumen von Männern und Frauen sind nicht zu übersehen.

Ideale und Idealisierung

Von Palästina war im übrigen am Ersten Kongress nicht viel die Rede. Die meisten Zionisten hatten nur verschwommene Vorstellungen von diesem Land und von den Menschen, die dort lebten. Sie dachten vermutlich, es werde keine Probleme geben, wenn die Juden dorthin kämen und die europäische Zivilisation mitbrächten. Nur wenige, namentlich aus dem Kreis der ‹Kulturzionisten›, warnten schon damals davor, die Situation zu unterschätzen, und plädierten für eine Anerkennung der arabischen Kultur und ein freundschaftliches, friedliches Zusammenleben. Bis heute gibt es diese Traditionslinie im Zionismus. Interessanterweise spielte die Schweiz als Modell für Lösungsmöglichkeiten des Konflikts und für den zukünftigen Staatsaufbau eine gewisse Rolle. Herzl hatte bereits in seinem ‹Judenstaat› den «Sprachenföderalismus» der Schweiz gepriesen, um einen Ausgleich zwischen den Sprachen der aus aller Welt stammenden Juden zu erreichen – Hebräisch hatte sich damals noch nicht durchgesetzt.[7] Später kam es immer wieder zu Überlegungen, inwieweit eine kantonale Gliederung und direkte Demokratie nicht auch für eine staatliche Organisation des Zusammenlebens mit den Arabern geeignet seien. Und während Kritiker des zionistischen Projekts eher abwertend von einer «jüdischen Schweiz auf Actien»[8] sprachen, formulierte Arnold Zweig die Utopie einer «linken Schweiz» für das künftige Gemeinwesen – pazifistisch, klassenlos, vielfältig in ihren Kulturen, ein Vorbild für die im nationalistischen Wahn und in kapitalistischer Klassenspaltung befangenen Völker Europas.[9] So waren Basel und die Schweiz mehr als ein angenehmer Tagungsplatz; es bildete sich sogar eine innere Verbindung heraus.

Anmerkungen

1 Central Zionist Archives Jerusalem, H 1205.
2 Vgl. die entsprechenden Beiträge in: Der Erste Zionistenkongress von 1897 – Ursachen, Bedeutung, Aktualität, «… in Basel habe ich den Judenstaat gegründet», hrsg. von Heiko Haumann in Zusammenarbeit mit Peter Haber, Patrick Kury, Kathrin Ringger, Bettina Zeugin, Basel u. a. 1997. Auf dieses Buch, das aus Anlass der Basler Ausstellung zum Jubiläum des Zionistenkongresses erschienen ist, stütze ich mich auch im folgenden, wenn nicht anders vermerkt. Nachgewiesen werden nur noch wörtliche Zitate.
3 Central Zionist Archives Jerusalem, H 1205.
4 Zionisten-Congress in Basel (29., 30. und 31. August 1897), Officielles Protocoll, Wien 1898, S. 17 (die ganze Rede S. 9–20, diejenige Herzls S. 4–9, Farbsteins S. 94–108, die im folgenden zitierte Birnbaums S. 82–94, das Zitat dabei S. 88).
5 Zionisten-Congress, S. 2.
6 Max Nordau, Generalreferat über ‹Fragen der körperlichen, geistigen und wirtschaftlichen Hebung des Judentums› am 5. Zionistencongress in Basel, Basel 1901, S. 19–20; vgl. Max Nordau's Zionistische Schriften, hrsg. vom Zionistischen Aktionskomitee, Köln/Leipzig 1909, S. 379–388.
7 Theodor Herzl, Der Judenstaat, Versuch einer modernen Lösung der Judenfrage, Leipzig/Wien 1896, hier zitiert nach der Ausgabe Zürich 1988, S. 101. Vgl. ders., Briefe und Tagebücher, hrsg. von Alex Bein u. a., Bd. 2, Berlin u. a. 1983, S. 190.
8 Anton Bettelheim, Der Gründerprospect einer jüdischen Schweiz, in: Beilage zur Allgemeinen Zeitung (München) Nr. 52 vom 3.3.1896, S. 4–6.
9 Arnold Zweig, Das Neue Kanaan, Eine Untersuchung über Land und Geist, Berlin 1925, Abschnitt 8.

Dennis L. Rhein

Ein Jubiläum fördert die internationale Verständigung

«In Basel habe ich den Judenstaat gegründet», hatte Theodor Herzl anlässlich des 1. Zionistenkongresses 1897 in sein Tagebuch geschrieben. Vor drei Jahren beschloss der Basler Regierungsrat, das hundertste Jubiläum dieses historisch bedeutsamen Ereignisses 1997 in angemessener Form zu begehen. Zu diesem Zweck setzte er ein Organisationskomitee ein, das unter der Federführung von ‹Basel Tourismus› die Planung, Organisation und Koordination der verschiedenen Veranstaltungen durchführen sollte. Im Verlaufe der Vorbereitungen wurde man mit veränderten politischen Situationen konfrontiert, ausgelöst durch die internationale Aufarbeitung der Rolle der Schweiz im Zweiten Weltkrieg und durch die gewandelte politische Lage im Nahen Osten. Ihnen galt es Rechnung zu tragen.

Besucher aus aller Welt hörten die Vorträge am Akademischen Kongress im Stadtcasino. ▽

Eine Palette würdiger Veranstaltungen

Über vierzig Veranstaltungen fanden zwischen Frühjahr und Herbst statt, vom Filmzyklus über Konzerte bis zu Ausstellungen und Podiumsdiskussionen. Verschiedene Aktivitäten wurden von privater Seite initiiert und durchgeführt, wie die Ausstellung ‹Art Spiegelman's Maus›, ein vom Jugendparlament Basel organisierter Jugendkongress Schweiz-Israel und verschiedene israelisch-palästinensische Gespräche zum Frieden im Nahen Osten, die auf grosses Interesse stiessen. Ebenfalls regen Zuspruch fand das vielseitige, von der ‹Stiftung Kirche und Judentum› vorbereitete, interreligiöse Rahmenprogramm.

Zwischen Ende Juni und Anfang September 1997 präsentierte das historische Seminar der Universität Basel, unter der Leitung von Prof. Heiko Haumann und seinem Team, in der Kunsthalle eine Ausstellung, die in Zusammenarbeit mit den amerikanischen Projectart-Künstlern Clegg & Guttmann gestaltet worden war. Sie zeigte, ausgehend vom 1. Zionistenkongress, die weltgeschichtliche Bedeutung der Zionistischen Bewegung bis in die Gegenwart auf und wurde von gegen 10 000 Personen besucht. Eine Begleitpublikation, auf Deutsch und Englisch im Karger Verlag erschienen, ermöglicht eine vertiefende Auseinandersetzung mit der Thematik.

Zahlreiche Besucher aus aller Welt zog auch der Akademische Kongress der Universität Basel an, der in der letzten Augustwoche im Stadtcasino stattfand. Gemeinsam mit der Hebräischen Universität Jerusalem, der Universität Tel Aviv und der Zionistischen Weltorganisation war der dreitägige Kongress von Prof. Ekke-

Judith Stamm, Dan Tichon, Avraham Burg, Ueli Vischer und Thomas G. Borer bei einer Pressekonferenz.
◁

hard W. Stegemann vorbereitet worden. Über zwanzig international renommierte Referentinnen und Referenten beleuchteten aus unterschiedlichen Perspektiven historische und aktuelle Themen; auf besonders grosses Interesse stiessen dabei die Publikumsveranstaltungen am Abend.

Eine offizielle Israelische Delegation, angeführt von Dan Tichon, dem Parlamentspräsidenten und stellvertretenden Staatspräsidenten Israels, kam Ende August zu einem dreitägigen Besuch nach Basel. Nach einem Empfang durch die Basler Regierung im Rathaus folgte, im Beisein von Bundesrätin Ruth Dreifuss, ein Nachtessen im Wenkenhof. Ausserdem war die Delegation zu Gast bei der Israelitischen Gemeinde. Persönlichkeiten der zionistischen und jüdischen Organisationen aus aller Welt waren bei diesem Anlass dabei.

Höhepunkt des Herzl-Jubiläums

Höhepunkt des Herzl-Jubiläums bildete die Gedenkfeier am 31. August. Rund 2000 Personen, darunter gegen 300 Medienvertreter, drängten sich bei hochsommerlichen Temperaturen ins Stadtcasino. Die Ansprachen hielten der Vorsitzende der Zionistischen Weltorganisation, Avraham Burg, der Knessetpräsident Dan

Tichon, die Schweizer Nationalratspräsidentin Judith Stamm und der Basler Regierungspräsident Ueli Vischer. Umrahmt wurde der Festakt vom Sinfonieorchester Basel und der Klezmer Band ‹Kol Simcha› sowie dem Jugendchor der Israelitischen Gemeinde Basel. Der aus Hollywood angereiste Schauspieler Maximilian Schell trug Passagen aus Theodor Herzls Tagebuch vor, und durch die würdige Feier führte Buddi Elias.

Basel bleibt in guter Erinnerung

Nach Abschluss der zahlreichen Veranstaltungen dankte Regierungspräsident Ueli Vischer der Polizei und der Armee für ihren Einsatz sowie der Bevölkerung für ihr Verständnis, das sie gegenüber den Sicherheitsvorkehrungen gezeigt hatte. Als Erinnerung an dieses denkwürdige Jahr werden bleiben: Über 3000 von der Basler Gastfreundschaft beeindruckte, zufriedene Gäste aus aller Welt, 369 akkreditierte Journalisten, die Basels Ruf in alle Welt hinaustrugen, ein Armee- und Polizeieinsatz in bisher unbekanntem Ausmass sowie Anlässe, die zur Verständigung unter den Menschen verschiedener Nationen, Religionen und Weltanschauungen beigetragen haben.

Strenge Eingangskontrollen bei der Podiumsdiskussion Palästina/Schweiz in der Messe Basel.
◁◁

Die Ausstellung in der Basler Kunsthalle.
◁

Drei zu Polizeibooten umfunktionierte Militärboote patrouillierten auf dem Rhein.
▷

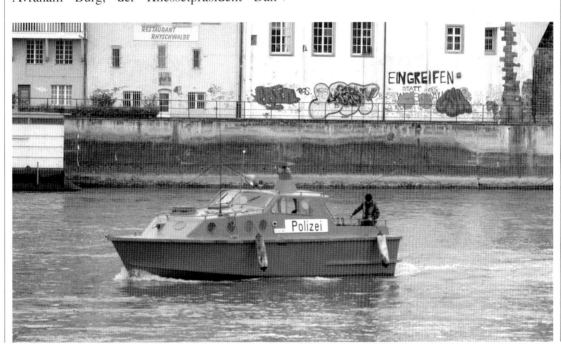

Flucht in die Schweiz 1933–1945

Lukrezia Seiler

Flüchtlinge in Riehen und Bettingen

Die Geschichte der Schweiz im Zweiten Weltkrieg – so lange verdrängt oder glorifiziert – hat uns eingeholt. Seit Monaten sieht sich die Schweizer Bevölkerung konfrontiert mit Fragen zu Raubgold und nachrichtenlosen Konten und mit dem dunkelsten Kapitel der jüngeren Schweizergeschichte, der Rückweisung von mindestens 30 000 Flüchtlingen, die damals in der Schweiz Zuflucht suchten.

Wie erlebte die Bevölkerung von Riehen und Bettingen die Kriegsjahre, direkt an der deutschen Grenze? Wie weit beschäftigte sie sich mit dem Schicksal jener Menschen, die versuchten, die Grenzen ihrer Gemeinden zu überschreiten und in die Schweiz zu flüchten? Zu diesen Fragen erschien 1996 in Riehen ein Buch[1], das in vielen Gesprächen mit Zeitzeugen – Dorfbewohnern, Grenzwächtern, Fluchthelfern, Flüchtlingen und Angehörigen jüdischer Menschen – jene Zeit wieder lebendig werden lässt. Vor dem historischen Hintergrund der Judenverfolgung im Dritten Reich und der restriktiven Flüchtlingspolitik der Schweiz entstand «ein bewegendes Zeitdokument über eine bewegte Zeitepoche»[2]. Die Zitate im folgenden Bericht sind diesem Buch entnommen.

Flüchtlinge an der Grünen Grenze

Die Landesgrenze zwischen den beiden Landgemeinden und Deutschland ist achtzehn Kilometer lang und verläuft zum grössten Teil durch Wälder und Wiesen, oft in sehr unübersichtlichem Gelände. Diese Grüne Grenze bot zahllose Fluchtmöglichkeiten, war sie doch über weite Strecken nur durch Grenzsteine und Tafeln markiert und erst ab 1942 durch einen mächtigen, von den Deutschen errichteten Stacheldrahtzaun abgeriegelt.

Schon kurz nach Hitlers Machtergreifung am 30. Januar 1933 suchten die ersten Flüchtlinge Schutz in der Schweiz, darunter vor allem politisch Verfolgte, bald aber auch verfolgte Juden. Damals war es noch relativ einfach, die Grüne Grenze unbemerkt zu überschreiten, wie der in Riehen aufgewachsene Maler und Grafiker Heiri Strub erzählt: «Mein Elternhaus an der Paradiesstrasse 30 ist bei verschiedenen Emigranten fast legendär. Mein Vater machte in den zwanziger und dreissiger Jahren politische Kulturarbeit im kommunistischen Sinne und pflegte intensive Kontakte zu Verleger- und Intellektuellenkreisen in Deutschland. … Nach Hitlers Machtergreifung wurde diese Verbindung dann benützt, und unser Haus diente als Anlaufstelle für Flüchtlinge und Emigranten. So rief zum Beispiel im Frühsommer 1933 Babette Gross, die Frau und Mitarbeiterin des Verlegers Willi Münzenberg, meinen Vater aus Lörrach an und bat ihn, herüberzukommen. Meinem Vater war sofort klar, dass sie auf der Flucht war, und er traf sie am Abend in einem Café in Lörrach. Dann führte er sie, mit seinem Pass im Sack, am Arm über die Grenze, auf dem schmalen Weg der Bahnlinie entlang. Meine Mutter war gross, eine stattliche Frau, und Babette Gross hatte eine ähnliche Figur, und so schmuggelte er sie als seine ‹Gattin› im Dunkeln an den Zöllnern vorbei. Das ging damals also noch relativ schmerzlos.»

Nach dem Einmarsch der deutschen Wehrmacht in Österreich im März 1938 änderte sich dies schlagartig: 1938/39 versuchten zehntausende von österreichischen und deutschen Juden, in die Schweiz zu flüchten. Auch in Riehen stieg die Zahl der Hilfesuchenden. Die Flüchtlinge durchwateten die Wiese, kamen in Eisenbahnzügen der Wiesentalbahn oder durch die Wälder der Eisernen Hand. Nun wurde der Grenzschutz verstärkt; Rückweisungen und Ausschaffungen waren an der Tagesordnung, und die Zeitungen waren voll von Berichten über das Flüchtlingselend.

Die Riehener Bevölkerung wurde in dieser Zeit zum ersten Mal in grösserem Masse direkt mit Flüchtlingen konfrontiert. Die Reaktionen reichten von spontaner Hilfeleistung bis zur Denunziation beim Riehener Polizeiposten. So

Grenzstein 51 in der Eisernen Hand, oberhalb des Maienbühlhofes (um 1941). An dieser Stelle wurden viele Flüchtlinge über die Grenze zurückgeschafft. ▽

erzählt Doris Bekbissinger, Tochter einer Riehener Bäckersfamilie: «Es war im November oder Dezember 1938, an einem kalten Wintertag. Meine Mutter bediente im Laden unserer Bäckerei an der Äusseren Baselstrasse ihre Kunden. Plötzlich sah sie durchs Ladenfenster, dass drüben auf der Traminsel vor dem Restaurant Niederholz ein Mann und eine Frau standen, beide ganz nass. Eine Frau, die im Laden war, erzählte, dass diese Leute durch die Wiese gekommen seien – es seien Juden, aus Wien, und sie wollten jetzt ins Sommercasino. Meine Mutter war ganz entsetzt – das gehe doch nicht, die beiden würden sich ja erkälten – und rief meinen Vater. Dieser ging zu den Leuten hinüber und sagte, er bringe sie gerne mit dem Auto nach Basel. Die Flüchtlinge wehrten ab, sie würden ja alles nass machen; dass sie auch Angst hatten, sich einem Fremden anzuvertrauen, sagten sie nicht, aber es war ihnen wohl anzumerken. Aber mein Vater konnte sie überzeugen; er nahm sie ins Haus, in die warme Backstube, und Mutter gab ihnen warme trockene Kleider und etwas zu essen. Vater brachte dann das Ehepaar S. aus Wien ins Sommercasino, wo ein Auffanglager für jüdische Flüchtlinge eingerichtet worden war. Sie konnten später nach Philadelphia weiterreisen.»

Aber auch die gegenteilige Haltung war anzutreffen. Ein Polizeirapport vom 9. September 1938 berichtet, dass ein Mann auf dem Riehener Polizeiposten folgende Anzeige machte: «Am 8. September 1938, ca. um 20.30 Uhr, bemerkte ich, wie ein Personenzug der Wiesentalbahn, von Riehen kommend, ca. 100 Meter unterhalb des Morybrügglis, auf offener Strecke angehalten hatte um daselbst jüdische Emigranten auszuladen. Es ist übrigens nicht das erste Mal, sondern wir haben das schon öfters beobachtet, dass ungefähr an der gleichen Stelle und um die gleiche Zeit Personenzüge der Wiesentalbahn angehalten haben, vermutlich um jüdische Emigranten auszuladen.»

Aufnahme oder Rückweisung?

Die Position der Schweizerischen Bundesbehörden war klar: «Flüchtlinge nur aus Rassegründen, z. B. Juden» wurden an der Grenze zurückgewiesen. Wie der Historiker Jean-Claude Wacker in seinem Buch ‹Humaner als Bern!›[3]

nachwies, vertraten die Basler Behörden unter ihrem Polizeidirektor Fritz Brechbühl einen humanitäreren Standpunkt und ermöglichten vielen Emigranten und Flüchtlingen – entgegen den Weisungen des Eidgenössischen Justiz- und Polizeidepartements –, für kürzere oder längere Zeit in Basel zu bleiben. Dies galt aber nur für Flüchtlinge, denen es gelungen war, bis in die Stadt hinein zu kommen; alle Flüchtlinge, die in Grenznähe aufgegriffen wurden – und zur Grenznähe gehörte offensichtlich das ganze Gemeindegebiet von Riehen und Bettingen – wurden unverzüglich der Polizei übergeben und wieder über die Grenze zurückgeschickt.

Es lässt sich heute nicht mehr feststellen, wie viele Flüchtlinge an den Grenzen von Riehen und Bettingen vor und während des Krieges Zuflucht suchten. Mehrere tausend Personen, Zivilflüchtlinge und Militärpersonen, die hier die Grenze überschritten, konnten in der Schweiz bleiben. Die Zahl der Zurückgewiesenen aber kann nicht mehr eruiert werden, da alle Akten verschwunden sind. Nur in zwei Notizen der Grenzwachtpostenchronik des Postens Grenzacherstrasse finden sich Hinweise auf das Drama, das sich an der Grenze abspielte:

«1943: Die Flüchtlinge aus Deutschland versuchen in vermehrtem Masse, in die Schweiz zu gelangen. Alle Rassen und Typen europäischer Staaten werden von unseren Grenzwächtern eingefangen und je nach den bestehenden Vorschriften sofort wieder über die Grenze zurückgeschoben, oder aber der Polizei übergeben.» –

«1944: Der Flüchtlingszustrom an unseren Grenzen nimmt immer mehr zu. Fast täglich bringen unsere Grenzwächter Franzosen, Russen, Deutsche, Holländer etc. vom äusseren Dienst auf den Posten.»

Vielen Zeitzeugen blieben die Rückschaffungen der Flüchtlinge in unauslöschlicher Erinnerung. So berichtet Marie Schiegg, die Tochter eines Zollbeamten, der mit seiner Familie im Grenzwachtposten Riehen-Inzlingerstrasse wohnte, über die Zeit von 1938/39: «In dieser Zeit wurden des Nachts immer wieder Flüchtlinge, die von den Grenzpatrouillen im Wald aufgegriffen worden waren, zu meinem Vater auf den Grenzposten gebracht. Ich lag im Bett in meinem Zimmer, welches gegen die Strasse hinausführte, hörte, wie die Leute gebracht wurden, wie meine Mutter aufstand, um ihnen etwas Warmes zuzubereiten, und wie mein Vater auf den Polizeiposten telefonierte. Wenig später wurden die Flüchtlinge dann von der Polizei abgeholt, um auf den Polizeiposten oder direkt an den Grenzübergang Inzlingerstrasse gebracht zu werden. Ich heulte in mein Kissen, zog mir die Bettdecke über den Kopf, um von allem nichts zu hören.»

Albert Schudel, Redaktor der Riehener Zeitung, berichtet von einer Begegnung beim Polizeiposten Riehen im Herbst 1942: «Beim Näherkommen erkannte ich, dass vor dem Polizeiposten eine fünfköpfige jüdische Familie stand – ich erinnere mich an zwei Frauen und drei Kinder im Schulalter, die abtransportiert und an die Grenze zurückgeführt werden sollten. Sie waren nach ihrer Aussage wochenlang nachts durch die Wälder vor den Nazi-Schergen geflüchtet und sahen furchtbar elend und erschöpft aus. Jetzt seien sie endlich, endlich über die Grenze in die Schweiz gekommen, ans Ziel ihrer Flucht, und hätten geglaubt, jetzt könne ihnen nichts mehr passieren. Und da: Wieder Polizei und Verhaftung! Die beiden Frauen und die Kinder heulten, die Mutter warf sich auf die Knie, sie bettelten um ihr Leben. Kühl und sachlich aber erklärten die Polizeibeamten, sie hätten Befehle aus Bern, jüdische Flüchtlinge sofort wieder an die Grenze zu stellen – Befehl sei Befehl …» Und Magdalena Hürlimann-Sturm, die ab 1942 ganz nahe der Grenze, an der Inzlingerstrasse, wohnte, erinnert sich, dass immer wieder Flüchtlinge in ihrem Elternhaus Zuflucht suchten: «Ich erinnere mich gut, wie sie erzählten, auf welch gefahrvolle Art sie den gewaltigen Stacheldrahthag überwunden hatten. Einer war zum Beispiel mit einem Brett, das er auf den Hag legte, hinüber gestiegen, andere hatten mit Drahtscheren oder mit den Händen ein Loch gemacht und waren hindurchgekrochen. … Eines Abends, als wir auf der Strasse spielten, fuhr ein Polizeiauto vom Dorf hinauf und an uns vorbei. Darin sassen die gleichen Flüchtlinge, die an jenem Morgen bei uns in der Küche gesessen hatten. Die Polizei brachte sie hinauf an den deutschen Zoll, um sie den deutschen Zöllnern zu übergeben.»

Barriere und
Panzersperre am
Zoll Lörracher-
strasse (1944). ▷

Barrikadenbau
beim Übergang
Weilstrasse auf der
Wiesenbrücke.
Die Bewohner des
Schlipf wurden
dadurch von Rie-
hen abgeschnitten
(1939). ▷

Für die Grenzwächter bedeuteten diese unmenschlichen Befehle eine grosse Belastung. So erzählt Ulrich Götz, der spätere Grenzwachtkommandant Kreis I Basel: «Aufgenommen wurden zum Beispiel Franzosen, die deportiert worden waren, geflüchtete Kriegsgefangene, Deserteure oder ehemalige, mit Deutschen verheiratete Schweizerinnen mit ihren Kindern. Zurückgewiesen wurden zum Beispiel Zwangsarbeiter und -arbeiterinnen aus Russland, Polen und der Ukraine, und dann vor allem die Juden, die schon vor dem Krieg, ab 1938, prinzipiell zurückgestellt wurden – eine Katastrophe! Als dann gar noch der ‹J-Stempel› kam, den wir auch noch propagiert haben, damit man die Juden schneller erkenne, wurde jeder, der damit in die Passkontrolle kam, an Ort und Stelle zurückgewiesen. Manchmal konnte man helfen, aber sehr viele Menschen mussten wir zurückweisen, Männer, Frauen, auch Kinder. Es war ein verdammt harter Beruf!» Es gab freilich auch Beamte, die in ihrer Arbeit nur eine strikte Pflichterfüllung sahen, wie zum Beispiel jener Riehener Grenzwächter, der erklärte: «Die einen waren dafür, dass die Flüchtlinge kamen, die andern dagegen, ich wollte mich da nicht in die Diskussion einlassen. Wir hatten nur die Aufgabe, die Überläufer anzuhalten und auf den Posten zu bringen. Es gab schon auch Grenzwächter, die die Vorschriften in diesen Sachen nicht genau befolgten, aber die sind weggesiebt worden; solche Leute konnten wir nicht brauchen …»

Begegnungen mit der Dorfbevölkerung

Auch für die Riehener und Bettinger Bevölkerung war der Zweite Weltkrieg eine Zeit grosser Anspannung. Nicht nur Rationierung, Lebensmittelknappheit, Anbauschlacht und vieles mehr lasteten auf der Bevölkerung; hinzu kam die Angst vor einem möglichen Angriff der Deutschen. Alle – auch die Kinder – wussten, dass bei einem deutschen Angriff Riehen und Bettingen kampflos aufgegeben und die Rheinbrücken sofort gesprengt worden wären; eine Flucht über den Rhein wäre nicht mehr möglich gewesen. Dass neben diesen Sorgen die Flüchtlingsfrage in den Hintergrund trat, ist verständlich. Viele Zeitzeugen gaben an, sich gar nicht an Flüchtlinge zu erinnern; andere hatten

zwar beobachtet, dass Flüchtlinge zum Polizeiposten gebracht und wieder wegtransportiert wurden, hatten sich aber keine grossen Gedanken darüber gemacht. Die Angst vor Verrat war gross, gab es doch im Dorf auch Nazifreunde und Spione, vor denen man sich in acht nahm.

Für die Bevölkerung, die unmittelbar an der Grenze und in den Sperrzonen wohnte, war die Situation anders; sie begegneten häufig Menschen, die in ihren Häusern Zuflucht suchten oder sich in der Nähe versteckten. Gross war die spontane Hilfsbereitschaft; Flüchtlinge wurden in die warme Küche genommen, mit Essen und trockenen Kleidern versorgt. Danach wurden sie, gemäss den zu Kriegsbeginn erlassenen Weisungen des Bundesrates, wonach alle Ausländer sich sofort bei der Ortspolizei zu melden hatten, auf den Polizeiposten gebracht. Dass dabei die Flüchtlinge Gefahr liefen, nicht in ein Internierungslager, sondern an die Grenze zurückgebracht zu werden, war vielen Helfern nicht bewusst – die Erinnerung belastet sie noch heute.

Marie Schmutz-Rüegsegger verbrachte die Kriegsjahre auf dem Maienbühlhof: «Fast täglich kamen Flüchtlinge. Sie kamen vom Wald herunter, meistens am frühen Morgen oder am Abend. Als erstes habe ich die Flüchtlinge immer verpflegt, mit Milch und Brot, das war ja wohl das Nötigste. Sie waren enorm dankbar, und die Freude, sich in Sicherheit zu fühlen, war gross. Es kamen Überläufer aus verschiedenen Ländern: viele Franzosen, besonders aus dem Elsass, und viele Polen. Gezwungenermassen musste ich dann jeweils dem Zoll oder der Polizei telefonieren, welche die Flüchtlinge hier abholten. Aber – es ist furchtbar – am Abend wurden viele Flüchtlinge wieder an die Grenze gestellt. Das habe ich lange nicht gewusst; ich nahm an, dass sie in der Schweiz in Internierungslager kämen. Später haben uns die Grenzwächter und Soldaten aber erzählt, dass sie die Leute bei Dunkelheit wieder über die Grenze zurückbrachten. … Später, als man all das Schreckliche aus den Konzentrationslagern wusste – das war furchtbar. Die Schweiz hat sich ein sehr schlechtes Zeugnis ausgestellt. Ich hätte niemals geglaubt, damals, dass die Schweizer Behörden so handeln und Menschen bewusst in den Tod schicken könnten …»

Am 14. März 1933 wurde auf dem Riehener Bahnhof die Hakenkreuzfahne gehisst, am darauffolgenden Tag von einem Redaktor der Arbeiter-Zeitung heruntergerissen, später jedoch wieder aufgezogen (Foto um 1934). ▷

Fluchthelfer und Schlepper

Politisch interessierte Kreise freilich wussten genau, dass gefährdete Flüchtlinge, vor allem Juden, unbedingt heimlich über die Grenze gebracht und ins Landesinnere geschleust werden mussten. Mitglieder des Widerstandes in Deutschland zeigten Flüchtlingen die verschiedenen Fluchtwege, Fluchthelfer in Basel versteckten Flüchtlinge oder halfen ihnen weiter. So berichtete der 1996 verstorbene Publizist Oskar Reck von seiner Tätigkeit bei der ‹Aktion Nationaler Widerstand›: «Es gab gesicherte Verbindungen mit Oppositionellen im Dritten Reich, mit Gewährsleuten in Frankreich und mit Gleichgesinnten in Italien. Wir waren, ohne dass ich Genaueres über die Dispositive wusste, in der Lage, Flüchtlinge einzuschleusen, zum Beispiel über die Wiese bei Riehen. Doch diese

Voraussetzung bot noch keine Gewähr für die erfolgreiche Tat. Die solcherart privatisierte Asylpolitik war deshalb brüchig, weil sie gegen die offizielle Schweiz und die grosse Mehrheit ihrer Bevölkerung durchgesetzt werden musste. Wir konnten sie nur mit gebotener Verschwiegenheit betreiben.»

Diese Verschwiegenheit führte dazu, dass man von vielen der damals ‹illegalen› Hilfeleistungen heute nichts mehr weiss. Einer der wenigen aktiven Riehener Fluchthelfer pendelte als Direktor einer Schweizer Fabrik in Grenzach täglich über die Grenze. Mit Hilfe seiner Töchter verhalf er in den letzten Kriegsjahren vielen Juden zur Flucht durch den Wald oberhalb des Friedhofs am Hörnli: «Unsere Aufgabe war es nun, mit dem Grenzwächter zu plaudern und ihn von seiner Aufgabe abzulenken. Während dieser Zeit tauchte dann Vater mit einer oder mehreren Personen aus dem Wald auf, aus der Richtung der Sperrzone; sie wanderten als unauffällige Spaziergänger ohne Gepäck an uns vorbei und weiter durch den Wald gegen Riehen hinunter. ... So haben wir sicher zwanzig Leute, vielleicht auch mehr, hinübergelotst. Zum Teil kamen die Leute nachher kurz zu uns, zum Teil aber waren sie plötzlich verschwunden, wie wenn jemand anderes sie in Empfang genommen hätte. Das wussten wir nicht. Aber wir wussten, dass alles Juden waren. Und es war uns klar, dass diese Menschen gerettet werden mussten, weil sie sonst deportiert und umgebracht würden. Das hat man einfach gewusst.»

Neben den Fluchthelfern gab es auch Schlepper, die gegen Entgelt Flüchtlinge über die Grenze brachten. Von ihrer Tätigkeit im Bereich Riehen/Bettingen ist wenig bekannt. Im Bericht des Bildhauers Kurt Behret, der im Schlipf, direkt an der Grenze zu Weil am Rhein, aufgewachsen ist, wird einiges aufgezeigt von der Schleppertätigkeit beiderseits der Grenze: «Natürlich brauchte es auch auf der Schweizer Seite Schlepper. Da der Schweizer Zollposten sich auf der Wiesebrücke befand, mussten die Flüchtlinge, die durch den Stacheldrahthag hindurchgekommen waren, zuerst die Wiese durchqueren, um in die Langen Erlen und von dort nach Basel zu gelangen. Die Langen Erlen waren gut bewacht, dort wurde mancher geschnappt. Man hat die Leute nicht durch die Wiese begleitet, man hat ihnen nur den Weg gezeigt und gesagt: ‹Schaut selber, wie ihr weiterkommt.› ... Grenzbewohner schrecken nicht so bald vor etwas zurück. Man sah das Elend so manches Jahr, sah die vielen, die fliehen wollten. Manche trugen ganze Koffer voll Geld oder Wertsachen mit sich; andere hatten nichts. Es ging nicht ums Helfen, man betrachtete das aus einer ganz andern Warte: Man sprach nie von Barmherzigkeit. Jeder versuchte einfach zu profitieren – so ist doch das Leben. Mitleid durfte man nicht haben, sonst wäre man nicht mehr aus all dem herausgekommen. Wenn man all das Elend sah – man wäre ja selber noch verrückt geworden.»

«Genau so war es!»

Das Buch ‹Fast täglich kamen Flüchtlinge› löste ein starkes Echo aus. «Genau so war es»,

hiess es von vielen Seiten, «genau so war die Stimmung im Dorf, diese Mischung von Alltag und Angst.» Zeitzeugen, damals noch Kinder, erinnerten sich, wie sich die Leute im Dorf erzählten, dass in der Nacht wieder Flüchtlinge auf den Polizeiposten gebracht und nachher ausgewiesen worden waren. Oder dass im elterlichen Bauernhof im Autal immer wieder Flüchtlinge in der Scheune übernachtet hätten, besonders Polen: «Einer kam sogar zwei Mal und erzählte, dass er ausgepeitscht worden sei, nachdem er von der Schweiz ausgeschafft worden war. Nun versuche er es zum zweiten Mal.» Aus Deutschland schrieb ein pensionierter Bahnangestellter, er habe von einem Kollegen erfahren, dass deutsche Juden, die dieser in Kohlenzügen in die Schweiz geschmuggelt hatte, von den Schweizern direkt an die SS ausgeliefert wurden. Töchter von ehemaligen Fluchthelfern in Basel meldeten sich und erzählten, wie ihre Eltern oft wochen- und monatelang Flüchtlinge in der Wohnung oder der Mansarde versteckt hielten. Auch ehemalige Flüchtlinge erzählten von ihrer gefahrvollen Flucht in die Schweiz.

Alle diese Echos bestätigen die Aussagen, die in dem Buch zusammengetragen worden sind, und vor allem die durch Akten nirgends sonst belegten Ausschaffungen. Die intensive Auseinandersetzung mit dem Buch zeigt aber auch, dass viele Schweizerinnen und Schweizer heute bereit sind, sich der Vergangenheit zu stellen und sich mit dem Unrecht auseinanderzusetzen, das die Schweiz im Zweiten Weltkrieg an den zurückgewiesenen Flüchtlingen begangen hat.

Anmerkungen

1 Lukrezia Seiler/Jean-Claude Wacker, ‹Fast täglich kamen Flüchtlinge›, Riehen und Bettingen – zwei Schweizer Grenzdörfer in der Kriegszeit, Erinnerungen an die Jahre 1933–1948, Riehen 1996 (3. Auflage 1997).
2 Urs Marti, Riehen und Bettingen – Zwei Grenzdörfer in der Kriegszeit, Hautnahe Konfrontation mit dem Flüchtlingselend, in: Neue Zürcher Zeitung, 18.2.1997.
3 Jean-Claude Wacker, Humaner als Bern! Schweizer und Basler Asylpraxis gegenüber den jüdischen Flüchtlingen 1933 bis 1943 im Vergleich, in: Quellen und Forschungen zur Basler Geschichte, Bd. 14, Basel 1992.

Georg Kreis

Basel und die Rückkehr des Zweiten Weltkrieges

Basel ist erwartungsgemäss von der enormen Beachtung, die man gesamtschweizerisch im vergangenen Jahr der Geschichte des Zweiten Weltkrieges entgegengebracht hat, nicht unberührt geblieben. Hier sei – gleichsam zur Vergegenwärtigung der jüngsten Vergegenwärtigungsversuche – festgehalten, wie man in Basels gesellschaftlicher Öffentlichkeit auf die Herausforderung der wiedererstandenen Vergangenheit reagiert hat. Es wäre wohl verfehlt, davon auszugehen, dass ‹Basel› auf eine spezifische Weise reagiert hat, besonders sensibel und besonders intelligent, wie man es gerne von sich selber annehmen würde. ‹Basel› war aber präsent, in mannigfaltiger und nachhaltiger Weise.

Auch Antisemiten unter Nazi-Gegnern

Zunächst seien, stellvertretend für weitere, zwei Grossveranstaltungen mit gesamt(deutsch)-schweizerischer Beteiligung in Erinnerung gerufen, die dem sprunghaft angestiegenen Bedürfnis nach öffentlicher Aussprache und wegleitender Klärung entsprechen wollten. Die erste Veranstaltung rückte den Antisemitismus ins Zentrum der Debatte. Sie wurde am 5. Februar 1997 im übervollen Konferenzraum des Hotels Hilton durchgeführt und vom veranstaltenden Basler Journalisten Ronald Goldberger geleitet.[1] Sie vermittelte insbesondere die Erkenntnis, dass Schweizer und Schweizerinnen während des letzten Weltkrieges durchaus Nazi-Gegner und trotzdem Antisemiten sein konnten. Dies muss darum betont werden, weil immer wieder aus tiefer Überzeugung versucht wird, anfechtbares Verhalten in der Flüchtlingsfrage oder in den Wirtschaftsfragen mit Hinweisen auf die – weitgehend gewiss bestehende – Ab-

lehnung des Nationalsozialismus zu bagatellisieren. Es wurde auch zu Recht darauf hingewiesen, dass die Schweiz 1957 beim Erscheinen des Flüchtlingsberichts des Basler Professors und alt Regierungsrats Carl Ludwig und noch 1995 bei der Entschuldigung des Bundespräsidenten Kaspar Villiger wegen des schweizerischen Anteils an der Einführung des sogenannten Juden-Stempels es verpasst hat, durch eine klärende Debatte mit ihrer Vergangenheit ins reine zu kommen. Und von dritter Seite kam die Mahnung, die Schweiz könne die anstehenden Probleme nicht an ihre Magistraten delegieren oder sich gar von der Vergangenheit loskaufen.

Die zweite Veranstaltung wurde von Rotary Basel am 10. März 1997 in der vollbesetzten Aula der Universität Basel unter der Leitung von Heinrich Koller, Direktor des Bundesamtes für Justiz und Professor an der Universität Basel, durchgeführt. Der Verfasser dieses Berichts zeichnete in einem einleitenden Referat die Entwicklung der Diskussion um die nachrichtenlosen Vermögen nach, die sich im Laufe des Jahres 1996 sehr schnell zu einer umfassenden Auseinandersetzung mit den Fragen zur schweizerischen Übernahme von Nazi-Gold und Fluchtgeldern von Kriegsverbrechern und schliesslich ganz allgemein zur Rolle der Schweiz im Zweiten Weltkrieg ausgeweitet hatte. Er setzte sich auch mit der Frage auseinander, warum ‹gerade jetzt› und nicht ‹schon früher› die Debatte aufgekommen sei. Die hier nicht im einzelnen zu wiederholende Erklärung ist in zweifacher Hinsicht von politischer Bedeutung: Einerseits wirkt sie der viel zu simplen Meinung entgegen, dass eine externe Kommandozentrale (Stichwort: ‹Weltverschwörung›)

225

einen breit angelegten Angriff auf die Schweiz ausgelöst habe, andererseits tritt sie mit dem Hinweis auf frühere Vorstösse gegen die bequeme Auffassung an, eine Auseinandersetzung sei nicht nötig, weil die Tatbestände sozusagen verjährt seien. Der Basler Bankier Georg Krayer, in seiner Eigenschaft als Präsident der Schweizerischen Bankiervereinigung bereits seit längerem im Zentrum des Geschehens, erklärte völlig gegenläufig zu der Erwartung, was ein *banker* zu dieser Frage sagen würde, die Banken hätten in der Frage der Holocaust-Vermögen die emotionale Seite des Problems zu lange vernachlässigt. Task-Force-Chef Thomas Borer bestätigte, die jüdisch-amerikanische Seite habe an den schweizerischen Reaktionen das tiefe Mitgefühl vermisst. Rolf Bloch, Präsident des Schweizerischen Israelitischen Gemeindebundes, bekundete als Zeitzeuge ebenfalls Mühe mit der Forderung nach mehr ‹Sachlichkeit›, warnte aber gleichzeitig vor Selbstzerfleischung und lehnte kollektive Beschuldigungen ab; verantwortlich sei man in erster Linie für den heutigen Umgang mit der eigenen Geschichte.[2]

Engagierte, klärende Worte

Zwei öffentliche Erklärungen, die diesen Veranstaltungen vorausgegangen waren, zeugten vom grossen Bedürfnis, der öffentlichen Debatte die richtige Richtung zu geben. Beide Verlautbarungen kamen aus der Universität und waren von der Auffassung getragen, dass in diesen Tagen speziell von diesem ‹Ort› aus ein engagiertes und zugleich klärendes Wort ergehen müsse. Beide reagierten auf die unglücklichen Bemerkungen von Bundespräsident Jean-Pascal Delamuraz[3] und die in der Folge als ‹vox populi› daherkommenden Zustimmungen, die einen antisemitisch-nationalistisch-xenophoben Einschlag hatten. Aufgrund einer von Theologen lancierten Initiative wandten sich 134 Professorinnen und Professoren in einem ‹offenen› und per Inserat öffentlich gemachten Brief an die Landesregierung und forderten, dass sie ein deutliches und unmissverständliches Zeichen setze. Wie es im Falle der Flüchtlingspolitik durch die Erklärung von Bundespräsident Villiger von 1995 geschehen sei, so müssten auch jetzt die politischen Instanzen bezüglich der Goldkäufe der Nationalbank und der Untätigkeit der Banken im Falle nachrichtenloser Vermögen, unabhängig von juristischer Bewertung und historischer Studien, öffentlich moralische Schuld eingestehen. Darüber hinaus müsse aber die ehrliche Absicht der Wiedergutmachung durch die Errichtung eines Hilfsfonds für Holocaust-Opfer unter Beweis gestellt werden:

Die scharf bewachte Grenze war für viele Flüchtlinge unüberwindlich.
◁

«Es geht nicht so sehr um die internationale und ökonomische Reputation, sondern mehr noch darum, dass die Schweiz sich ihrer Verantwortung hinsichtlich der historischen Schuld stellt, Unrecht einzugestehen und Recht herzustellen vermag, um den demokratischen und humanen Idealen der Eidgenossenschaft heute treu zu bleiben.»[4]

Die zweite Erklärung kam aus dem Historischen Seminar und galt der beunruhigenden Tatsache, dass sich der Antisemitismus in der Schweiz wieder offen manifestiert. Zum einen wurde daran erinnert, dass die antisemitischen Stereotype der Gegenwart eine Vorgeschichte haben, die bis ins Spätmittelalter zurückreicht; andererseits wurde die grundsätzliche Bedeutung judenfeindlicher Manifestationen als Seismographen für gesellschaftliche Krisen hervorgehoben. Statt in der «zerstörerischen Kraft des Antisemitismus» ein Ventil zu suchen, müsse sich die Gesellschaft, in ihrem eigenen Interesse, den Problemen stellen. «Das Zusammentreffen von innerer Krise und Druck von aussen bietet die Chance einer Neuorientierung, die Chance, sich der Vergangenheit bewusst zu werden und in einer offenen und zukunftsgerichteten Auseinandersetzung nach neuen Handlungsperspektiven zu suchen.»[5]

Das Historische Seminar gab sich aber nicht mit einem Aufruf zufrieden, sondern fühlte sich selber aufgerufen, aufgrund seiner Fachkompetenz Informationen und Analyse, Deutungsvorschläge und Orientierung zur Verfügung zu stellen. Es organisierte eine 10teilige öffentliche Vortragsserie mit ausgewiesenen Spezialisten für die verschiedenen Bereiche und Dimensionen. Die besten Augenblicke der stets gut besuchten Veranstaltungen entstanden dann, wenn die Universität für einen Moment zum öffentlichen Forum für den Dialog zwischen Experten und interessierten Laien sowie zwischen älteren und jüngeren Jahrgängen wurde.[6]

Aus Basel wurden im weiteren auch verschiedene Schriften an die in diesem Themenfeld intensivierte Publizistik beigesteuert. Ein regionalgeschichtlicher Beitrag aus der jüngsten Vergangenheit entstand aus den Schilderungen, die Lukrezia Seiler und Jean-Claude Wacker über Flüchtlingsbegegnungen an der Riehener und Bettinger Grenze zusammengetragen haben.[7] Martin Leuenberger stellte einen Beitrag aus der Regionalgeschichte zur Verfügung, dem man entnehmen kann, dass um 1848 im fortschrittlichen Kanton Basel-Landschaft Angehörige der badischen Aufstandsbewegung wesentlich leichter aufgenommen wurden als elsässische Juden.[8] Aus einer Basler Arbeitsstube und einer Basler Offizin stammt eine Schrift

Am 25. Oktober 1939 wurde Eli Carmel entgegen der Anweisung der Eidgenössischen Fremdenpolizei ausgewiesen. ▷

gesamtschweizerischen Formats, die mit 16 Beiträgen den neuesten Stand der Forschung, das heisst den aktuellen Stand des Wissens sowie die Umschreibung des Nochnichtwissens bzw. der Fragestellungen, vermittelt.[9]

Basler Regierung entschuldigt sich öffentlich

Die Regierung von Basel-Stadt sah sich im vergangenen Jahr durch ein persönliches Schicksal plötzlich sehr konkret mit der Vergangenheit konfrontiert: Eli Carmel, 81jährig und heute in Israel lebend, forderte über den St. Galler Rechtsanwalt Paul Rechsteiner vom Kanton Wiedergutmachung. Er war am 25. Oktober 1939 als 22jähriger österreichischer Staatsbürger nach Lörrach ausgeschafft und in der Folge ins KZ Sachsenhausen deportiert worden. Hans Weinberg, wie das Opfer damals hiess, war offenbar gegen die Anweisung der Eidgenössischen Fremdenpolizei ausgeliefert worden. Spuren seines Aufenthaltes in der Schweiz konnten im April 1997 im Genfer Staatsarchiv gefunden werden und bildeten teilweise die Grundlage für das Begehren. Die Basler Regierung, die über die Stimme des Regierungspräsidenten während des gesamten Jahres an verschiedenen Anlässen, insbesondere im Zusammenhang mit dem Gedenkjahr zum 1. Zionistenkongress, präsent war, stellte sich der Vergangenheit. Anfang August 1997 reiste Staatsschreiber Robert Heuss nach Israel und besuchte Eli Carmel in Ramat Gan. Im September 1997 erklärte Regierungspräsident Ueli Vischer in einer eigens einberufenen Pressekonferenz: «Ich entschuldige mich im Namen der Regierung und der Bevölkerung für das, was 1939 passiert ist.»[10] Im Sinne einer Geste und nicht als Anerkennung einer Rechtspflicht sprach die Regierung dem Opfer eine Wiedergutmachungssumme von 50 000 Franken zu, wohl wissend, dass man weder mit Entschuldigungen noch mit Schmerzensgeldern erlittenes Leid tilgen kann. Der Regierung war es ein Trost, vom Basler Historiker Jean-Claude Wacker schon 1992 durch seine Lizentiats-Arbeit attestiert bekommen zu haben, dass Basels Flüchtlingspolitik «humaner als Bern» gewesen sei.[11] Der Humanitätsgrad dieser Praxis war allerdings 1979 Gegenstand einer kleinen Kontroverse gewesen: Der Anarchist Heinrich Koechlin opponierte gegen eine Glorifizierung des «SP-Genossen» Fritz Brechbühl, der als Vorsteher des Polizeidepartements für die Umsetzung der Bundespolitik verantwortlich war. Koechlin hatte damals bemerkt – was wir heute vielleicht etwas besser verstehen –, dass man auch in Basel eher «solidarisch im Versa-

1997 entschuldigte sich die Basler Regierung öffentlich bei dem Holocaust-Überlebenden. ◁

gen» gewesen sei und dass die wenigen Engagierten auf «eine Mauer des Schweigens» gestossen seien.[12]

Ein neuer Geist im Umgang mit Geschichte

Die ‹Rückkehr› des Zweiten Weltkriegs führte nicht zu eigenen Ausstellungsprojekten. Als indirekten Beitrag kann man aber (nach der vielbeachteten Ausstellung im Kollegiengebäude der Universität über Anne Frank im Vorjahr) die als Zusatzbeitrag zum Herzl-Jahr verstandene Ausstellung im Klingental von Art Spiegelmans MAUS, einer Holocaust-Geschichte in Comic-Form, verstehen.[13] Basel hatte seine Spezialausstellungen 1989 und 1995, jeweils 50 Jahre nach Beginn und Ende des Zweiten Weltkrieges gehabt.[14] Diese von einer jüngeren Generation getragenen Projekte waren durchaus im ‹neuen Geist› gehalten: einerseits kritisch gegenüber dem Selbstverständnis der damaligen Verantwortungselite und dem überlieferten Geschichtsbild, andererseits den realen Alltagsproblemen der Bevölkerung zugewandt. Obwohl es bereits Vorboten der ‹künftigen› Problematik gab, konnte man sich damals offensichtlich noch nicht vorstellen, dass 1996/97 ein noch neuerer Geist gefragt sein sollte, der sich eines bereits alten Teils der Geschichte mit mehr Empathie, mehr Anteilnahme am Schicksal der Opfer der nationalsozialistischen Vernichtungspolitik erneut annehme. Ohne Häme, vielmehr mit Demut und Bescheidenheit, kann man, muss man an diesem Beispiel wieder einmal erkennen, wie zukunftsblind unser Blick in die Vergangenheit doch sein kann.

Anmerkungen

1 Auf dem Podium diskutierten: Gian Trepp, Ökonom und Spezialist für Bankgeschichte; Walter G. Frehner, ehem. Verwaltungsratsvorsitzender des Schweizerischen Bankvereins; Werner Rom, Präsident der Israelitischen Cultusgemeinde Zürich; Paul Rechsteiner, Anwalt und SP-Nationalrat St. Gallen; Christoph Eymann, Gewerbeverbandsdirektor und LDP-Nationalrat Basel-Stadt; Urs Turnheer, Philosoph; Nico Rubeli-Guthauser, ev.-ref. Pfarrer von der Stiftung Kirche und Judentum; Thomas G. Borer, Leiter der Task Force (Sonderstab Naziopfer), Absolvent der Juristischen Fakultät der Universität Basel. Bericht der Basler Zeitung vom 7. Februar 1997.
2 Basler Zeitung vom 11. März 1997.
3 Delamuraz erklärte in einem Interview zum Abschluss seines Präsidialjahres, die Schweiz sehe sich einer Lösegeld-Erpressung ausgesetzt und Auschwitz habe doch nicht in der Schweiz gelegen. (24 heures und Tribune de Genève vom 31. Dezember 1996)
4 Inserat in der Basler Zeitung vom 22. Januar 1997, S. 8.
5 Integral veröffentlicht in der Basler Zeitung vom 7. Februar 1997. Die Initiative für die von allen Gruppierungen des Seminars getragene Erklärung ging von PD Regina Wecker aus.
6 An der von Regina Wecker und Philipp Sarasin organisierten und von der Freiwilligen Akademischen Gesellschaft finanziell unterstützen Vortragsserie wirkten in chronologischer Reihenfolge mit: Gian Trepp, Peter Hug, Jakob Tanner, Johann Aeschlimann, Frank Vischer, Annette Frei Bertoud, Jacques Picard, Harold James, Ekkehard Stegemann, Georg Kreis. Den Vortragsabenden ging eine Podiumsveranstaltung voraus, an der unter der Leitung von Gisela Blau teilnahmen: Thomas G. Borer, Georg Krayer, Peter Liatowitsch, Linus von Castelmur, Beatrix Mesmer und Ulrich Herbert. Eine Publikation der Vortragsreihe ist in Vorbereitung.
7 Lukrezia Seiler und Jean-Claude Wacker, Fast täglich kamen Flüchtlinge, Riehen und Bettingen – zwei Grenzdörfer in der Kriegszeit, Erinnerungen an die Jahre 1933–1948, Riehen 1996. – Siehe auch Artikel in diesem Stadtbuch.
8 Martin Leuenberger, Frei und gleich … und fremd, Flüchtlinge im Baselbiet zwischen 1830 und 1880, Liestal 1996.
9 Die Schweiz und der Zweite Weltkrieg, hrsg. von Georg Kreis und Bertrand Müller, Sonderband der Schweizerischen Zeitschrift für Geschichte, Basel 1997, 308 S.
10 Basler Zeitung vom 24. September 1997.
11 Jean-Claude Wacker, Humaner als Bern, Schweizer und Basler Asylpraxis gegenüber den jüdischen Flüchtlingen von 1933–1943 im Vergleich, Basel 1992. (Quellen und Forschungen zur Basler Geschichte, hrsg. v. Staatsarchiv des Kantons Basel-Stadt, Bd. 14)
12 Leserbriefe in der Basler Zeitung vom 9., 19. und 28. März und vom 12. April 1979.
13 Von der Christoph Merian Stiftung unterstützte Ausstellung vom 20. Juli bis zum 24. August 1997.
14 Reduit Basel, Ausstellungsbegleitband, Basel 1989. – Nach dem Krieg, Grenzen in der Regio 1944–1948, hrsg. v. Simone Chiquet, Pascale Meyer und Irène Vonarb, Publikation zu den Ausstellungen in Liestal, Lörrach und Mulhouse, Zürich 1995.

Brigitte Frei-Heitz

Plädoyer für die Industriekultur

Als ich kürzlich eine moderne Betriebsanlage mit der Absicht besuchte, die Produktionshalle und den Maschinenpark unter industriearchäologischen Gesichtspunkten zu begutachten, begegnete mir der Betriebsleiter mit empörtem Misstrauen und verwies mich auf den hohen technischen Stand seiner Anlage, die «absolut nichts mit Archäologie» zu tun habe. In der Tat ist die deutsche Übersetzung von ‹industrial archeology› mit ‹Industriearchäologie› verwirrend. Der Begriff ‹Industriearchäologie› ist eine Neuschöpfung der Nachkriegszeit und im schweizerischen Sprachgebrauch noch ungewohnt, obwohl die Ziele der industriearchäologischen Forschung in Teilbereichen eine lange Tradition haben. Der Begriff wurde erstmals 1955 in einem englischen Aufsatz über die bauhistorischen Forschungen in damals bereits stillgelegten deutschen Bergwerken verwendet. Dieser thematisch bedingte Bezug zum Bergbau erlaubt uns, rückblickend den ursprünglich archäologischen Aspekt der Industriearchäologie zu verstehen. Mit Blick auf die stupende Entwicklung der gegenwärtigen Desindustrialisierung, die sowohl Industrieanlagen als auch bewegliche Industriekulturgüter zum Abfall vergangener Zeiten degradiert und deren Zerstörung oder Abbruch Vorschub leistet, scheint die Arbeit der engagierten Industriearchäologen doch eine gewisse Verwandtschaft mit derjenigen der Archäologen zu haben. Der sich abzeichnende Verlust an Industriekulturgütern wiegt um so schwerer, wenn man bedenkt, wie nachhaltig die Industrialisierung alle Bereiche der menschlichen Gesellschaft geprägt hat.

Was ist Industriearchäologie?

‹Industriearchäologie› ist nichts anderes als die umfassende Erforschung der industriellen Vergangenheit der Menschheit. Die Grundlagenarbeit beinhaltet die Aufarbeitung und Darlegung der sozialen, wirtschaftlichen, architektur- und technikgeschichtlichen Zusammenhänge im Kontext der historischen Prozesse. Diese Grundlagenarbeit erlaubt auch die Aufstellung eines Kriterienkataloges, der die Einordnung und Bewertung von Denkmälern und Zeugnissen der Industrialisierung erst ermöglicht.

Während die Rettung von Baselbieter Seidenbandstühlen oder die Unterschutzstellung von Posamenterhäusern auf keinen nennenswerten Widerstand stösst, gar mit diesen Zeugnissen der frühen Heimindustrie verklärende Erinnerungen an die ‹gute alte Zeit› verbunden werden, trifft man beim Engagement für Denkmäler der Fabrikindustrie auf Unverständnis und Widerstand. Bis vor wenigen Jahrzehnten galten Produktionsmaschinen und Industrieprodukte nicht als sammlungswürdig, Nutzbauten der Industrie sowie das breite Spektrum an Arbeitersiedlungen nicht als schützenswert. Obwohl in den Disziplinen der Sozial- und Geschichtswissenschaften die Lebenswelt der Industrialisierung schon lange zum Forschungsgegenstand erhoben wurde, begegneten die Architektur- und Kunsthistoriker diesem Kulturgut mit grosser Skepsis. Diese Skepsis wird heute noch von weiten Kreisen der Bevölkerung geteilt, die für die Alltagsarchitektur der Fabrikanlagen kein Verständnis haben. ‹Die Fabrik› verkörpert all jene sozialen, technischen und ökologischen Missstände, die einerseits die Lebenserfahrungen und Erinnerungen der arbeitenden Bevölkerung prägen, andererseits durch die Ergebnisse der sozial- und wirtschaftsgeschichtlichen Forschung in den letzten Jahrzehnten publik gemacht wurden: Kinderarbeit, Akkordsysteme, mangelnde Sozialversicherungen, minimale Löhne, Betriebsschliessungen und Umweltzerstörung.

Um den weiteren Verlust an bedeutendem Industriekulturgut zu verhindern, ist in erster Linie eine sachliche und engagierte Informationsarbeit gefragt, um die allmählich wachsende Wertschätzung bei den betreffenden Gemeinden und Behörden, aber auch bei den Fachleuten zu fördern. Hier sind auch die

△
Blick in das Sudhaus der Brauerei Ziegelhof in Liestal.

Museen gefordert, die als Vermittlungsort bedeutende Sammlungen von Industriekulturgut aufnehmen und mit Ausstellungen die Brücke zwischen Vergangenheit und Gegenwart schlagen. Im Kanton Basel-Landschaft gibt es neben rund 40 kleineren Orts- und Heimatmuseen zwei staatliche Museen. Doch lediglich das Kantonsmuseum Baselland zeigt in einer Dauerausstellung über die Seidenbandweberei Aspekte der industriellen Vergangenheit auf; der Schwerpunkt bleibt aber die in Heimarbeit betriebene Posamenterei und nicht die industrialisierte Arbeitsweise.

Zwei positive Museumsinitiativen

Abgesehen von einzelnen Sonderausstellungen zu Themen der regionalen Industrialisierung war das Industriekulturgut bis heute in den Museen der beiden Basler Kantone wenig prä-

sent. Dieser Umstand erstaunt um so mehr, als gerade Basel-Stadt auf eine lange industrielle Tradition zurückblickt. Vor kurzem wurde nun die Baselbieter Museumslandschaft durch zwei Neugründungen bereichert, die sich der Technik- und Produktegeschichte widmen. Sowohl das neu gegründete Waldenburger Uhrenmuseum wie auch das kürzlich eröffnete Strom-Museum der Elektra Birseck in Münchenstein basieren auf umfangreichen Sammlungen von Privatpersonen. Die hier zur Ausstellung kommenden Kulturgüter sind nur ein kleiner Teil der umfangreichen Sammlungen, die manche Baselbieter Firmen in ihren Kellern lagern und die gerade bei Fusionierungen oder Betriebsschliessungen von der Vernichtung bedroht sind. Mit diesen beiden Museumsinitiativen wurde nun öffentlich gemacht, dass Firmensammlungen schützens- und ausstellungswert sind und einen Beitrag zur notwendigen Identitätsstiftung leisten können.

Die Aufnahme eines Gegenstandes in eine Museumssammlung ist oft der untrügliche Hinweis darauf, dass er seinen Gebrauchswert verloren hat und der Vergangenheit angehört. Muss deshalb von einer ‹Musealisierung der Industrie› gesprochen werden? In der Tat hat sich die Industrie grundlegend verändert. Der weitreichende Strukturwandel, die Umstellung von mechanischer Technik auf elektronisch gesteuerte Produktionsanlagen, die Verlagerung der Produktion ins Ausland, aber auch die wachsende Dominanz des Dienstleistungssektors führen zu einem Verlust der konkreten Anschaulichkeit der einzelnen Produktionsabläufe; gleichzeitig entstehen verlassene Industrieareale, sogenannte Industriebrachen, mit riesigen Ausmassen. Ganze Industrieanlagen und Fabrikensembles mit den dazugehörigen Verkehrs- und Kraftwerksbauten sind vom Abbruch bedroht. In den letzten Jahren wurden im Baselbiet industriehistorische Bauten von überregionaler Bedeutung, wie die ehemalige Kalk- und Zementfabrik in Liesberg und die Schappespinnerei in Arlesheim, abgebrochen.

Um einen Abbruch verhindern zu können, ist in den meisten Fällen ein konkreter Umnutzungsvorschlag erforderlich. Wohl sind jeweils Ideen zur Um- und Neunutzung, zumindest ansatzweise, vorhanden; der Wille und die Möglich-

Die Haas'sche
Schriftgiesserei
in Münchenstein.
Blick in den
Giessereisaal
(um 1935).
◁

Die ‹Untere Fabrik›
in Sissach.
◁

keiten zur Realisierung sind jedoch oft gering. Das ganze Ausmass dieser Problematik der Industriebrachen wurde vergangenes Jahr von der Zeitschrift Hochparterre unter dem Titel: ‹Die nicht mehr gebrauchte Schweiz› aufgenommen.* Die Studie erfasste alle Kantone und zeigte unter anderem auf, dass in der Schweiz rund 300 Hektaren überbauter Boden leer stehen. Bei den betreffenden Behörden und Fachleuten muss ein Umdenken einsetzen, das zu ökologisch verantwortbaren und ökonomisch tragbaren Lösungen führt.

Umnutzung fördert den Erhalt

Im Kanton Basel-Landschaft wurden in den letzten Jahren zwei Beispiele erfolgreicher Umnutzung realisiert. Dank privater Initiative konnte der Abbruch der ‹Unteren Fabrik› in Sissach verhindert werden. Die Textilfabrikanlage mit Kanal- und Kraftwerksbau gehört zusammen mit der ‹Oberen Fabrik› zu den markanten Bauten der Oberbaselbieter Gemeinde. Der 1859 nach Plänen des Basler Architekten J. J. Stehlin d. J. erstellte Bau ist repräsentativ für den Typus des Fabrikhochbaus, der als ‹Kathedrale der Arbeit› die Baselbieter Landschaft prägte. Allein der zweckmässigen, poly-

funktionalen Raumstruktur dieses Altbaus ist es zu verdanken, dass hier verschiedenste Nutzungen untergebracht und ein Abbruch verhindert werden konnte. Die 1995 erfolgte Aufnahme der ‹Unteren Fabrik› in das Inventar der geschützten Kunstdenkmäler markiert einen Wendepunkt in der Praxis der Unterschutzstellung. Aber auch die ehemalige Haas'sche Schriftgiesserei in Münchenstein sei erwähnt, die seit 1992 die Rudolf Steiner Schule Birseck beherbergt. Den von der Konstruktion her einzigartigen Bau hatte Karl Gottlieb Koller im Jahre 1920 als einen der ersten Betonbauten in der Region Basel entworfen. Die Gliederung der Gesamtanlage in modulartige Einzelhäuschen und einen zentralen, geschlossenen Innenhof kommt den Ansprüchen einer modernen Schule sehr entgegen.

Diese beiden Beispiele einer sinnvollen Umnutzung bestehender Fabrikbauten sind wegweisend. Sie sollen dazu anregen, unkonventionelle Lösungen für die ‹Industriebrachen› zu suchen und so das bauliche Erbe der Industrialisierung zu integrieren. Denn bei jeder Umnutzung und jedem Umbau eines Gebäudes begegnen sich Vergangenheit und Gegenwart.

Das neue Klassenzimmer in der ehemaligen Haas'schen Schriftgiesserei in Münchenstein. ▽

Literatur

Brigitte Frei-Heitz, Industriearchäologischer Führer Baselland, Basel 1995.
Anna C. Fridrich/Roland Grieder, Schappe, die erste Fabrik im Baselbiet, ein Porträt, Arlesheim 1993.
Martin Meier, Die Industrialisierung im Kanton Basel-Landschaft, Eine Untersuchung zum demographischen und wirtschaftlichen Wandel 1820–1940, Liestal 1997.
Rainer Slotta, Einführung in die Industriearchäologie, Darmstadt 1992.

Sabine Kubli, Pascale Meyer

Liebe auf dem Lande

Zur Geschichte der Liebe

‹Liebe› – ein Ausstellungsthema? Von Heiratsbräuchen, Liebesliedern, unterschiedlichen Lebensformen und Liebesgaben bis zu ‹Stop Aids›-Kampagnen, Parfumwerbung und Valentinstag kann alles unter dem Titel ‹Liebe› zusammengefasst werden. Liebe ist ‹nichts Genaues›, aber eine ‹Himmelsmacht›, ein Kommunikationsmedium – auch in einer Beziehungskiste –, vor allem aber ein Gefühl voller Rätsel, das die Menschen zu verschiedenen Zeiten unterschiedlich stark beschäftigte und heute wieder besonders umtreibt.

Dies und noch mehr thematisierte eine Sonderausstellung im Kantonsmuseum Baselland in Liestal vom 26. April bis zum 7. September 1997. Ausgangspunkt für die Ausstellungsmacherinnen Sabine Kubli, Pascale Meyer und Uschi Gillmann war die Frage nach den heutigen Vorstellungen von ‹Liebe›. Allerdings konnte es nicht darum gehen, individuelle Vorstellungen, individuelles Erleben und Empfinden von Liebe zu untersuchen. Auch Liebe um der Liebe willen war nicht das Thema. Vielmehr sollte Liebe als Ausdrucksform in einem sozialen Gefüge erfasst und dargestellt werden. In der Volkskunst, in der bildenden Kunst, in der Literatur und im Film sind Darstellungen der ‹Liebe› – sei es in Form von realistischen oder von symbolischen Charakterisierungen – besonders häufig anzutreffen. Aber auch Gestik, Mimik und Körperhaltungen liebender Menschen sind zeitgebunden und damit Parameter für soziokulturelle Werte.

Die Ausdrucksformen von Liebe sollten insbesondere ‹auf dem Land› gesucht werden. Damit war nicht nur der geographische Schauplatz Basel-Landschaft, im Gegensatz zur städtischen Umgebung, gemeint; gefragt wurde auch nach den soziokulturellen Unterschieden in den Ausdrucksformen der Bewohner und Bewohnerinnen einer ländlichen Umgebung, wie sie sich als Bräuche, Rituale, Sittencodices manifestieren. Auch die Bedeutung von ‹Land› und ‹Natur› als symbolische ‹Orte der Liebe› wurde untersucht.

Im Supermarkt der Gefühle

Die Beobachtung «heutiger Liebesverhältnisse», wie die Soziologin Cora Stephan es formulierte, beeinflusste die Ausstellungsgestaltung: «Der Supermarkt der Gefühle führt heute ein bisschen von allem in seinem Angebot: Liebe und Leidenschaft, Elternschaft und Partnerschaft, Beziehungskiste und Vögelverhältnis, Ehe und Treue, Sexualität und Erotik, Geilheit, Zartheit, Hartheit und Weichheit.» So bildete ein Einkaufszentrum das Gehäuse, in dem die (nicht immer musealen) Objekte dem jeweiligen Stadium einer Liebe zugeordnet waren, etwa der Sehnsucht, dem Flirt, dem Glück, der Heirat, der Trennung, der Einsamkeit. Durch die Auswahl, die Zusammenstellung und die Anordnung der Liebesgegenstände wurde Raum geschaffen für Assoziationen, Interpretationen und Erinnerungen. Dem Publikum sollte aber auch, wie in einem Supermarkt, die Qual der Wahl bewusst werden, ein Dilemma, das heute ‹auf dem Lande› kaum anders auftritt als ‹in der Stadt›.

Die Geschichte der Liebe beginnt in unserem Kulturkreis tatsächlich bei Adam und Eva. So wurden die Besucherinnen und Besucher im Ausstellungseingang sowohl mit der mythisch-religiösen Seite der Liebe als auch mit funktionalen Aspekten konfrontiert. Es galt, die ‹Spielregeln› der Biologie zur Kenntnis zu nehmen,

denn der Mensch selbst ist immerhin ein mögliches Produkt der ‹Liebe›: der erfolgreichen biologischen Vereinigung einer männlichen Samenzelle mit einer weiblichen Eizelle, wobei dann Liebe hinzutritt oder auch nicht.

Nach diesem für einen Supermarkt untypischen Empfang wurde das Publikum geladen, ein Drehkreuz zu passieren und im Zentrum des Ausstellungsraumes zunächst ländliche Luft zu schnuppern: Eine Bank neben einem Baumstamm mit eingeritztem Herzen war Musenort und Stilisierung zugleich. Ausgewählte Baselbieter ‹Liebesfälle› luden zum Studium ein: Zahlreiche Geschichten aus der Vergangenheit und Gegenwart, die sich im Namen von Liebe, Sexualität und Leidenschaft ereignet haben oder noch ereignen, waren nach Aufrufen im Radio und in der Presse zusammengekommen. Viele ältere und jüngere Menschen aus der Region hatten ihre Hochzeitsfotos, ihre Liebesbriefe und Liebesbeweise vorbeigebracht oder ihre persönlichen Liebesgeschichten erzählt. Ergebnis dieser Beteiligung war eine Wand voller Hochzeitsbilder von 1897 bis 1997.

Special-Shops zu den Liebesidealen

Jede Epoche favorisiert ihre eigenen Auffassungen von Liebe. Dass leidenschaftliche Liebe und Ehe bis in das bürgerliche Zeitalter hinein wenig miteinander zu tun hatten, zeigten die Inszenierungen in den Special-Shops. Hier wurden ausgewählte Liebeskonzepte aus der Antike, dem Mittelalter, der Romantik und den 68er Jahren vorgestellt.

Im Zentrum des ‹griechischen› Raums stand mit der Skulptur der ersten Liebesgöttin unserer westlichen Kulturgeschichte, Aphrodite, auch deren Verehrung durch die Dichterin Sappho. Daneben fand sich Eros, ein geflügelter Jüngling, der seine Pfeile aus dem Hinterhalt abzuschiessen pflegte, sowie dessen Verewigung in Platons ‹Symposion›. Homosexualität – auf zahlreichen Vasenmalereien dargestellt – scheint für das antike Griechenland derart charakteristisch gewesen zu sein, dass der Name ‹griechische Liebe› an ihr haften blieb.

Im 12. Jahrhundert wurde die Liebe erneut zu einem die Literatur und vor allem die Lyrik beherrschenden Thema. Im Gegensatz zur Darstellung der körperlichen Liebe in der Märendichtung definierte das Ideal der hohen Minne die Beziehung zwischen einem Mann und einer sozial höher gestellten Frau. Diese Liebe enthielt erstmals die Forderung an die Frau, wiederzulieben, ohne dass die Liebe tatsächlich gelebt worden wäre. Eine Laute an der Wand sowie ein Betschemel in der Mitte des Raums verwiesen auf die (vergebliche) Anbetung der Frau, wie sie beispielsweise in der Manessischen Liederhandschrift bildlich dargestellt ist.

Bis im späten 18. und frühen 19. Jahrhundert das Konzept der ‹romantischen Liebe› Ehe und Sexualität miteinander verknüpfte, herrschte vorwiegend ein paradoxes Verständnis von Liebe vor: Liebe war, als selbstgewähltes Gefängnis, gleichzeitig Kampf und Selbstaufgabe, Eroberung und Unterwerfung. Sie war grundsätzlich nicht an die Ehe gebunden. Dementsprechend unerreichbar blieb meist auch die geliebte Person. Das Konzept der ‹romantischen Liebe› des Bürgertums jedoch entwarf eine Vorstellung von der ‹grossen Liebe›, die erstmals Liebe und Sexualität in der Ehe zusammenbrachte und eine lebenslange Beziehung zweier gleichwertiger Individuen begründete. Diese Liebe entsprach in idealer Weise dem bürgerlichen Familienideal, da sie mit der Definition der Geschlechterrollen zugleich eine asymmetrische Arbeitsteilung vorsah. Der Frau als Mutter oblag nicht nur die Führung des Haushalts und die Pflege der Familie, sondern auch die Pflege der Liebe und damit des Privaten schlechthin. Verantwortlich für die ökonomische Versorgung der Familie und den

ausserhäuslichen Bereich, fühlte sich der Mann für die Gefühlswelt weniger zuständig. Auch wenn gegen Ende des 19. Jahrhunderts die starren Geschlechternormen dank der Frauenbewegung und Sigmund Freuds psychoanalytischen Forschungen aufgebrochen wurden und wichtige Aufklärungsarbeit über die Sexualität geleistet wurde, sollte es noch weitere sechzig Jahre dauern, bis die sogenannte ‹sexuelle Revolution› ein neues Zeitalter einläutete.

Sexualität und Liebe wurden inzwischen immer enger miteinander verknüpft. Wichtige Meilensteine dieser Entwicklung waren Sigmund Freuds Sexualtheorien und Wilhelm Reichs ‹sexuelle Revolution›, auf die sich Jahre später die aktiven Studenten und Studentinnen der 68er Bewegung immer wieder beriefen: Reichs

△ Die Darstellung des Künstlers Hansjörg Marti: Liebe als Rettungsring.

Werk schien für die «sexuell aufgeladene Generation» (Klaus Theweleit) nichts an Aktualität eingebüsst zu haben. Beinahe noch grösseren Einfluss auf das Verständnis von Liebe und Sexualität scheint die 1961 eingeführte Pille gehabt zu haben, und dementsprechend prominent war im vierten Raum die Verpackung der Pille ausgestellt. ‹Freie Sexualität› hiess das Beziehungskonzept, mit dem junge Menschen damals gegen die bürgerliche Ehe und die Monogamie opponierten. Die Matratzen am Boden und ein handgemaltes Porträt des Guerillaführers Che Guevara an der Wand waren Versatzstücke, an die sich manche Besucher noch erinnerten. Ebenso beliebt in der Ausstellung waren die Ausschnitte aus Oswald Kolles ‹Aufklärungsrolle›, die man sich, auf einer Matratze liegend, anschauen konnte.

Im Zeitalter zunehmender Individualisierung und im postmodernen Taumel zwischen Gefühlsunterkühlung und -überhitzung (‹Techno›) scheint Liebe nur noch ‹Problem› zu sein. Die Folgen sind offensichtlich: Bindungsangst, zunehmende Anzahl der Einzelhaushalte (das Single-Dasein wird zur dominierenden Lebensform), hohe Scheidungsraten bei gleichzeitig hohen Wiederverheiratungsraten. Der Verhandlungstisch im letzten Special-Shop machte dies deutlich: gekämpft und Frieden geschlossen wird vor allem mit neuen sprachlichen Mitteln. Letztere bergen zwar die Gefahr des Zerredens in sich; gleichzeitig jedoch zeugt ihre Semantik vom Bemühen der Geschlechter um eine Verständigung. ‹Liebe› – in der Ausstellung durch einen herzförmigen Rettungsring des Künstlers Hansjörg Marti dargestellt – scheint letzte Zuflucht und Allerwelts-Heilmittel geworden zu sein. Nach den Analysen der Soziologen Beck und Beck-Gernsheim bildet sie sogar jene sinnstiftende ‹neue Mitte›, um die unsere Gesellschaft, ihrer Traditionen entledigt, kreist. Von der Liebe zu einem anderen Menschen hat sich das Augenmerk verschoben auf das Phänomen der Liebe selbst: ‹Wie›, und nicht mehr ‹wen› wir lieben sollen, lautet die zentrale Frage. Auf sie freilich konnte auch die Ausstellung keine Antwort geben.

Als Begleitpublikation zur Ausstellung erschien ‹Silvia›, eine Art Fotoromanzo, der von Fachleuten aus Soziologie, Naturwissenschaften und Kulturgeschichte kommentiert wurde. Leicht ironisierend legt das Buch in Bildern und Texten sowohl die Problematik heutiger Beziehungsgeschichten offen, wie auch deren Klischees.

Zusätzliche ‹Events›

So, wie die Warenhäuser ihr Warenangebot durch zusätzliche Unterhaltung bereichern, fanden inner- und ausserhalb des Kantonsmuseums zahlreiche weitere Veranstaltungen statt. Das Kabarett-Duo ‹fatal dö› persiflierte ‹moderne› Beziehungsmuster, das Landkino im Palazzo Liestal zeigte eine Reihe der schönsten Liebesfilme, die Psychologin Verena Kast hielt vor grossem Publikum einen Vortrag zum Thema ‹Eifersucht›, und ein ‹Minisymposion› berührte mit einer Auseinandersetzung zu antiken und heutigen Liebesmythen spirituelle Aspekte des unerschöpflichen Themas ‹Liebe›.

Eingangsbild aus der Begleitpublikation ‹Silvia›. ▷

Heinz Durrer

100 Jahre Adolf Portmann

Ein Rückblick auf sein Wirken

«Die wissenschaftliche Analyse der Organismen muss um ihre Grenzen wissen – ihre grossen Erfolge beruhen auf einer Arbeitsweise, deren Methoden in klaren Schranken gültige Resultate liefern. Die Organismen aber sind und bleiben zu jeder Zeit mehr, als was mit Mitteln der Forschung zu dieser bestimmten Zeit wissenschaftlich sagbar ist.»[1]

Am 27. Mai 1997 wäre der bekannte Basler Biologe Adolf Portmann hundert Jahre alt geworden – ein Anlass, Rückschau zu halten. Dabei wollen wir uns auch fragen, was den 1982 in Binningen verstorbenen Wissenschaftler so bekannt gemacht hat und was er uns auch heute noch zu sagen hätte. Zu Lebzeiten war es Portmann ein Anliegen, nicht nur Forscher und Lehrer zu sein, sondern seine Erkenntnisse für alle verständlich zu machen. Dabei kam ihm sein sprachliches Talent zugute. Naturwissenschaftliche Details hat er in vielen Büchern, Broschüren, Radiovorträgen und Spezialvorlesungen nicht nur allgemeinverständlich vermittelt, sondern auch durch seine Art, die Dinge ganzheitlich zu betrachten, inter- und transdisziplinär miteinander vernetzt. Es war diese Ganzheitlichkeit, mit der er die Phänomene des Lebens zu erfassen versuchte, die gerade auch Nichtbiologen anzusprechen vermochte und die in unserer Zeit des ausgeprägten Spezialistentums erneut aktuell ist. Heute, wo Detailpublikationen für den Laien kaum noch verständlich sind, wo molekularbiologische Interpretationen der Lebensvorgänge im Vordergrund stehen, droht die Sicht auf das Ganze der lebenden Einheiten und auf die komplexe Vernetzung ihrer Organisation verloren zu gehen. Dahinter verbirgt sich jedoch die generelle Frage, ob Leben überhaupt als Summe aller molekularen Einzel-prozesse voll erfassbar ist. Portmann stellte sich gegen diesen Reduktionismus; seine Beziehung zur Natur war gekennzeichnet von Ehrfurcht, seine Erfahrung mit der Natur begleitet vom Wissen um das Geheimnis des Lebens und vom Staunen über dieses Geheimnis.

Er scheute sich dabei auch nicht, von «Grenzen des Wissens» zu sprechen, und hat so Brücken geschlagen zwischen Naturwissenschaft, Philosophie und Theologie. So prägte er – zusammen mit dem Philosophen Karl Jaspers und dem Theologen Karl Barth – besonders während der Zeit des 500-Jahr-Jubiläums (1960) auch das Bild unserer Universität Basel und beeinflusste viele Denkweisen bis in die heutige Zeit. Wir verspüren dies zum Beispiel, wenn der Theologe Professor Lochmann über ihn sagt: «Es war eine bereichernde Erfahrung. Portmann erwies sich als ein höchst anregender Denker. Das Leben, die Tierwelt, die Natur sind mehr als nur Objekte unserer Forschung. Sie sind Schöpfung, und zwar nicht unsere Schöpfung. Ein weiser Naturforscher bewährt sich als Verstehender, in Ehrfurcht vor dem Leben.»[2]

Portmann wagte es sogar, bei der Interpretation der Tiergestalt von ‹Selbstdarstellung› und ‹Innerlichkeit› als gestaltenden Eigenheiten zu reden. Er ging davon aus, dass die naturwissenschaftliche Analyse allein die Dinge nicht ganzheitlich erfassen könne, und bemerkte dazu: «Das Kopfschütteln über einen so unwissenschaftlichen Begriff wie ‹Selbstdarstellung› nehme ich hin in der Gewissheit, dass dieses Wort an etwas Vergessenes mahnt und damit ein umfassenderes Bild vom Ganzen eines Lebewesens aufbauen hilft.»[3]

Adolf Portmanns naturwissenschaftliches Forschen war immer gekennzeichnet durch eine enge Verknüpfung von Lehre und Forschung: So wandte er sich, als er 1931 im Alter von nur vierunddreissig Jahren die Leitung der Zoologischen Anstalt Basel übernahm und dort auch die vielen Medizinstudenten in Biologie unterrichtete, bewusst dem Gebiet der ‹Vergleichenden Morphologie der Wirbeltiere› (1969) zu. In diesem in sechs Auflagen erschienenen Lehrwerk zeigte er in vielen klaren Darstellungen vergleichend die Entwicklungslinien der Wirbeltierkörper bis hin zum Menschen. Seine bril-

△
Adolf Portmann
(1897–1982).

lant vorgetragenen Vorlesungen faszinierten besonders dadurch, dass Portmann nie den Eindruck vermittelte, das Evolutionsgeschehen sei letztgültig erklärbar; statt dessen erlebten seine Studentinnen und Studenten eine gegenüber allen reduktionistischen Erklärungsversuchen kritische Einstellung.

Von der Libelle zur Evolution der Kindheit

Nach seiner Dissertation über Libellen (1921) und einem Aufenthalt zur künstlerischen Ausbildung in München (1922) hatte sich Portmann zunächst marinen biologischen Studien zugewandt; 1958 wurde ‹Meerestiere und ihre Geheimnisse› veröffentlicht. Mit der 1953 erschienenen Publikation ‹Das Tier als soziales Wesen› (1953) wurde er zum Schrittmacher für die Verhaltensforschung.

Seine Untersuchungen über die ‹Organe der Erscheinung› der Tiergestalten führten zu einer Fülle von Publikationen und gipfelten 1948 im viel beachteten Buch ‹Die Tiergestalt›, das bis heute einzigartig dasteht und in sieben Weltsprachen übersetzt wurde, zuletzt 1990 ins Japanische.

Besonders interessante Erkenntnisse ergaben sich aus den vergleichenden Betrachtungen der ‹Evolution der Kindheit›, das heisst der Interpretation der Schlüpf- und Geburtszustände von Vögeln und Säugern. Portmann legte dar, wie sich im Laufe der Evolution die Vögel vom primären extremen Nestflüchtertypus, der sofort allein lebensfähig ist, bis zum evolvierten Nesthocker entwickeln, der nackt, blind, hilflos ist, während bei den Säugetieren diese Entwicklung gerade umgekehrt verläuft: am Anfang, bei primären Säugetieren wie Beuteltieren oder Insektenfressern, steht der hilflose Nesthocker, am Ende der Evolution der extreme Nestflüchter wie zum Beispiel Huftiere und Wale. Durch Analyse des Lidverschlusses, der bei Nesthockern zum Schutz der Sinnesorgane lebenswichtig ist, bei Nestflüchtern aber sinnlos im Uterus wiederholt wird, gelang Portmann der Beweis, dass die Nestflüchter sekundär, also weiterentwickelt sind.

Diese Studien führten ihn schliesslich auch zu der Veröffentlichung ‹Zoologie und das neue Bild des Menschen› (1956 und 1965) sowie zu weiteren anthropologischen Studien und damit zur Analyse der ‹biologischen Sonderstellung des Menschen›. Seine Interpretation der Vorverlegung der Geburt des Menschen um ein Jahr wurde in vielen Embryologie-Lehrwerken (u.a. Starck 1975) aufgenommen. Portmann spricht vom «sekundären Nesthocker» Mensch, der während eines «extrauterinen Jahres» seiner

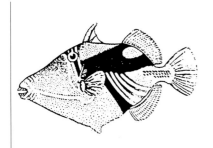

Die Ausbildung der Formen ist nach Portmann auch Teil der «Selbstdarstellung einer besonderen Innerlichkeit»: Picassofisch, Nacktschnecke, Grantgazelle.
◁

Ontogenese im «sozialen Uterus» heranwächst und erst dabei die typischen menschlichen Eigenheiten, wie aufrechter Gang, Sprache, einsichtiges Handeln, erwirbt.

Seine Arbeiten um den Gehirnindex machten es möglich, ein Mass für eine Ordnung (Verhältnis zwischen Stammhirn und Grosshirn) zu finden, und erlaubten, unter den Wirbeltieren eine Hierarchie aufzustellen und primäre Formen von höher entwickelten zu trennen.

Der Mensch kann nicht alles wissen

Portmann war aber auch ein Mahner, der stets darauf hinwies, dass auch in den Evolutionstheorien die treibende Kraft noch nicht vollends erfasst sei, ja vielleicht niemals erfasst werden könne. «Immerhin muss doch deutlich gesagt werden, dass die wirkliche Macht des Wahrheitserlebnisses, das im Studium der Lebensformen sich ausbildet, zu einem bedeutenden Anteil gerade darauf beruht, dass die allgemeine Evolutionslehre keine spezielle Aussage über die wirkenden Mächte, über die Faktoren der Umwandlung der Organismen enthält.» Eine solch ehrliche, zurückhaltende Einstellung hat Portmann nicht nur Kritiken eingebracht; sie führte auch dazu, dass der Forscher bisweilen falsch verstanden und in falschen Zusammenhängen zitiert wurde. Gleichzeitig sah er wichtige Zeitprobleme auf die Menschheit zukommen, von der Umweltkrise bis hin zur Gentechnologie, und seine Grundhaltung, die durch Ehrfurcht vor dem Leben geprägt war, kann heute noch Richtlinie sein für moralisch-ethische Entscheidungen.

Das öffentliche Wirken

Die Wirkungsebenen des Forschers Adolf Portmann waren aber noch vielseitiger. So war er lange Zeit Präsident der Volkshochschule Basel (1938–1964), Präsident der Hochschulrektorenkonferenz (1962–1969), Rektor der Universität Basel (1947), Impulsgeber und Förderer der Schweizerischen Vogelwarte, die weltweit Bedeutung erlangte (1954 war Portmann Präsident des XI. Internationalen Ornithologenkongresses, der in Basel stattfand), Präsident des Freundevereins des Zoologischen Gartens Basel (1942–1973), Gründerpräsident von ‹Schweizer Jugend forscht› (1967–1975), wo es ihm um Nachwuchsförderung ging, und Leiter der Eranos-Tagungen (1962–1982), einer inter- und transdisziplinären Vereinigung von Naturwissenschaftlern und Philosophen, die sich alljährlich zu Vorträgen trafen und unter anderem eine Schrift der Tagungen herausgaben.

‹Evolution der Kindheit›: Sekundärer Nesthocker (Mensch), Nestflüchter (aktiver Tragling bei Primaten), Nesthocker (Insektenfresser, viele Nagetiere) und Nestflüchter der Reptilien.
◁

Heute wäre Portmann auch ein Naturschützer, und zwar um des Menschen willen. Schon 1971 betonte er: «Naturschutz wird Menschenschutz.» «Niemand kann sich die Verödung ausdenken, der unser geistiges Leben preisgegeben wäre, wenn die Gestaltenfülle schwinden würde, die uns heute noch umgibt, wenn unsere Welt nur noch aus dem bestehen würde, was wir selber machen können. Der Schutz des aussermenschlichen Lebens ist Schutz unseres eigenen Daseins vor entsetzlicher seelischer Verödung.»[4]

Respekt vor dem Lebendigen

Basel darf stolz sein auf diesen im Kleinbasel geborenen Gelehrten, der hier seine Ausbildungen genoss und bis zum Schluss an unserer Universität tätig war, weit über die Grenzen der Schweiz hinaus bekannt, geehrt und vielfach ausgezeichnet. Auch heute kann seine Grundhaltung gegenüber dem Lebendigen und dessen

Erforschung Vorbild sein in der Art, wie er in einem Artikel über die Tiergestalt schreibt: «Aber je mehr Rätsel wir mit dem Instrument der Forschung lösen, desto mächtiger wird der Eindruck des Geheimnisses, das die Entstehung dieser herrlichen Erzeugnisse des Lebens umgibt.»[5]

Anmerkungen

1 Adolf Portmann, Das Problem des Lebendigen; in: Entlässt die Natur den Menschen?, Gesammelte Aufsätze zur Biologie und Anthropologie, Zürich 1970, S. 114.
2 Basler Zeitung vom 31.8.1996.
3 Adolf Portmann, An den Grenzen des Wissens, Vom Beitrag der Biologie zu einem neuen Weltbild, Wien/Düsseldorf 1974.
4 Einen noch ausführlicheren, lebendigen Eindruck vom Schaffen und von der inter- und transdisziplinären Wirkung Portmanns vermittelt die UNI-NOVA-Doppelnummer 79/80 aus dem Jahre 1997.
5 Adolf Portmann, Zoologie aus vier Jahrzehnten, Zürich 1967.

Portmann, selbst ein begnadeter Zeichner, spornte seine Studenten stets an, ihre Kenntnisse durch eigenes Zeichnen zu vertiefen. ▷

David Marc Hoffmann

1997 – Ein Jacob Burckhardt-Jahr

Am 8. August 1997 jährte sich zum 100. Mal der Todestag Jacob Burckhardts – für Basel ein Anlass, seines ‹grossen Sohnes› zu gedenken. Ein Kolloquium, zwei Ausstellungen, der Beginn einer neuen Burckhardt-Gesamtausgabe und eine Biographie haben die Aktualität des Kunst- und Kulturhistorikers wieder in Erinnerung gerufen.

Literarischer Rang

In Basel geboren, in Basel promoviert, in Basel rund vier Jahrzehnte lang Professor, in Basel gestorben – auf den ersten Blick könnte Jacob Burckhardt als provinziell erscheinen, doch zählt er heute zu den wenigen Historikern von Weltrang. Mit seinen pointierten Auffassungen und souveränen Urteilen hat Burckhardt auf Wissenschaft und Bildung provozierend und vorantreibend gewirkt wie kaum ein zweiter. Seine Werke sind in die Weltsprachen übersetzt worden und haben geradezu literarischen Rang. Der Erfolg seiner Schriften beruhte wesentlich auch auf deren Stil. Schon als 24jähriger hatte Burckhardt geschworen, «mein Lebenlang einen lesbaren Stil schreiben zu wollen, und überhaupt mehr auf das Interessante als auf trockene faktische Vollständigkeit auszugehen. Es ist der Schande wert, dass die Werke der meisten deutschen Historiker nur von Gelehrten gelesen werden ...»[1]

Um Werke und Nachlass des Gelehrten in einer zuverlässigen und kommentierten Form vollständig zugänglich zu machen, hat die Jacob Burckhardt-Stiftung das Grossprojekt einer 27-bändigen Gesamtausgabe in Angriff genommen, die in Zusammenarbeit mit zahlreichen internationalen Fachgelehrten herausgegeben wird. Als Begleitbände zur Ausgabe erscheinen die

Jacob Burckhardt, Pastellzeichnung nach einer Fotografie von Hans Lendorff aus dem Jahre 1892. ◁

‹Beiträge zu Jacob Burckhardt›, deren zweiter Band die Reproduktionen sämtlicher Skizzenbücher des gelehrten Kunstreisenden enthält.[2]

Die Weltwirkung Jacob Burckhardts

In einem Kolloquium der Jacob Burckhardt-Stiftung wurden am 30./31. Mai 1997 an der Universität Basel Facetten der Burckhardt-Rezeption beleuchtet. Referenten und Burckhardt-Leser von den USA bis Japan berichteten von ihren Forschungen und Erfahrungen im Umgang mit Burckhardts Werk. Dabei wurde bisweilen übersehen, dass Burckhardt ausdrücklich nicht für das akademische Publikum geschrieben hatte. Sein Zielpublikum waren vielmehr die «denkenden Leser aller Stände», die er zur eigenen historischen und künstlerischen Anschauung anregen wollte. Die Weltbedeutung Burckhardts beruht denn auch weniger auf seiner akademischen Rezeption als auf den Auswirkungen seiner Werke auf die verschiedensten geistigen Bereiche. So hat Burckhardt auf die kulturwissenschaftliche Schule um Aby Warburg mächtig ausgestrahlt – eines der glänzendsten Beispiele der Burckhardt-Wirkung ist die populäre ‹Geschichte der Kunst› von Ernst

△
Zeichnung aus dem römischen Skizzenbuch Jacob Burckhardts (1848).

H. Gombrich; ferner geht beispielsweise der zentrale Begriff des ‹Archetypus› in der C.G. Jungschen Psychologie auf Burckhardts Begriff des ‹Urbilds› zurück, und Hermann Hesses Werk wäre nicht denkbar ohne den Einfluss Jacob Burckhardts. (Die Figur des Pater Jakobus im ‹Glasperlenspiel› ist ein getreues Porträt Burckhardts.) Ein weiteres der zahlreichen internationalen Burckhardt-Kolloquien fand 1996 am Musée du Louvre statt, unter Beteiligung des Basler Kunsthistorikers Nikolaus Meier.

Eigene Anschauung

Burckhardts wichtigste Methode im Umgang mit jedem Gegenstand war die eigene Wahrneh-

mung. «Wo ich nicht von der Anschauung ausgehen kann, da leiste ich nichts. Ich rechne zur Anschauung natürlich auch die geistige, z. B.: die historische, welche aus dem Eindruck der Quellen hervorgeht», schreibt er 1842 in einem Brief. Burckhardt verliess sich nie auf Zeugnisse Dritter und las und verarbeitete dementsprechend wenig Sekundärliteratur; dagegen arbeitete er permanent an der Vervollkommnung der eigenen Wahrnehmung und Verarbeitung. Ein Mittel dazu war ihm das minutiöse Nachzeichnen des Objektes mit dem Bleistift im Skizzenbuch und die einfühlende Beschreibung historischer Personen und Sachverhalte in seinen Manuskripten. Ein weiteres Mittel zur Beobachtung und Aneignung war der freie Vortrag ohne Vorlesungsmanuskript. Burckhardt hatte es in dieser Technik zur Meisterschaft gebracht und stellte fest: «Es kommen einem ganz andere Ideen als beim Ablesen, und man ist ein ganz anderer Herr! Man gibt ganz andere Sachen und man liest die Quellen ganz anders.»[3]

Bildung und Genuss

Während sich andere Hochschullehrer, vor allem die gefürchteten deutschen ‹viri eruditissimi›, mit ihrer Wissenschaft mühselig abrackerten und den Studenten mit ihrem Vorlesungs- und Schreibstil das Leben schwer machten, strebte Burckhardt eine unmittelbare Anregung an. Ziel seines Unterrichtes war weniger das spezielle Wissen als vielmehr die umfassende Bildung des Menschen. «Für Gelehrsamkeit sorgt die jetzige historisch-antiquarische Literatur; – wir plädieren für ein lebenslang aushaltendes Mittel der Bildung und des Genusses», hatte er in der Einleitung zur ‹Griechischen Kulturgeschichte› geschrieben (postum 1898 erschienen). Schon seinem Kunstreiseführer ‹Der Cicerone› (1855) hatte er den wenig wissenschaftlichen, dafür um so lebensnäheren Untertitel ‹Eine Anleitung zum Genuss der Kunstwerke Italiens› gegeben. Als einen Teil seines Bildungsauftrags betrachtete Burckhardt auch die Empfehlungen an seine ‹Zöglinge›. Heinrich Wölfflin, seinen späteren Nachfolger an der Universität, ermahnte er etwa: «Bleiben Sie dilettantisch. Glauben Sie, dass das, was gut schmeckt, auch gut ist. Wenn man selber Freude an einem Gegenstand hat, so kann

Manuskript ‹Über Glück und Unglück in der Weltgeschichte›. Vortrag am 7.1.1871 in der Aula der Museen an der Augustinergasse.
◁

△
Die Wanderausstellung ‹Jacob Burckhardt 1818–1897. Geschichte, Kunst, Kultur›, hier im Historischen Museum Basel.

würden heut lieber als morgen alle Schätze der Liebe und Hingebung auftun.»

Ausstellungen

In Basel, aber auch innerhalb der gesamten wissenschaftlichen Welt ist Burckhardt bisweilen ehrerbietig auf einen Sockel gehoben, oder besser: verbannt worden, wo er jeglicher realistischen Betrachtung entzogen war. Ein anderer, heute ähnlich unangemessener Umgang mit Burckhardt ist die Titulierung ‹Keebi›. Diese, aus der Kindheit stammende Abkürzung seines Vornamens, die bei der Basler Bevölkerung bis zu seinem Tod als liebevoller Kosename üblich war, hat heute allzu oft einen verniedlichenden und schulterklopfenden Unterton. Die von der Jacob Burckhardt-Stiftung initiierte Wanderausstellung ‹Jacob Burckhardt 1818–1897. Geschichte, Kunst, Kultur› versucht, mit diesen Klischees zu brechen und einen unmittelbaren und vielfältigen Zugang zum Wissenschaftler, Kunstliebhaber und Menschen Jacob Burckhardt zu ebnen. Nach der Eröffnung im Historischen Museum Basel und der darauffolgenden Präsentation im Zürcher Museum Strauhof reist die Ausstellung als Wanderausstellung der Schweizer Kulturstiftung Pro Helvetia mehrere Jahre durch die Welt. In ihrem Zentrum steht eine Tonbildschau mit Fotos aus Burckhardts Fotosammlung[4]. Mit den Kommentaren zu den projizierten Bildern wird ein Hauch von Burckhardtschem Kunstunterricht nachvollziehbar. Eine kleine Auswahl aus Burckhardts fast 10 000 Fotografien zeigte im Jubiläumsjahr 1997 auch das Architekturmuseum Basel; den historischen Aufnahmen von italienischen Baudenkmälern waren moderne Fotografien derselben Gebäude gegenübergestellt. Im Kunstmuseum Basel wurde mit einer Ausstellung von Gemälden aus der Sammlung das einflussreiche Wirken Jacob Burckhardts als Mitglied der Kunst-Kommission (1859–1882) gewürdigt.

Neue Burckhardt-Biographien

Rechtzeitig zu Jacob Burckhardts 100. Todestag hat der Basler Historiker René Teuteberg eine kleine, einbändige Biographie mit dem Titel ‹Wer war Jacob Burckhardt?› verfasst und im Anhang eine umfangreiche Textauswahl aus Burckhardts Werken versammelt. Der Band er-

man auch Freude bei andern erregen, und das ist mehr wert als das freudlose sogenannte wissenschaftliche Arbeiten, das in sinnlosem Materialsammeln jedes Gefühl abstumpft und von diesem unglücklichen Standpunkt aus allen Genuss für dilettantisch erklärt.» Und seinem Studenten und Freund Albert Brenner schrieb er 1856 mit väterlicher Anteilnahme: «Bleiben Sie auf alle Gefahr hin gut, liebreich und wohlwollend, zwingen Sie sich, jedem das Beste zu gönnen und zeigen Sie dieses im täglichen Gespräch und Umgang … Wenn Sie die fürchterlichen Spalten und Klüfte kennten, welche unser Leben unterirdisch durchziehen, Sie

füllt damit ein grosses Desiderat, denn neben der mit über 4000 Seiten monumentalen Biographie von Werner Kaegi lag bisher keine einbändige, populär abgefasste Einführung in Leben und Werk vor. In der bekannten Reihe der Rowohlt-Monographien soll demnächst auch ein Burckhardt gewidmetes Bändchen aus der Feder der beiden Basler Historiker Achatz von Müller und Christian Simon erscheinen.

«Grösse ist, was wir nicht sind»

Das Jahr von Jacob Burckhardts 100. Todestag hat uns den Gelehrten und dessen Universalität erneut vor Augen geführt. Ein Aspekt, der bisweilen ob des vielen Gelehrtentums vergessen zu werden droht, ist der engagierte und authentische Mensch, der in allen Tätigkeiten Burckhardts sichtbar wird. Hier begegnen wir, wie sonst selten, zugleich einer menschlichen Grösse und Tiefe wie einem liebenswerten Wesen. Burckhardt selbst hatte freilich zeitlebens alle Vorstellungen von eigener Grösse oder auch nur Bedeutsamkeit von sich gewiesen. In den Aufzeichnungen zu seiner Vorlesung ‹Über das Studium der Geschichte› findet sich die lakonische Notiz: «Unser Knirpstum, unsere Zerfahrenheit und Zerstreuung; Grösse ist, was wir nicht sind.» Und in seinem Lebenslauf hat Burckhardt so bescheiden über sich selbst geschrieben, dass seine Ausführungen in unserer selbstversessenen Zeit kaum mehr ernst genommen und oft nur noch als Koketterie oder Selbstironie verstanden werden: «Nachdem in den ersten Jahren die Ausarbeitung unternommener Schriftwerke beendigt war, lebte er [d.h. Burckhardt selbst] ausschliesslich seinem Lehramt, in welchem die beharrliche Mühe durch ein wahres Gefühl des Glückes aufgewogen wurde. … Möge die wohlwollende Erinnerung der ehemaligen Studierenden der Universität Basel, die seine Zuhörer waren, der Schüler des Pädagogiums und der Zuhörerschaft der Wintervorträge ihm über das Grab hinaus gesichert bleiben; er hat dies Amt in seinem ganzen Umfang stets hochgehalten und daneben auf literarische Erfolge von Herzen gerne verzichtet.»

Anmerkungen

1 Jacob Burckhardt an Gottfried Kinkel, 21.3.1842, in: Jacob Burckhardt, Briefe, 11 Bde., Basel 1949–1995 [Briefe].
2 Vgl. Yvonne Boerlin-Brodbeck, Jacob Burckhardts Reiseskizzen, in: Basler Stadtbuch 1995, Basel 1996, S. 192–194.
3 Jacob Burckhardt an Bernhard Kugler, 20.11.1872, in: [Briefe].
4 Vgl. Dorothea Schwinn Schürmann, Die Fotosammlung Jacob Burckhardts, in: Basler Stadtbuch 1995, Basel 1996, S. 195–198.

Literatur

Yvonne Boerlin-Brodbeck, Die Skizzenbücher Jacob Burckhardts, Katalog, Beiträge zu Jacob Burckhardt, Bd. 2, Basel 1994.
Jacob Burckhardt Werke, Kritische Gesamtausgabe in 27 Bänden, München/Basel 1998 ff.
Jacob Burckhardt, Briefe, 11 Bde., Basel 1949–1995.
Jacob Burckhardt, Historische Fragmente, Aus dem Nachlass, hrsg. von Emil Dürr, Nördlingen 1988.

École nationale supérieure des Beaux-Arts (Hg.), Relire Burckhardt, Cycle de conférences au musée du Louvre (1996), Paris 1997.
Jacob Burckhardt, Über das Studium der Geschichte, hrsg. von Peter Ganz, München 1982.
Umgang mit Jacob Burckhardt, Zwölf Studien, hrsg. von Hans R. Guggisberg, Beiträge zu Jacob Burckhardt, Bd. 1, Basel 1994.
Jacob Burckhardt, Bilder des Ewigen, Ein kulturgeschichtliches Lesebuch, hrsg. von Hanno Helbling, Zürich 1997.
David Marc Hoffmann, Jacob Burckhardt 1818–1897. Geschichte, Kunst, Kultur, Katalog zur Ausstellung aus Anlass des 100. Todestages, Basel 1997.
Werner Kaegi, Jacob Burckhardt, Eine Biographie, 7 Bde., Basel 1947–1982.
Jacob Burckhardt, Weltgeschichtliche Betrachtungen, hrsg. von Rudolf Marx, 12. Aufl., Stuttgart 1978.
Nikolaus Meier, Stiften und Sammeln für die Öffentliche Kunstsammlung Basel, Emilie Linder, Jacob Burckhardt und das Kunstleben der Stadt Basel, Basel 1997.
René Teuteberg, Wer war Jacob Burckhardt?, Basel 1997.

Franz Hochstrasser

Fachhochschule für Soziale Arbeit auch in Basel?

Wer sich in den letzten Jahren in der Bildungslandschaft umsah, wurde Zeuge bzw. Zeugin einer bemerkenswerten Reform, nämlich der Etablierung von Fachhochschulen. Bemerkenswert ist diese Reform aus zwei Gründen: Einerseits wurde sie in bisher ungeahntem Tempo realisiert, andererseits ist sie von besonderer Tragweite, sollen doch im Hochschulbereich die ehrwürdigen Universitäten nicht mehr allein bleiben.

Stand der Entwicklung

Auf Bundesebene verfügen wir seit Oktober 1995 über ein Fachhochschulgesetz. Es regelt die Belange jener Schulen, die dem Berufsbildungsgesetz, und damit nationaler Hoheit, unterstellt sind. Es handelt sich insbesondere um Ausbildungsinstitutionen für Technik, Gestaltung und Wirtschaft. Daneben bestehen verschiedene Ausbildungsangebote, die vom Status her den genannten vergleichbar, jedoch kantonaler Hoheit unterstellt sind. Zu erwähnen sind etwa die Musikakademien, die Ausbildungsinstitute für Lehrkräfte oder eben die Höheren Fachschulen für Soziale Arbeit.

Die verschiedenen Kantone wählen bei der Überführung solcher Schulen in Fachhochschulen unterschiedliche Vorgehensweisen; ebenso unterschiedlich sind die Planungsergebnisse. Immerhin verfügen wir im Bereich sozialer Ausbildungen über ein wichtiges Grundlagenpapier, das ‹Profil der Fachhochschulen für Soziale Arbeit›; es wurde von der EDK (Schweizerische Erziehungsdirektorenkonferenz) und von der FDK (Schweizerische Fürsorgedirektorenkonferenz) im Frühjahr 1996 verabschiedet. Gemäss diesem Papier sollen Fachhochschulen für Soziale Arbeit (FH-SA) Diplomausbildun-

gen in Sozialarbeit, Sozialpädagogik und Soziokultureller Animation anbieten, im Bereich der Weiterbildung Nachdiplomstudien und Nachdiplomkurse realisieren, Dienstleistungen anbieten und Forschung betreiben. Ausserdem sollen, parallel zur Überführung der Höheren Fachschulen für Soziale Arbeit in Fachhochschulen, die Ausbildungen auf Berufsschulniveau geregelt werden, indem sie unter anderem an einheitlichen und qualitativ hohen Standards gemessen werden.

Staatsvertrag der beiden Basler Kantone

Auf regionaler Ebene erste Priorität hatte gemäss Bundesgesetz das Projekt der Fachhochschule; es wurde mit dem Staatsvertrag der Kantone Basel-Stadt und Basel-Landschaft 1996 besiegelt. Schon 1997 begann die Ausbildung auf Fachhochschulebene: Die ehemalige ‹Ingenieurschule beider Basel› in Muttenz und die ehemalige ‹Höhere Wirtschafts- und Verwaltungsschule› in Basel sind mittlerweile Departemente der neuen ‹Fachhochschule beider Basel›, heute noch mit dem Zusatz ‹im Genehmigungsverfahren›; als drittes Departement soll die Schule für Gestaltung hinzugefügt werden. Noch nicht entschieden wurde, ob die Ausbildungen für Lehrkräfte ganz oder teilweise an der Universität angesiedelt werden oder ob eine Pädagogische Fachhochschule entstehen soll. Die Umwandlung der Musikakademie in eine Fachhochschule für Musik wurde auf politischer Ebene bisher noch nicht angegangen.

Vision einer Fachhochschule für Soziale Arbeit

Visionen sind vom Boden aus zu entwerfen, wollen sie tauglich, also hilfreich für die Entwicklung sein. Der soziale Boden ist in Bewegung. Im Rahmen der wirtschaftlichen Globalisierung sind gewaltige Umverteilungsprozesse im Gang. Selbst an diejenigen, die noch einen Arbeitsplatz haben, wird der Gewinn aus den immensen Produktivitätsfortschritten der letzten Jahre nicht weitergegeben. Die Reichen werden reicher, der arme Teil der Bevölkerung wächst und wird ärmer. Dieser arme Teil wird allmählich abgespalten und als nicht mehr der Gesellschaft zugehörig betrachtet; von einer ‹Zweidrittelgesellschaft› ist die Rede, die es sich leistet, das letzte Drittel aus sich zu entlassen; die Entsolidarisierung nimmt zu. Dies bedeutet einerseits, dass die Menschen zunehmend individualisiert werden und jeweils allein für sich entscheiden – in Beziehungsfragen, in Fragen der beruflichen Planung, im Bereich ihrer finanziellen Belange etc. Andererseits reissen viele soziale Netze, und die Menschen sind, gerade in Notlagen, vermehrt auf sich allein gestellt und oftmals damit überfordert.

Diese Umwälzungen sind eingebettet in eine kulturelle Form, die sich als ‹Konsumismus› bezeichnen lässt – eine Kulturform, die uns mit Waren überschwemmt, welche wir kaum brauchen, eine Kulturform also, die uns zu übertriebenem Konsum mit all seinen psychischen und ökologischen Folgen zwingt. Aus diesem Gemisch gesellschaftlicher Entwicklungsstränge erwachsen den einzelnen Menschen neuartige Probleme. Sie zeigen sich als Süchte, als Formen der Ausstossung (etwa der Roma bzw. Sinti oder der Asylsuchenden), als psychische oder körperliche Gewaltausübung. Alles in allem komplizieren und verbreitern sich die sozialen Problemlagen, und wir müssen konstatieren, dass unsere Sozialität als Ganzes gefährdet ist.

Diese Gefährdung kann sich die Gesellschaft im Grunde nicht leisten. Soziale Arbeit ist daher notwendiger als je zuvor, die Anforderungen an sie werden täglich komplexer. Dem hat auch die Ausbildung der Sozialarbeitenden Rechnung zu tragen.

Die verschiedenen FH-SA als Kompetenzzentren sollen sich mit dem befassen, was wir Menschen sind – noch bevor wir Warentauscher, Ferienreisende, Berufsfrauen sind, nämlich soziale, aufeinander angewiesene Wesen.

Die Fachhochschulen für Soziale Arbeit bilden Berufsleute aus, die sowohl die einzelnen wie auch die Gesellschaft darin unterstützen, ihre sozialen Seiten zu stärken, also die individuelle Autonomie und zugleich die Verbindung der Menschen untereinander zu fördern. Solch hochkomplexe Anforderungen an die Professionellen des Sozialbereichs erfordern eine wissenschaftlich gestützte, praxisorientierte Ausbildung von hoher Qualität. Die damit verbundenen Ziele – Stärkung und Wiederherstellung des Sozialen – sind Voraussetzung dafür, dass eine Gesellschaft wirtschaftlich funktionsfähig, kulturell lebendig und politisch demokratisch sein kann.

Die Fachhochschule für Soziale Arbeit beider Basel

In unserer Region soll die ‹Höhere Fachschule für Soziale Arbeit beider Basel› die regionale FH-SA werden. Sie entstand 1997 durch die Fusion der ‹Höheren Fachschule im Sozialbereich› (HFS) und der ‹Berufsbegleitenden Ausbildung für Sozialpädagogik› (BASBA). In ihrem Beschluss zur Fusion bekräftigten die Regierungen Basel-Stadt und Basel-Landschaft die Option ‹Fachhochschule› ausdrücklich. Allerdings unterliegt das Projekt zur Zeit der Dynamik der ‹zwei Geschwindigkeiten›. So lautet die Formel für die prioritäre Behandlung des im Staatsvertrag geregelten Fachhochschulbereichs. Dies bedeutet, dass alle anderen Fachhochschulprojekte, und damit auch das Projekt FH-SA, zunächst nachgeordneten Stellenwert haben sollen.

Die offiziellen Begründungen hierfür sind nicht inhaltlicher, sondern lediglich finanzieller Natur. Die dahinterstehende Dynamik jedoch bildet ansatzweise ab, wie die Gesellschaft mit ihren sozialen Problemen umgeht. Diese Probleme sind – nebst den ökonomischen Kosten, die sie aufwerfen – zunächst einfach unangenehm. Sie werden von ‹unserer› Gesellschaft hervorgebracht – die sich damit als nicht so gut erweist, wie wir es uns gerne vorstellen. Insofern halten die sozialen Probleme der Gesellschaft den Spiegel vor – die sie jedoch nicht aufnimmt und grundsätzlich zu lösen versucht. Statt dessen findet gewissermassen ein ‹gesellschaftliches Vergessen› statt.

Die heutige
Höhere Fachschule
für Soziale Arbeit
an der Thiersteiner-
allee 57. ▷

In einer modernen
Gesellschaft ist
Soziale Arbeit
wichtiger denn je.
▷

Diese Dynamik mag oft auch den Willen bremsen, das Projekt FH-SA voranzutreiben. Denn der Planungsstand für die FH-SA ist zum Zeitpunkt der Niederschrift dieser Zeilen rudimentär: Gesamtschweizerisch rangieren die eingeleiteten Aktivitäten in der Region Basel am Ende. Die Nachbarkantone Aargau und Solothurn sowie die Ostschweiz starten mit ihren FH-SA 1998, Bern war bereits 1997 an der Reihe, Mendrisio führt seit 1997 eine FH-SA, Zürich und die Zentralschweiz werden 1999 folgen.

Das Vorhaben FH-SA ist nicht nur, wie bereits beschrieben, sozialpolitisch legitimiert, sondern auch regionalpolitisch bedeutsam. Der ‹Standort Basel› lässt sich nicht allein auf die Industrie reduzieren, sondern soll vielmehr als Kulturstandort eine Drehscheibe für Kultur, Bildung und Wissenschaft sein. Damit sind ureigenste soziale Anliegen benannt. Insofern das Soziale, besser: die Wiederherstellung des Sozialen, im gesellschaftlichen Brennpunkt liegt, muss auch eine FH-SA zum Kulturbestand der Region gehören. Sie leistet einen wesentlichen Beitrag zur Profilierung und schärferen Konturierung der ‹Kulturstadt Basel›.

Die heutige Höhere Fachschule für Soziale Arbeit beider Basel hat hierzu einen Beitrag geleistet, indem sie massgeblich an der 1992 erfolgten Gründung der RECOS mitwirkte: der ‹Konföderation der Fachhochschulen und Höheren Fachschulen des Sozialwesens in der Regio› gehören nebst Basel die Fachhochschulen von Mulhouse (2), Strassburg und Freiburg/Br. (2) an. RECOS bezweckt insbesondere den Austausch von Studierenden und Dozierenden unter den Mitgliedschulen und verleiht unter anderem ein Regio-Zertifikat: Studierende erwerben es sich durch Belegung spezieller curricularer Module; sie sollen dadurch bessere Startbedingungen auf den Arbeitsmärkten der jeweiligen Nachbarländer erhalten.

Menschliche Entwicklung und Kommunikation als Leitidee

Der Fachhochschulvertrag beider Basel erwähnt im Kommentar die Möglichkeit, dass nebst anderen Schulen auch die Ausbildungen in Sozialer Arbeit an die Fachhochschule ‹angedockt› werden könnten. Wenn der Wille zur Zusammenarbeit zwischen den einander teilweise fremden Bereichen – hier Wirtschaft und Technik, dort Soziales – gegeben ist, können sich daraus interessante Synergien entwickeln, die beiden Bereichen zugute kämen. Vorausgesetzt, dass die Lehrer- und Lehrerinnenausbildung in irgendeiner Form auf Fachhochschulebene angesiedelt würde, wäre es auch interessant zu prüfen, ob eine eigenständige ‹Fachhochschule für Pädagogik und Soziales› einen Gewinn brächte. In diese Richtung zielt der Anzug von Felix Mattmüller im Basler Grossen Rat vom Mai 1997, den 51 Grossrätinnen und Grossräte unterzeichneten.

Leitidee für eine solche Fachhochschule könnte ‹menschliche Entwicklung und Kommunikation› sein. Unter dieser Ausrichtung könnte die FH-SA Mittlerdienste leisten zwischen der Gesellschaft auf der einen, den Schulen und den sozialen Institutionen auf der anderen Seite. Ihre Dienste, die sie als Kompetenzzentrum vermittelnd einsetzte, bestünden etwa darin, Foren für Dialog und Auseinandersetzung zur Verfügung zu stellen, mittels Forschung Vorschläge für Problemlösungen zu unterbreiten, durch theoretische Beiträge Denk- und Handlungsprozesse auszulösen und durch ihre anspruchsvolle Ausbildung Berufsleute heranzuziehen, die diese Mittlerdienste zu ihrer eigenen Aufgabe machen. Insgesamt übernähme also die FH-SA – gemeinsam mit anderen – die Funktion, von der Politik und anderen gesellschaftlichen Entscheidungsinstanzen den Diskurs einzufordern über den gesellschaftlichen Wert von Sozialität, Bildung und Kultur.

Die Basler Gymnasien – Rückblick und Neubeginn

Hansjörg Marchand

Das Realgymnasium Basel 1930–1997

67 Jahre lang – für mehr als zwei Generationen junger Basler – war eine höhere Schulbildung zwingend mit dem Eintritt in eines der 1930 gegründeten Gymnasien verbunden, und zwar bereits im Alter von 11 Jahren laut dem Willen des Basler Stimmvolkes, das im Zuge einer Öffnung der gymnasialen Bildung dem 8jährigen Langzeitgymnasium zugestimmt hatte.

Im Vorfeld der Abstimmung von 1929 über die Basler Schulreform hatte es «leidenschaftliche Auseinandersetzungen zwischen den Gegnern und den Anhängern dieser neuen Schulstruktur gegeben», wie der Rektor des neuen ‹Realgymnasiums› (RG) im ersten Jahresbericht 1930 schrieb. Nachdem die gesetzlichen Grundlagen geschaffen worden waren, standen den Schulleitungen umfangreiche Aufbauarbeiten bevor, die zu Beginn des Schuljahres 1930/31 beendet sein mussten: die Gewichtung der Fächergruppen nach eidgenössischen Normen, die Gestaltung der Schule, die Rekrutierung des Personals etc.

Die neue Konzeption im Realgymnasium

Rektor Max Meier, seit mehreren Jahren schon Rektor der Oberen Realschule, wurde vom Regierungsrat mit der Führung des RG betraut und darf als der eigentliche Promotor des ‹Schultypus B› gelten. Er hat sich in seiner langen Amtszeit bis 1953 mit diesem Bildungsziel identifiziert und es im RG verwirklicht. Die Schulkonzeption des RG ist im ersten Jahresbericht 1930/31 eingehend dargestellt: «Wer also das Wesen der heutigen Kultur von innen heraus kennenlernen will, der muss sich in die nationalen Sprachen und Kulturen vertiefen … Das Studium der lateinischen Sprache und Kultur ist eine wesentliche Voraussetzung und Ergänzung

zugleich.» Eine wichtige Aufgabe für das neue RG war die Rekrutierung des Personals. So wurden eine Anzahl Lehrer aus der ehemaligen Oberen Realschule übernommen, einige Neuwahlen von jungen Lehrern in die Wege geleitet und vor allem Lateinspezialisten auf dem Berufungsweg im RG angestellt.

Zu Beginn des Schuljahres 1930/31 zählte die Schule 379 Schüler (zum Vergleich: Humanist. Gymnasium 473, Math.-Naturwiss. Gymnasium 688, Mädchengymnasium 883). Die Protokolle der Inspektion jener Jahre sprechen eine beredte Sprache über die Eingliederung einer schnell wachsenden Zahl von Klassen und die Suche nach Schulraum. Denn das Gebäude an der Rittergasse Nr. 4 und das ‹Rote Schulhaus› (heute Sitz der Kirchenverwaltung) boten nur eine beschränkte Anzahl Klassenzimmer an. Das Raumproblem aller Schulen zieht sich also durch die gesamte Basler Schulgeschichte bis hin in unsere Tage. Die Wirtschaftskrise wirkte sich auch auf Lehrerwahlen aus. Im Oktober 1934 wurden im RG vier Lehrstellen ausgeschrieben, es meldeten sich 57 Bewerber, die natürlich alle begutachtet werden wollten. Die Eingliederung der neuen Lehrkräfte verlangte von Rektor und Inspektion einen grossen Einsatz, was den Rektor zu der Bemerkung veranlasste: «Die Zusammensetzung des Lehrkörpers ist die wichtigste Voraussetzung für eine gedeihliche Arbeit an der Schule.» Allen ins RG eintretenden Schülern musste mitgeteilt werden, dass das angestrebte Maturitätsexamen noch nicht eidgenössisch anerkannt war. Diese Anerkennung wollte das RG schnellstmöglich erreichen und empfing mehrmals die eidgenössische Maturkommission zur Inspektion seiner Arbeit. Die ersten (noch nicht anerkannten)

251

Maturen fanden im Frühjahr 1933 statt und fielen befriedigend aus, so dass die Anerkennung im Sommer 1934 ausgesprochen wurde. Dies wurde von Inspektion und Lehrerschaft als grosser Erfolg für die Bemühungen um den Aufbau der Schule gewertet.

Schüleraustausch, Kultur und Sport

Im gleichen Jahr begann der Schüleraustausch des RG mit Grossbritannien. Dank der Initiative von Erich Dietschi erhielten junge Gymnasiasten die damals einmalige Möglichkeit, nebst der englischen Sprache auch Land und Leute vor Ort kennenzulernen. Der kriegsbedingte Unterbruch des Projektes schadete dem Austauschgedanken keinesfalls, im Gegenteil: Im Laufe der fünfziger und sechziger Jahre schlossen sich alle Gymnasien diesem Austausch an, der sogar noch um Gruppen, die nach Skandinavien reisten, erweitert wurde. Auch den sportlichen Aktivitäten an der Schule wurde jetzt grössere Aufmerksamkeit gewidmet: Wöchentliche Sportnachmittage wurden organisiert, Erich Dietschi gründete den Sportclub Rot-Weiss in der Schülerschaft des RG, und wenn die Schneeverhältnisse es zuliessen, organisierten die Turnlehrer Skitage im Jura, die dann in der Kriegszeit zu den ersten, ganz bescheidenen Skilagern führten. Neben der Tagesarbeit fanden auch immer wieder kulturelle Veranstaltungen statt: Theaterbesuche, Vorträge, diverse literarische Jubiläumsanlässe und ‹vaterländische Gedenkfeiern›.

Der Zustrom zum RG hielt an. Die Statistik für das Jahr 1937/38 weist 27 Klassen mit 786 Schülern aus, was einer durchschnittlichen Schülerzahl von 29 pro Klasse entspricht, wobei aber in die ersten Klassen je 48 Schüler aufgenommen wurden. Dies war das Maximum, das die räumlichen Verhältnisse an der Rittergasse verkraften konnten. So ist es nicht verwunderlich, dass bereits in jener Zeit die Forderung nach einem Neubau des RG laut wurde. Das Vorhaben wurde aber wegen des Krieges hinausgeschoben und erst zwanzig Jahre später (1957) verwirklicht. Die Stundentafeln des RG wurden im Laufe der Jahre nur geringfügig verändert. Die gesetzten Akzente bewährten sich offenbar. Hingegen wurden bei Fachkonferenzen – vor allem in den Naturwissenschaften –

immer wieder neue Forschungsergebnisse in den Lehrplan integriert, denn der Anschluss an die Hochschulen musste gewährleistet bleiben. Die Zielsetzung des RG wurde in einem Jahresbericht folgendermassen umschrieben: «Es wird vorausgesetzt, dass die Schüler alle 8 Klassen durchlaufen und die Maturprüfung ablegen wollen.»

Vom steifen Ton zur modernen Dynamik

Das Erscheinungsbild des Gymnasiallehrers änderte sich in den 67 Jahren seit 1930 erheblich. Die Fotos aus dem Kollegium des RG in den dreissiger Jahren zeigen dunkelgewandete, würdevolle Gestalten; Sie wandelten dannzumal gemessenen Schrittes durch die Gänge einer Eliteschule und traten, sich ihrer hehren Aufgabe äusserst bewusst, vor die Klassen. Sogar auf den Fotos von Farnsburgtagen und Schwimmnachmittagen im Eglisee sieht man ältere Herren (die gar nicht so alt waren) mit Gilet, weissem Hemd und steifem Hut, mit Zigarre und Wadenbinden ihres Amtes walten. Wer kann sich vorstellen, dass noch in den frühen fünfziger Jahren am Farnsburgtag nach der ‹Rede an mein Volk› von Rektor Meier die gesamte Schule, Klasse um Klasse, in Viererkolonnen und mit dem Klassenlehrer an der Seite singend vor der huldvoll grüssenden Schulleitung nebst geladenen Gästen und Ehemaligen am ‹Feldherrenhügel› vorbeidefilierten? Tempora mutantur … Heute ist der Umgangston zwischen Lehrenden und Lernenden, zwischen Schulleitung und Kollegium doch lockerer, ja sogar kameradschaftlich geworden. Hierarchien wurden schon vor 1968 stark abgebaut; erweiterte Lernformen, Ateliers und Gruppenarbeiten werden von der jüngeren Lehrergeneration praktiziert. Allerdings: Massenveranstaltungen wie der Farnsburgtag, ein alle acht Klassenstufen umfassender Sporttag oder eine Jahresschlussfeier für die ganze Schule sind seit den siebziger Jahren wegen ihrer Grösse undenkbar geworden.

Nach dem Rücktritt von Rektor Max Meier im Jahre 1953 und dem nur 17 Monate dauernden Rektorat von Fritz Weiss, der während seiner Amtszeit verstarb, folgte im Mai 1955 Eduard Sieber. In sein Rektorat fielen zum einen die Vollendung und der Bezug des Neubaus des RG

In den fünfziger Jahren bezog das Realgymnasium einen Neubau am Kirschgarten. ▷

am ‹Kirschgarten›, zum anderen die Vergrösserung und Verjüngung des Kollegiums bei stark wachsenden Schülerzahlen. In seiner 7jährigen Amtszeit stellte Rektor Sieber 24 Lehrkräfte ein, eine Zahl, die wohl am besten den Aufwand zeigt, den die Schulleitung im Personalsektor betreiben musste, aber auch das Problem des Fachlehrermangels, der gerade dann am spürbarsten war, als der Nachkriegs-Babyboom das Mittelschulalter erreichte. Der Ruf nach dem ‹Recht auf höhere Bildung für alle› war in ganz Europa zu hören und hatte Folgen: Das RG schien jetzt aus allen Nähten zu platzen.

Unterdessen war Rektor Sieber, dem Gesetz des Alters folgend, zurückgetreten, und als Nachfolger wurde 1962 Hans Gutmann gewählt. Er war ein allseits beliebter Mathematiker, dem der Ruf vorauseilte, die Ruhe und die Ausgeglichenheit in Person zu sein. Wer konnte ahnen, dass ausgerechnet er das Los der unruhigsten, sorgenvollsten und damit auch unfreundlichsten Periode in der Geschichte des RG gezogen hatte? Die menschlichen Beziehungen litten unter der Vermassung, die Papierflut schwoll an, es wurde eng in den Schulräumen. Die Auslagerung von Klassen an andere Standorte und die gleichzeitig zunehmenden Jugendunruhen fanden auch in den Konferenzprotokollen des RG ihren Niederschlag. Es ist in ihnen eine gewisse Resignation der Lehrer zu spüren, die gegen die sich auftürmenden Probleme von Raum und Masse so machtlos zu sein schienen.

Kampf gegen Enge und Resignation

1970 stand ein weiterer Rektorenwechsel an, und Werner Rihm wurde auf den Schild gehoben. Mit ihm trat eine ausserordentlich dynamische Persönlichkeit das Amt an, inspiriert von der Absicht, den Kampf gegen die Resignation und gegen die massive Beeinträchtigung des schulischen Bewegungsraums aufzunehmen. Ein Ruck ging durch das Kollegium, und dies hat Rektor Rihm wohl geholfen, bis 1994 volle 24 Jahre auf seinem Posten auszuharren, mit Hilfe der beiden Konrektoren disziplinarische Pflöcke einzuschlagen, das Kollegium wieder um das Stammhaus zu sammeln und auf die Schüler zuzugehen, denen er half, ein Schülerparlament auf die Beine zu stellen. Um den Schülern konzentrierte Projektarbeit zu ermöglichen, wurde das ‹Basler Studienheim in den Freibergen› gegründet, dessen Geschichte Rektor Rihm im Basler Stadtbuch 1973 geschildert hat. Das ‹Güggelfest› feierte in veränderter Form seine Auferstehung, Opern wurden mit grossem Aufwand und höchst erfolgreich inszeniert, kurzum: Lehrer und Schüler versuchten, das RG für seine rückblickend letzten selbständigen Lebensjahre auf guten Kurs zu bringen. Dies war nicht immer leicht, zeigte doch die Schülerschaft Zeichen von Passivität und Minimalismus, denen mit guten Argumenten entgegengetreten werden musste. Die kritisch gewordene Jugend liess sich nur von nachvollziehbaren und sinnvollen Massnahmen zur Schulbildung überzeugen.

Die Zukunft kann beginnen

Der letzte Rektorenwechsel der Berichtsperiode ist für das Jahr 1994 zu melden. Auch der neue Rektor, Christof Oppliger, stammt wie alle seine Vorgänger aus den Reihen des RG-Kollegiums, und zwar aus der mathematischen Gilde, was dem Gymnasium im Hinblick auf die anstehende Fusion mit dem Mathematisch-Naturwissenschaftlichen Gymnasium eigentlich nur zum Vorteil gereichen kann. Damit ist zugleich die letzte Zeitspanne des selbständigen RG angesprochen. Jetzt gilt es, den RG-Geist und die von Rektor Meier seinerzeit so hochgehaltene Zielsetzung des Lateingymnasiums in neue Strukturen einzubringen und dem Gymnasium ‹Kirschgarten› zu einem guten Start zu verhelfen.

Hansjörg Marchand

Geschichte des Mädchengymnasiums und seiner Töchterschulen

Anders als das ‹Realgymnasium› war das ‹Mädchengymnasium› (MG) nur dem Namen nach eine Neuschöpfung des Schulgesetzes von 1930. In Wirklichkeit wurde die damals schon über hundert Jahre alte ‹Töchterschule› weitergeführt und neu benannt, und zwar nach ihrer gymnasialen Fortbildungsabteilung, die bereits 1899 geschaffen worden war und seit 1913 eidgenössisch anerkannte Maturzeugnisse ausstellen durfte. Zwei wichtige Fortbildungsabteilungen der Töchterschule hatten im Laufe der zwanziger Jahre eigene Gefässe erhalten: die ‹Pädagogische Abteilung› und die ‹Merkantile Abteilung›. Die eine war 1925 ins Kantonale Lehrerseminar, die andere 1929 in die kantonale Handelsschule integriert worden. Trotz diesem Ansatz zu einer neuen Strukturierung der Töchterschule beliess das Schulgesetz deren Stammabteilung als maturlose ‹Allgemeine Abteilung› unter dem jetzt gymnasialen Dach und begründete zudem eine lateinlose ‹Realabteilung›, die den neusprachlichen Fächern ein etwas grösseres Gewicht gab, deren Matur aber nur kantonal anerkannt wurde.

Alle drei Abteilungen des MG basierten auf demselben zweijährigen Progymnasium und umfassten die Klassenstufen 3–8; doch nur die ‹Gymnasialabteilung› führte zu einer voll gültigen Matur mit Zugang zu allen Fakultäten. Obwohl mit dem Nebeneinander von Abteilungen so verschiedener Anspruchsniveaus erhebliche Schwierigkeiten programmiert waren, packte Paul Burckhardt, der bereits seit 1927 Rektor der Töchterschule gewesen war, die Leitung seiner zum ‹Mädchengymnasium› umgetauften alt-neuen Schule mit Optimismus an. Seine Hauptaufmerksamkeit richtete sich nun ganz auf die Gymnasialabteilung. Bei zunächst nur

leicht steigenden Schülerinnenzahlen konnte er sich vor allem der Konsolidierung und inneren Führung der Schule widmen. Die Akten zeugen davon, dass die Aufgabe der Schulleitung in hohem Masse darin bestand, das Kollegium zu erneuern und zu ergänzen – die Personalfluktuation war ein Dauerproblem. Warum? Ein Blick auf die Hintergründe erhellt ein charakteristisches Problem der damaligen Mädchenschulen, in dem sich jene Ungleichberechtigung der Frauen widerspiegelt, die das Kollegium des Mädchengymnasiums ganz von selbst zu einem Hauptkampfplatz für die Rechte der Frau werden liess.

Zum Kollegium der Töchterschule hatten seit deren Gründung immer Frauen gehört. Um sich den notwendigen Nachwuchs an Lehrerinnen zu sichern und ihnen eine immer bessere Ausbildung zu ermöglichen, hatte sich die Töchterschule die pädagogische Abteilung zugelegt. Seit sich zudem um die Jahrhundertwende die ersten Frauen den Zutritt zur Universität erkämpft hatten, gesellten sich zu den dort unterrichtenden männlichen Kollegen mehr und mehr auch Akademikerinnen; da letztere bis in die fünfziger und sechziger Jahre hinein ausschliesslich an der Töchterschule, später am Mädchengymnasium angestellt wurden, hielten sich Frauen und Männer bald das Gleichgewicht, ein Gleichgewicht, das sich bis heute erhalten hat. Angestellt werden konnten die selbstbewussten jungen Akademikerinnen zwar, aber das Beamtengesetz verbot ihnen gemäss dem sogenannten ‹Doppelverdienerparagraphen›, ihre Beamtung zu behalten, wenn sie sich verheirateten. Diese Regelung kam entweder einem Heiratsverbot oder einem Berufsverbot gleich und bewirkte, dass die Schule laufend ihren 255

Nachwuchs verlor und ersetzen musste. Die heute bereits kaum mehr vorstellbare, klare Diskriminierung wurde von den Frauen selbst über Jahrzehnte mit wachsendem Unmut hingenommen und bildet den entscheidenden Hintergrund für den legendären Lehrerinnenstreik vom 3. Februar 1959, der das Mädchengymnasium landesweit in die Schlagzeilen brachte. Erst 1961 konnte nach zähestem Ringen die erste verheiratete Frau am MG angestellt werden.

1938 trat Rektor Paul Burckhardt in den Ruhestand. Die Wahl zum neuen Rektor fiel auf Paul Gessler, von seinen Studien her Germanist und Altphilologe. Mit ihm trat ein Mann an die Spitze des MG, der diese Schule mit einem pädagogischen Impetus ohnesgleichen zu einer Reforminstitution aufwertete. Die neue Position bot ihm die Möglichkeit, noch tief schlummernde Ideen zur Frauenbildung in die Tat umzusetzen. In einem für alle neuen Strömungen offenen Geist führte er die Schule 24 Jahre lang. In seiner Ära sind zwei Hauptstossrichtungen seiner Schulkonzeption auszumachen: Die Aufteilung des Mädchengymnasiums in verschiedene Schulen und das, was er selbst ‹die Entschulung der Schule› nannte.

Aufteilung des Mädchengymnasiums

Die zu Beginn der fünfziger Jahre stark wachsende Schülerinnenzahl, die alle räumlichen Möglichkeiten auf dem Kohlenberg zu sprengen drohte, war für Rektor Gessler nur der Auslöser, um endlich mit der Ausgliederung der ‹Allgemeinen› und der ‹Realabteilung› das zu erreichen, was eigentlich durch das Schulgesetz von 1930 beabsichtigt gewesen war: ein einheitliches Gymnasium für Mädchen zu schaffen. Zuerst musste die nichtgymnasiale Allgemeine Abteilung verselbständigt werden. Nach Meisterung aller politischen Hürden wurde im Jahre 1957 die Mädchenoberschule (heute: Diplommittelschule, DMS) gegründet, die alle Fachgruppen auf Diplomniveau zusammenfasste. Die alte ‹Realabteilung› sollte zu einem neusprachlichen Gymnasium aufgewertet werden. Dazu waren verschiedene fachliche Voraussetzungen zu erfüllen, u. a. die stärkere Betonung des Englisch-Unterrichts und die Einführung des Obligatoriums für Italienisch.

Die Entschulung der Schule

Unter diesem Begriff versuchte Rektor Gessler, viele reformpädagogische Ideen zu realisieren, die die kopflastigen Maturexamina durch allgemeinbildende Angebote ausbalancieren sollten. Er begann, mit dem Kollegium im MG Institutionen aufzubauen, die wegweisend für jede moderne Schule wurden:

– Die Schulskilager, die, mitten im Krieg geboren, das Gemeinschaftserlebnis der Schülerinnen förderten.

– Der Landdienst, entstanden aus der Not der Bauern während des Krieges. Er trug zu einer gewissen Solidarität zwischen der gymnasialen Jugend und der landwirtschaftlich tätigen Bevölkerung bei.

– Die Schulkolonien, die erlaubten, abseits vom Schulbetrieb irgendwo in der Schweiz einigen gezielt vorgeschlagenen Themen nachzugehen, Land und Leute kennenzulernen, in Gruppen zu arbeiten; dies war ein damals überraschendes, heute selbstverständliches Ziel einer aufgeschlossenen Schule.

– Theateraufführungen, die besonders gepflegt wurden. Den Sprachlehrern gelang es, mit ihren Klassen zum Teil sehr anspruchsvolle Stücke der Weltliteratur und neuerdings auch eigene Kreationen auf die Bühne zu bringen.

– Ein mehrjähriger Versuch, die mit Zahlen ausgedrückten Zeugnisnoten durch ausführlich formulierte Qualifikationen der Leistungen zu ersetzen. Die Idee der notenlosen Beurteilung musste zu Beginn der fünfziger Jahre wieder aufgegeben werden, weil sie mit dem Maturreglement nicht in Einklang zu bringen war.

Mit seinem Rücktritt 1959 wurde das zweite bildungspolitische Postulat von Rektor Gessler verwirklicht: die Teilung des MG. Die modernsprachliche Abteilung – die natürlich noch keine anerkannte eidgenössische Matur anbot – verselbständigte sich als Gymnasium unter dem etwas phantasielosen Namen ‹MG II›.

MG I – das Gymnasium am Kohlenberg

Mit Lajos Nyikos erhielt das ‹MG I›, später ‹Gymnasium am Kohlenberg› (GK), einen Rektor, der bei der Reform der gymnasialen Strukturen in Basel und in der Schweiz ein gewichtiges Wort mitzureden hatte, und dessen schul-

Das Mädchen-
gymnasium und
seine Töchter-
schulen: Das
altsprachliche
Gymnasium am
Kohlenberg ...   ▷

politisches Ziel darin bestand, aus dem MG I einen altsprachlichen Typus A mit Griechisch zu machen. Von Beginn seines Rektorates an spürte jeder, der mit ihm arbeitete, dass er die Schülerfluten, die in die Gymnasien strömten, nach neuen Erkenntnissen kanalisieren wollte, weil er sah, dass die Schulen, wenn sie die Jugend auch nur einigermassen ansprechen wollten, umgebaut werden mussten. Abgesehen von diesen sich über Jahre hinziehenden Reformdiskussionen musste die Lehrerschaft auch zur Kenntnis nehmen, dass sich die Jugend der siebziger Jahre nicht nur um Schulpolitik zu kümmern begann, sondern auch zur Frage der Kernkraftwerke und, in den achtziger Jahren, auch zu autonomen Jugendzentren und zur ‹Stadtgärtnerei› Stellung nehmen wollte. Solche Auseinandersetzungen gehörten in jenen Jahren zum gymnasialen Alltag, und die Rektoren und Lehrkräfte hatten sich diesen Themen zu stellen, ob sie wollten oder nicht. In diesen Zusammenhang gehört auch die Gründung des Schülerparlaments im Jahre 1962, das am MG ‹Forum› genannt wurde.

In die Ära Nyikos fiel auch die Einführung der Koedukation an den Basler Schulen, die 1968 für die beiden Mädchengymnasien einen Namenswechsel zur Folge hatte. Das ehemalige ‹Mutterhaus› MG I, das die altsprachliche Richtung vertrat, wurde umbenannt in ‹Gymnasium am Kohlenberg› (GK), und das neusprachliche MG II wurde zum ‹Holbeingymnasium› (HOG). Leider hatte die Koedukation auch zur Folge, dass am GK der eben erst eingeführte, eidgenössisch anerkannte Griechisch-Zweig abzusterben begann, weil diese Schülerinnen nun ins Humanistische Gymnasium (HG) eintraten.

257

Nachfolger des 1973 zurückgetretenen Lajos Nyikos wurde Rektor Werner Oberle. Seiner Wahl vorausgegangen war ein spannungsreiches Intermezzo, weil die nun völlig getrennten Schulen des HOG und des GK wegen der Typenwahl der Schüler in Konkurrenz zueinander gerieten; 1973 hatte es noch einen Augenblick so ausgesehen, dass die beiden Schulen durch ein Machtwort des Erziehungsdepartements zusammengelegt werden könnten. Beide Schulen versuchten nun, sich genügend Absolventinnen und Absolventen für ihre Typen B und D zu sichern, was für das GK um so schwieriger war, als auch das Realgymnasium Mädchen aufnahm. Aus Sorge um den Nachwuchs gelang es Rektor Oberle im Jahre 1975, auch im GK den Typus D einzuführen, der 1981 schliesslich anerkannt wurde. Dieses zweite Standbein sicherte den Bestand des GK.

Unter dem Rektorat von Werner Oberle wurde der Weiterbildung der Lehrerschaft besondere Beachtung geschenkt. Oberle war der Meinung, der Lehrer sei «kein in Studierstuben hockender Einzelkämpfer mehr», sondern solle Teamfähigkeit zeigen und moderne Betreuungsformen für Jugendliche anwenden. Zwölf Jahre lang führte Rektor Oberle das GK, bis zum Jahr 1985. Nach seiner Pensionierung übernahm für die letzten 12 Jahre der Eigenständigkeit Luzius Gessler das Rektorat, der sich zunehmend mit der nun beginnenden Reform der Basler Schulen auseinanderzusetzen hatte. Mit seiner Pensionierung zu Ende des Schuljahres 1997 gehört auch das ‹alte Mädchengymnasium› in allen seinen Facetten der Vergangenheit an.

MG II – das Holbeingymnasium

Parallel zum GK entwickelte sich im neuen

Glaskubus an der Kanonengasse das bereits erwähnte neusprachliche Gymnasium unter der energischen Führung von Fritz Burri zu einem neuen Typus in der schweizerischen gymnasialen Landschaft. Rektor Burri hatte eine Schule übernommen, die trotz hohen Anforderungen in 3 Fremdsprachen die eidgenössische Anerkennung nicht besass. Dies führte zu einer Verunsicherung in der Schülerschaft und zu einer Abwanderung zum Typus B. Rektor Burri begegnete dieser Entwicklung mit einer ersten wichtigen Massnahme und führte am MG II den Typus B ein, was die Anerkennung der Schule als Gymnasium, nicht aber des neuen modernsprachlichen Typus bedeutete. Die Schülerinnen und, seit 1968, die Schüler des MG II hatten die Gelegenheit, eine Zusatzmatur in Latein abzulegen und damit die eidgenössische Anerkennung ihres Examens zu erlangen. Diese sehr komplexe Situation musste baldmöglichst bereinigt werden. Rektor Burri konnte mit Hilfe der Schweizerischen Gymnasialrektorenkonferenz, deren Mitglied er war, die Idee des vollwertigen Typus D in Bern überzeugend vorantreiben und 1971 zu einem guten Ende bringen: die eidgenössische Anerkennung des neusprachlichen Typus D. Dies bedeutete natürlich für das HOG eine willkommene Aufwertung der Schule.

Nachdem 1968 die Koedukation eingeführt worden war, wurden die Lehrpläne der Basler Gymnasien stärker vereinheitlicht, um die oft kritisierte Undurchlässigkeit zu verbessern. Dies galt später auch für die Einführung der Option zwischen Spanisch und Italienisch sowie andere Änderungen in den Lehrplänen und den Promotionsordnungen. Um so mehr hielt es Rektor Burri für wichtig, den eigenen Charakter des Holbeingymnasiums darzulegen. Dazu sei eine Passage aus dem Bericht einer Arbeitsgruppe des HOG zitiert, die sich in den achtziger Jahren mit diesem Thema befasste: «Die Schulen, die sich aus dem ehemaligen MG entwickelt haben, haben eine kurze Lebensdauer hinter sich … Eine breite Öffentlichkeit hat diese Entwicklung nur unklar zur Kenntnis genommen. So haben sich auch die Namen ‹GK› und ‹HOG› nicht eigentlich popularisiert.» Die Suche nach einer zeitgemässen Identität des HOG gipfelte für Rektor Burri im konsequenten Ausbau der modernen Sprachen nach dem neuen Typus D. Dies hatte zur Folge, dass «begabten Grundschichtkindern und vielen fremdsprachigen Zuwanderern aus den drei Kulturkreisen ein qualifzierter Weg ins höhere Bildungswesen gezeigt wurde».

Im Geist des Aufbruchs und der Erneuerung vollzog sich auch der Generationenwechsel in der Schulleitung des HOG. Nach 29 Jahren legte Rektor Burri im Jahre 1991 das Szepter in die Hände von Hans-Georg Signer, der nach seiner Wahl mit den Vorbereitungen der Fusion von HOG und GK konfrontiert wurde. Die Besinnung auf das Erbe der gemeinsamen Mutterschule erleichterte den letzten amtierenden Rektoren und den beiden Kollegien die Erarbeitung eines Leitbildes, das die Basis des ‹Gymnasiums Leonhard› bildet. 1996 wurde Rektor Signer zu dessen Leiter gewählt, und im August 1997 begann der Unterricht am neuen Gymnasium Leonhard.

Literatur

E. Flueler, Die Geschichte der Mädchenbildung in Basel, Neujahrsblatt der GGG, Basel 1984.
50 Jahre Realgymnasium, Jubiläumsschrift, Basel 1980.
Paul Gessler, 150 Jahre Mädchenbildung in Basel, Basel 1963.
Werner Rihm, Basler Studienheim in den Freibergen, Basler Stadtbuch 1973, Basel 1974.

Ausserdem diverse Jahres- und 5-Jahres-Berichte der Gymnasien seit 1930, Zeitungsberichte, Basler Schulgesetze mit Nachträgen, Matur-Anerkennungsverordnung (MAV) von 1930 mit Nachträgen, Bericht der Grossratskommission betreffend Fragen der Basler Gymnasien von 1962.

Paul Neidhart

Das Mathematisch-Naturwissenschaftliche Gymnasium

Über Jahrhunderte hatte es in Basel nur ein Gymnasium gegeben; ab Ostern 1930 waren es plötzlich deren drei: Neben das angestammte und von nun an ‹Humanistisches Gymnasium› genannte traten zwei neugegründete: das ‹Realgymnasium› (RG) und das ‹Mathematisch-Naturwissenschaftliche Gymnasium› (MNG). Aber war die Schaffung des MNG wirklich eine Neugründung? Dagegen spricht, dass diese Schule bereits im Jahr 1953 ihr hundertjähriges Bestehen feierte.[1] Die ‹Neugründung› war also in Wirklichkeit eine Fusion, verbunden mit einem Namenswechsel. Zusammengelegt wurden die ‹Untere› und die ‹Obere Realschule›; die neu entstandene Schule beanspruchte die Bezeichnung ‹Gymnasium›.[2] So standen den Absolventen der Knabenprimarschule fortan fünf Wege offen: drei ‹Gymnasien› und zwei ‹Volksschulen›. Der damalige Gesetzgeber war offensichtlich überzeugt, mit so vielen Parallelschulen den Ansprüchen und Begabungen der Knaben[3] am besten gerecht werden zu können. Der neue Name war freilich keine Anmassung, sondern Anspruch und Programm. Die Schule wollte nicht einfach als Vorbereitungsanstalt auf handwerklich-technische Berufsausbildungen und die ETH, sondern als Vermittlerin ‹gymnasialer Bildung› wahrgenommen werden. Dies setzte allerdings die Überzeugung voraus, dass Bildung auch ohne Latein möglich ist, und dass Bildungswert und Nützlichkeit eines Stoffes nicht umgekehrt proportional zueinander sein müssen (nach dem Motto: «Je nutzloser ein Stoff ist, um so höher ist sein Bildungswert»). Aber ebensowenig wurde den Schülern des MNG der Satz: «Nicht für die Schule, sondern für das Leben lernen wir» gepredigt. Eher entschlüpfte einem MNG-Lehrer gelegentlich die

Bemerkung: «Wer bei allem und jedem sofort die Frage nach dem praktischen Nutzen stellt, hat die falsche Schule gewählt.» Denn Hand aufs Herz: Wo im praktischen Leben nützen uns Fachausdrücke wie ‹Überschiebungsdecke› oder ‹Sonett›? Wer braucht beruflich Kenntnisse über die Kommunikationstechnik der Bienen? Wie kann ich den Apolloniuskreis zu Geld machen? Und doch gehört ein Grundverständnis der Alpenfaltung, eine Beschäftigung mit Dichtkunst, eine Ahnung von der faszinierenden ‹Bienensprache› zum Bildungsgut eines MNG-Absolventen, jedenfalls dann, wenn die Begegnung damit auf eigenem Erleben – Beobachten, Staunen, Problemlösen – basiert. Und mag der MNG-Absolvent im Laufe seines Lebens auch den Apolloniuskreis vergessen haben, so ist seine selbständige Entdeckung und das Aha-Erlebnis bei der Beweisführung doch das, was ‹Bildung› ausmacht.

Damit ist schon angedeutet, welche Rolle der Mathematik im Rahmen gymnasialer Bildung zugedacht war (und ist): Die Fähigkeit und die Freude zu wecken, Probleme zu lösen, zum Aufstellen von Hypothesen zu ermutigen und die Methode des mathematischen Beweisens zu erarbeiten. Beim ‹entdeckenden Lernen› steht darum jeweils ein Problem am Anfang, etwa die Frage: «Wo liegen die Punkte, die von dem einen Endpunkt einer Strecke doppelt so weit entfernt sind wie vom anderen Endpunkt»[4]. Natürlich wurde (und wird) auch an andern Gymnasien auf diese Weise unterrichtet. Der grosse Unterschied bestand jedoch darin, dass die Zahl der Unterrichtsstunden für Mathematik am MNG wesentlich höher war als an den übrigen Gymnasien, was die Anwendung der Methode des entdeckenden Lernens erleichter-

Das Mathematisch-Naturwissenschaftliche Gymnasium an der Elisabethenanlage. ▷

te.[5] Dieses reichlich bemessene Zeitbudget gab den Mathematiklehrern den Freiraum, den sie für die Vertiefung oder die Erweiterung des Pflichtstoffs, aber auch für die Behandlung eines Themas eigener Wahl nutzen konnten, etwa aus dem Grenzgebiet von Mathematik und Philosophie.

Drei Besonderheiten des MNG-Lehrplans sind zu erwähnen: Erstens die prominente Stellung der integrierten Praktika; zweitens das Fach ‹Geom. Zeichnen›, ursprünglich ein rein handwerkliches Fach, das auch das Konstruieren von Zierschriften lehrte, dann aber immer konsequenter in den Dienst des Geometrie-Unterrichts gestellt wurde (wobei die Schüler heute nicht mehr mit Reissfeder und Zirkel, sondern mit der Computermaus arbeiten); und drittens das ‹Feldmessen› im Sommersemester der 6. Klasse, wobei die Geometriestunden auf einen Nachmittag festgesetzt wurden. Die Klasse wurde zweigeteilt; alle vierzehn Tage trat eine andere Gruppe an und löste in zwei- bis vierköpfigen, arbeitsteiligen Gruppen elementare Vermessungsaufgaben wie Nivellement, Geländeaufnahme und gelegentlich eine Absteckung nach vorher erstelltem Plan. Vor allem dieses Fach erfreute sich bei Lehrern und Schülern unterschiedlicher Beliebtheit. Doch nachdem in den fünfziger Jahren dank einem Legat von Ing. Joachim Rapp die Vermessungsgeräte aus Dufours Zeiten durch moderne Instrumente ersetzt werden konnten, wurde dieser ‹Freiluft-Mathematikunterricht› zu einer wahren Freude. Besonders reizvoll war das Feldmessen im Rahmen der Schulkolonien: Dort konnte eine Vermessungsgruppe mehrere Tage lang eine anspruchsvolle Aufgabe lösen und mit Stolz die Früchte ihrer Arbeit vorweisen.

Fragen wir uns zum Schluss, ob das MNG den Ansprüchen genügt hat, unter denen es angetreten ist: Der erste Rektor Paul Buchner, gleichzeitig a. o. Prof. mit Lehrauftrag in Mathematik, vertrat konsequent die Auffassung, dass ans MNG – auch an die Unterstufe – nur gehöre, wer aller Voraussicht nach später ein Studium an Uni oder ETH absolvieren werde. Oft empfahl Buchner den Lehrern, sie sollten den Eltern nicht beförderter Schüler nahelegen, ihren Sprössling in einer Schule «mit einfacherem Bildungsgang» anzumelden, doch überliess er ihnen stets die volle Entscheidungsfreiheit. Neben Buchner wirkte in der neugegründeten Schule der damals stadtbekannte Historiker und Germanist Gustav Steiner als Konrektor und als Deutsch- und Geschichtslehrer. Beide ergänzten einander vortrefflich: der strenge, aber stets korrekte, introvertierte Fachmathematiker und der frohgemut-herzliche, begeisterungsfähige, begeisternde Ästhet. Im Wissen darum, dass

mindestens ein Drittel der Schüler des MNG nicht dem Bildungsbürgertum entstammte, sah er es als Aufgabe der geisteswissenschaftlichen Fächer an, nicht nur die Sprachkompetenz zu fördern, sondern auch die Sinne der Schüler für die Werte der abendländischen Kultur zu wecken. Die Grundhaltung dieser beiden vortrefflichen Pädagogen wirkte weit über ihre Pensionierung und ihren Tod hinaus: Die nachfolgenden Kapitäne Paul Bächtiger (1957–1961), Willi Wenk (1961–1975), Rolf Hartmann (1975–1988) und Emil Alber (1988–1997), bemühten sich, auch in den Gegenwinden der Relativierung von Werten, die im MNG hochgehalten wurden, den Kurs zu halten. Dass ihnen dies recht gut gelungen sein dürfte, bezeugen die anderthalbtausend dankbaren Mitglieder des Vereins Ehemaliger.[6] Einer von ihnen schrieb mir: «Ich habe das MNG in bester Erinnerung und zehre immer noch davon. Rolf Zinkernagel.»

Anmerkungen

1 Ernst Grieder, 100 Jahre lateinlose Maturitätsschule in Basel, Basel 1953.
2 Der Name ‹Realschule› ging an die bisherige ‹Sekundarschule›; aus deren Deutschklassen (d.h. Sekundarklassen ohne obligatorischen Fremdsprachenunterricht) wurde eine neue und selbständige Schule namens ‹Sekundarschule› gebildet. Die Verwendung dieser Schulnamen lief dem Sprachgebrauch aller übrigen Kantone zuwider und führte in der Folge immer wieder zu Verwechslungen.
3 Die Einführung der Koedukation war damals noch nicht spruchreif.
4 Die Punkte bilden den sogenannten ‹Apolloniuskreis› zur vorgegebenen Strecke bei einem Verhältnis der Distanzen von 2:1.
5 Der elementare Algebra-Unterricht verlangt allerdings andere Methoden und gleicht eher dem Erlernen einer Fremdsprache. Er fordert die genaue Betrachtung von Regeln, die gleichwohl verstanden werden sollten.
6 Der genaue Name lautet ‹Gesellschaft ehemaliger Schülerinnen und Schüler des MNG›.

Lutz Windhöfel

Handel, Schiene, Flugverkehr

Um- und Ausbau bei Messe, Bahnhof, EuroAirport

Dem Handel und dem Verkehr gelten die grössten Neubauprojekte, die man in Basel und im benachbarten Saint-Louis in den nächsten Jahren errichten will. Addiert man die veranschlagten Kosten für das neue Gebäude der Messe Basel (170 Millionen Franken), für die Passarelle im Bahnhof SBB (67 Millionen Franken) und für die Neubauten des EuroAirport (200 bis 250 Millionen Franken), so ergibt sich ein Bauvolumen von rund einer halben Milliarde Franken – in finanziellen Krisenzeiten ein erstaunlicher Betrag. Wo werden diese Bauten realisiert? Welches ist ihr gestalterischers Konzept, was die Geschichte der einzelnen Bauplätze?

Ein Fenster zur Stadt

Messen waren immer Marktplätze für Handel und Gewerbe gewesen. Im zweiten Viertel des 19. Jahrhunderts stiess auch die rasch wachsende Industrie dazu. Ein halbes Jahrhundert später führte man 1895 in Leipzig erstmals eine ‹Mustermesse› durch, weil es schlicht nicht mehr möglich war, die immer grösser werdenden Industrieprodukte oder gar ganze Erzeugerpaletten auf den Messeplatz selbst zu bringen. Man zeigte stattdessen nur noch Muster, damit sich industrielle Partner, Händler oder Klienten am ‹pars pro toto› einen Eindruck für ihre Entscheidung machen konnten.

Als die provisorischen Bauten der ‹Schweizer Mustermesse› in Basel, die man an Stelle des ersten Badischen Bahnhofs errichtet hatte, 1923 abbrannten, baute man für die Zukunft. Der Zürcher Stadtarchitekt Hermann Herter entwarf das grosse Empfangsgebäude an der Ecke Messeplatz/Riehenring und einen Hallenkomplex. In den achtziger Jahren begann dann ein jahrelanges Tauziehen um die Modernisierung

und einen neuen Standort der ‹Messe Basel›. Der bisherige Standort der Messe zwischen Riehenring und Mattenstrasse siegte. Man lobte einen Wettbewerb aus, bei dem der Kopfbau von Hermann Herter erhalten bleiben sollte, und entschied sich 1996 für das Neubauprojekt des Zürcher Architekten Theo Hotz.

In Richtung Westen will man nun ein Signal für die Zukunft des Unternehmens setzen. Theo Hotz wird eine elegante Kubatur mit 210 Metern Länge und 36 000 Quadratmetern Fläche auf drei Stockwerken realisieren. Die Entscheidung der Jury mag vom Umstand beeinflusst gewesen sein, dass dem Büro des Zürcher Star-Architekten mit dem Betriebsgebäude der ‹Städtischen Werke› in Winterthur und dem Neubau der ‹Eidgenössischen Materialprüfungs- und Forschungsanstalt› (EMPA) in St. Gallen (beide wurden 1996 bezogen) gerade zwei überzeugende Grossprojekte gelungen waren. Die rund 100 Meter breite Halle ist auf ihren Längsseiten völlig verglast. In ihrer Mitte fällt Tageslicht durch eine Reihe von Shed-dächern, auf beiden Seiten sorgen sechs kleine Treppentürme, ebenfalls verglast und offen sichtbar, für eine effiziente, publikums- und ausstellerfreundliche Erschliessung. Im Westen endet die neue Konstruktion in einem Restaurant, dessen Glaskubus auf Pilotis steht und elegant in den Strassenraum des Riehenrings auskragt. Nur wenige hundert Meter weiter wollen die Deutsche Bahn AG und die Stadt Basel die grossen Gleisanlagen nach einem Masterplan überbauen, der im Frühjahr 1997 in die zweite Runde ging. Gegenüber der fast geschlossenen Fassade, mit der die heutigen Messehallen zum Riehenring hin abschliessen, ist das neue Projekt leicht und einladend: Das transparente

263

Die zukünftige
Messehalle ist auf
den Längsseiten
verglast und
erhält in der Mitte
Tageslicht durch
eine Reihe von
Sheddächern.
◁

Das beleuchtete
Modell.
Im Vordergrund
der Riehenring.
◁

△
△
Urban und
elegant wird der
Bahnhof SBB
die Reisenden
empfangen
(Fotomontage).

△
Die neue Bahnhof-
Passerelle von
Westen. Links die
alte Bahnhofshalle
(Fotomontage).

Haus wird wie ein Schaufenster zur Stadt wirken und, sollte die grosse Kubatur nachts von innen her beleuchtet sein, die Atmosphäre eines ganzen Quartiers verändern.

Ein Brückenschlag am Bahnhof SBB

Bemerkenswertes soll auch mit dem Bahnhof SBB geschehen, den sich Architekten aus Lugano (Giraudi & Wettstein) und Sevilla (Cruz & Ortiz) genau angeschaut haben. Ihr Augenmerk richtete sich auf die Kundenorganisation mit den Billetschaltern, die Möblierung des Rau-

mes durch das SBB-Reisebüro und die stimmungsvolle, anarchische Installation ‹Luminator› von Jean Tinguely. 1996 gewannen Giraudi & Wettstein gemeinsam mit Cruz & Ortiz den Wettbewerb für eine Passerelle über die Gleisanlagen. Ihre Konstruktion soll über mehr als 170 Meter Länge und rund 16 Meter Breite führen. Der Raum, der beim heutigen Bahnhof beginnt, erhält bis hinauf zum Dach monumentale Dimensionen und ist auf beiden Seiten völlig verglast. Zum Wohnquartier Gundeldingen, das bisher über einen Fussgängertunnel mit

265

dem Bahnhof und der Innenstadt verbunden war, entsteht eine regen- und windgeschützte Flanierstrasse.

Die Architekten wollen die grosszügige Schalterhalle (1904–07) von Emil Faesch und Emanuel La Roche ‹demöblieren›. Sie war in den achtziger Jahren zu einer Art Disneyland der Innenarchitektur verkommen und beherbergt heute ein gestalterisches Chaos, dem Tinguelys ‹Luminator› die Krone aufsetzt. Was hier entstehen soll, lässt sich am neuen Hauptbahnhof von Sevilla ablesen, den Cruz & Ortiz 1991

fertigstellten, und der im darauffolgenden Jahr während der Weltausstellung zur Visitenkarte der andalusischen Stadt wurde. Charakteristika für das monumentale Bauwerk mit seiner kühlen Eleganz sind transparente Zonen für die Reisenden und die Bahnangestellten, eine effiziente Führung mittels intelligent geplanter Wege, Rampen, Treppen, Rolltreppen und Lifte, Klarheit, statt Wirwarr vieler Piktogramme, sowie ein grossflächiger Einsatz und eine sorgfältige Kombination der Materialien.

In der Schalterhalle, unterhalb des lanzettförmi-

Die künftige Empfangspartie des EuroAirport. ◁

Am neuen Fingerdock sollen 23 Flugzeuge gleichzeitig anlegen können. ◁

gen Fensterbogens, entsteht in Richtung der Gleise ein grosser Schlitz im Mauerwerk, der die gesamte Breite der Fussgängerbrücke in den Bahnhof ‹hereinholt›. Der Personenstrom wird über grosse Treppenläufe und vier Rolltreppen vom Niveau der heutigen Billettschalter sanft nach oben geführt. Analoges erfolgt von der Passerelle hinab auf die Perrons. Damit wird auch der Bahnsteig der Regio-S-Bahn, der heute erst unterirdisch zu erreichen ist, an nationale und internationale Züge angeschlossen sein.

Die Grundform der Passerelle gleicht jener Brücke, die Cruz & Ortiz im niederländischen Maastricht über die Maas gebaut hatten (1992–95). Die Dachkonstruktion erinnert an eine Welle, deren Bewegung durch den ansteigenden Meeresgrund an der Küste gebrochen wird. Diese organoide Formensprache haben die Teams aus Lugano und Sevilla von der Dachform und der subtilen Fensterornamentik des historischen Baus von Emil Faesch und Emanuel La Roche übernommen. Sollte der Bahnhofsvorplatz wieder ohne Baustelle und die Passerelle einmal fertig sein, müsste nur noch die Bahnhofsfassade gereinigt werden, und die allegorischen Frauengestalten auf beiden Seiten der grossen Uhren kämen wieder zum Vorschein …

Happy landing …

Parallel zum Bahn- soll auch der Flugverkehr am Oberrhein neue, zukunftsweisende Infrastrukturen erhalten. Den Wettbewerb für einen trinationalen Flugplatz gewann das Dreigestirn aus Dietschy (Bartenheim/Frankreich), Vischer (Basel/Schweiz) und Von Busse & Partner (München/Deutschland). Das Bayern-Team hatte hauptverantwortlich schon den neuen Grossflughafen ‹Franz Josef Strauss› im Erdinger Moos nahe München geplant. Beim Neubauprojekt am ‹EuroAirport Basel-Mulhouse-Freiburg›, der 1946 als erster binationaler Flughafen der Welt entstand, verbindet

sich ästhetische Qualität mit unternehmerischer Weitsicht. Bei einem Personenaufkommen von 2,5 Millionen Passagieren (1996) ist hier nach dem letzten Flughafenneubau im Jahre 1970 eine Vergrösserung des Terminals von derzeit 32 500 auf nahezu 90 000 Quadratmeter geplant.

Die bisherige Anlage bleibt weitgehend erhalten, erhält jedoch völlig neue Strukturen. Kleinere Gebäudeteile werden abgerissen, das bestehende Ensemble wird in einen langen Baukörper integriert. An die Schmalseiten des heutiges Baus schiebt man grosse Abfertigungshallen, die mit Shopping-Geschossen, Restaurationsbetrieben und Räumen für weitere Funktionen, die das Publikum eines internationalen Flughafens heute erwartet, ausgestattet werden. Die wichtigste Neuerung des ‹EuroAirport› wird – neben einem grosszügigen Ausbau der Personenterminals – ein Fingerdock sein. Der heute im rechten Winkel zum Hauptbau auskragende Arm wird auf mehr als das Doppelte verlängert und erhält an seinem Ende zwei leicht abgewinkelte Arme, die aus der Vogel- und Flugperspektive die Morphologie des griechischen Ypsilons ergeben. 23 Maschinen sollen hier künftig gleichzeitig andocken können, Sitzplätze für 1200 Personen werden den Kunden ein angenehmes Warten und eine bequeme Zirkulation ermöglichen.

Schon heute dauert ein Flug von Basel-Mulhouse nach Lissabon etwa gleich lang wie nach St. Petersburg. Bei Flügen nach London und Neapel, nach Prag und Berlin verhält es sich ähnlich. Nur für Kurzstrecken wie nach Mailand, Frankfurt/Main oder Paris bleibt der Zug die angenehmere (weil schnellere oder komfortablere) Variante. Denn in Basel wird der Flughafen nicht erst nach langen Fahrten erreicht, sondern in rund 10 Minuten mit öffentlichen Verkehrsmitteln vom zentralen Bahnhof SBB aus.

Doris Huggel

Zwischen Nutzung und Schutzbemühungen

Bedrängt seit 125 Jahren: der Wolfgottesacker

Mit dem Urteil des Basler Appellationsgerichtes vom 21. Juni 1995 wurden die jahrzehntelangen Bemühungen von Heimatschutz und Denkmalpflege, den Wolfsgottesacker unter Schutz zu stellen, von Erfolg gekrönt, und die lange Geschichte äusserer Bedrängnis fand damit ihren Abschluss.

Der 1872 auf freiem Feld eröffnete Gottesacker erstreckte sich damals in Form eines Kirchengrundrisses von der Strasse nach St. Jakob hinauf zur Münchensteinerstrasse. Kurz nach Eröffnung der als englischer Landschaftspark gestalteten Begräbnisstätte beanspruchte die Bahn den Nordteil des Friedhofes. Der damit verbundene beträchtliche Raumverlust wurde durch ost- und westseitige Annexen kompensiert; das wohldurchdachte, idealtypische Konzept ging damit jedoch weitgehend verloren. In der Folge entwickelte sich das umliegende Gelände zu einem industriell geprägten Raum, dessen fortgesetzten Landbegehrlichkeiten auch in unserem Jahrhundert durch Abtretungen von Friedhofgebiet stattgegeben wurde. Zudem standen sogar der Abbruch der Eingangsportale sowie die Schliessung der Anlage zur Diskussion, welche damit offiziell zu einer quantité négligeable verkommen war.

Kulturhistorisch wertvoll

Den Stimmungsumschwung gegenüber diesem Kulturdenkmal begünstigte zweifellos die seit rund zwei Jahrzehnten in ganz Europa intensivierte Beschäftigung mit den alten Nekropolen und ihren oft sehr wertvollen Grabmälern, deren kultur- sowie kunsthistorischer Wert für die jeweiligen Städte erkannt wurde. Vielerorts entstanden Inventarwerke, das heisst Verzeichnisse und genaue Beschreibungen des Grabmalbestandes, aus denen erweiterte Erkenntnisse für denkmalpflegerische Massnahmen sowie über die Nutzungsart und -intensität der Friedhöfe gewonnen werden können. Seit 1990 besteht auch für den Wolfgottesacker ein solches Inventar. Es erfasst 1130 der rund 2500 existierenden Familiengrabmäler, von denen 72 aus formalen, künstlerischen und historischen Gründen besonders erhaltenswert sind. Weiteren 721 Grabmälern kommt aus diversen anderen Gründen grosse Erhaltungswürdigkeit zu, unter anderem, weil sie eine grosse Zahl an Celebritäten aus Wissenschaft, Politik, Industrie und Kultur des bürgerlichen Basel verewigen.

Die öffentliche Hand kann wenig tun

Das für die Verwaltung und den Unterhalt des Friedhofs zuständige Amt ‹Stadtgärtnerei und Friedhöfe› des Baudepartementes gibt das Benutzungsrecht der Familiengrabstellen für jeweils zwanzig oder vierzig Jahre ab. Nutzungsrechte, die vor 1968 erworben wurden, sind heute noch auf Friedhofsdauer im Eigentum der jeweiligen Familien. Viele Familien verlängern Benutzungsrechte, welche nach 1968 mit zeitlicher Beschränkung erworben wurden, andere Grabstellen fallen zur Wiederbelebung an die Stadt zurück. Es besteht somit eine Mannigfaltigkeit an Besitzverhältnissen, was zur skurrilen Situation führte, dass zwar die im Staatsbesitz befindlichen Umfassungsmauern und Gebäude des Gottesackers ins Denkmalverzeichnis eingetragen werden konnten, nicht jedoch der Grabmälerbestand im Innern. Den Reiz des Gottesackers machen aber gerade die vielen alten Denkmäler aus.

Der Grabmälerbestand umfasst nicht bloss die seit der Eröffnung aufgestellten Steine der hi-

Ein weitgehend erhaltenes Ensemble (Ende 19./Anfang 20. Jh.). ▷

storistischen Epoche bis heute; vielmehr existiert auch eine grössere Zahl kostbarer Denkmäler, von denen einige aus dem beginnenden 19. Jahrhundert stammen und von aufgegebenen Friedhöfen hierher gebracht wurden. Schon heute gibt die Verwaltung besonders wertvolle ‹Verzichtgräber› nicht mehr weiter und bewahrt damit diese Denkmäler für die Nachwelt. Doch zuweilen akzeptieren neue Grabrechtsnehmer die alten Steine nicht, sei es, weil sie es ablehnen, sozusagen ‹in zweiter Linie› mit den früher Bestatteten einer anderen Familie erinnert zu werden, sei es, dass sich der Zeitgeschmack gewandelt hat. Dadurch droht immer wieder die Abschleifung der Schrift oder gar das Verschwinden wertvoller Grabsteine, die eine wichtige Funktion als konstituierender Teil eines intakten Ensembles aus der Entstehungszeit

haben. Viele Gräber stossen zu der laufend grösser werdenden Zahl der Denkmäler in Staatsbesitz, ohne dass die öffentliche Hand zu deren Pflege, Reparatur oder Restaurierung verpflichtet wäre oder in der angespannten Finanzsituation die erforderlichen Beiträge sprechen könnte.

Neue Erhaltungsmodelle sind nötig

Angesichts dieser prekären Erhaltunsmöglichkeiten des alten Bestandes ist zu hoffen, dass potentielle Grabinteressenten zu einer anderen Haltung gelangen und sich damit bald auch in Basel die andernorts erfolgreiche Vergabe von Grabmal-Patenschaften durchsetzt. In Köln, Dresden und Kassel, um nur drei Städte zu nennen, werden Grabstellen mit der Verpflichtung vergeben, die Grabsteine zu erhalten. Die neuen

Besitzer verewigen ihre Toten auf Liegeplatten oder auf bescheidenen Inschriften im Sockel, wodurch der historische Werdeprozess für alle klar nachvollziehbar bleibt.

Die Akzeptanz eines derartigen Modells ist um so dringlicher, als ein Grossteil des Grabmälerbestandes auf dem Wolfgottesacker akut gefährdet ist. Regen und Wetter greifen vor allem die Steine mit porösen Oberflächenstrukturen an: Es bilden sich Risse, Wasser dringt ein und gefriert zu Eis, das seine Sprengwirkung entfaltet und Steinabplatzungen verursacht. Besonders stark von Erosionsschäden betroffen sind die Sandsteingrabmäler. Ornamentale Teile wie Krabben, Giebelkreuze, Säulen und ähnliches werden zunächst konturlos und fallen später ab. Architektonisch zusammengesetzte Grabmäler leiden unter der Zersetzung des Mörtels, Pflanzen dringen in die Ritzen ein, der Stein gerät im Wortsinn ‹aus den Fugen›. Doch auch im Verborgenen nagt der Zahn der Zeit; beispielsweise können alte Eisenverankerungen und Klammern korrodieren und den Stein von innen nachhaltig schädigen.

Nachfahren helfen bei der Restaurierung

Um dem fortwährenden Zerfall vieler Grabdenkmäler doch noch die Stirn zu bieten, wird seit kurzem ein neuer Weg beschritten. Nachfahren von Bestatteten werden auf den schlechten Zustand ihres Familiendenkmals hingewiesen und um Finanzierung der notwendigen Restaurierung gebeten, die von einer Fachperson organisiert und denkmalpflegerisch begleitet wird. Zwei vom ehemaligen Elisabethengottesacker stammende antike Grabsteine konnten

△
Das klassizistische Doppelgrabmal Sarasin/Burckhardt nach der Restaurierung.

▷
Das im Giebelbereich restaurierte Grabmal der Familie Forcart von 1844 mit Formen englischer Tudorgotik.

auf diese Weise gesichert werden. Beide Entwürfe stammen von dem Architekten Melchior Berri (1802–1854) und sind in St. Triphon-Kalkstein ausgeführt, der wegen seiner marmornen Wirkung einst sehr beliebt war. Beim klassizistischen Doppelgrabmal Sarasin/Burckhardt aus dem Jahre 1839 musste eine Vielzahl der oben geschilderten Schäden behoben werden. Ein Teil des Schriftfrieses war zudem in mehrere Teile zerbröckelt. Wurde schon beim Reinigen des Steins auf grösstmögliche Substanzerhaltung geachtet, indem man auf die übliche Druck- und Chemikalienreinigung verzichtete, so wurde auch der defekte Fries nicht rekonstruiert, sondern auf der Rückseite armiert. Das 1844 entstandene neugotische Grabmal für Achilles Forcart und seine kurz nach ihm verstorbene Frau hingegen wies einen für

sein hohes Alter guten Allgemeinzustand auf. Indes war das mit einem Eisendübel verankerte Giebelkreuz durch Rostsprengung teilweise zerstört worden und auf das Grab gefallen, ebenso ein Teil des Giebels. Da nicht mehr alle Teile gefunden wurden, war eine Teilrekonstruktion erforderlich.

Nach den erfreulichen Resultaten dieses privaten Restaurierungs-Sponsorings soll das Modell, zusammen mit demjenigen der Grabmal-Patenschaften, die Erhaltung des Grabmälerschatzes sichern und somit auch die ‹innere› Bedrängnis von dem beliebten und anerkannten Kulturdenkmal Wolfgottesacker abwenden.

271

Uta Feldges

Zur Restaurierung des ‹Wildensteinerhofs›

Der ‹Wildensteinerhof› an der St. Alban-Vorstadt 30/32 ist ein repräsentatives Stadtpalais aus dem 18. Jahrhundert. Er gehört zu den hervorragenden Baudenkmälern des Spätbarock in Basel. 1994–1997 wurde das Gebäude umfassend restauriert. Dabei konnte eine einzigartige originale Wanddekoration des 18. Jahrhunderts, die jahrzehntelang verschollen war, wieder eingebaut werden.

Baugeschichte und Bauherr

Der ‹Wildensteinerhof› wurde 1775–1777 für den Seidenbandfabrikanten und Ratsherren Jacob Christoph Frey als Wohn- und Geschäftshaus erbaut. Der Name des Hauses stammt von einer der drei Vorgängerliegenschaften auf diesem Areal, die im 15. Jahrhundert einem Jacob Eptingen von Wildenstein gehörte.

Der Bauherr Jacob Christoph Frey (1741–1806) war der Schwager und Compagnon von Johann Rudolf Burckhardt, der in den gleichen Jahren das prächtige Haus ‹zum Kirschgarten› an der Elisabethenstrasse errichten liess. Mit dem Neubau an der St. Alban-Vorstadt machte sich Frey als Unternehmer selbständig. 1789 kaufte er die Nachbarliegenschaft Nr. 28 dazu. Sein Enkel Hieronymus Bischoff-Respinger liess 1836–1838 einige grössere Änderungen im Hause vornehmen. Weitere Umbauten erfolgten gegen Ende des 19. Jahrhunderts. Unter Theodor Sarasin-Bischoff befand sich 1887 erstmals eine Schule (Evangelische Predigerschule) im ‹Wildensteinerhof›. Die Nachkommen der Familie Sarasin verkauften das Gebäude 1948 an das Institut Athenäum, von dem es die Privatschule Minerva 1992 übernahm. Zu deren 100jährigem Jubiläum wurde der ‹Wildensteinerhof› umfassend restauriert.

Fund des originalen Bauplans

Der Architekt des Gebäudes war lange Zeit unbekannt. Erst kürzlich entdeckte Thomas Lutz im Zusammenhang mit seiner Erforschung der Basler Bürgerhäuser für das ‹Inventar der Kunstdenkmäler der Schweiz› einen unter den Dokumenten zum ‹Kirschgarten› aufbewahrten Plan, der er als Originalplan des ‹Wildensteinerhofs› identifizieren konnte. Er stammt von Johann Jacob Fechter (1717–1797), der neben Samuel Werenfels als der bedeutendste Basler Baumeister der Barockzeit gilt. Er schuf unter anderem das Landhaus ‹Sandgrube› (Riehenstr. 154), das ‹Wildtsche Haus› am Petersplatz und die Umgestaltung (Barockisierung) etlicher Domherrenhäuser am Münsterplatz.

Anlage des Gebäudes

Die Anlage des ‹Wildensteinerhofs› besteht aus einem Haupthaus an der St. Alban-Vorstadt mit zwei Flügelgebäuden an der Rückseite, an die sich diverse Nebengebäude anschliessen: links (entlang der Parzelle zu Nr. 34) ein Kutscherhaus, Remise und Stallung, rechts Geschäfts- und Lagerräume in dem sogenannten ‹Sommerhaus›, das als ältester Teil der Anlage noch ins 16. Jahrhundert zurückgeht. Ein Hof mit Gartenanlage, die ehemals bedeutend grösser war, vervollständigt den herrschaftlichen Wohnsitz.

Das Haupthaus steht im Zeilenverband der Strasse und wirkt dadurch trotz seiner grossen Breite vornehm zurückhaltend. Es hat neun Fensterachsen bei drei Geschossen und ist von einem hohen, seitlich abgewalmten Dach bekrönt. Der Eingang mit grossem Bogentor liegt in der Mittelachse. Dahinter befindet sich, wie ehemals bei reichen Bürgerhäusern üblich, eine

Vorderfassade
des Wilden-
steinerhofs von
Johann Jacob
Fechter in der
St. Alban-Vorstadt
30/32.   ▷

Hofseite mit
Nebengebäude.   ▷

Wagendurchfahrt (heute noch mit Holzpfläste-rung). Hier fuhren die Besucher vor, um im Trockenen aussteigen zu können und entweder die Geschäftsräume im Parterre oder den gros-sen Salon im l. Stock zu erreichen.

Der rechte Teil des Erdgeschosses war für die Geschäftsräume reserviert. Zur Strasse hin liegt hier das prächtige Empfangszimmer mit der nun wieder eingebauten Tapete des 18. Jahr-hunderts, daneben ein Kabinett. Zur Hofseite befindet sich das grosse Treppenhaus, das in die Wagendurchfahrt einmündet, daneben und im rückwärtig anschliessenden Flügelbau weitere Geschäftsräume. Links vom Haupteingang be-fanden sich ehemals das Speisezimmer mit Kabinett, zur Rückfassade Küche und Gesin-destube. Für den Grundriss des ‹Wildensteiner-hofs› ist typisch, dass die Geschosse durch schmale Quergänge unterteilt sind, die zwi-schen den vorderen und rückwärtigen Zimmern entlang laufen. Sie münden an den seitlichen Brandmauern jeweils in ein Neben-Treppen-haus mit separatem Ausgang zur Strasse bzw. in den Hof. Herrschafts- und Bedienstetenbereich wurden so klar getrennt, was in dieser Deutlich-keit in Basel ungewöhnlich ist. (Diese Gänge dienten u. a. auch zur Beheizung der zahlrei-chen Kachelöfen, von denen noch erfreulich viele erhalten sind.)

Restaurierung und bauliche Veränderungen

Bei der umfassenden Renovation des ‹Wilden-steinerhofs› wurden einige Räume restauriert, aber auch bauliche Änderungen für das Schul-haus vorgenommen. Letztere betrafen insbe-sondere den Dachstuhl, der zu Schulzwecken ausgebaut wurde. Im grossen Keller unter dem linken Hausteil ist ein Theater- und Versamm-lungsraum eingerichtet worden. In der ehemali-gen Remise und Stallung auf der Gartenseite entstand eine einfache Mensa. Die einstigen Wohn- und Geschäftsräume blieben mit ihrer historischen Ausstattung (Türen, Supraporten, Wandtäfer, Wandspiegel mit Konsolen, Kachel-öfen aus verschiedenen Epochen etc.) weitge-hend erhalten. Viele davon sind seit 1948 Schul-zimmer und wurden als solche nur aufgefrischt und mit neuen Holzböden versehen.

Bei den Farbuntersuchungen des Restaurators an der Strassenseite konnte man die ursprüng-liche Gebäudefarbe – ein sehr helles Grau, das Fechter auch beim Münsterplatz verwendet hat – feststellen. Diese Farbe wurde wieder gestri-chen und bildet zusammen mit dem Holzton der Fenster (ursprünglich Eiche-Natur, heute im Holzton gefasst, da ein Ablaugen der verschie-denen späteren Farbschichten zu aufwendig gewesen wäre) einen elegant-heiteren Aspekt, der dem schon ins Klassizistische weisenden Stil des Gebäudes gut ansteht. Das Erdgeschoss der Strassenfassade hatte ursprünglich eine Gliederung mit Flachrustika, die leider bei einer Renovation von 1972 abgeschlagen wurde. Auf die Wiederherstellung der Rustizierung musste aus Kostengründen verzichtet werden. Die Fen-ster samt Vorfenstern und Läden sind dagegen alle noch aus der Enstehungszeit erhalten. Die Rückfassade und die Flügelgebäude sind in einem grüngrauen Architekturton gehalten, der den baulichen Veränderungen des 19. Jahrhun-derts entspricht. Die Fenster wurden hier stil-gerecht erneuert.

Wanddekorationen und Interieurs

In der Wagendurchfahrt des Erdgeschosses fand man Architekturmalereien des 19. Jahrhunderts, die an zwei Wandfeldern freigelegt und an der gesamten Decke wiederhergestellt wurden. An den Wänden des Treppenhauses, das ehemals zur Wagendurchfahrt offen lag, entdeckte man eine gemalte farbige Marmorierung des 19. Jahrhunderts, die vom Restaurator schwungvoll wiederholt wurde. Die dreiläufige barocke Ei-chentreppe führt im l. Stock in eine elegante Vorhalle. Hier ist noch der ursprüngliche Sand-stein-Plattenboden des 18. Jahrhunderts be-wahrt. Aus der gleichen Zeit stammen auch die Türen mit den Supraporten, die nun restauriert wurden. Sie zeigen Landschaftsdarstellungen in niederländischem Stil. Im 19. Jahrhundert er-gänzte man die Ausstattung mit einem grossen Cheminée und mit Wandspiegeln.

Der grosse Salon gegen die Strasse hat eine rei-che Ausstattung aus verschiedenen Epochen: Der prächtige Kachelofen, der Wandspiegel mit Konsole und die Türen mit geschnitzten Supra-porten (Muskinstrumente-Motive) datieren aus der Enstehungszeit des Hauses. Um 1836 wur-de der Salon, der ursprünglich zwei Eingangs-türen hatte, durch eine Zwischenwand verklei-

Empfangszimmer
im Erdgeschoss mit
Telemach-Tapeten.
▷

nert. Er bekam dadurch eine neue Deckendeko-ration, die interessanterweise aus illusionistisch gemaltem Stuck besteht. Diese Decke hatte starke Risse, die geschlossen und retuschiert werden mussten. Die dunkelrote Seitentapete aus dem Ende des 19. Jahrhunderts konnte erfreulicherweise erhalten werden. Sie wurde sorgfältig gereinigt und die Fehlstellen neutral eingetönt.

Wiedereinbau einer originalen Raumdekoration des 18. Jahrhunderts

Den Höhepunkt der Restaurierungsarbeiten bildete zweifellos der Wiedereinbau der Lein-wandtapeten mit der Telemach-Legende im Empfangszimmer des Erdgeschosses. Die 1931 in der Publikation ‹Das Bürgerhaus der Schweiz›, Band 23, erstmals abgebildeten, noch im Haus fotografierten Leinwandbil-der wurden kurz danach verkauft und kamen über den Kunsthandel nach Wuppertal, wo sie in das Stadthaus der Familie Schniewind-Henkell eingebaut wurden. Sie überlebten dort wie durch ein Wunder den Krieg, die Unter-lagen zum Kauf gingen jedoch verloren. 1976 kam von den Erben der Familie die Anfrage an das Historische Museum in Basel, ob man an dem Rückkauf der Tapeten «aus dem Hause Sarasin» interessiert sei. Die Denkmalpflege wurde eingeschaltet und konnte die Wandbilder rasch als aus dem ‹Wildensteinerhof› stammend identifizieren. Von dem Geld einer sogenannten ‹Schenkung M. W. Müller› (die Stiftung eines nach Zürich ausgewanderten Baslers, der seiner Vaterstadt die Summe von 1 Million Franken zukommen liess, ein Viertel davon für denk-malpflegerische Aufgaben) konnten die Tape-ten für 30 000 Franken erworben werden. Sie wurden in aufgerolltem Zustand in das Bau-teilelager der Denkmalpflege übernommen und gerieten dort, da sich eine Wiederverwendung als schwierig erwies, langsam in Vergessenheit.

Erst der Besitzerwechsel beim ‹Wildensteiner-hof› liess die Diskussion erneut aufleben, und dank der sehr verständnisvollen Bauherrschaft war es möglich, die Tapeten an ihrem ange-stammten Ort wieder einzubauen. Dies ist ein ganz besonderer Glücksfall und in der Ge-schichte der Basler Denkmalpflege wohl noch nie dagewesen.

Telemach-Legende

Die Leinwandtapeten kleiden das Empfangs-zimmer im Erdgeschoss völlig aus. Sie sind in einem kräftigen Grünton gehalten, auf dem vier grosse Tafelbilder mit gemalten Rahmen er-scheinen. Supraporten über den Türen mit Put-tenszenen sowie dekorative Paneele ergänzen die Ausstattung. Die Bilder zeigen Ereignisse aus der Telemach-Legende, ein Thema, das im 18. Jahrhundert sehr bekannt war. Die Grund-lage dazu bildete die Veröffentlichung des Ro-mans ‹Les aventures de Télémaque› von Fran-çois Fénelon (1651–1715), dem Erzieher des französischen Dauphins. Dieser Roman ist eine ‹Fortsetzung des 4. Buchs der Odyssee von Ho-mer›. Die dort nur rudimentär überlieferte Ge-schichte Telemachs wird von Fénelon phanta-sievoll ausgebaut. In Abwesenheit seines Vaters wird Telemach von Mentor erzogen und ist mit zwanzig Jahren erwachsen, heiratsfähig und verfügungsberechtigt über sein Erbe. Er kann sich aber gegenüber den Freiern, die seine Mut-ter Penelope bedrängen, nicht durchsetzen. Er beschliesst, von Athena inspiriert, auf die Suche nach seinem vermissten Vater zu gehen. Athena selbst begleitet ihn dabei in der Gestalt Mentors und beschützt ihn vor vielfältigen Gefahren. Im ‹Wildensteinerhof› sind vier Szenen aus der Telemachie dargestellt: Athena erscheint dem jungen Telemach; Telemach heuert ein Schiff und Gefährten an; Telemach und Mentor bei der Nymphe Kalypso; Telemachs Traum von Venus, Armor und Athena.

Wachstuchtapete von Nothnagel?

Die in Öl auf Leinwand gemalte, sogenannte ‹Wachstuchtapete› eignet sich besonders gut zum Aufbewahren und Wiedereinbauen, denn sie ist, wie bereits Goethe bemerkte, von der Herstellungsart her «unverwüstlich». Goethe beschreibt in ‹Dichtung und Wahrheit› (1. Teil,

4. Buch) die Frankfurter Werkstatt des Malers Nothnagel, der für ganz Europa Tapeten lie-ferte, auch nach Basel in das ‹Wildtsche Haus› (allerdings hier gobelinartig bemalte Lein-wände mit bukolischen Szenen, nicht Wachs-tuch mit Einzelbilddarstellungen). Da auch das ‹Wildtsche Haus› von Fechter erbaut wurde, be-steht eine gewisse Wahrscheinlichkeit, dass die Tapeten des ‹Wildensteinerhofs› ebenfalls von Nothnagel stammen könnten. Leider fehlen hier aber noch genauere wissenschaftliche Untersu-chungen. Es gab im ‹Wildensteinerhof› ehe-mals sogar eine zweite Tapete dieser Art, je-doch mit Chinoiserie-Dekor. Wenn man die Vielfalt der Entwürfe, die Goethe bei Nothnagel gesehen hat, in Betracht zieht, spricht auch dies für jene Herkunft.

Die in Rollen aufbewahrten und seit der Demontage durch eine dicke Wachschicht ge-schützten Tapeten wurden zunächst ausgelegt, dann mit einem Föhn vom Wachs befreit, gerei-nigt und schliesslich vor Ort eingebaut. Erst danach wurden die diversen Fehlstellen retu-schiert. Bei der Untersuchung des Raums fan-den die Restauratoren in der Ofennische, den Fensterlaibungen und an den Sockelpartien unter späteren Anstrichen die originale Far-bigkeit des 18. Jahrhunderts, die zu der Tapete gehört.

Ergänzung der Ausstattung des Telemachzimmers

Zur Ergänzung des Interieurs konnte ein weis-ser klassizistischer Walzenofen aus dem Lager der Denkmalpflege aufgestellt werden. Wie das Original ausgesehen hatte, zeigt ein altes Foto, auf dem der Ofen im Wandspiegel des Zimmers zu erkennen ist. Ebenfalls aus dem Lager der Denkmalpflege stammt das Tafelparkett. (Die Suche nach einem passenden Leuchter geht allerdings noch weiter.) Insgesamt kann das Telemachzimmer heute wieder als eines der schönsten Basler Interieurs des 18. Jahrhun-derts bezeichnet werden.

Die Renovation des Wildensteinerhofs wurde von Architekt Kurt Frommenwiler durchge-führt und auf Seiten der Denkmalpflege von Architekt Markus Schmid betreut. Die Restau-ratoren waren Christian Heydrich und Gregor Mahrer.

Max Pusterla

Sportstadt Basel?

Wenn eine Basler Grossbank eines ihrer Gebäude zwecks Renovation hinter einer textilen Plakatwand verbirgt und fast provokativ für Basel als Kultur-, Messe- und Sportstadt wirbt, regt dies an, sich zu den einzelnen Begriffen Gedanken zu machen. Während sich zur ‹Kulturstadt› im Hinblick auf das Jahr 2001 und zur ‹Messestadt› mit Blick auf den geplanten Neubau der Messe Basel bald einmal Definitionen und Erklärungen einstellen, tut man sich mit der

‹Sportstadt› Basel schon etwas schwerer. Gibt es die ‹Sportstadt› Basel? Die Voraussetzungen dafür sind zwar durchaus vorhanden: Man denke nur an die entsprechende Infrastruktur im Gebiet zu St. Jakob, wo Basel in unmittelbarer Nachbarschaft miteinander ein Grossstadion, eine Mehrzweck-Sporthalle, ein Leichtathletikstadion, ein Schwimmbad, eine Reitsportanlage und viele weitere Wettkampfanlagen für die verschiedensten Sportarten besitzt – und alle grenzen obendrein direkt an ein Naherholungsgebiet, das zu individuellem Sporttreiben einlädt. Man muss schon weit reisen, um eine auch nur annähernd so kompakte Sportanlage zu finden. Dies wurde Basel auch von den internationalen Verbandsfunktionären der Weltmeisterschaft im Modernen Fünfkampf bestätigt, die zuvor ihre Titelkämpfe noch nirgends auf der Welt zwischen zwei Tramhaltestellen hatten durchführen können: Fechten und Schiessen in der St. Jakobshalle, Schwimmen im Sportbad St. Jakob, Geländelauf und Reiten im Reiterstadion Schänzli. Ein internationales Lob für die ‹Sportstadt› Basel. Was die Infrastruktur anbetrifft, so darf sich Basel also getrost ‹Sportstadt› nennen. Die vorhandenen Anlagen konzentrieren sich ja nicht allein auf das Gebiet um St. Jakob; Bachgraben, Bäumlihof, Grendelmatte, Margarethenpark, Pfaffenholz, Rankhof, Schützenmatte sind weitere Beispiele.

Risse im Verputz

Ein Blick hinter die Kulissen allerdings lässt einige Risse im Verputz erkennen. Das Fussballstadion aus den Anfängen der fünfziger Jahre muss dringend erneuert werden. Die Sporthalle hat auch schon ein Vierteljahrhundert auf dem Buckel und mutierte von der ‹Sport-› zur

Ist Basel eine
Sportstadt?   ▷

‹St. Jakobshalle›, was andeutet, dass Sport allein sie nicht mehr zu füllen vermag. Dem Leichtathletikstadion St. Jakob fehlen Garderoben und Nebenräumlichkeiten, um voll wettkampftauglich zu sein, und beim Sportstadion Schützenmatte schafft das ‹verkehrs-technische› Umfeld kaum lösbare Probleme. Ähnliche Anmerkungen sind beim Schwimmbad und bei der Kunsteisbahn anzubringen, und das Reiterstadion wurde, um überleben zu können, so umgebaut, dass einzelne Pferdesportarten nicht mehr im Veranstaltungsprogramm geführt werden können. Fragezeichen hinter der ‹Sportstadt› Basel? Wo befinden sich in Basel – ausser in den Köpfen einiger Enthusiasten und auf Planskizzen in tiefen Schubladen – eine Eissporthalle, ein wettkampftaugliches Hallenschwimmbecken, eine multifunktionelle Radrennbahn? Das waren noch Zeiten, als auf der ‹Kunschti› im Margarethenpark Welt- und Europameisterschaften im Eishockey stattfanden und sich auf den Rennbahnen in Muttenz und in der Mustermesse die Zuschauermassen von den sirrenden Speichen der Rennvelos in Bann ziehen liessen. Tempi passati in der ‹Sportstadt› Basel … Noch ist es auch nicht allzu lange her, da zählte Basel gut ein Dutzend Sportvereine, die in der jeweils höchsten Landesliga spielten und international Erfolge sammelten: der FC Basel und Nordstern im Fussball, der EHC Basel im Eishockey, der RTV Basel und der ATV Basel-Stadt im Handball, Uni Basel, die Basler Volleyballerinnen, und wieder der RTV Basel im Volleyball, der HC Basel und die Basler Dybli im Landhockey, und dann die verschiedenen Turnvereine, deren Athletinnen und Athleten oft und gerne für Furore sorgten.

Kein schönes Bild in unserer Zeit

Wie sieht es am Ende des Jahres aus, über das in diesem Stadtbuch berichtet wird? Der FC Basel krebst am unteren Ende der Rangliste, der EHC Basel hat ein weiteres Mal den Aufstieg aus der Amateurliga in die zweithöchste nationale Leistungsklasse verpasst, der RTV Basel muss in den sauren Apfel beissen und absteigen, Uni Basel hat sich aus dem Bereich des nationalen Spitzensports bereits abgemeldet, und die übrigen Vereine, die genannt wurden, haben sich schon vor geraumer Zeit aus den Klassen der

nationalen Spitze verabschiedet. ‹Sportstadt› Basel? Das Fragezeichen wird grösser und grösser.

Gründe für den Krebsgang des Basler Sports gibt es viele, und sie sind von Sportart zu Sportart verschieden. Zwei davon sind jedoch überall auszumachen: das Fehlen finanzieller Mittel und die abnehmende Zahl von Personen, die sich noch unentgeltlich, also ehrenamtlich in Clubs und Vereinen engagieren. Vereine, die heutzutage national, vor allem aber international an der Spitze mitmischen wollen, können kaum mehr in Freizeitarbeit geführt werden. So braucht es nicht nur für den eigentlichen Sportbetrieb Geld; es braucht zusätzliche Mittel, um die vereinseigene Infrastruktur am Leben zu erhalten. Und diese Mittel sind in der ‹Sportstadt› Basel – vor allem, seit sich in jüngster Zeit einige potente Gönner aus dem ‹Geschäft› zurückgezogen haben – je länger, je mehr nicht mehr vorhanden.

Das Beispiel von Uni Basel, Pionier im helvetischen Volleyball, zeigt auf, wie rasch der Sturz in die Anonymität erfolgen kann. Während Jahren gab es im schweizerischen Damen-Volleyball nur einen Namen: ‹Uni›. Die Studentinnen um Fritz Pieth und Metz Haussener brachten Titel um Titel, Cupsieg um Cupsieg heim. Ende der achtziger Jahre begann national plötzlich das grosse Aufrüsten. Ausländische Professionals wurden angestellt, Geld, das eigentlich gar nicht vorhanden war, wurde ausgegeben. Wer weiterhin dabeisein wollte, musste mithalten, ob er wollte oder nicht. Und es kam, wie es eigentlich kommen musste: Die Einnahmen deckten die Ausgaben nicht mehr, Schulden wurden gemacht, und niemand war da, sie zu begleichen.

Wieder einmal stellt sich die Frage: «Huhn oder das Ei»? – oder umgekehrt: «Ohne Geld kein Topteam, ohne Topteam kein Geld». Die Konsequenz im Fall von Uni Basel lautete: Rückzug des Herrenteams aus der höchsten nationalen Spielklasse. Als die Finanzen auch dann nicht in Lot zu bringen waren, hiess es: allgemeiner Abschied vom nationalen Spitzensport, zurück zum Beginn, als noch aus reinem Vergnügen Volleyball gespielt und die Kosten aus der eigenen Tasche beglichen wurden …

Dank unermüdlichen Idealisten gibt es aber

auch Licht am düsteren Basler Sporthimmel, Licht, das sogar weltweit ausstrahlt und Basel doch irgendwie als ‹Sportstadt› erscheinen lässt. Da wären die von Roger Brennwald ins Leben gerufenen und innert fünfundzwanzig Jahren immer bekannter und populärer gewordenen Swiss Indoors: Beim internationalen Hallentennis-Turnier trifft sich jeweils im Herbst die Crème de la Crème der Tenniswelt in Basel. In etwas bescheidenerem Rahmen findet das internationale Badminton-Turnier statt, das seit einigen Jahren um die Fasnachtszeit Basels Namen via Bildschirm bis nach Asien trägt. Das internationale Volleyball-Turnier in der Woche zwischen Weihnachten und Neujahr, der Baslercup der Eistänzer – sie alle sind aus dem internationalen Veranstaltungskalender nicht mehr wegzudenken. Schade ist nur, dass – ausser den Swiss Indoors – die meisten dieser hervorragenden Veranstaltungen in der ‹Sportstadt› Basel kaum wahrgenommen werden. Dennoch ist Basel vom Zuschauerpotential her nach wie vor ‹Sportstadt› im wahrsten Sinne des Wortes. Kein Schweizer Fussballverein hat ein so treues Publikum wie der FC Basel, ein Publikum, das zu Tausenden selbst dann noch ins veraltete, unbequeme Stadion pilgert, wenn der Verein gegen den Abstieg kämpft. Das gleiche gilt für das Eishockey, wo die altehrwürdige Anlage im Margarethenpark aus allen Nähten platzen würde, wenn die ‹Dragons›, wie sich die Basler Eishockeyaner neuerdings nennen, statt in der Amateur- in der Profiliga spielen würden. Dass dies nicht möglich ist, dafür sorgt wiederum das Geld: es fehlt die vom Verband vorgeschriebene Eishalle. Wie sie auszusehen hätte, wird im Mai 1998 zu erleben sein, wenn in der entsprechend eingerichteten St. Jakobshalle bei der Weltmeisterschaft Eishockey auf höchstem Niveau zu sehen sein wird. Ausser im Fussball und Eishockey ist der Sport hierzulande – und dies gilt nicht nur für Basel – nur noch in seltenen Fällen in der Lage, Hallen und Arenen zu füllen. So besuchten 1995 nur noch 1200 Eintritt bezahlende Zuschauer ein Handball-Länderspiel Schweiz–Deutschland in der St. Jakobshalle – bei der Weltmeisterschaft 1986 war die Halle in der gleichen Begegnung ausverkauft; im selben Jahr verbuchte der Kassierer des Basketball-Länderspiels Schweiz–Weltmeister Frankreich noch 1000 zahlende Zuschauer. Wen wundert's da, dass bei Vereinen, Verbänden und Veranstaltern mehrheitlich rote Zahlen geschrieben werden. Dies wiederum wirkt sich auf die entsprechenden Anlagen aus, die in den meisten Fällen im Besitz der Stadt Basel sind.

Basel sollte sich zum Sport bekennen

So sind wir auf unserer ‹Tour d'horizont› durch die ‹Sportstadt› Basel im Rathaus gelandet. Dort wird selbstverständlich aktiv kein Sport betrieben, leider aber auch kaum über Sport entschieden. Einer der ältesten, bis heute nicht beantworteten parlamentarischen Vorstösse ist ein Anzug des verstorbenen Sportpioniers Fritz Pieth: Der ehemalige Universitäts-Sportlehrer und erste Leiter des Instituts für Sport an der Uni Basel bat bereits 1986 den Regierungsrat betreffend eines Basler Sportkonzeptes um ein Bekenntnis zum Sport in Basel und damit zur ‹Sportstadt› Basel. Dieses könnte beinhalten, dass sich das offizielle Basel zum Spitzen- und Leistungssport bekennt, oder dass Basel sich verstärkt des Breitensportes annimmt. Es könnte beinhalten, dass Basel gewillt ist, gemeinsam mit den Sportorganisationen alljährlich ein bis zwei Veranstaltungen mit hoher, internationaler

Durch Leistung zum guten Ruf: 1973 wurde der FCB mit Paul Fischli (li.) und Karli Odermatt Schweizer Fussballmeister.
▽

Nie mehr Nati-B:
Aufstiegsfeier im
Jahre 1994.
◁

Kaum ein
Schweizer Club
hat so begeisterte
Fans wie der FCB.
▷

Neue Tricots …
◁

… neue Hoffnungs-
träger: Heinz
Herrmann als
Manager, Vereins-
präsident René
C. Jäggi, Trainer
Jörg Berger (v.l.) …
▷

… und neue Sor-
gen: 1997 trennte
sich der Verein von
Trainer Berger und
kämpft erneut
gegen den Abstieg.
▷

◁
Der FCB –
hoffentlich ein
Phönix aus
der Asche.

Ausstrahlung durchzuführen. Die bereits erwähnten Swiss Indoors haben diesbezüglich Pionierarbeit geleistet.

Der Regierungsrat tut sich indes schwer, ein solches Bekenntnis – etwa in Form eines Basler Sportkonzeptes – abzulegen; und dies, obwohl er seit geraumer Zeit im Besitz eines entsprechenden Vorschlages ist: Der Panathlon-Club beider Basel hat dem Basler Sportminister einen entsprechenden, von Fachleuten erarbeiteten Konzept-Entwurf aufs Pult gelegt, und eine Arbeitsgruppe der Interessengemeinschaft der Basler Sportverbände hat diesen Vorschlag aus ihrer Sicht überarbeitet und ergänzt. Das Fundament für die ‹Sportstadt› Basel ist also schon gelegt. Der Schritt von der beschriebenen Misere zur ‹Sportstadt› Basel ist dennoch kein allzu grosser. Die Statistik des Sportamtes Basel-Stadt für das Jahr 1996 weist nämlich nach, dass Basler Sportlerinnen und Sportler national wie international durchaus in der Lage sind, von sich reden zu machen. Sie sind zwar mehrheitlich in Sportarten aktiv, die in den Medien und in der Zuschauergunst eher noch ein Mauerblümchendasein fristen, gleichzeitig aber durchaus in der Lage, in der Publikumsgunst plötzlich ganz nach oben zu stossen. Ein Beispiel dafür ist das Unihockey-Team von Basel Magic: Vor wenigen Jahren noch als Pausenfüller betrachtet, hat sich die schnelle und spektakuläre Sportart zum Publikumsrenner gemausert, und die Partien von Basel Magic in der Nationalliga A der Unihockeyaner sind weit besser besucht als jene des Handball-Traditionsvereins RTV Basel. ‹Sportstadt› Basel? ‹Kulturstadt› Basel? Am besten ‹Kultur- und Sportstadt› Basel!

Roger Lange Morf

Sport als Wirtschaftsfaktor der Freizeitgesellschaft

Verdrängen Trendsportarten traditionelle Sportvereine?

‹Trendsport› ist im Grunde ein modischer Gummibegriff: Zwar nahmen 1969/97 an der Fussball-Meisterschaft in der Nordwestschweiz mit insgesamt 788 Teams so viele Mannschaften teil wie nie zuvor; dennoch würde kaum jemand die traditionsreiche Sportart als ‹Trendsport› bezeichnen – obwohl dies laut Brockhaus[1] eigentlich den Sachverhalt träfe.

Vielleicht aber hat diese Fehlinterpretation des Wortes ‹Trend› Methode: Weil ‹Mode› nach ‹morgen-schon-überholt› klingt, spricht man vom ‹Trend›, um einen zuversichtlichen Blick in die Zukunft zu dokumentieren. Der ‹Trend›-Euphemismus erinnert an Strategien der Werbe- und PR-Branche. Doch an deren Versprechen von heute erinnert sich morgen kaum noch jemand. Auch Hula-Hoop-Reifen waren einmal der letzte Schrei...

Wirtschaft geht vor Gemeinschaft

Es sind nicht so sehr die Trendsportarten, welche die traditionellen Sportvereine verdrängen – vielmehr verändert die zunehmende Verwirtschaftlichung des Sports, speziell des Breitensports, die Sportstrukturen. Die soziale Komponente, das traditionelle ‹Vereinsleben› mit Engagement und persönlichen Beziehungen, droht quasi verkauft zu werden. In der Freizeitgesellschaft ist der Sport zum Wirtschaftsfaktor geworden. Damit ist er allerdings nicht allein: Dies widerfährt inzwischen fast jeder Art von Massenbewegung, wie beispielsweise den ursprünglich avantgardistisch-anarchistischen Techno-Happenings. Machten einst kreative (und teilweise illegale) Insider-Anlässe von sich reden, so wird heute mit dickem Sponsorengeld breite Werbung für anspruchslose Grossparties gemacht.

Individualsportarten sind tendenziell besser dazu geeignet, möglichst viel Ware in möglichst raschem (Wechsel-)Rhythmus zu verkaufen, da sie sich rascher entwickeln als Teamsportarten, die einen hohen Organisationsgrad haben. Diese ‹Business-versus-Vereinsleben-These› sollen drei Beispiele von jüngeren Breitensportarten illustrieren.

Kein Trendsport ohne Medienpräsenz

Allen ‹Trendsportarten› gemeinsam ist ihr Drang in die Medien. Spektakel ist angesagt, Aufmerksamkeit nötig, denn ohne Medienpräsenz finden ja Ware und Käufer nicht zusammen. Die Medien sind der wichtigste Marktplatz für Sport-Sponsoring, -Imagetransfer und -Werbung. Marketing vervielfacht gleich die Trends: Zum einen müssen die Vereine, insbesondere in den Städten, auffallen, wollen sie Mitglieder und Werbe- oder Sponsoring-Gelder auftreiben; zweitens profitieren Sportartikel- und andere Hersteller vom Image bestimmter Sportarten und konstruieren einen Kult – vorzugsweise mit der Personalisierung durch einzelne Weltstars, denn das erübrigt aufwendiges Argumentieren in der Masse zahlreicher gleichwertiger Produkte; und drittens wollen branchenfremde Firmen über den Sport als jungdynamische Umgebung ihren Namen unter die Leute bringen. Je mehr Publikum ein Sport live oder am TV versammelt, desto mehr Geld fliesst; die Zahl der Aktiven ist dabei nicht der entscheidende Faktor.

Die Mittel fliessen zwar um so reichlicher, je höher das (hierarchische) sportliche Niveau ist – am meisten also in den Spitzenligen und -wettkämpfen, die Auswirkungen aber spürt auch der Breitensport: Vereine, die ihre Tricots

nicht von einem Mitglied, oder dem Vater eines Mitglieds und dessen Unternehmen, sponsern lassen können, müssen die Ausrüstung durch Mitgliederbeiträge finanzieren. Je höher aber diese Beiträge sind, desto weniger überzeugt bei der Wahl der Freizeitbeschäftigung das Argument, traditioneller Vereinssport sei immer noch billiger als Konsum.

Verdrängungskampf der Sportarten

Sportarten, die nicht auf teure Infrastrukturen angewiesen sind, lassen sich leichter zum Trend deklarieren; sind die erforderlichen Sportgeräte hingegen sehr billig, ist die Lancierung kaum rentabel. Der Verdrängungskampf unter den Stadtvereinen läuft zudem nicht nur um die Geldmittel. Die Zahl der Sportstätten (Hallen etc.) und die der Sporttreibenden ist ebenfalls nicht unbegrenzt. So macht jede Veränderung letztlich die einen zu Gewinnern und die anderen zu Verlierern.

Gerade in Städten wie Basel ist heute das Freizeitangebot riesig. Das bringt für die Einwohner bessere Lebensqualität, für die einzelnen Anbieter aber, zum Beispiel die Sportvereine, enorme Konkurrenz. Denn da sind nicht, wie vielerorts auf dem Land, fast alle im einzigen ‹Tee-Vau› und dessen verschiedenen Sektionen, weil man da halt ‹dabei› ist. Zudem fördert die relative Anonymität der Stadt die individuellen Massenangebote, denn ganz so falsch kann wohl nicht sein, was viele tun.

Medien streben nach Aktualität und dem, was sie dafür halten. Da wird Neues neugierig beschnuppert und vorgestellt; doch sobald es sich etabliert, verliert es rasch an Attraktivität. Ein Blick in die Sportbunde der Zeitungen fördert Sportarten zutage, die auf keine lange Tradition bei uns zurückblicken können: American Football, Beachvolleyball, Inlinehockey und -skating, Mountainbiking, Unihockey, Hängegleiten, Snowboard oder Windsurfing – die Weltsprache Englisch weist auf Vermarktungs-Hintergründe hin.

Inlineskating

Pickt man aus diesem Spektrum Inlineskating heraus, dann deutet die geschätzte Zahl der Skater durchaus auf einen Trend hin: Laut K-Tip[2] rollen derzeit 750 000 Personen auf den einrei-

Obwohl jung,
ist Unihockey
bereits heute
der fünftgrösste
Mannschaftssport.
◁

higen Rollschuhen durch die Schweiz. Dass das Schweizer Sportmuseum die Rollschienen in einer Ausstellung als eine Erfindung aus dem ausgehenden 18. Jahrhundert dokumentierte[3], dürften nur die wenigsten Inliner wissen.

Die Rollenden sind kaum organisiert. Laut Handbuch ‹Sport 97›[4] haben Schweizer Rollhockeyvereine gerade 877 Mitglieder, darunter 650 Aktive; hinzu kommen die 720 Mitglieder, die Rollkunst- und -schnellauf betreiben, darunter 320 Aktive. Dieser ‹Trend› rollt offenbar an den Vereinen weitgehend vorbei. Sogar der RS Basel als einziger Basler Rollsportclub hat weder eine Inline-Sektion noch die Absicht, eine solche zu gründen. Die Gründe dafür sind nur zu vermuten: Inlines sind vergleichsweise

Ein Trend und seine
Hindernisse: Für
Skateboarder fehlen
oft die Plätze.
◁

Rund 750 000 Inlineskater rollten 1997 auf den einreihigen Rollschuhen durch die Schweiz. ▷

billig und vor allem auch allein und ohne Vereinsverpflichtung verwendbar. So stehen heute – ganz im Gegensatz zur letzten Rollschuh-Welle in den siebziger Jahren – die Rollen zwar in einer Reihe; die Rollenden selbst aber müssen sich nirgends einreihen.

Unihockey

Ganz anders ist das beim Unihockey, das entgegen weitverbreiteten Meinungen nichts mit Universitäten zu tun hat. Das hierzulande erst seit 1981 an Meisterschaften betriebene Spiel ist mit über 17 000 Lizenzierten bereits heute die fünftgrösste Mannschaftssportart. Die fünf baselstädtischen Clubs indes versammeln erst 281 Lizenzierte. Genaue Zahlen über Unihockey kennt die breite Öffentlichkeit nur aus den Hochburgen dieser Sportart, wie beispielsweise aus Chur, weil sich dort auch die lokalen Medien dafür interessieren. Für grosse Schweizer Tageszeitungen wie Tagesspiegel, NZZ, Blick oder BaZ ist Unihockey nach wie vor etwas Exotisches. Sie halten bestenfalls einheimische Nationalliga A- oder Nationalmannschafts-Matches für erwähnenswert, obwohl der Boom längst Dimensionen eines echten ‹Trends› angenommen hat. Die im ersten ungestümen Wachstum zeitweise arg zerzausten Verbands-Strukturen verfestigen sich allmählich, ein rasches Abflauen der Begeisterung ist angesichts der Beliebtheit in den Schulen nicht zu erwarten.

Diese Trendsportart verdrängt zwar einige traditionelle Vereine, ist aber selbst auf dem besten Weg, eine eigene Tradition zu begründen – und damit zur Ausnahme von der Regel der Kommerzialisierung und Individualisierung zu werden. Genau deshalb fällt Unihockey auch wenig auf: Der Sport verwendet die üblichen Strukturen, dieselben Turnhallen und die üblichen Kleider. Für Unihockey lohnen sich Werbekampagnen kaum, und nur ein einziger Grosshersteller hat bisher einen speziellen Unihockey-Schuh (ein 150-Franken-Modell) auf den Markt gebracht. Zudem stammen die Spielstöcke (rund 50 bis 150 Franken) zumeist von neueren und ansonsten unbekannten Firmen. Den Trend wahrgenommen haben immerhin mehrere Grossverteiler, die Unihockey-Stöcke in ihr Sortiment aufgenommen haben. Einzelne

Sponsoren haben sogar trotz Pannen Vertrauen in den Sport: In der St. Jakobshalle fand vom 29. bis zum 31. August 1997 das erste Schweizer ‹Yellow Masters›-Turnier statt, obwohl der vom Basler NLA-Verein ‹Basel Magic› organisierte Vorgängeranlass noch ein Defizit eingefahren hatte.

Mountainbiking – Mode oder Trend-Motor?

Strenggenommen um die Variante einer etablierten Sportart handelt es sich beim dritten Beispiel, dem Mountainbiking. Einigermassen geländegängige Velos gab es mit dem Velocross schon lange, doch erst das spektakulär anders konstruierte Mountainbike mitsamt seinen Alltags-Vorteilen wurde innerhalb der letzten zwanzig Jahre ein Hit. Gute ‹Bikes› kosten heute zwischen tausend und mehr als zehntausend Franken – Preise, bei denen sich aufwendiges Marketing lohnt. Gleichzeitig bremst die Wirtschaftskrise den Absatz, da sich die Kunden, anders als bei Inlines, nicht so rasch wieder etwas neues in dieser Preislage anschaffen und daher massiver umworben werden müssen.

Mit den Inlines gemeinsam hat das ‹Biken› die Faszination der Fortbewegung. Doch während das Gesetz die Inlines auch auf Trottoirs zulässt (nicht aber auf der Strasse), gelten die Fahrverbote auf Feld-, Wald- und Wanderwegen, die ursprünglich gegen Motorfahrzeuge erlassen wurden, auch für solche Velos, die für das Fahren abseits der Strassen gedacht sind. Dies birgt ein erhebliches Konfliktpotential und Versicherungsprobleme für Basler Biker, die vor der eigenen Haustüre fahren wollen. So hat Riehen eigens erfundene, grosse Bike-Verbotsschilder an jedem Feld- und Waldweg montiert, der die Gemeindegrenze quert – die Biker des Riehener Radsportclubs trainieren jetzt am Gempen. Bettingen hat zwar einige Waldwege als Bike-Strecke ausgeschildert, dies aber kaum publik gemacht. Basler Teilnehmer sucht man an der nationalen Spitze des Mountainbike-Sports vergeblich.

Wie Inlineskaten, so kann man auch Biken alleine betreiben. Man braucht dazu weder einen Verein noch Stoppuhr oder Pulsmesser. Die Grenze zwischen regionalem Tourismus und Sport ist dabei fliessend: Von den hohen Verkaufszahlen allein lässt sich kaum eine Zahl aktiver Sportbiker ableiten, da viele Bikes ‹zweckentfremdet› im Alltag eingesetzt werden. Angesichts der langen und wechselhaften Geschichte des Velos ist Biken zwar kein echter ‹Trend›, könnte aber dank komfort- und sicherheitssteigernden Innovationen in der Technik dem alltäglichen Velofahren zum Aufschwung verhelfen. Auch traditionelle Radsportvereine, die Bike-Sektionen anbieten, dürfen damit auf Zulauf hoffen.

Wellenreiten, Wellen brechen

Die Tendenz zur Verwirtschaftlichung des Sports ist letztlich nur subjektiv zu bewerten; wer oben auf der Wellenkrone reitet, dürfte nichts gegen sie einzuwenden haben, wer untergeht, wird klagen. Alle Strukturen sind dem Wandel unterworfen, auch diejenigen im Sport. Vereinen, die ihre Begeisterung an jüngere Generationen weitergeben wollen, bleibt nicht viel anderes übrig, als selbst kräftig Wellen zu schlagen. Oder, um im Bild zu bleiben: Wer sich langfristig durchsetzen will, muss in die eigenen Strukturen investieren und sie als Wellenbrecher nutzen.

Anmerkungen

1 «Trend ‹engl. Verlauf› der, statistisch erfasste langfristige Entwicklungsrichtung, Tendenz», in: Der Deutsche Brockhaus in zwei Bänden, Wiesbaden 1984.
2 Kurzmeldung in der Rubrik ‹Nachgefasst› im K-Tip, Nr. 11, 4.6.1997.

3 Schweizer Beiträge zur Sportgeschichte, Band 2/1990, hrsg. vom Schweizerischen Sportmuseum Basel.
4 Hugo Steinegger, Sport 97, hrsg. vom Schweizerischen Olympischen Verband, Bern/Derendingen 1997.

Marco Obrist

SC Uni Basel Volleyball

Ein Sportverein im Wandel

1958 führte beim ‹Hochschulsport› der Basler Universität der Turn- und Sportlehrer Jean-Frédéric Haussener für Studentinnen und Studenten ein Volleyballtraining ein. 1964, sechs Jahre später, waren die Damen von ‹Uni Basel› bereits Schweizer Meisterinnen. Ihr Trainer Haussener war eine aussergewöhnliche Persönlichkeit: Seine Trainingsphilosophie, die auf Kooperationsfähigkeit und Übernahme von Verantwortung durch alle Beteiligten basierte, prägte ganze Generationen von Spielerinnen. Bis 1978 verteidigten er und sein Damenteam erfolgreich den Schweizer Titel. Ihre fünfzehn Meistertitel und vierzehn Cupsiege legten den Grundstein zur ‹Legende Uni Basel›.

Ein erfolgreiches System zur richtigen Zeit

Von 1959 an war Haussener zusätzlich Dozent für Volleyball bei der Ausbildung der Turnlehrer. Dies begünstigte die Entwicklung von ‹Uni Basel›, da viele Spielerinnen den Turnlehrerkurs absolvierten und sich später an den Gymnasien für die Förderung des Nachwuchses einsetzten. Ein fast unerschöpfliches Reservoir an Nachwuchsspielerinnen war hoch motiviert, bei ‹Uni› den Sprung in die erste Mannschaft zu schaffen. Von Entschädigungen war damals noch nicht zu reden, im Gegenteil: den Spielerinnen entstanden zum Teil erhebliche Kosten bei der Ausübung ihres Sports.

Bewusst unterstützte daher der Hochschulsport unter dem damaligen Leiter Fritz Pieth im Rahmen der gegebenen Möglichkeiten den Hochleistungssport einer Uni-Mannschaft. Der Rektor der Universität, Jan Milic Lochmann, zählte die Begegnung mit den Uni-Sportlern zu den erfreulichsten Erfahrungen im Amtsjahr eines Rektors und betonte, «... wie wichtig für die

Öffentlichkeitsarbeit für das ‹Image› der Universität der Uni-Sport ist – und nicht nur bei den Spitzenkämpfen, sondern auch im Universitätsalltag.»[1] ‹Uni› war in der Öffentlichkeit zu einem der besten Werbeträger der Universität geworden.

Der Sport im Wandel

Die ehemalige Spielführerin Elisabeth Kessler konnte die Arbeit von Haussener mit vier weiteren Meistertiteln erfolgreich weiterführen. Abgelöst wurde sie von Monika Roduner, die ihr Amt nach zwei Jahren mit einem Sieg im Schweizercup beendete. Trotz aller Erfolge war jedoch der grundlegende Wandel im Sport nicht zu übersehen: Die ersten grossen Sponsoren tauchten in der schweizerischen Volleyball-Szene auf; Spesenentschädigungen, kleine Vergütungen und Anstellungen von ‹Profis› wurden möglich. Nun sah sich auch ‹Uni Basel› gezwungen, einen Grundsatzentscheid zu fällen: Sollte das Team weiterhin als reine Amateurmannschaft spielen und sich mit Mittelmass abfinden – oder sollten neue Wege beschritten werden? Um eine Abwanderung der Spielerinnen zu verhindern, musste gehandelt werden.

Im Zusammenspiel mit der Universität ergab sich eine spezielle Problematik: Es konnte nicht Aufgabe der Universität sein, mit öffentlichen Mitteln einen semiprofessionellen Spielbetrieb zu finanzieren. So wurde 1985 die Zusammenarbeit des Hochschulsports mit den Vereinen erstmals verbindlich geregelt.[2] Der erste professionelle ausländische Trainer war Peter Nonnenbroich, der mit seinem Team die letzten drei Meistertitel errang.

Bis 1988 war ‹Uni› ein Verein ohne eigentliche Vereinsstrukturen gewesen; Trainer, Spielerin-

Die erfolgreichen Damen von Uni Basel: Ganz links Daniela Kruse, daneben Caroline Gugler im Kampf gegen Anne Monnet vom RTV, unten links Denise Kölliker beim Smash, daneben noch einmal Caroline Gugler (Aufnahmen aus den Jahren 1994–1996).
◁

Uni-Trainerin Young Sun Lee mit Assistent Alexis Stückelberger (Oktober 1995).
▽

nen und ursprünglich auch noch die Akademische Sportkommission ASK (zusammengesetzt aus Studierenden) hatten sich gemeinsam um sämtliche Belange gekümmert. Bei den gestiegenen Anforderungen war dies nun nicht mehr möglich. 1988 wurde deshalb auf Antrag des Leiters des Hochschulsports ‹Uni Basel Volleyball› formell neu gegründet. Innerhalb weniger Jahre wuchs das Sponsoringvolumen von 6000 auf mehr als 180 000 Franken. Die Abhängigkeit von einzelnen Sponsoren wurde zwar als Gefahr erkannt; sie war aber nicht zu umgehen. Das ganze Gefüge, das auf Kontinuität, Konstanz und einer einheitlichen Philosophie basiert hatte, war innerhalb von ein, zwei Jahren durch die äussere Entwicklung in Frage gestellt und sehr verletzlich geworden.

Peter Nonnenbroich, dessen Vorstellungen von einem professionellen Spielbetrieb nicht finanzierbar waren, wurde von Daniel Haussener, dem Sohn des Gründers Jean-Frédéric Haussener, abgelöst. Er hatte sich bereits bei den Her-

ren in der Nationalliga A, bei der 2. Damenmannschaft und vor allem mit seiner kontinuierlichen Nachwuchsarbeit grosse Verdienste erworben. Doch Erfolge lassen sich nicht einfach programmieren; ausserdem gelang es nur zum Teil, die Lücke zu schliessen, die Daniel Haussener beim Nachwuchs hinterlassen hatte. Im Laufe der Zeit führten der finanzielle und zeitliche Druck sowie zu hoch gesteckte Erwartungen dazu, dass der Vertrag mit Daniel Haussener nicht verlängert wurde – ein Vorgang, der nicht ohne Nebengeräusche über die Bühne ging. Nachfolgerin Hausseners wurde die ehemalige Spielerin Young Sun Lee.

Rückzug aus der Nationalliga

«Die Vereinspolitik ist so zu gestalten, dass der Verein keine Schulden eingeht … Wird diese Vorgabe nicht eingehalten, kann die finanzielle Unterstützung … eingeschränkt werden.»[3] Dies waren klare Worte von Seiten der Universität. Bereits seit geraumer Zeit hatte es genügend schlechte Beispiele für unvernünftige Vereinspolitik gegeben. Die Vereine des SC Uni Basel wollten beweisen, dass eine verantwortliche Vereinspolitik möglich war, notfalls unter Verzicht auf sportlichen Erfolg. «Lieber sportlich tot, als finanziell rot», lautete die Devise. Doch trotz grosser Anstrengungen gelang in den Folgejahren nicht, die notwendigen Mittel für einen professionellen Betrieb sicherzustellen. 1994 verzichtete die Basketballmannschaft des SC Uni Basel aus finanziellen Gründen auf den Aufstieg in die Nationalliga B, ein Jahr später zogen sich auch die Volleyballer aus der Nationalliga A zurück; 1996 folgte dann der spektakuläre Rückzug des Rekordmeisters der Volleyballdamen aus der Nationalliga. Zur Zeit spielen alle drei Teams in der zweiten Liga.

Zwangsläufige Entwicklung

Diese Entwicklung mag man bedauern, doch sie ist nur eine Folge der veränderten Bedingungen. Der Aufwand, den ein Verein heute schon für einen Erfolg auf nationaler Ebene betreiben muss, hat professionelle Dimensionen angenommen. Zudem sind bei den ‹Nicht-TV-Sportarten› Stellenwert, Anerkennung, Sozialprestige und Verdienstmöglichkeiten vergleichsweise gering. Eine langfristig seriöse Finanzierung ist

unter den gegebenen Bedingungen nicht möglich. Das Dilemma liegt auf der Hand: Zum einen lässt sich der Spielbetrieb nicht allein durch den Verkauf von Eintrittskarten finanzieren, zum anderen können die von Sponsoren geforderten Gegenleistungen ohne umfassende Medienpräsenz nicht hinreichend erbracht werden.

Ohne Kontinuität an der Spitze aber ist ein gezielter Aufbau des Nachwuchses gefährdet. Zwar gelingt es auch in unserer Region immer wieder einzelnen Vereinen, in die zweithöchste oder sogar in die höchste Liga aufzusteigen; doch das Scheitern an den finanziellen Rahmenbedingungen ist vorprogrammiert. Die hohe Verschuldung regionaler Spitzenvereine und das Nachlassen der sportlichen Leistungsfähigkeit bei verschiedenen Traditionsvereinen in den letzten Jahren deuten auf einen Umbruch hin, der uns noch länger beschäftigen wird.

Dass ihre Vereine nicht den Weg der totalen Verschuldung gegangen sind, hat die Universität mit Genugtuung zur Kenntnis genommen. Auch wenn der Rückzug die Verantwortlichen schmerzte und teilweise auf Unverständnis stiess, war die Entscheidung klug und vorausblickend, weil sie den Verein vor Schlimmerem bewahrte.

Unbefriedigende Situation im Spitzensport

Uni Basel ist kein Einzelfall. Im gesamten Spitzensport ist die Situation zur Zeit alarmierend. Die gesellschaftliche Tragweite reicht weit über das rein Sportliche hinaus. Über kurz oder lang werden unseren Jugendlichen jene Vorbilder fehlen, die sie anfassen können, und die keine Fernsehübertragung ersetzen kann. Das Abwandern vieler Jugendlicher in andere Bereiche ist absehbar; welchen Einfluss dies auf das Sportverhalten einer ganzen Region haben wird, wird die Zukunft weisen. Basel wird sich als vielzitierte ‹Sportstadt› vor allem auch daran messen lassen müssen, welchen Stellenwert der aktive Sport bei ihren Bewohnerinnen und Bewohnern geniesst. Auch die gesundheitspolitische Bedeutung des aktiv betriebenen Sports in unserer bewegungsarmen Zeit ist unbestritten. Gefragt ist daher eine Sport- und Gesundheitspolitik, die der neuen Situation Rechnung trägt und die Bedeutung der lokalen Spitzenvereine in die Planung miteinbezieht.

Uni Basel Volleyball weiterhin innovativ

Uni Basel Volleyball befindet sich zur Zeit in einer Phase des Neuaufbaus, die den Verantwortlichen grosses Engagement und viel Einsatz abverlangt, was zum Teil im Hintergrund geschieht. Doch auch in der Öffentlichkeit ist man aktiv: Aus den Reihen des Vereins ging das ‹Uni Basel Volleyball International› hervor. Als einer der grössten Sportanlässe unserer Stadt fand das Turnier 1997 bereits zum 10. Mal statt. Und noch ein weiteres Ereignis kann sich sehen lassen: 1997 wurde auf dem Barfüsserplatz zum ersten Mal die ‹Beach-Tour› auf Sand ausgetragen. Der Organisator: Uni Basel Volleyball.

Felix Rudolf von Rohr

Zämme in d Hoose!

Fasnacht 1997

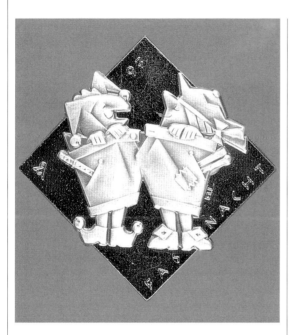

Seit einigen Jahrzehnten wird die Fasnacht immer unter ein ‹Motto› gestellt. Dieses ist nicht zu verwechseln mit den vielen Sujets, die von den Cliquen und Schnitzelbänklern in ihren Zügen, Zetteln, Laternenhelgen und Versen persifliert werden. Das ‹Motto› steht jeweils im Zusammenhang mit der Fasnachtsplakette. Dazu muss man wissen, dass die Auswahl der Plakette bereits im Juni des Vorjahres getroffen werden muss, da die Ausarbeitung und die technisch anspruchsvolle Herstellung dieses kleinen Kunstwerks in seinen verschiedenen Ausführungen gut und gerne ein halbes Jahr in Anspruch nehmen. So ist es denn für das Comité keine einfache Aufgabe abzuschätzen, welches Thema rund acht Monate später wohl noch aktuell genug sein dürfte, um beim Publikum gut anzukommen. Waren es früher eher allgemeine und stimmungsvolle Aspekte der Basler Fasnacht, welche die Themen für die Plaketten bestimmten, so versucht man seit etlichen Jahren, sich auf Trends oder aktuelle Gegebenheiten zu beziehen.

Ausgangspunkt für die 1997er Plakette war jene folgenschwere Überraschung, die genau eine Woche nach der Fasnacht 1996 für die ganz grossen Schlagzeilen sorgte: die Fusion der Chemie-Giganten Ciba und Sandoz zur neuen Novartis. Erwartungsgemäss entwickelten gleich mehrere der wie üblich rund fünfzig Plaketten-Entwerfer dieses wirtschaftliche Grossereignis zum fasnächtlichen Thema. Die Auswahl fiel auf den Entwurf des Basler Graphikers Marco Lisa. Seine Umsetzung unter dem Titel ‹Zämme in d Hoose› sollte jedoch nicht nur eine visuelle Umsetzung (oder gar Propagierung) der Mega-Fusion darstellen, sondern den Interpretationen freien Lauf lassen: Sind die Hosen vielleicht zum Schluss für beide doch eine Nummer zu gross? Oder sind sie, im Gegenteil, zu eng, so dass sie gar nicht zugeknöpft werden können? Wieviele Baslerinnen und Basler finden in diesen neuen Hosen noch einen Platz? Sind die wirtschaftlich schwierigen Zeiten für Herrn Basler und Frau Baslerin nicht Grund genug, wieder vermehrt zusammen ‹in die Hosen zu steigen›? Ist schliesslich nicht die Fasnacht selbst die grosse, speziell baslerische Gelegenheit, um über alle Grenzen hinweg zusammenzurücken und sich auf die gemeinsamen Anforderungen unserer lieben Stadt zu besinnen? Die wirtschaftlichen Probleme, die Abkehr von menschlichen Werten zugunsten von Profit, Shareholder-Value und globalem Denken waren denn auch Themen, die an der Fasnacht 1997 –

nebst allen lokalen oder nationalen Aktualitäten – mehr denn je in den Sujets zum Ausdruck gebracht wurden. Kein Mensch konnte allerdings wissen, dass noch im gleichen Jahr eine weitere Elefanten-, um nicht zu sagen: Mammut-Liaison, diesmal auf dem Bankensektor, bevorstand …

Von der Weihnacht zur Fasnacht

Zugegeben: Die sogenannten Vorfasnachts-Veranstaltungen auf den grossen und kleinen Bühnen sind in den letzten Jahren aus dem Boden geschossen wie die Jeans- und Schuhläden in der Innenstadt. Aber vor einer ‹Ganzjahres-Fasnacht› oder einem närrischen Treiben ab 11.11., 11 Uhr 11, müssen wir uns Gott sei Dank noch nicht fürchten. Denn mit Ausnahme einiger mehr oder weniger Cliquen-interner Anlässe konzentrieren sich die fasnächtlichen ‹Vorspeisen› nach wie vor auf die kurze Zeit zwischen der Weihnacht und dem Morgenstreich; teilweise werden sie sogar nur im Zweijahres-Rhythmus durchgeführt: So zum Beispiel die ‹Räppli-Serenade›, welche 1997 mit einem Santiglaus nahtlos an die Festtage anknüpfte, ergänzt durch Elsässer Kabarettisten und eine ganze Reihe musikalischer Uraufführungen, darunter auch ein neuer Marsch ‹Schott ’97›, welcher der Fasnachtswelt von der gleichnamigen Guggemuusig zu deren 50-Jahr-Jubiläum geschenkt wurde. ‹Pièce de résistance› ist und bleibt natürlich das ‹Drummeli› mit seinen rund 1300 aktiven Teilnehmerinnen und Teilnehmern der Stammcliquen. Nach über vierzig Jahren unverwechselbarer Bühnenpräsenz wurde diesmal Rahmenspieler Otto Rehorek, eine lebende ‹Monster›-Legende, mit Standing Ovations verabschiedet. Mit immer neuen Experimenten präsentiert sich seit langem das ‹Glaibasler Charivari›. Glanzvoller Höhepunkt war in diesem Jahr der aus New York eingeflogene japanische Weltklasse-Kodotrommler Leonard Eto.

Die Fasnacht und die Sujets

Hier zuerst wieder einmal ein paar statistische Zahlen, die einen Eindruck des von Jahr zu Jahr immer grösser werdenden Umfangs unserer Fasnacht geben. An den Nachmittagen haben teilgenommen:

23	Buebeziigli
42	Junge Garden
40	Stammcliquen
35	Alte Garden
92	Pfeifer- und/oder Tambourengruppen
67	Guggemuusige
114	Wagencliquen
29	Chaisen
47	Einzelmasken und Grüppchen
41	Gruppen, die sich nicht offzell beim Comité angemeldet hatten.

Insgesamt wurden 12 205 aktiv Teilnehmende gezählt, die 142 Requisiten, 206 Laternen, 169 Wagen oder Chaisen mit sich führten und 317 verschiedene Zettel verteilten.

An den Abenden präsentierten sich 68 Schnitzelbank-Gruppierungen in Restaurants und – mit zunehmender Häufigkeit – in den während der Fasnacht bewirteten Cliquenlokalen. Nebst den klassischen Schnitzelbank-Organisationen des ‹Schnitzelbangg-Comités›, der BSG (Basler Schnitzelbangg Gesellschaft) und der VSG (Verainigty Schnitzelbangg Gsellschaft) hat sich seit kurzem auch noch eine vierte Gruppierung unter dem Namen ‹Bebbi Bängg› formiert. Wenn man darüber hinaus auch die unzähligen Masken, Gruppen und Schnitzelbänkler mitzählt, welche die Fasnacht nach eigenem Gutdünken ‹unorganisiert› beleben, so dürfen wir in einer vorsichtigen Schätzung mit gegen 15 000 aktiven Fasnächtlern rechnen.

Die Mühe der langen, arbeitsintensiven und liebevollen Vorbereitungen war auch in diesem Jahr nicht umsonst, bescherte uns doch Petrus einmal mehr ein tadelloses Wetter, wenn man von einigen wenigen Sturmböen absieht, welche der weiterum grössten Open-Air Kunstausstellung, d. h. der Laternenausstellung auf dem Münsterplatz, ein wenig Mühe bereiteten.

Um Sujets war in diesem Jahr wohl niemand verlegen. Neben allerlei kleinen und kleinsten Lokalereignissen, welche für den Spott an der Fasnacht nicht zu sorgen brauchten, seien hier einige Hauptthemen genannt. Wie bereits erwähnt, war nicht nur die Chemie-Fusion, sondern auch die gesamte wirtschaftliche Gross-Schlechtwetterlage Anlass für beissende Ironie und oft bitterböse Abrechnung. Wie auch das Fasnachts-Comité und die Medien feststellen durften, sind viele Cliquen – den Zeichen der

Üben in den
Langen Erlen. ▷

Ein Binggis von der
Trommelschule. ▷

Zeit entsprechend – wieder angriffslustiger, kritischer und politischer geworden. Sujets wie ‹D Aktionär gumpe – mir andere verlumpe›, ‹es freschtelet›, ‹s gruust is› oder ‹Cash-as-catch-can› zeigen deutlich, wo der Schuh empfindlich drückt. In diesem Zusammenhang wurden natürlich auch die Schulden und Sparübungen des Staates sowie die explodierenden Gesundheitskosten pointiert aufs Korn genommen. Dem heiklen Thema entsprechend eher vereinzelt, zurückhaltend und subtil wurde die Problematik des Nazigoldes und der nachrichtenlosen Vermögen angegangen. Zu eigentlichen ‹Rennern› gerieten die endlosen Diskussionen um die BSE-Rinderseuche, aber auch die hochpolitischen Meinungsverschiedenheiten um Genmanipulationen und um das Klonen. Ebenfalls einen Spitzenplatz in den Sujet-Listen belegte die Einführung des neuen Dudens. Weiterhin sind zu erwähnen: das Internet-‹Fieber›, die Schweizer Misserfolge an den Olympischen Spielen in Atlanta, das Tinguely-Museum als Jubiläumsgeschenk von Roche, die Turbulenzen im Stedtli von Liestal ums Schiessen am – nach wie vor den Männern vorbehaltenen – Banntag (von vier grossen Cliquen gleich gemeinsam in vier ‹Rotten› zelebriert), der Ideenwettbewerb der Basler Kantonalbank, das Ende der Basler Ringbörse, die massive Erhöhung der Verkehrsbussen, die Querelen um den Ausschluss eines Mannes aus den Kleinbasler Ehrengesellschaften und schliesslich die ‹glanzvolle› Abwahl des Basler Regierungsrates Christoph Stutz.

… und Pegasus' Müsterchen

Als bleibende Reminiszenzen offerieren wir nun noch einen Querschnitt durch die abertausend Verse der Laternen, Zettel und Schnitzelbänke, selbstverständlich wie gewohnt in den Original-Zitaten, ob's nun ‹korrektes› Baseldeutsch sei oder nicht:

Fusion(en), Arbeitslosigkeit, leere Kassen und was der traurigen Zeiterscheinungen mehr sind:

D Ciba isch gstorbe, d Sandoz au – vivat Novartis!
bschliesse über Nacht so Akteköfferli-Smarties.
Es stygge d Aktiekürs, ass Wallstreet nur so gafft,
e Super-Buude …
nur gits bald kain me wo dört schafft.
Schnitzelbank Pfäfferschoote

Saumässig wie d Blaggedde lauft,
Novartis het 3000 kauft
und verdailt si an alli Aanigsloose,
die bikemme so dr Bschaid:
‹Entschuldigung, es duet is laid,
pro 2 Persone hämmer numme no ai Hoose›.

Schnitzelbank Strytzi

Alles aabegschriibe!! heersch verzelle:
d Hemmli, d Hoose und au d Stelle.

Laternenvers Pfälzler

Firme kaufe, zämmeleege,
nit ebbe d Sach – nur d Lyt beweege,
mit harte Bääse uusebutze,
Mitarbeiter zämmestutze,
bluemig reede, d Lyt verschregge,
d Lyt entloo, dr Gwinn verstegge,
dääglig iber d Keschte klaage,
d Bersekurs in d Heechi jaage,
im richtige Momänt verkaufe,
sich im Ussland kurz verschlaufe,
dr Gwinn uff s aige Konto bueche
und sich s näggschti Opfer sueche.

Zeedel Rhygwäggi Alti Garde

Es wird dr Kampf um d Stitz als wie brutaaler,
‹Management by Neandertaaler›
isch hitte s Laitmotiv vo dääne Hai,

und d Opfer sinn dr Schwachi und dr Glai.
Was nitzt dä Spruch vom Synergie-Effeggt,
wenn aim sy Exischtänz derby verreggt?
Villicht hesch aber s Gligg in dääre Subkultuur,
ass grad no vegetiere deerfsch als Working-Poor.

Zeedel Seibi Alti Garde

So isch s fir unseri Wirtschaftsbosse z hoffe,
dass d Chefkantine joo kai Flaisch serviert,
suscht wäärde sii vo BSE no droffe
und fir die näggscht Fusion grad inspiriert
Flaisch sott derfiir dr Arbetnämmer ässe,
will s guet isch, wenn en BSE bedroht,
denn soo kaan äär syy Schiggsaal lyycht vergässe,
falls äär uff aimool ohni Stell doostoht.

Zeedel Schnurebegge

Wär s no vermaag, zieht uus dr Stadt
no Buggde oder Andermatt.
So findsch dr Basler Mittelstand
zletscht im Arme-Spittel-Gwand.
Solang me no ka zinsebigge,
darf me s Volgg in d Binse schigge.

Zeedel Muggedätscher Stamm

So wäärde Lyt um Lyt entloo,
Dr Wälju wachst so nodino,
bis s Ganze denne kollabiert;
dr We Ka Rey hets demonstriert.   Zeedel Sporepeter

*Und zum falliten Financier Werner K. Rey ganz
direkt:*

Em Rey gheert scho syt vyyle Joore
e Big Bang linggs und rächts um d Oore.

Laternenvers Spezi

*Die eher ungesunde Entwicklung der Gesundheits-
kosten:*

My Sohn sait, är haig sy Traumjob gfunde,
Dää isch mit wenig Uffwand
und Laischtig verbunde,
Derfiir immer mehr Gäld; das wurd ihm passe.
Es isch entschiede, äär wird e Granggekasse.

Schnitzelbank Clochard

*Und ergänzend noch das einfache Rezept, um die
Gesundheitskosten tief zu halten:*

Mi Bluetdrugg haut bees oobenuuse,
Au d Cholesteryynwäärt sin – zem Gruuse!
Mi Puls dä kunnt ins Guinessbuech –
dr Lääberewäärt het d Norm verletzt!
Jetzt goots mer aber wiider guet:
Y ha d Gränzwäärt uffgesetzt.

Schnitzelbank Peperoni

*Das delikate Thema Nazigold, teils selbstkritisch,
teils elegant kombiniert:*

Uus bsetzte Länder bringe d Schwoobe
vyyl Gold haim und si singe zoobe:
Heil Dir, du Schweizer Bankenwelt,
wir brauchen blankes Frankengeld.
Und d Nazionaalbangg-Diräggdoore
hänn schnäll uus rainem
Gschäftszwägg gschwoore,
si haige ganz e raini Weschte,
und mit em Goldkauf kaini Keschte.
Druff hett men oobeduure gschalte
und iber d Häärkumpft d Schnuure ghalte.
Um d Schwyzerbangg sinn d Nazi froo.
Heil Dir, Confoederatio.
Doch die, wo hitt zem beschte gänn,
ass sy e wyssi Weschte hänn,
die draage schwarzi Frägg mit Flägge
und hänn am maischte Drägg am Stägge.

Zeedel VKB Stamm

S isch dä chinesisch Schwyzer Durner
Donghua Li
Syt syner Goldmedaille iberall derby.
Me isch halt hitzedags um jede Schwyzer froh,
Wo no Gold het und erkläre ka, vo wo.

Schnitzelbank Die Unvolländete

Weiter geht's mit dem Rinder-Wahnsinn:

Es sait e Stier zer Kueh:
‹Y loss Dy glaub in Rueh,
denn mechte mir e Kind,
gäb das e Wahnsinns-Rind!›

Laternenvers Schnurebegge

BSE isch kassepflichtig,
Fir d Kueh isch das zwor nid so wichtig.

Laternenvers die Aagfrässene

Do kasch uff Drummle wider mee
Kalbfäll seh dangg BSE.   Laternenvers Alti Richtig

*Zum neuen Duden (an den sich keiner hält –
genausowenig wie an das Baseldytsch von
Ruedi Suter …):*

Poeten werden zu Hyänen,
der Satan treibt mit Worten Scherz.
Der neue Duden ist zum Gähnen
und dient vor allem dem Kommerz.
Uff Baseldytsch muult aine zrugg:
Sii gsehn das lätz, Herr Luther,
Dää neji Duden schloot e Brugg
zem Wärgg vom Ruedi Suter.
Und ist der Tag auch noch so fern

zum Blasen und zum Tuden,
Ihr ahnt es all, am Tag des Herrn
steht Suter auf dem Duden. *Zeedel Harlekin*

De findsch im neje Duden
wie me *Visch-er* drennt,
wie *Corn-az* und wie *Tsch-udi*,
die zwai woo niemerts kennt.
Me het no *Schild* und *Schallere*
vom Räschte drenne kenne.
Und will me *Stutz* nid drenne kaa,
dien miir ys von em drenne.

Schnitzelbank Gluggersegg

*Ob dieser Vers wohl den späteren Entscheid aus
Rom in der Angelegenheit ‹Haas› beeinflusst hat?*

Dr Papscht git s letscht Johr ändlig zue,
und mir sin baff drab:
s stammt jede Mensch – au jede Pfaff –
diräggt vom Aff ab.
Bim Haas in Chur wär die Behauptig übertriibe,
dä stammt nit ab vom Aff,
dä isch glaub aine bliibe!

Schnitzelbank d Zahnstocher

*Ein kleiner Seitenhieb an den zurückgetretenen
Schweizer SP-Präsidenten:*

Hets Nääbel vom Oggtober bis im Jänner,
verschwinde alli Boodemänner.

Laternenvers die Aagfrässene

*Zum steilen Aufstieg und Fall des Baudirektors
Stutz – geschickt kombiniert mit der Expansion der
Basler Kantonalbank nach Zürich:*

Ass d Kantonalbangg Basel jetz uff Züri fäggt
isch e dopplet gnaait Entwiggligshilfsprojäggt:
Ihr schigged Euere Stutz uff Basel zem Verwalte,
mir schigge unsere Stutz zue Euch –
dä könnet er bhalte! *Schnitzelbank Pfäfferschoote*

Randglossen zum Banntag-Debakel in Liestal:

S neecher Johr isch us mit flohne.
Do chöme mir denn mit Kanone …!
Laternenvers Rhyschnoogge

Wottsch am Banndaag d Rotte teschte,
fyhlsch dy wie im wilde Weschte.
Das hätte d Fraue wisse sotte:
E Rotte isch männlig, drum haisst s ‹Maa-rotte›!
Zeedel Olympia Alti Garde

*Auch die Armee gibt immer etwas her für die
Basler Fasnacht:*

Jetz het doch dr Ogi daatsächlig d Idee,
dass es Schlaagstegg und Handschälle bruucht
fir d Armee.
Emool aagnoo, si verdaile im Zyghuus so Sache,
no kaa d Beate Uhse der Laade zuemache.
Schnitzelbank Betty & Bossi

*Und schliesslich ist immer noch ein Anlass für
einen guten Zürcher-Vers zu finden:*

Uff dr neye Autobahn bin ych im Kaare
in knapp $^3/_4$ Stund uff Ziiri gfahre!
Uff Basel zrugg fahr y denn nimm uff dr neye …
denn kan y mi lenger uff s Haimkoh freue!
Schnitzelbangg Kaffimihli

zusammengestellt von Hans Peter Muster

Januar	**1.**	Wirtschaft	Der Verband Basellandschaftlicher Unternehmen und die Basler Handelskammer schliessen sich zur rund 800 Unternehmen umfassenden ‹Handelskammer beider Basel› zusammen.

handelskammer ● beider basel

	6.	Wirtschaft	Die Basler Kantonalbank eröffnet in Zürich die Vertretung ‹Private Banking Zürich›.
		†	† *Dr. phil. Erich Dietschi-Schall* (96), Lehrer am Realgymnasium, 1932 Gründer des Sportclubs Rot-Weiss, 1933 des EHC Rot-Weiss, Initiant und Förderer des Basler Schüleraustausches. Dozent an den Volkshochschulen Basel und Bern, Publizist historischer Abhandlungen über die Region Basel, Präsident der Vereinigung zur Förderung des Luftverkehrs.
	7.	Regierungsrat	Der Regierungsrat beantragt die Mittel zur Erneuerung des Stützpunktes für die Strassenunterhaltsdienste und stellt dem Grossen Rat den Antrag, die Initiative zur Kinderbetreuung für rechtlich zulässig zu erklären.
		Zolli ▷	Die rund drei Dutzend im vergangenen Jahr geborenen Seepferdchen – eine Weltsensation – können im Vivarium erstmals besichtigt werden.
	8.	Grosser Rat	Der Grosse Rat heisst die revidierte Strafprozessordnung ohne Gegenstimme gut und verzichtet auf eine Erhöhung der eigenen Sitzungsgelder. Er validiert die Grossrats- und die Regierungsratswahlen für die Amtsjahre 1997–2001 und genehmigt eine Subvention an den Erlenverein und einen Beitrag an die Stiftung Pro Senectute.
		†	† *Nora Güldenstein-Siebert* (93), Gymnastiklehrerin, ab 1927 Ausbildnerin für Rhythmiklehrer am Konservatorium Basel; ab 1938 mit eigenen Lehrgängen für Gymnastiklehrer(innen) im In- und Ausland.
	10.	Bevölkerung	Die Einwohnerdienste des PMD registrieren mit 195 472 Kantonsbewohnern per Ende 1996 die niedrigste Einwohnerzahl seit Beginn der fünfziger Jahre.

Januar	**11.**	Kälterekord ▷	Mit einer Kälteperiode, in der das Thermometer 19 Tage lang stets unter Null Grad blieb, verzeichnen Basels Meteorologen eine Jahrhundert-‹Eiszeit›.

13. Europa

In der Aula der Universität spricht der frühere französische *Staatspräsident Valéry Giscard d'Estaing* über europäische Integration, Währungsunion und EU-Erweiterung.

14. Regierungsrat

Der Regierungsrat genehmigt eine neue Brandschutzverordnung und beantragt dem Grossen Rat, die zustande gekommene Museums-Initiative für rechtlich zulässig zu erklären. Er ergänzt die gesetzlichen Vorschriften zum Schutz des Baumbestandes und verlängert das Projekt ‹Drogen- und Aids-Prävention in den Basler Gefängnissen›.

15. Parteien

25 Jahre nach der Gründung ziehen ehemalige Mitglieder der Progressiven Organisation (POB) einen Schlussstrich unter die mit dem Ende der Legislatur verschwindende Basler Fraktion und lösen die Partei auf.

† † *Alfred G. Bürgin* (83), Schweizer Boxmeister der Jahre 1938–1940.

16. Ferienmesse

Im Kongresszentrum wird die 11. Basler Ferienmesse eröffnet.

Wirtschaft

Toni, grösster Schweizer Milchverarbeiter, beschliesst, in Basel 50 Stellen abzubauen.

† † *Bruno Milesi-Liviero* (83), Bauunternehmer, Erbauer des Heuwaageviaduktes und des Hotel International.

17. Münzenmesse

An der 26. Euro-Münzenmesse in der Messe Basel beteiligt sich erstmals auch die UNESCO mit einem eigenen Münzenprogramm.

18. Brysdrummlen und -Pfyffe

Unter dem Motto ‹Wär isch am Zug?› werden zu Königen und zur Königin erkoren: *Alain Martin* bei den alten, *Andreas Bohrer* bei den jungen Tambouren; erstmals in der Basler Fasnachtsgeschichte erringt mit der 15jährigen *Cathrin Cattelan* ein Mädchen den Titel einer Doppelkönigin bei den jungen und den alten Pfeifern.

Wintersport ▷

Am künstlich mit Schneekanonen beschneiten Margarethenhügel nehmen über 180 Kinder an einem vom Basler Ski-Club organisierten Ski- und Snowboardrennen teil.

Januar	**19.**	†	*† Prof. Dr. med. et rer. nat. Leo Karl Widmer-Meier* (73), emerit. Extraordinarius für Innere Medizin an der Universität, Gründer und drei Jahrzehnte lang Leiter der ersten universitären angiologischen Abteilung der Schweiz am Kantonsspital Basel, Verfasser der international renommierten epidemiologischen ‹Basler Studie›.

20. Vogel Gryff
▷

Der heuer unter dem Zeichen der E. E. Gesellschaft zur Hären stehende Kleinbasler Ehrentag lockt einmal mehr Scharen von Zuschauern auf die Strassen und in die Gasthäuser der Minderen Stadt. Bundesrat Arnold Koller beteiligt sich ebenfalls zuschauend an dem Spektakel.

21. Regierungsrat

Der Regierungsrat regelt das Tarifsystem für die staatlichen Spitäler und befasst sich in einer Klausur mit der Vorbereitung des Budgets 1998.

Kulturvertrag

In einer gemeinsamen Sitzung im Schloss Ebenrain verabschieden die Regierungen beider Basel den ‹Kulturvertrag›. Er soll, nach Genehmigung durch die beiden Kantonsparlamente, rückwirkend auf 1. Januar 1997 in Kraft treten. Die Kulturvertragspauschale des Landkantons für 1997 beträgt rund 7 Mio. Franken.

Luftbelastung

Das Lufthygieneamt beider Basel stellt für das Jahr 1996 in Basel eine so hohe SO_2-Belastung fest, dass das Luftreinhalteziel nicht erreicht werden konnte.

22. Universität

130 Dozentinnen und Dozenten fordern in einem Offenen Brief vom Bundesrat ein Eingeständnis moralischer Schuld der Schweiz im Zweiten Weltkrieg.

Grosser Rat

Mit den Abschiedsreden der ausscheidenden *Regierungsräte Mathias Feldges* und *Christoph Stutz* endet die ‹lange Legislatur› 1992–1996.

24. Rheinhafen-Vertrag

An Bord des Passagierschiffes ‹MS Christoph Merian› unterzeichnen Vertreter Basels und Südbadens den Kooperationsvertrag der Stadt Basel mit der Rheinhafengesellschaft Weil a. Rh.

Brieftauben-Olympiade

An der 25. Welt-Olympiade der Brieftaubenzüchter aus 50 Nationen werden im Kongresszentrum gegen 1000 Tauben ausgestellt und 400 von ihnen juriert.

28. Regierungsrat

Der Regierungsrat beschliesst – eine Ausfuhrgenehmigung durch die Bundesrepublik Deutschland vorausgesetzt –, die ‹Käfersammlung G. Frey› im Naturhistorischen Museum unterzubringen sowie die regionalen Arbeitsvermittlungszentren des kantonalen Arbeitsamtes um 20 Stellen auszubauen.

Swissbau 97, Shopfair 97

Die ‹Swissbau 97›, mit 1028 Ausstellern grösste Baufachmesse der Schweiz, wird eröffnet. Gleichzeitig beginnt im Hauptgebäude der Messe die ‹Shopfair 97›, Fachmesse für Ladenbau.

Herzl-Jubiläum

Der israelische *Staatspräsident Ezer Weizman* sagt als Reaktion auf den Verlauf der ‹Raubgold›-Debatte seinen für Ende August geplanten Besuch der Herzl-Jubiläumsfeier in Basel ab.

Februar	**4.**	Rheinufer ▷	Ein Teilstück der aus dem Mittelalter stammenden Ufermauer am Fuss des Münsterhügels rutscht in den Rhein.

5.	Grosser Rat	Zu Beginn der Legislaturperiode 1997–2001 wählt der Grosse Rat *Margrit Spörri* (SP) zu seiner Präsidentin, *Peter Schai* (CVP) zu seinem Statthalter. *Finanzdirektor Ueli Vischer* wird zum Regierungspräsidenten, *Sanitätsdirektorin Veronica Schaller* zur Vizepräsidentin gewählt.

7.	Rechtsstreit	Im Rechtsstreit Stadt/Bürgerspital vs. die Gemeinde Binningen wird Basels 245-Mio.-Klage wegen materieller Enteignung vom Baselbieter Enteignungsgericht «vollumfänglich» abgewiesen.
	Wirtschaft	Die Grossmetzgerei Bell AG will bis Ende 1998 rund 70 Mio. Franken in den Standort Basel investieren; das Unternehmen hat im vergangenen Jahr rund 100 Personen neu eingestellt.
	Museum Jean Tinguely	Nach viermonatiger Öffnungszeit kann im Museum Jean Tinguely die zehnjährige *Lucia Mesmer* als 100 000. Besucherin begrüsst werden.
10.	Radio Regenbogen	In der St. Jakobshalle feiern rund 8000 Jugendliche gemeinsam mit 19 Bands eine vierstündige Regenbogen-Fete.
11.	Schule für Gestaltung	Der Regierungsrat wählt *Alois Martin Müller* zum Direktor der Schule für Gestaltung (SfG).
	IWB	Mit 75 Unterschriften verlangt mehr als die Hälfte des Basler Grossen Rates in einem Anzug den Verzicht auf das Ausbauprojekt ‹Grimsel West›.
	Arbeitsmarkt	Durch eine Zunahme um 245 auf 5498 Personen erhöht sich die Basler Arbeitslosenquote im Januar auf 5,3 % (Vormonat: 5,1 %)
12.	Bahnhofbuffet	Vertreter von SBB, Migros und Bahnhofsrestaurant orientieren die Öffentlichkeit über den geplanten Einbau eines auch sonntags geöffneten Migros-Marktes im denkmalgeschützten Bahnhofbuffet 1. Klasse.
13.	Europa	In der Aula der Universität referiert *Bundesrat Flavio Cotti* über das Thema ‹Sicherheit in Europa – der Beitrag der OSZE›.
16.	Fasnacht	Wenige Stunden vor dem Morgestraich findet in der Johanneskirche erstmals ein vom Fernsehen live übertragener Fasnächtler-Gottesdienst statt.
	Hausbesetzung	Aus Protest gegen die Umwandlung von Wohnraum in ein Migros-Einkaufszentrum wird das vormalige Restaurant ‹Da Vito› an der Elsässerstrasse besetzt.
17.	Fasnacht	Am kalten, aber trockenen Morgestraich steigen zur Fasnacht 1997 rund 12 000 beim Comité gemeldete Aktive getreu dem Plakettenmotto ‹Zämme in d Hose›.

Februar		†	† *Theophil Hanhart-Zeugin* (83), Pfarrer, ab 1939 in Gossau, ab 1948 in Pratteln-Augst, ab 1958 in der Kornfeldgemeinde in Riehen, Mitglied des Kirchenrates Basel-Stadt, 1973–1979 Leiter der Heimstätte Leuenberg.
		†	† *Theodor ‹Teddy› Huber-Bühler* (75), kantonaler Fischereiaufseher, Rheinpolizist, Ausbilder der Polizeirekruten und ein Vierteljahrhundert lang Flossführer des ‹Wilde Maa›.
	18.	†	† *Max Jäggi (53),* Journalist, Mitbegründer des Presseladens Zürich, 1985–1995 Redaktor des Medienmagazins ‹Klartext›, engagiertes Mitglied der Regionalgruppe Basel der Schweizerischen Journalisten-Union (SJU).
	20.	Nordeck	Für einen ‹M-Park Dreispitz› im ‹Nordeck› an der Kreuzung Münchensteiner-/ Reinacherstrasse reicht die Migros ein von 120 000 auf 43 000 Quadratmeter reduziertes Überbauungsprojekt ein.
	21.	Bodenforschung	Im Gebiet der vormaligen Gasfabrik, später Sandoz AG, heute Novartis AG beim St. Johannhafen wird ein fast vollständig erhaltenes Skelett eines Kelten freigelegt.
	24.	Autobahn-Blockade	Aus Protest «gegen die schleichende Aufhebung der 28-Tonnen-Limite» blockieren Greenpeace-Aktivisten beim Autobahnzollamt Weil/Basel rund sieben Stunden lang den Einreiseverkehr in die Schweiz.
	26.	Kantonsverfassung	*Justizdirektor Hans Martin Tschudi* orientiert die Öffentlichkeit über den von der Regierung gefassten Grundsatzbeschluss, zum Zeitpunkt von Basels 500jähriger Zugehörigkeit zur Eidgenossenschaft im Jahre 2001 eine revidierte, zeitgemässe Kantonsverfassung vorzulegen.
		Chemie/Pharma	Der Roche-Konzern baut in Basel 130 Stellen ab.
	27.	Muba 97	In der Messe Basel beginnt die von Sonderschauen, Informations-Veranstaltungen, Attraktionen und einer erstmals veranstalteten Wohn- und Gartenschau begleitete Muba 1997.
		Basel 2001	Der Kanton Basel-Stadt bewirbt sich gemeinsam mit dem Kanton Basel-Landschaft in Brüssel als ‹Kulturstadt Europas› im Jahre 2001.
	28.	Universität	Der Regierungsrat wählt die *PD Dres. med. Thomas Gasser* zum neuen Chefarzt der Urologischen Universitätsklinik beider Basel, *Beat Hammer* zum stellvertretenden Leiter der Kiefer- und Gesichtschirurgie und *Markus von Flüe* zu einem Leitenden Arzt an der Allgemeinchirurgischen Klinik des Kantonsspitals Basel.
März	**3.**	†	† *Hans Walter Hatebur-Zeiser* (67), Mitinhaber und Delegierter des Verwaltungsrates der Hatebur Umformmaschinen AG, Verwaltungsrat der Grosspeter AG.
	4.	Regierungsrat	Der Regierungsrat nimmt Stellung zur Petition ‹Basler Protest› gegen die Sparmassnahmen im Kulturbereich und erklärt sich ausserstande, das gekürzte Kulturbudget wieder aufzustocken. Er will dem Grossen Rat die Überführung eines Teils des Lohnhofareals vom Finanz- ins Verwaltungsvermögen beantragen, damit im ehemaligen Männertrakt das neue Musikinstrumenten-Museum eingerichtet werden kann.

| | Expo 2001 | *Jacqueline Fendt*, Direktionspräsidentin der Schweizerischen Reederei und Neptun AG, wird einstimmig zur Präsidentin der Generaldirektion der Schweizerischen Landesausstellung Expo 2001 gewählt. |

7. Bahnhofbuffet
▷

In einem Offenen Brief ersuchen 40 stadtbekannte Persönlichkeiten die Exekutive, sich für die Erhaltung des denkmalgeschützten Bahnhofbuffets einzusetzen.

8. Logopädischer Dienst

Der Logopädische Dienst Basel-Stadt feiert einen Tag der offenen Tür.

Akademisches Orchester

Zu Ehren seines seit vier Jahrzehnten tätigen Dirigenten *Bruno Goetze* gibt das Akademische Orchester Basel in der Martinskirche ein Jubiläumskonzert.

100 Jahre Kantonal-Musikverband

Der am 14. Juni 1897 im Restaurant ‹Goldener Hirschen› gegründete Kantonal-Musikverband Basel-Stadt eröffnet im Rathaus seine 100-Jahr-Feiern.

9. †

† *PD Dr. phil. Fritz Pieth-Graf* (81), emerit. Privatdozent für Sportwissenschaft an der Universität Basel, ab 1944 Geschichtslehrer am Humanistischen Gymnasium, ab 1955 Leiter des Basler Hochschulsports, Vorsteher des Instituts für Sport, 1964–1976 und erneut ab 1980 für 12 Jahre FDP-Grossrat, Mitglied des Weiteren Bürgerrates, Kommissionsmitglied u. a. im Vorstand des Nordwestschweizer Aktionskomitees gegen Atomkraftwerke.

10. Wirtschaft

Die vor 70 Jahren an der Gerbergasse gegründete Firma Sport-Gerspach wird vom neuen Besitzer wegen zu geringer Rendite geschlossen.

11. Regierungsrat

Der Regierungsrat beschliesst die Einrichtung von Fahrspuren für den Tram- und Zweiradverkehr in der Gerbergasse zwischen Rüdengasse und Marktplatz. Er bewilligt 1,75 Mio. Franken für den Umbau der Liegenschaft Müllheimerstrasse 141 für behinderte Erwachsene und überträgt die Zuständigkeit für das Bürgerliche Waisenhaus vom Wirtschafts- und Sozialdepartement an das Ressort Dienste des Erziehungsdepartementes.

†

† *Prof. Dr. med. Hans Löffler-Pfister* (81), emerit. Ordinarius für Mikrobiologie, 1965–1985 Vorsteher des Instituts für Mikrobiologie und Hygiene, langjähriges Mitglied des Grossen Rates und des Erziehungsrates, 1970 Initiant einer Universität beider Basel, die 1995 verwirklicht wurde.

12. Grosser Rat

Der Grosse Rat stimmt Teilrevisionen des Gesetzes über die Krankenversicherung und des Fürsorgegesetzes zu.

Zolli

Regierungsrat Jörg Schild überreicht den Zolliverantwortlichen 500 000 Franken aus dem Lotteriefonds für den Bau einer Wollaffen-Insel.

März	13.	Ciba ▷	Mit der weltweit grössten Spin-off-Transaktion beginnt an den Börsen der Handel mit den 72 Mio. Namensaktien der Ciba-Spezialitätenchemie Holding AG. Gleichzeitig werden rund 20 000 Ciba-Mitarbeiterinnen und -Mitarbeiter mit jeweils einer Aktie am Geschäftserfolg beteiligt.

		Neues Schauspielhaus	*Baudirektorin Barbara Schneider* und *Kantonsbaumeister Fritz Schumacher* regen den Bau eines neuen Schauspielhauses am Steinenberg an.
	15.	Gratismärt	In der Mubahalle 106 findet der 4. ‹Bring und Hol›-Gratismarkt statt.
		‹BScene›-Festival '97	45 Bands präsentieren am ‹BScene›-Festival '97 in sieben Lokalen einen Querschnitt zeitgenössischen Rockschaffens.
	18.	Regierungsrat ▷	Der Regierungsrat bewilligt rund 4,2 Mio. Franken für die Erneuerung des Informatikbereichs der Psychiatrischen Universitätsklinik. Als Alternative zum Standort Ganthaus bezieht er nebst der ‹Komödie› auch den Platz des alten Theaters an der Ecke Theaterstrasse/Steinenberg in die Planung für ein neues Schauspielhaus mit ein.

		Fachhochschule beider Basel	Die Regierungen von Baselland und Basel-Stadt wählen die ersten neun Mitglieder des Fachhochschulrates.
	19.	Grosser Rat	Der Grosse Rat beschliesst oppositionslos die Änderungen des Beamtengesetzes zum Schutz des Staatspersonals vor sexueller Belästigung, die Einsetzung einer Reformkommission als Folge des Berichts zum ‹New Public Management› sowie einen Steuerabzug von 500 Franken für Bezüger von AHV/IV-Ergänzungsleistungen.

März

	Messe Basel	Im Baudepartement liegen die überarbeiteten Pläne und das Modell für die neue, 210 Meter lange und rund 170 Mio. Franken teure Mubahalle 1 auf.
	Röm.-Kath. Synode	Die Synodalen der Römisch-Katholischen Kirche Basel-Stadt bewilligen Kredite für den Umbau und die Renovation des Don Bosco-Pfarrhauses, eine Kapellenrenovation in der Unterkirche und behindertengerechte Zugänge zur Don Bosco-Kirche.

20. Auszeichnung — Für seine Forschungsergebnisse auf dem Gebiete der Krebsimpfung wird der Immunologe *Giulio Spagnoli* mit dem Robert-Wenner-Preis 1997 ausgezeichnet.

21. 125 Jahre Bankverein — Der vor 125 Jahren als ‹Basler Bankverein› gegründete ‹Schweizerische Bankverein› (SBV) beginnt seine Jubiläumsaktivitäten.

Kunsthalle — Der Basler Kunstverein ersucht den Grossen Rat, sich an der rund 2,3 Mio. Franken teuren Dachsanierung der Kunsthalle zu beteiligen.

25. Neue Zunft — Im Stadthaus wird die Zunft ‹Basler Dybli› gegründet, die exklusiv den noch lebenden Präsidentinnen und Präsidenten des Basler Bürgerrates vorbehalten ist.

26. Herzl-Jubiläum — Zum Schutz der Basler Gedenkfeiern an den 1. Zionistenkongress bewilligt der Bundesrat ein Aufgebot von 730 Armee-Angehörigen, 400 Polizeileuten aus anderen Kantonen sowie das Territorialregiment 20 in Reserve.

28. † — † *Karl Schweizer-Greiner* (74), Inhaber einer Elektro-Installationsfirma, 29 Jahre lang Präsident der Interessengemeinschaft Kleinbasel (IGK), 22 Jahre lang FDP-Grossrat, Ehrenmitglied des Verbandes Schweiz. Elektroinstallationsfirmen, Ehrenpräsident des Verbandes Basler Elektroinstallateure, Altmeister der E. E. Gesellschaft zur Hären, Ehren-Spielchef der Drei Ehrengesellschaften Kleinbasels, Alt-Vorgesetzter der E.E. Zunft zu Fischern, Stiftungspräsident des Schweiz. Sportmuseums, mehrfacher Verwaltungsrat.

† — † *Walter Schäublin-Dups* (84), vorm. Direktor der Telefondirektion Basel.

29. Kunst aus Basel ▷ — Aus Anlass des 1400. Todestages des Heiligen Columban erhält der Basler Goldschmied *Eugen Lang* den Auftrag, für die St. Eugenes Cathedral im nordirischen Derry einen neuen Messkelch anzufertigen.

FC Basel — Durch eine 1:4-Niederlage gegen den FC Servette muss der FC Basel seine Cup-Hoffnungen begraben.

† — † *Johannes Karl Dettwiler-Ziegler* (100), 1943–1985 Direktor, 1965–1985 Verwaltungsrat des Gratisanzeigers ‹Baslerstab›.

30. † — † *Hedi Keller* (97), Enkelin des Firmengründers und mehrere Jahrzehnte Geschäftsführerin, später Verwaltungsrätin der Fuhrhalterei und der autogewerblichen Betriebe Keller AG, internationale Möbeltransporte.

März		Komet	An seinem mit 197 Mio. Kilometern erdnächsten Punkt beobachten zahlreiche Baslerinnen und Basler am nordwestlichen Abendhimmel den Jahrhundert-Kometen Hale-Bopp.
	31.	†	† *Prof. Dr. med. Arthur H.C. Freiherr von Hochstetter-Holik* (79), emerit. Extraordinarius für Deskriptive und Topographische Anatomie, 1979 Gründer der Abteilung für topographische und klinische Anatomie am Kantonsspital Basel.
April	**1.**	Kantonsspital	Der Regierungsrat wählt *Prof. Dr. med. Matthias Pfisterer* zum Leiter der Kardiologischen Abteilung des Kantonsspitals.
	2.	Regierungsrat	Der Regierungsrat beschliesst die Einführung der Rechtschreibreform in der kantonalen Verwaltung auf den 1. August 1998, lässt die neuen Regeln jedoch ab sofort zu.
		Warteck-Invest AG	Die Warteck-Invest zieht sich aus dem Freizeitsektor zurück, strukturiert sich zur reinen Gross-Immobiliengesellschaft um und veräussert weitere Warteck-Restaurants, darunter das traditionsreiche Gesellschaftshaus ‹zum Rebhaus›.
		Medien	Der Trägerverein ‹Blatt für Basel› stellt nach einjähriger Versuchsphase das Erscheinen des werbefreien ‹Faltblatt› ein.
		Schweizerisches Tropeninstitut	Der Regierungsrat bestätigt die Wahl von *Prof. Dr. phil. Marcel Tanner*, Extraordinarius für Epidemiologie und medizinische Parasitologie, zum Direktor des Schweizerischen Tropeninstituts (STI).
		Schlachthofbrücke	*Baudirektorin Barbara Schneider* übergibt die Schlachthofbrücke dem Verkehr.
	3.	Staatsrechnung	Die Finanzrechnung 1996 des Kantons Basel-Stadt schliesst bei Einnahmen von 3 465,9 Mio. Franken und Ausgaben von 3 655,3 Mio. Franken mit einem Defizit von 189,4 Mio. Franken ab. Das Defizit liegt zwar rund 47 Mio. Franken niedriger als budgetiert, doch übersteigen die Schulden Basels erstmals die 5 Mrd.-Grenze.
		EuRegio-Gebäude ▷	Anlässlich des Richtfestes für das neue EuRegio-Bürogebäude an der Viaduktstrasse wird der New Yorker Architekt *Richard Meier* mit einer Ausstellung geehrt.
		†	† *Gérold Veraguth-Willig* (83), Kunstmaler von Landschaften und Stilleben, mit Werken vertreten in mehreren öffentlichen und vielen privaten Sammlungen.
	7.	Intercity 2000	Vor ihrer definitiven Einführung erproben die SBB auf der Strecke Basel–Frick bis Ende Mai die erste Zugskomposition IC 2000 mit zwei Doppelstockwaggons.
	8.	Regierungsrat	Der Regierungsrat setzt das neue Gesetz über die Behandlung und Einweisung psychisch kranker Personen (Psychiatriegesetz) per 1. Mai 1997 in Kraft, bewilligt einen Planungskredit von 150 000 Franken für die Sanierung der Liegen-

April

schaften des Erziehungsdepartementes am Münsterplatz und beantragt einen Kredit von 4,18 Mio. Franken für das Erfassungs- und Steuerungssystem ‹Optiflex› im Pflegebereich des Kantonsspitals.

9.

BVB

Die Basler Verkehrsbetriebe verzeichnen für 1996 erneut einen Verlust, diesmal in Höhe von 47 Mio. Franken.

Grosser Rat

Der Grosse Rat bewilligt einstimmig 5,5 Mio. Franken zur Erneuerung der Kühlräume im Schlachthof und genehmigt den Vertrag der beiden Basler Halbkantone über die Fachhochschule beider Basel.

Restaurant zum Rebhaus
▷

Die heute gegründete ‹Gesellschaft zum Rebhaus› erwirbt das traditionelle Heim dieser Kleinbasler Ehrengesellschaft und damit auch die Herberge der fahrenden Handwerksgesellen, der ‹Seestädter›.

100 Jahre Morath AG

Das Basler Spezialunternehmen für Blechdächer und Metallfassaden, Morath AG, feiert ihr 100jähriges Bestehen.

10.

Basel 97

Nach einem spektakulären Jubiläumsfest am Vorabend der Eröffnung ist die 25. Weltmesse für Uhren und Schmuck einmal mehr Treffpunkt der Branche.

Chancengleichheit

Regierungsrat Ueli Vischer orientiert über das bei Anstellungen in der Staatsverwaltung geltende, die Frauen fördernde ‹Chancengleichheitskonzept›.

11.

Universität

Der Universitätsrat wählt *Dr. phil. Dominik Perler* zum Ordinarius für Philosophie an der Philosophisch-Historischen Fakultät der Universität.

15.

Regierungsrat

Der Regierungsrat nimmt die Fin de siècle-Villa Hardstrasse 36 am Sevogelplatz ins Denkmalverzeichnis auf. Er empfiehlt den Stimmberechtigten, die 1989 überwiesene ‹Initiative für einen rücksichtsvollen Flugverkehr› abzulehnen.

Bürgergemeinderat

Der Bürgergemeinderat bewilligt aus seinem Anteil am Ertrag der Christoph Merian Stiftung (CMS) 100 000 Franken zur Einrichtung einer Wohnung für geistig Behinderte, 36 000 Franken an die Interkulturelle Kinder- und Jugendbibliothek ‹JuKiBu›, 70 000 Franken an das Projekt ‹Lotse› der Stiftung Arbeitsrappen und 1,55 Mio. Franken für die Renovation und den Umbau des Pächterhauses in Vorderbrüglingen.

Bäumlihof
▷

Das seit drei Geigy-Generationen bestehende, letzte private Damhirschgehege im Bäumlihof wird aufgehoben.

April	**16.**	Grosser Rat	Der Grosse Rat weist die Vorlage für eine Totalrevision der Kantonsverfassung mit grossem Mehr zurück und verlangt die Bildung einer Kommission zwecks «vertiefter Abklärung». Das Gesetz über den kantonalen Finanzhaushalt wird vom Grossen Rat gutgeheissen.
		Wirtschaft	Unterstützt durch das Förderprogramm für Neu-Unternehmer und -Unternehmerinnen des Basler Gewerbeverbandes wagen 163 Personen mit 151 neuen Firmen den Schritt in die Selbständigkeit.
	22.	Regierungsrat	Der Regierungsrat erhöht erstmals seit 1991 wieder die Gas- und Fernwärmepreise um ca. 8 % bzw. 6,5 %.
		Novartis	In der St. Jakobshalle treffen sich rund 5200 Aktionäre und Aktionärinnnen mit 23 125 577 Aktienstimmen zur ersten Generalversammlung der Novartis.
	24.	Universität	Neben dem Biozentrum legen *Regierungsrat Stefan Cornaz* und der *Rector magnificus der Universität, Prof. Dr. rer. pol. René L. Frey,* den Grundstein zum neuen Pharma-Zentrum.
		Novartis	Über 1000 Novartis-Mitarbeiter leisten an einem ‹Community Partnership Day› an 150 inländischen und regionalen Projekten Fronarbeit zugunsten der Allgemeinheit.
	25.	Witterung	Kaltes, trockenes Wetter und eine eisige Bise führen bei den Obstkulturen zu hohen Ertragsausfällen.
		100 Jahre Minerva-Schulen	Die aus der 1897 gegründeten Privatschule Wolf hervorgegangenen Minerva Schulen Basel feiern in der Martinskirche und im restaurierten ‹Wildensteinerhof› an der St. Alban-Vorstadt ihr Zentenarium.
		150 Jahre Mennonitengemeinde	In ihrem Gotteshaus an der Holeestrasse feiert die Mennonitengemeinde Basel-Holee mit Gesangverein und Posaunenchor ihren 150. Geburtstag.
	28.	Gewerberappen	Der 1993 als Auslöser neuer Investitionen eingeführte Basler Gewerberappen wird abgeschafft.
		Umweltbericht	Die *Regierungsrätinnen Elsbeth Schneider* (BL) und *Barbara Schneider* (BS) stellen den ersten, gemeinschaftlich erarbeiteten Umweltbericht der beiden Halbkantone vor.
		Küchlin-Theater	Die Küchlin-Besitzer erheben Klage gegen den Kanton Basel-Stadt wegen materieller Enteignung ihres unter Denkmalschutz gestellten Hauses.
	29.	Regierungsrat	Der Regierungsrat verabschiedet die Vorlage des Kulturvertrages BL/BS zu Handen des Grossen Rates. Er wählt für das neue Schauspielhaus definitiv den Standort des alten Stadttheaters, Ecke Theaterstrasse/Steinenberg, und appelliert angesichts des Lehrstellenmangels an alle baselstädtischen Betriebe, zusätzliche Lehrstellen zu schaffen. Die Regierungen der beiden Halbkantone genehmigen die Parlamentsvorlage zur Einrichtung einer trinationalen Ingenieurausbildung an der Fachhochschule beider Basel.
	30.	Buchsalon Genf	Als Ehrengast am 11. ‹Salon international du livre et de la presse› in Genf stellt Basel mit einer Sonderschau sein traditionsreiches Buchschaffen vor.

Mai	**1.**	1. Mai-Feier ▷

An der 1. Mai-Kundgebung auf dem Marktplatz spricht *Bundesrätin Ruth Dreifuss* über die zentrale Forderung ‹Arbeit für alle› sowie über Fragen zur Mutterschafts- und der Krankenversicherung.

† *† Hans Luder* (84), Architekt ETH, ab 1946 Stadtbaumeister in Solothurn, 1961–1978 baselstädtischer Kantonsbaumeister, Wegbereiter für Basels Ruf als bedeutende Architekturstadt.

6. Regierungsrat

Der Regierungsrat beantragt einen Kredit von 11,8 Mio. Franken zur Automatisierung der Fernwärmeversorgung und für ein neues Leitsystem für die Feuerungsanlagen. Weitere 1,7 Mio. Franken sind für eine neue Informatiklösung an den Basler Gerichten bestimmt.

Krebsrate

In einem von der Universität Zürich erarbeiteten ‹Atlas der Krebsmortalität in der Schweiz 1970–1990› steht der Kanton Basel-Stadt an erster Stelle.

8. Baselstädtischer Schwingertag ▷

Auf dem Sportplatz Sandgrube kämpfen 190 Turner- und Sennenschwinger um Titel, Ehren, das Rind ‹Wilma› oder das Fohlen ‹Vico›. Sieger wird der Aargauer *Matthäus Huber*.

9. Auszeichnung

Der am Biozentrum tätige Basler Forscher *Prof. Dr. phil. Walter J. Gehring* erhält für seine Forschungsergebnisse auf dem Gebiet der Entwicklungsbiologie den ‹March of Dimes Prize in Development of Biology›.

10. Gartenbad Eglisee

Zur Saisoneröffnung bietet das Gartenbad Eglisee den Baslerinnen die neugestaltete Frauenabteilung, vulgo ‹s Fraueli›.

Musik-Akademie ▷

Mit einer ‹klingenden Stadtbespielung› präsentiert sich die Musik-Akademie Basel, grösste Schweizer Ausbildungsstätte für Musik, auf Gassen, Strassen und Plätzen ihrem Publikum.

11. 125 Jahre Stadtmusik Basel

Die 125 Jahre alt gewordene Stadtmusik Basel (SMB) beginnt ihre Jubiläumsfeierlichkeiten mit einem Muttertagskonzert im Stadtcasino.

† *† Marco Richterich* (68), Kunstmaler, als Schöpfer realistischer Porträts und Landschaften vertreten in einheimischen und ausländischen Galerien.

Mai	**12.**	Fonds Basel 1996	Der 1986 von der Basler Wirtschaft als Zentenargeschenk an die Christoph Merian Stiftung (CMS) geäufnete ‹Fonds Basel 1996› legt Rechenschaft über seine 10jährige Tätigkeit ab und überweist den Restbetrag an die CMS.
	13.	Regierungsrat	Der Regierungsrat veröffentlicht das Massnahmenpaket ‹Haushalt 2000›; bis zum Jahr 2000 soll das Staatsdefizit auf 100 Mio. Franken reduziert werden.
		Chemie/Pharma	Mit der Konzentration der Novartis-Pharma-Produktion auf die Standorte Stein, Wehr und Hüningen werden in und um Basel weitere 500 Arbeitsplätze abgebaut.
		L'97	In der Messe Basel wird die ‹L'97›, Internationale Fachmesse für integrierte Logistik, eröffnet.
	14.	Grosser Rat	Durch eine Änderung des ‹Gesetzes über die Ausübung des Berufs der Medizinalpersonen› heisst der Grosse Rat die Zulassung der Komplementärmedizin mit grossem Mehr gut. Ausserdem bewilligt er Betriebskostenbeiträge an die Psychosoziale Arbeitsgemeinschaft, die Tagesstätte der Stiftung Melchior und das Selbsthilfezentrum ‹Hinterhuus›.
		Holbeinjahr	Zum 500. Geburtstag von Hans Holbein d. J. veranstaltet das Kunstmuseum aus eigenem Bestand und mit Leihgaben der Staatlichen Museen Berlin die Ausstellung ‹Dürer – Holbein – Grünewald›.
	19.	†	*† Dr. iur. Hans Rupe-Manrau* (89), Advokat und Notar, 1973–1981 Verwaltungsratspräsident der Grosspeter AG.
	20.	Öko-Kühlschrank	Der Regierungsrat bewilligt für das Projekt ‹Öko-Kühlschrank› einen Förderbeitrag von 250 000 Franken.
	21.	Grosser Rat	Nach heftigen Kontroversen will der Grosse Rat ohne Gegenvorschlag die ‹Initiative für einen rücksichtsvollen Flugverkehr› aus dem Jahre 1989 mit dem Antrag auf Verwerfung dem Volk vorlegen. Er bewilligt einen Kredit von 920 000 Franken für ein EDV-Programm beim Amt für Sozialbeiträge.
	23.	Bürgergemeinde	*Christine Heuss* (FDP) und *Andreas Burckhardt* (LDP) erklären ihren Rücktritt als Bürgerräte.
	24.	70 Jahre Knabenkantorei	Die Knabenkantorei feiert mit einer ‹Jugend-Kultur-Gala› im Musiksaal des Stadtcasinos ihr 70jähriges Bestehen.
		100 Jahre Appenzeller-Verein	Mit einem öffentlichen Apéro eröffnet der Appenzeller-Verein Basel seine Jubiläumsanlässe zum 100jährigen Bestehen.
	25.	Bibliothekstag	Zum 100jährigen Bestehen des Bibliotheken- und Bibliothekar-Verbandes der Schweiz sind am Nationalen Bibliothekstag mehrere Basler Büchereien am Sonntag geöffnet.
		Museumstag	Mehrere Basler Museen ermöglichen am Internationalen Museumstag den Blick hinter die Kulissen ihrer Institutionen.
		†	*† Dr. iur. Adelbert Eckstein-Mumprecht* (90), Advokat und Notar, Partner in einer Basler Juristengemeinschaft.
	26.	Wirtschaft	Der Schweiz grösster Baukonzern ‹Batigroup›, hervorgegangen aus der Fusion von Stuag (Zug), Preiswerk (Basel) und Schmalz (Bern), wählt Basel zum operativen Geschäftsdomizil.

	Chemie/Pharma	Mit dem Erwerb von Boehringer, Mannheim, sowie dem 84%-Anteil an DePuy Inc. (USA) für 16 Mrd. Franken wird der Basler Pharma-Konzern F. Hoffmann-La Roche AG zum weltweiten Marktführer auf dem Gebiet der Diagnostika.
27.	Regierungsrat	Der Regierungsrat bewilligt 58 000 Franken für ein Interreg-Programm zur ‹Erkundung der Grundwasservorkommen am Hochrhein› und total 741 200 Franken an 25 in- und ausländische Entwicklungshilfeprojekte.
	Velo-Polizei ▷	Im Rahmen ihrer ‹Community-Police›-Bemühungen setzt die Basler Polizei neunzehn ‹Bike Patrols› ein. Sie sollen den Fahrradverkehr überwachen und erzieherisch wirken.
	Universität	Zum 100. Geburtstag des Basler Biologen *Prof. Dr. h.c. mult. Adolf Portmann* veranstaltet das Naturhistorische Museum die Ausstellung ‹Die Tiergestalt›; der Schwabe-Verlag ediert ‹Adolf Portmanns frühe Studien maritimer Lebewesen›, das Wissenschaftsmagazin ‹Uni Nova› der Universität gedenkt des Gelehrten mit einer Sonderausgabe.
28.	Jacob Burckhardt-Jahr	Mit einem Kolloquium und Ausstellungen kommemoriert die Jacob Burckhardt-Stiftung den Todestag des weltberühmten Basler Polyhistors.
29.	Aktionsplan Stadtentwicklung	*Regierungspräsident Ueli Vischer* stellt den ‹Aktionsplan Stadtentwicklung Basel› der Regierung vor, zu dem Basels Einwohner Anregungen für eine Verbesserung der Lebens- und Wohnqualität machen können.
	Auszeichnung	Im von ihm erbauten Museum Jean Tinguely kann der Architekt *Mario Botta* aus der Hand von *Bundesrat Flavio Cotti* eine Auszeichnung des ‹Swiss-American Cultural Exchange Council› (Sacec) entgegennehmen.
30.	Spitalwesen	Die Exekutiven der beiden Basler Halbkantone legen gemeinsam eine erste, provisorische Spitalliste zum Abbau von Überkapazitäten bei Akut-Spitalbetten vor.
	Deutsche Bahnpost	Nach 125 Jahren stellt die Deutsche Post AG den Bahnpostbetrieb auf der Rheintalstrecke Frankfurt–Basel ein und verlegt die Zustellung auf die Strasse und den Luftweg.
31.	Regio-S-Bahn	Mit einem Volksfest, Extrazügen, einer Festzeitung und einem trinational gültigen Festpass à 5 Franken wird die von Mulhouse über Basel nach Frick/Laufenburg führende, grenzüberschreitende ‹Grüne Linie› der Regio-S-Bahn pünktlich zum Fahrplanwechsel eröffnet.
	150 Jahre Schweiz.Vinzenz-Gemeinschaft	Die Schweizerische Vinzenz-Gemeinschaft, Mutterorganisation der Caritas Schweiz, feiert ihr 150-Jahr-Jubiläum mit einem Fest auf der Claramatte.

Juni	**3.**	Regierungsrat	Der Regierungsrat unterstützt die Idee eines Solargipfels, der Basel zur ‹Solarhauptstadt 1998› machen soll, fasst das Stipendienwesen des Kantons im Amt für Ausbildungsbeiträge zusammen, bewilligt zur Sanierung und Erneuerung der Kälteanlage des Biozentrums einen Kredit von 2,56 Mio. Franken und beantragt eine Subvention von 575 000 Franken für das Kinderheim ‹Auf dem Gellert›.
	4.	Grosser Rat	Der Grosse Rat stimmt dem Kulturvertrag mit dem Kanton Basel-Landschaft ohne Gegenstimme zu. Eine Motion zur Einführung einer von allen Männern zu entrichtenden ‹Gewaltsteuer› lehnt der Rat mit grossem Mehr ab.
		Regierungsrat	Der Regierungsrat setzt das neue Basler Polizei-Gesetz per 1. Juli in Kraft. Ausgenommen bleibt die Bestimmung über das Tragen von Namensschildern durch das Polizeikorps, die noch immer Gegenstand eines hängigen Verfahrens vor dem Bundesgericht ist.
		Musicaltheater	Den rund 380 Mitarbeiterinnen und Mitarbeitern der Musicalproduktion ‹The Phantom of the Opera› wird die Kündigung per 27. Juli mitgeteilt.
	5.	Wirtschaft	Die Trennung der PTT in Post und Telecom führt bei der bisherigen Kreispostdirektion zu einem Abbau von rund 70 Arbeitsplätzen.
		†	*† Dr. med. Dietrich Preiswerk-Staehelin* (76), Chefarzt an der Psychiatrischen Klinik Sonnenhalde der Diakonissenanstalt Riehen.
	6.	Jugendkultur-Festival '97	Mit drei Open-Air-Bühnen in der Innerstadt findet das erste, von mehr als 2000 Jugendlichen mitgestaltete Jugendkultur-Festival als trinationale, multikulturelle Veranstaltung statt.
	7.	150 Jahre ‹Schwizerhüsli›	Über das Wochenende feiert die 1847 in Basel gegründete Studentenverbindung ‹Schwizerhüsli› ihr 150jähriges Bestehen.
	8.	Abstimmungen	Bei einer Stimmbeteiligung von 43 % werden die beiden eidgenössischen Initiativen ‹EU-Beitritt vors Volk!› (73 % Nein-Stimmen) und ‹Verbot der Kriegsmaterialausfuhr› (66 % Nein-Stimmen) abgelehnt. Die Aufhebung des Pulverregals wird mit 86 % Ja-Stimmen gutgeheissen.
	9.	Grenzblockade ▷	Die europaweit gegen die Arbeitsbedingungen protestierenden, internationalen Fernfahrer-Gewerkschaften blockieren elf Stunden lang mit rund 400 Lastwagen auch das Autobahnzollamt Basel/St. Louis der A35.
		Luftbelastung	Aufgrund der Ozonbelastung empfiehlt das Lufthygieneamt beider Basel, sich in diesem Sommer an Hitzetagen nur massvoll im Freien aufzuhalten.

Juni

†	† *Dr. rer. pol. Hans Jakob Briner-Fuchs* (71), Inlandredaktor der früheren ‹National-Zeitung›, 1963 Mitgründer und bis zu seiner Pensionierung 1991 erster Geschäftsführer der Regio Basiliensis, ab 1960 FDP-Grossrat, 1984 Träger des Oberrheinischen Kulturpreises, langjähriger Präsident des Heimatwerkes Basel.

10.

Regierungsrat	Der Regierungsrat überträgt per 1. September die kantonale Gemeindedirektion vom Wirtschafts- und Sozialdepartement auf das Justizdepartement und integriert den Bürgerrechtsdienst in das Zivilstandsamt. Er erlässt eine neue Verordnung über den Schutz vor sexueller Belästigung am Arbeitsplatz und bewilligt einen Kredit von max. 10 Mio. Franken zur Brandschutzverbesserung im Felix Platter-Spital.
Bürgerrat	Der Bürgergemeinderat wählt nach dem Rücktritt von *Christine Heuss* (FDP) und *Andreas Burckhardt* (LDP) *Edith Buxtorf-Hosch* (LDP) und *Christoph Haller* (FDP) in den Bürgerrat. *Christine Wirz-von Planta* (LDP) wird zur Präsidentin, *Felix Riedtmann* (LDP) zum Statthalter des Bürgerrates gewählt. Einem Kredit in Höhe von 2,35 Mio. Franken zum Bau eines Therapiebades in der Chrischonaklinik stimmt der Rat ohne Gegenstimme zu.
ART 28'97 ▷	In der Messe Basel wird die ART 28'97 eröffnet. Parallel dazu findet im Werkraum Warteck zum zweiten Mal die ‹Liste 97 – The Young Art Fair› statt.
Theater Basel	Der Zürcher Regisseur *Stefan Bachmann* wird auf die Saison 1998/1999 neuer Schauspieldirektor am Theater Basel.
Wirtschaft	Kurz vor ihrem 75-Jahr-Jubiläum muss die Basler Elektro-Installationsfirma Baumann & Schaufelberger Konkurs anmelden. 160 Mitarbeiter sehen einer ungewissen Zukunft entgegen.
†	† *Dr. phil. Werner Gysin-Stoll* (83), dreissig Jahre lang Redaktor der ‹National-Zeitung›.

11.

Grosser Rat	Für die Zusammenlegung des Kinderspitals Basel und der Kinderklinik Bruderholz zu einem gemeinsamen Universitäts-Kinderspital bewilligt der grosse Rat ohne Gegenstimme einen Projektierungskredit von 900 000 Franken. In ihrer Antwort auf drei entsprechende Interpellationen bekräftigt *Baudirektorin Barbara Schneider,* die Regierung wolle am Standort Theaterplatz für ein neues Schauspielhaus festhalten.
Zolli	Sechs junge Fischotter präsentieren sich erstmals den Zollibesuchern.

12.

Kulturvertrag	Nach der Zustimmung der Basler Legislative am 4. Juni heisst auch der Baselbieter Landrat den Kulturvertrag zwischen Stadt- und Landkanton gut. Die Schweizer Demokraten kündigen das Referendum an. Die Vorlage einer bikantonalen Universitäts-Kinderklinik findet ebenfalls die breite Zustimmung des Landrates.
Fahnenabgabe	Das Inf Rgt 22 lädt zu einer Waffenschau und zur Fahnenabgabe auf der Schützenmatte ein.

13.

100 Jahre Musikverband Basel-Stadt	Der Kantonal-Musikverband Basel-Stadt stellt sein 100 Jahr-Jubiläum unter das Motto ‹Drei Tage für die Blasmusik› und feiert auf dem Barfüsserplatz mit einer Marschparade und mit Platzkonzerten befreundeter Musikkorps.

Juni	Universität	Die Universität Basel feiert 75 Jahre Ausbildung von Turn- und Sportlehrerinnen und -lehrern, die sie 1922 als erste schweizerische Universität in den Lehrplan aufgenommen hatte.
	Musik der Welt	Karibisches, mehrheitlich kubanisches Musikschaffen und beinahe tropisches Sommerwetter prägen das diesjährige Festival ‹Musik der Welt in Basel› auf dem Münsterplatz.
14.	Gundeli-Fescht	Trotz verregnetem Beginn wird das dreitägige, mit vielen Attraktionen gespickte ‹Gundeli-Fescht› für Veranstalter und Besucher zu einem Erfolg.
17.	Regierungsrat	Der Regierungsrat empfiehlt dem Grossen Rat, die von 4800 Unterschriften getragene Verfassungs-Initiative für eine Aufwertung des Kantons Basel-Stadt zu einem Vollkanton den Stimmberechtigten zur Ablehnung zu empfehlen. Im Rahmen der seit September 1996 erarbeiteten ‹Neuen Arbeitszeitmodelle› verwirklicht der Regierungsrat die ersten drei Pilotprojekte.

Altersheim
Luzernerring
▷

Am Luzernerring wird das neue ‹Alterszentrum Luzernerring› bezogen. Das Zentrum umfasst 132 Betten in zwei Altersheimen.

	Universität	An ihrer Jahresversammlung vergeben die Mitglieder der Freiwilligen Akademischen Gesellschaft (FAG) an die ‹Stiftung Gästehaus der Universität Basel› ein substantielles finanzielles Geschenk.
19.	Bodenforschung	Bei Grabungen im Bereich des vormaligen Untersuchungsgefängnisses Lohnhof stossen Basels Archäologen nicht nur auf Teile der Burkhardschen Stadtmauer aus dem 11. Jahrhundert, sondern auch auf einen Eckturm.
	Tour de Suisse	Die am Vorabend von Romanshorn angekommenen Teilnehmer und der Tross der Tour de Suisse starten vom Birsigparkplatz aus zur 193 km langen Etappe nach La Chaux-de-Fonds.
	Basler Bier	Als erster Schritt zu einer neuen Basler Brauerei wird eine Aktiengesellschaft gegründet, die ab Frühjahr 1998 den Gerstensaft ‹Unser Bier› auf den Markt bringen will.
20.	Vostra Festa	Am neuen Standort auf dem Kasernenareal, mit neuem Termin, neuem Konzept und einem erweiterten kulinarischen Angebot zählen die Veranstalter auf ein festfreudiges Publikum.
	Staine-Fescht	Auch die 13. Auflage des ‹Staine-Fescht› mit seinen 70 Verkaufsständen und 58 Festbeizen erweist sich, trotz strömendem Regen, als zuverlässiger Publikumsmagnet.
21.	Weltrekord	Mit 720 Anschlägen pro Minute erzielt der Basler Pianist *Dölf Kessler* im ‹Birseckerhof› einen Guiness-Buch-würdigen Highspeed-Weltrekord im Boogie-Woogie-Klavierspiel.

Juni	**22.**	†	† *Hans Hausmann-Hogson* (73), ab 1952 Mitarbeiter am Radio Basel, ab 1957 Leiter der Abteilungen Unterhaltung und Dramatik am Schweizer Radio DRS, Hörspielregisseur der Sendungen ‹Spalebärg 77a›, ‹Muggedätscher›, ‹Schlangefänger›, ‹Verzell du das im Fährimaa›.
	23.	BVB	Wegen Gleisarbeiten wird der Tramverkehr zwischen Schifflände und Barfüsserplatz für drei Wochen eingestellt. Für Senioren, Behinderte und Frauen mit Kindern wird eine Kleinbuslinic cingerichtet.
	24.	Regierungsrat	Der Regierungsrat lockert die Verordnung über den Lärmschutz in Bau, Industrie und Gewerbe, verlängert das Bevorschussungs-System für Leistungen der Arbeitslosenkasse um ein Jahr und ersucht den Grossen Rat, die Grundsubvention an das neue Sinfonie-Orchester Basel von jährlich 12,8 Mio. Franken für die Jahre 1998–2000 zur Auszahlung freizugeben.
	25.	Grosser Rat	Mit 51:49 Stimmen bewilligt der Grosse Rat einen Kredit von 900 000 Franken für den ‹Aktionsplan Stadtentwicklung›. Er bewilligt einen Staatsbeitrag von 1,5 Mio. Franken für die Dachsanierung der Kunsthalle, einen Kredit von 3,2 Mio. Franken für ein Informatik-Projekt der Psychiatrischen Universitätsklinik und 100 000 Franken an die Frauenhaus-Beratungsstelle.
		Universität	*PD Prof. Dr. med. Ossi R. Köchli* wird zum Leiter der Abteilung für Gynäkologie und Gynäkologische Onkologie an der Universitäts-Frauenklinik gewählt.
		Holbein-Gymnasium	In der Leonhardskirche treffen sich Schüler, Lehrer und Eltern zur letzten Maturfeier des Holbein-Gymnasiums, bevor es gemeinsam mit dem Kohlenberg-Gymnasium als ‹Gymnasium Leonhard› weitergeführt wird.
	26.	Musikleben	Das vormalige Radio-Orchester Beromünster bzw. das Radio-Sinfonie-Orchester Basel gibt im Volkshaus seinen unwiderruflich letzten Konzertabend.
		Stadion St. Jakob	An einer Medienkonferenz orientiert *Regierungspräsident Ueli Vischer* die Öffentlichkeit über den finanziell gesicherten Neubau des multifunktionalen Stadions St. Jakob, das dereinst ‹St. Jakob-Park› heissen soll.
	27.	Math.-Naturwiss. Gymnasium, Realgymnasium	Mit dem zu Ende gehenden Schuljahr werden das Mathematisch-Naturwissenschaftliche Gymnasium (MNG) und das Realgymnasium (RG) zum ‹Gymnasium Kirschgarten› zusammengelegt.
		Beach-Volleyball ▷	Auf dem Barfüsserplatz wird über das Wochenende das erste Turnier der ‹Swiss Beach-Volleyball Tours› ausgetragen.
	28.	Matte-Fescht	Das mit dem 10-Jahr-Jubiläum des Alters- und Pflegeheims Johanniter verbundene Matte-Fescht im St. Johanns-Park bietet alle Voraussetzungen für ein gutes Gelingen.
	29.	Jugendcirkus Basilisk	Über 40 Kinder und Jugendliche des Jugendcirkus Basilisk präsentieren auf der Rosentalanlage ihr neues Sommerprogramm.

Juni	**30.**	Schwerverkehr	Der Bundesrat bewilligt das Befahren des Stadtkantons und eines Gebietes von 30 km rund um Basel durch Container-Lastzüge mit einem Gesamtgewicht von bis zu 44 Tonnen.
Juli	**2.**	Internet	Zum Jubiläumsjahr 1998 kann über die Internet-Adresse http://www.unibas.ch/rr-bs/helv200 das Programm ‹Basel 1798 – 200 Jahre Helvetik› abgerufen werden.
		IWB	Das gute Betriebsergebnis 1996 erlaubt den Industriellen Werken Basel (IWB), die 5%ige Strompreisreduktion bis Ende 1997 weiterzuführen.
		Atommüll	Mit einer spektakulären Kampagne der Rücksendung von Atommüll an den Verursacher protestiert Greenpeace am Zollamt Basel/Huningue gegen den schweizerischen Atommüllexport.
	3.	Museen	Die Rudolf Staehelinsche Familienstiftung leiht 16 ihrer Werke aus dem Kunstmuseum dem Kimbell Art Museum in Fort Worth, Texas, aus.
	7.	Drogenpolitik	Der Schlussbericht zum Projekt ‹Janus› hält fest, «dass die ärztliche Verschreibung von Opiaten sinnvoll und realisierbar ist».
	9.	Universität	Der Universitätsrat beschliesst die Einrichtung eines dreijährigen Nachdiplom-Studienganges für Pflegewissenschaften an der Medizinischen Fakultät der Universität Basel.
		Wirtschaft	Die vor mehr als 100 Jahren gegründete Massschneiderei Lämmlin gibt ihre Geschäftstätigkeit wegen fehlender Nachfolge auf.
	15.	Regierungsrat	Der Regierungsrat beantragt dem Grossen Rat, das Schweizerische Tropeninstitut (STI) in den Jahren 1998 bis 2002 mit Subventionen in Höhe von 10,8 Mio. Franken weiterhin zu unterstützen. Er legt neue Tagestaxen für verschiedene Behindertenheime fest und nimmt im Bereich Jugendhilfe/Jugendarbeit letzte Strukturbereinigungen vor.
	17.	Ärzte-Protest	In der Innerstadt protestieren Ärzte und Pflegepersonal gegen den angekündigten Bettenabbau in den Belegarztspitälern.
		†	*† Max Hüttenmoser-Stehlé* (69), erfolgreicher Betreiber und Besitzer des Restaurants ‹Krumme Eich› (Pratteln), der Hotels ‹Alexander› und ‹Hecht› mit dem ‹Swiss Chalet›, des ‹Singerhauses› und des ‹Red Rose›.
	20.	Tramfest ▷	Am Drämmli-Fescht ‹Ab uf d Schiine› feiert tout Bâle trotz Regen und Hagel in den zu Beizen umgestalteten Oldtimer-Tramzügen den Abschluss der BVB-Gleisarbeiten in der Innerstadt.

Juli	**23.**	Wildmaa-Horscht	Nach einer umfassenden Renovation präsentiert sich der Fischergalgen Nr. 22 (‹Wildmaa-Horscht›) an der Grenzacherstrasse wieder im Zustand von 1941, als er legatweise in den Besitz der Drei Ehrengesellschaften Kleinbasels überging.

25. Open-Air-Konzert — *Michael Jackson* gibt im Stadion St. Jakob mit einer 30 Millionen-Show vor 50 000 Fans das einzige Basler Open-Air-Rockkonzert dieses Sommers.

Open-Air-Kino — Ab heute werden auf der 20 × 11 Meter grossen Leinwand des Freiluftkinos auf dem Münsterplatz in zwei Wochen 24 Filme gezeigt.

26. Claramatte-Fescht — Am dreitägigen Claramatte-Fescht verdirbt zwei Tage anhaltender Regen sowohl die Stimmung wie auch den Umsatz.

27. Musicaltheater ▷ — Nach 737 Aufführungen mit insgesamt 750 000 Besuchern wird das Musical ‹The Phantom of the Opera› allen Rettungsversuchen zum Trotz abgesetzt. Durch die Kündigungen der Arbeitsverträge verlieren 385 Personen ihren Arbeitsplatz.

31. Bundesfeier am Rhein — Das Volksfest am Rhein, Auftakt zur Bundesfeier, wird trotz Regen mit Festbeizen, Folklore, Flottenparade, Fackelschwimmern und Feuerwerk in traditionellem Rahmen abgehalten.

August **1.** 1. Basler Orgelsommer — Im ersten Basler Orgelsommer geben vier europaweit renommierte Organisten an fünf Freitagen auf den Orgeln der Leonhards- und der Pauluskirche jeweils ein Feierabend- und ein Abendkonzert.

Weltrekord — Dank der Vereinigung von fünf Rasenplätzen zum grössten Fussballfeld der Welt (63 500 m^2) und mit Hilfe von 8 Toren, 176 Spielern und 8 Schiedsrichtern schafft Basel den Eintrag ins Guinness-Buch der Rekorde.

† — † *Hugo Schetty-Buser* (87), kaufmännischer Direktor der Brauerei Füglistaller ‹zum Warteck›.

6. Herzl-Jubiläum — Nachdem der israelische *Staatspräsident Ezer Weizmann* am 27. Januar seine Teilnahme an den Feiern zum Herzl-Jubiläum abgesagt hat, delegiert der schweizerische Bundesrat die *Parlamentspräsidentin Judith Stamm* an den Anlass.

† — † *Dr. phil. Rodolfo Brändli-Stricker* (64), Lehrbeauftragter für Italienisch am Romanischen Seminar der Universität Basel, vorm. Dozent an der University of California, Berkeley, Lehrer für Italienisch, Spanisch und Chinesisch an der Handelsschule des KV Baselland in Münchenstein und Reinach.

7. Herzl-Jubiläum — Im Vorfeld der Jubiläumsfeiern diskutieren im Kongresszentrum der Messe Basel je zwei prominente Palästinenser und Israeli öffentlich über die Probleme und Visionen einer gemeinsamen Zukunft in Frieden.

11.	Schulreform	Mit der Eröffnung der Weiterbildungsschule (WBS) entsteht in Basel eine neue Schule, die zur Berufsreife führen soll. Gleichzeitig werden die aus Zusammenlegungen entstandenen neuen Gymnasien ‹Kirschgarten› und ‹Leonhard› feierlich eröffnet.
12.	Regierungsrat	Der Regierungsrat wählt geschlechterparitätisch die 22 Mitglieder der Prospektivkommission für die Totalrevision der Kantonsverfassung.
	Rheinschwimmen ▷	Bei hochsommerlichen Temperaturen lassen sich rund 1300 Schwimmerinnen und Schwimmer die knapp zwei Kilometer von der Münsterfähre zu den Erfrischungsständen am Unteren Rheinweg den ‹Bach ab› treiben.

	†	† *Johanna ‹Hannah› Villiger Kébé* (46), Bildhauerin, Dozentin an der Abteilung für Freie Kunst an der Schule für Gestaltung Basel (SfG).
15.	Herzl-Jubiläum	Im ‹Rhypark› wird die von mehreren Organisationen getragene, international besetzte dreitägige Gegentagung ‹100 Jahre Zionismus: Befreiung oder Unterdrückung?› abgehalten.
	‹Em Bebby sy Jazz›	Bei der 14. Auflage von ‹Em Bebby sy Jazz› spielen rund um den Rümelinsplatz 47 Bands mit mehr als 350 Musikern den Baslerinnen und Baslern zu ihrer beliebtesten Jazzveranstaltung auf.
	Münchensteinerbrücke	Nach viereinhalbjähriger Bauzeit übergibt *Baudirektorin Barbara Schneider* die vollständig erneuerte, auf 31,6 m verbreiterte Münchensteinerbrücke offiziell dem Verkehr.
	†	† *Reinhard Kuster-Kunz* (76), seit 1960 Pfarrer der Oekolampad-Gemeinde, Redaktor des ‹Kirchenboten›, bis zu seiner Pensionierung 1987 Leiter des kirchlichen Amtes für Presse und Information, Vizepräsident des Basler Kirchenrates und des Schweiz. Kirchenbundes.
16.	IAAB-Austauschateliers	Im Rahmen eines Sommerfestes im St. Alban-Tal präsentiert die Christoph Merian Stiftung (CMS) Kunstwerke und Informationen zu ihrem seit 1986 laufenden internationalen Künstler-Austauschprogramm.
	Grand Prix Suisse	Auf dem Messe-Vorplatz nehmen fast alle Weltklasse-Fahrer das Weltcup-Radrennen ‹Grand Prix Suisse› unter die Räder.
	†	† *Marie-Louise Staehelin Jarosy* (94), unter dem nom de plume ‹Diane d'Henri› Bestsellerautorin von zwei autobiographischen Werken, darunter ‹Die Frau des Geliebten der Mutter›, das 1988 während 38 Wochen die schweizerische Bestseller-Liste anführte.
	†	† *Dr. iur. Hans Staehelin-Gysin* (94), seit 1930 Advokat und Notar, Verwaltungsrat der Patria-Leben, Vorgesetzter und Meister der EE. Zunft zu Rebleuten, vier Jahrzehnte lang Präsident des Basler Gesangvereins, Mitglied des Grossen und des Weiteren Bürgerrates, Kommissionsmitglied der Christoph Merian Stiftung (CMS).

August	**19.**	Regierungsrat	Der Regierungsrat beantragt dem Grossen Rat die Ausrichtung öffentlicher Beiträge in Höhe von 50 Mio. Franken zum Ausbau der Messe Basel, die ratenweise auf die Jahre 1997 bis 2001 verteilt werden.
	20.	Legat	*Alice, Hedi* und *Max Keller* haben der Stiftung für das Historische Museum, dem Freiwilligen Museumsverein, dem Verein des Zoologischen Gartens und dem Laboratorium für Urgeschichte (Archäozoologie) der Universität Basel rund 17,7 Mio. Franken hinterlassen.
		Notschlafstelle	*Regierungsrat Hans Martin Tschudi* orientiert über den Regierungsbeschluss, die vor 25 Jahren als Pionierwerk gegründete Notschlafstelle für Jugendliche wegen rückläufiger Belegung ab 1. Dezember zu schliessen.
	22.	Ciba-Picknick	Rund 4000 Mitarbeiterinnen und Mitarbeiter der Ciba-Spezialitätenchemie feiern mit einem Picknick im Wenkenpark den Start ihres Unternehmens.
	24.	Herzl-Jubiläum	Im Basler Rathaus wird als Begleitveranstaltung zum Herzl-Jubiläum der vom Jugendparlament initiierte 1. Jugendkongress Schweiz–Israel eröffnet.
	26.	Regierungsrat	Der Regierungsrat genehmigt Subventionsverträge mit den Jugendtreffpunkten ‹Verein Breitezentrum›, ‹Spiilruum St. Johann› und ‹Spielestrich Kaserne›.
		Herzl-Jubiläum	An einem dreitägigen akademischen Kongress der Universität Basel diskutieren Fachleute aus Europa, Israel und den USA über das Verhältnis zwischen Zionismus, Judentum und anderen Religionen sowie über Ursachen von Antisemitismus und Antizionismus.
	28.	Enteignungsklage	Der Regierungsrat und das Bürgerspital Basel verzichten auf einen Weiterzug des Urteils des Enteignungsgerichtes Basel-Landschaft betreffend materielle Enteignung im Zusammenhang mit neuen Zonenvorschriften auf dem Bruderholz.
		EPA-Neubau ▷	In der Gerbergasse wird nach zweijähriger Bauzeit die stark erweiterte, 35 Mio. Franken teure EPA-Filiale wiedereröffnet. Mit einem für die Schweiz erstmaligen, noch in der Bewilligungsphase befindlichen Angebot rezeptfreier Heilmittel erprobt die EPA den Einstieg in den Gesundheitsmarkt.
		Jugend ohne Drogen	Die *Regierungspräsidentin Veronica Schaller* und die *Regierungsräte Jörg Schild* und *Hans Martin Tschudi* empfehlen die eidgenössische Initiative ‹Jugend ohne Drogen› den Stimmberechtigten zur Ablehnung.
		Rheinufer	Im Rahmen ihres Projektes ‹attraktivere Basler Rheinufer› saniert die Christoph Merian Stiftung (CMS) für 1,9 Mio. Franken das ‹Drei König-Weglein› zwischen der Schiffländte und der Klingentalfähre.
		Kinderspital	Der Regierungsrat wählt *Dr. nat. oec. Peter Oeschger* zum neuen Direktor des Universitäts-Kinderspitals Basel.

August	**29.**	Herzl-Jubiläum ▷	Unter grössten Sicherheitsvorkehrungen durch ein Heer von 1000 Polizeileuten und 730 Armeeangehörigen, mit Strassensperren, Personen-, Gepäck- und Fahrzeugkontrollen, Helikopter- und Video-Überwachung, vier Patrouillenbooten auf und mehreren Polizeitauchern im Rhein wird der *Vizepräsident Israels und Präsident der Knesset, Dan Tichon,* im Rathaus vom Basler Regierungsrat in corpore empfangen.

		Barfi-Fescht	In der Barfüsserkirche beginnt das zweitägige Barfi-Fescht der Pro Senectute zugunsten finanziell und sozial Benachteiligter und körperlich Behinderter, für die ein Mittagstisch eingerichtet werden soll.
		PAX-Neubau	Mit der Fertigstellung des neuen PAX-Konzernzentrums erhält der Aeschenplatz auch in Richtung St. Alban-Anlage einen dominierenden Kopfbau.
	30.	Herzl-Jubiläum	Die Basler Regierung ehrt die israelischen Gäste mit einem Festbankett im Wenkenhof, dem auch *Bundesrätin Ruth Dreifuss* beiwohnt.
		Nachtbusse	Am Wochenende verkehren erstmals die vom Jugendparlament angeregten Nachtbusse für Spätheimkehrer.
		100 Jahre Neuapostolische Kirche	In ihrem Bethaus am Petersgraben feiern die Gläubigen der Neuapostolischen Kirche Basel das 100jährige Bestehen ihrer Religionsgemeinschaft.
	31.	Herzl-Jubiläum	Als Höhepunkt der Gedenkanlässe findet im Stadtcasino im Beisein des *Präsidenten der israelischen Knesset, Dan Tichon,* und der *Nationalratspräsidentin Judith Stamm* vor 2000 geladenen Gästen und 300 Medienleuten aus aller Welt der eigentliche Festakt zur Erinnerung an den Ersten Zionisten-Kongress vor 100 Jahren in Basel statt. Allen Festreden gemeinsam ist der Wunsch nach einem friedlichen Zusammenleben von Israelis und Palästinensern.
September	**1.**	Karlsruher Abkommen	Das Karlsruher Abkommen über eine erleichterte Zusammenarbeit tritt in Kraft. Sein Geltungsbereich erstreckt sich auf die Kantone Aargau, Basel-Landschaft, Basel-Stadt, Jura und Solothurn, auf die Bundesländer Baden-Württemberg, Rheinland-Pfalz und das Saarland sowie auf Lothringen und das Elsass.
	2.	Regierungsrat	Der Regierungsrat ersucht den Grossen Rat um Kredite zur Veranstaltung zweier Sonderausstellungen im Kunstmuseum im kommenden Jahr. Ein weiteres Kreditbegehren betrifft die Einführung von neuen Tempo 30-Zonen in Wohngebieten.
		ineltec 97	In der Messe Basel beginnt die Fachmesse für Elektronik, Automatisierung und Elektrotechnik.

September	Stückfärberei ▷	Mit der Sprengung des 55 m hohen Backsteinkamins der vormaligen Basler Stückfärberei an der Badenstrasse verschwindet eines der letzten derartigen Industriedenkmäler auf Stadtboden.
	Spitalwesen	Das Merian-Iselin- und das Bethesda-Spital bauen knapp 100 Spitalbetten ab: Das Merian-Iselin-Spital verzichtet zugunsten des Bethesda-Spitals auf die Bereiche Rheumatologie und Frauenheilkunde, das Bethesda-Spital auf die Orthopädie und die Otrhinolaryngologie (HNO).

	†	† *Heinrich ‹Henri› Moser* (75), ab 1958 Leiter der Swissair Deutschland, ab 1967 Vorsitzender Geschäftsleiter der Balair in Basel.
3.	Kunstkredit	In der Ausstellung 1997 des Basler Kunstkredits erhalten die Besucher in der Messe Basel einen Überblick über das aktuelle Basler Kunstschaffen.
4.	Wahl	Der Basler *Prof. Dr. rer. pol. Niklaus Blattner*, Extraordinarius für Arbeitsmarkt-Ökonomik, wird zum Generalsekretär und Verwaltungsratsdelegierten der Schweizerischen Bankiervereinigung gewählt.
5.	Programm-Zeitung	Die unabhängige Basler ‹Programm-Zeitung› (ProZ) für die Kulturszene zwischen Aargau und Freiburg feiert ihr 10jähriges Bestehen.
6.	75 Jahre Sans-Gêne Clique	Im Saal des Volkshauses feiern die Angehörigen der Sans-Gêne Clique das 75jährige Bestehen dieses Stammvereins.
9.	Regierungsrat	Der Regierungsrat ersucht den Grossen Rat um einen Kredit von 2,2 Mio. Franken zur Erneuerung und Ergänzung der Informatik in der Einsatzzentrale der Kantonspolizei; weitere 412 000 Franken sind für den Informatikbereich beim Ressort Pässe und Identitätskarten (vormals Passbüro) bestimmt.
	Bürgergemeinderat	Der Bürgergemeinderat bewilligt einen Kredit in Höhe von 1,28 Mio. Franken zur Projektierung eines Um- oder Neubaus des Wohnheims im Werkstätten- und Wohnzentrum Basel (WWB ‹Milchsuppe›).
	Neues Schulhaus	Mit der Einweihung des Drei-Linden-Schulhauses nimmt das letzte der für die Orientierungsschule neu erstellten Schulhäuser seinen Betrieb auf.
10.	Grosser Rat	Mit fünf Gegenstimmen bewilligt der Grosse Rat einen kantonalen Beitrag von 50 Mio. Franken an das Projekt ‹Messe Basel plus›, unter der Voraussetzung, dass beim Bau die in Basel-Stadt geltenden, für die Arbeitnehmer vorteilhafteren arbeitsrechtlichen Bedingungen erfüllt werden. Für die Jahre 1998–2002 bewilligt er Beiträge von jährlich 2,15 Mio. Franken an das Schweizerische Tropeninstitut (STI) und einen Projektierungskredit von 650 000 Franken für den Neubau des Sonderschulheims ‹zur Hoffnung› in Riehen.

September 11.	Viehschau ▷		Auf den Basler Bauernhöfen wird vom Wirtschafts- und Sozialdepartement und vom Fleckviehzuchtverband die letzte Viehschau in der bisherigen Form durchgeführt. Ob und wie dieser ‹alte Zopf› ersetzt werden soll, ist ungewiss.

12.	Basel tanzt	Im Rahmen des Ballettfestivals ‹Basel tanzt›, das im leerstehenden Musical-Theater durchgeführt wird, gastieren erstklassige Tanz-Ensembles aus aller Welt in Basel.
	Wirtschaft	Im Zuge einer gesamtschweizerischen Restrukturierung baut die Credit Suisse Group (CS) in Basel 210 Stellen ab.

13.	Oberrheintag 1997	Mit einem Spezialbillett für 5 sFr., 6 DM oder 20 FF steht das gesamte Netz der öffentlichen Verkehrsmittel zu grenzenlosem Fahrspass und zu Nachbarschaftsbesuchen offen.
	Klosterbergfest	Die 23. Auflage dieses Anlasses zugunsten der Hilfsaktion ‹Kinder in Brasilien› erleidet wegen des schlechten Wetters empfindliche Einbussen.

16.	Mondfinsternis ▷	Zahlreiche Baslerinnen und Basler verfolgen bei ausgezeichneten Sichtverhältnissen die letzte totale Mondfinsternis vor der Jahrtausendwende.	
	19. Brotmarkt	Rund 10000 Brote und Brötchen in über 100 Sorten stehen im Angebot des traditionellen Brotmarktes auf dem Barfüsserplatz.	
	Regierungsrat	Der Regierungsrat ersucht den Grossen Rat um einen Kredit über 375 000 Franken für das Wegprojekt ‹Lange Erlen-Mattfeld›, um die Bewilligung eines Global-Budgets von 62,9 Mio. Franken zugunsten der Universität Basel sowie um 1,5 Mio. Franken für Böschungsarbeiten im Rheinhafen Kleinhüningen und ruft in einem Bettagsmandat die Einwohner zu Toleranz gegenüber Andersgläubigen auf.	

17.	Grosser Rat	Der Grosse Rat empfiehlt den Stimmberechtigten die Verfassungsinitiative ‹für die Aufwertung des Kantons Basel-Stadt zu einem Vollkanton› zur Ablehnung, befürwortet ohne Gegenstimme den Beitritt des Stadtkantons zum Oberrheinrat und stimmt mit grossem Mehr dem Bericht zu Konzept und Subventionierung der Stiftung Basler Orchester zu.

18.	Regierungsrat	Der Regierungsrat gewährt wirtschaftlich schwächer gestellten Personen ab 1998 höhere Beiträge an die Krankenkassenprämien.

September 20.	Europäische Kulturpreise	Unter der Schirmherrschaft des Europarates werden in der Barfüsserkirche folgende Personen für ihre Verdienste geehrt: der Dirigent *Paul Sacher*, Staatssekretär *Franz Blankart*, Ex-Ministerpräsident *Lothar Späth*, der Maler und Bildhauer *Paul Acht*, der Komponist *Paul Suter*, die Musiker *Patrick Heinrichs*, *Mattias Zappa* und *Augustin Hadelich*, der Leiter des Energie-Autonomie-Projektes ‹Tenum›, *Gottlieb Delbrück*, sowie die ‹Basel Sinfonietta›.	

	100 Jahre Basler Tierschutzverein	Der aus der ‹Commission zur Abhülfe der Thierquälerei› hervorgegangene Basler Tierschutzverein feiert sein 100jähriges Bemühen um einen humaneren Umgang mit der Kreatur.
	Jungbürgerfest	Verteilt auf acht Routen machen sich rund 400 Basler Jungbürger und Jungbürgerinnen mit städtischen Institutionen und Persönlichkeiten aus Kultur, Sport, Politik und Wirtschaft bekannt. Danach treffen sie sich im Sudhaus Warteck zum Abendessen und zur Unterhaltung.
23.	Regierungsrat	Der Regierungsrat erlässt neue, nach dem Verursacherprinzip berechnete Abwassergebühren, bewilligt einen dringlichen Kredit von 640 000 Franken zur Sanierung des Münsterstollens und gewährt der ‹Biotech Platform Basel› (BPB) eine Starthilfe von 50 000 Franken; die Produktion ‹Basel 1798 – ein Festspiel 1998› erhält 200 000 Franken aus dem Lotteriefonds; 19,8 Mio. Franken sind für den Neubau eines Zentrallagers der Industriellen Werke Basel (IWB) bestimmt, 200 000 Franken für die Renovationskosten der weitgehend zerstörten Krankenpflege- und Physiotherapiestation in Sarajewo.
	Orbit 97	In der Messe Basel informiert die stark erweiterte Orbit 97 über Neuheiten in den Bereichen Information, Kommunikation und Organisation.
25.	Budget 1998	Das Budget 1998 des Kantons Basel-Stadt weist bei Einnahmen von 3339,1 Mio. und Ausgaben von 3638,4 Mio. Franken ein Defizit von 299, 3 Mio. Franken aus und liegt damit um 92,1 Mio. Franken unter dem für 1997 budgetierten Defizit von 391,4 Mio. Franken.
	Heimatschutz	Die Renovation des Wildensteinerhofs an der St. Alban-Vorstadt, die Umnutzung eines Fabrikareals im Gundeldingerquartier und das Berowergut in Riehen werden mit Basler Heimatschutzpreisen ausgezeichnet.
26.	Internet	Als erster Schweizer Kanton ermöglicht Basel-Stadt über die Internet-Adresse http://www.hrabs.ch den Zugang zum Handelsregister.
	Ehrung	*Prof. Dr. phil. Dr. phil. h.c. Ernst Berger*, Extraordinarius emeritus der Universität Basel, vormaliger Direktor des Antikenmuseums Basel, wird von der Universität Würzburg mit dem Ehrendoktorat ausgezeichnet.
	†	† *Konrad Nägeli* (52), als Stahlstecher letzter Inhaber einer Reliefdruckerei in Basel.
27.	Swiss Indoors	Der Welt drittgrösstes Hallenturnier versammelt einmal mehr in der St. Jakobshalle hochkarätige Tennisstars im Kampf um eine Dollarmillion an Preisgeldern.
28.	Abstimmungen und Wahlen	Die eidgenössischen Vorlagen ‹Finanzierung der Arbeitslosenversicherung› und die Volksinitiative ‹Jugend ohne Drogen› werden vom Basler Stimmvolk mit 52,3% bzw. 81,6% Nein-Stimmen abgelehnt. Bei den Gesamterneuerungswahlen in die Gerichte ist ein zweiter Wahlgang nötig.

September 29.	Universität	Der Universitätsrat wählt *PD Prof. Dr. theol. Christine Axt-Piscalar* zur Ordinaria für ‹Systematische Theologie (Schwerpunkt Dogmatik)› an der Universität Basel.
30.	Wirtschaft	Die Rheinfelder Brauerei Feldschlösschen verlegt die Abteilung Marketing und Verkauf der Warteck Brauerei AG von Basel nach Rheinfelden, hält aber an der Biermarke ‹Warteck› fest.

Oktober 2.	Käfer für Basel ▷	Mit der Unterzeichnung der Ausfuhrbewilligung durch das Innenministerium Deutschlands steht einer Überführung der ‹Käfersammlung G. Frey› nach Basel nichts mehr entgegen.
	Ofra Basel	Die 1977 als politische Organisation der Neuen Frauenbewegung gegründete Ofra Basel beschliesst ihre Auflösung per Ende Jahr.
5.	Swiss Indoors	Der Engländer *Greg Rusedski* gewinnt das Tennis-Hallenturnier. Er schlägt den Australier Mark Philippoussis mit 6:3, 7:6 und 7:6.
6.	Lärmschutz	Das Baudepartement legt für die Stadt Basel den Lärmempfindlichkeitsstufenplan (LESP) vor. Er definiert jene Gebiete, in denen stark oder mässig bzw. ausschliesslich nicht störende Betriebe zugelassen sind.
11.	Spalenberg- und Winzerfest	Rund um den Rümelinsplatz organisieren die Pro Innerstadt und die Weinbaukantone Basel-Landschaft, Genf, Neuenburg, Tessin und Wallis ihr traditionelles Spalenberg- und Winzerfest.
12.	Schweizergarde ▷	Nach 25 Jahren können die Basler erstmals wieder die in Basel tagenden ehemaligen Schweizergardisten auf ihrem Defilee durch die Innerstadt bewundern.
	Inline-Skate-Volkslauf	Erstmals erhalten auch die Inline-Skater ihren eigenen Volkslauf. Start und Ziel sind auf dem Marktplatz.
14.	Regierungsrat	Der Regierungsrat beantragt dem Grossen Rat, die Drogenberatungsstelle ‹Drop-In› und die beiden Gassenzimmer mit jährlich 2 Mio. Franken für die Jahre 1998–2000 zu subventionieren.
15.	Grosser Rat	Der Grosse Rat bewilligt Basels Anteil von 375 000 Franken am Fussweg Lange Erlen–Mattfeld, den Kredit zum IWB-Lagerneubau und die Mittel für die Ausstellung ‹Sammlung LaRoche› im kommenden Jahr.

	Universität	Der Universitätsrat wählt *PD Dr. phil. Klaus Opwis* zum Ordinarius für ‹Allgemeine Psychologie und Methodologie›.
17.	100 Jahre Beamten- und Angestelltenverband	Im Kongresszentrum feiert der Beamten- und Angestellten-Verband Basel-Stadt sein Zentenarium.
18.	Museum der Fondation Beyeler ▷	In Riehen wird über mehrere Tage hinweg das vom Ehepaar *Dr. h.c. Ernst* und *Hildy Beyeler* gestiftete, vom Star-Architekten *Renzo Piano* gestaltete und bereits zuvor mit dem Basler Heimatschutzpreis ausgezeichnete Museumsgebäude der ‹Fondation Beyeler› feierlich der Öffentlichkeit übergeben.

	†	† *Theo Gerber-Stücheli* (69), Kunstmaler, Mitgründer der Basler Künstlergruppe ‹Ulysses›, nach 1964 in Paris, später in La Tour d'Aigues tätig. Ein monumentales Afrikabild Gerbers war schweizerisches Staatsgeschenk an den südafrikanischen Präsidenten Nelson Mandela bei dessen Besuch in der Schweiz.
19.	Rheinknie-Session	Auch die 12. Auflage des renommierten Musikfestivals vereinigt 14 Tage lang Jazz-, Blues- und Gospelmusiker der Weltklasse in Basel.
20.	Tagesklinik	Im Merian-Iselin-Spital nimmt die erste Basler Tagesklinik (Eintritt/Operation/Austritt am gleichen Tag) ihre Tätigkeit auf.
21.	Regierungsrat	Der Regierungsrat überträgt der Universität seine Kompetenz über den Fonds zur Förderung des akademischen Nachwuchses und beschliesst den Beitritt zur neuen, ab 1999 geltenden interkantonalen Universitätsvereinbarung über Hochschulbeiträge. Er bewilligt 447 750 Franken als Finanzierungsbeihilfe an das trinationale Projekt ‹Biovalley am Oberrhein› und ersucht den Grossen Rat um einen Kredit von 1,21 Mio. Franken für ein neues Informatiksystem im Staatsarchiv.
	FC Basel	Die 104. Generalversammlung des FC Basel beschliesst den Vertragsabschluss mit der FCB Marketing Aktiengesellschaft.
	Universität	Der Regierungsrat wählt *Prof. Dr. med. Anita Riecher-Rössler* zur neuen Ordinaria für Psychiatrie und zur Chefärztin an der Psychiatrischen Universitätsklinik.
	†	† *August Balz Hilt* (76), Galerist, engagierte sich für den Erhalt der alten Wettsteinbrücke, rettete das alte Zollhaus Angenstein vor dem Verfall; Mitbegründer der Basler Kunstmesse ART.
22.	Grosser Rat	Der Grosse Rat genehmigt die Staatsrechnung 1996 und (letztmals) die Rechnung 1996 der Universität. Er bewilligt 198 000 Franken für die kommende Andy Warhol-Ausstellung und verweigert einem Anzug zur Abschaffung der Erbschafts- und Schenkungssteuern für direkte Nachkommen die Überweisung an den Regierungsrat.

| **Oktober** | **24.** | Käfer für Basel | Mit dem Eintreffen der 6500 Vitrinenschubladen im Naturhistorischen Museum hat für die rund 3 Millionen Käfer des Münchner Sammlers *Dr. h.c. Georg Frey* eine mehrjährige Odyssee ihr Ende gefunden. |

Käfer für Basel — Mit dem Eintreffen der 6500 Vitrinenschubladen im Naturhistorischen Museum hat für die rund 3 Millionen Käfer des Münchner Sammlers *Dr. h.c. Georg Frey* eine mehrjährige Odyssee ihr Ende gefunden.

Oktober 24.

Käfer für Basel
Mit dem Eintreffen der 6500 Vitrinenschubladen im Naturhistorischen Museum hat für die rund 3 Millionen Käfer des Münchner Sammlers *Dr. h.c. Georg Frey* eine mehrjährige Odyssee ihr Ende gefunden.

Erklärung von Basel
Zum Abschluss des mehrtägigen europäischen Kongresses ‹Natur für Ost und West› verlangen die rund 400 Teilnehmer aus 30 europäischen Ländern in einer Deklaration zu Handen des Europarates, die Politik solle sich künftig nicht mehr über Anliegen des Natur- und Landschaftsschutzes hinwegsetzen.

25.

Herbstmesse ▷
Vom Turm zu St. Martin werden punkt 12 Uhr die 527. Basler Herbstmesse, die Herbstwarenmesse, die 24. Basler Wyymäss und mehrere Sonderschauen eingeläutet.

250 Jahre Frey-Grynaeum
Zur Feier des 250jährigen Bestehens des ‹Frey-Grynaeums› am Heuberg veranstaltet die Öffentliche Bibliothek der Universität die Ausstellung ‹Im Spannungsfeld von Gott und Welt›.

Zeit für Zeit
Zwei Sonderausstellungen im Museum der Kulturen, eine öffentliche Ringvorlesung an der Universität, eine Filmreihe des Stadtkinos und Begleitveranstaltungen beschäftigen sich mit dem zeitlosen Thema des Kreislaufs der Zeiten.

Zolli
Nach dem krankheitsbedingten Tod der letzten Eisbärin ‹Triplette› verzichtet der Basler Zoo nach 65 Jahren auf die Haltung der arktischen Grossbären.

†
† Alexander P. Füglistaller-Ganter (63), dipl. Braumeister, Brauerei-Ingenieur, vorm. Direktor der 1889 in eine AG umgewandelten Bierbrauerei B. Füglistaller ‹zum Warteck›, 1985–1997 Präsident des Schweizerischen Bierbrauervereins.

26.

Wahlen
In der zweiten Runde der Gerichtswahlen wird *Marlies Becht* (CVP) in das Statthalteramt des Appellationsgerichts gewählt.

27.

Wirtschaft
Im Zuge der Übernahme von Boehringer, Mannheim, kündigt Roche einen weltweiten und regionalen Abbau von 4000 bis 5000 Arbeitsplätzen in den nächsten Jahren an; dadurch sollen 1 Mrd. Franken eingespart werden.

Schulen
Der Erziehungsrat beschliesst nach einer Sparvorgabe des Regierungsrates einen 5%igen Abbau der Lektionenzahl ab dem 5. Schuljahr. Die 1994 provisorisch eingeführten Blockzeiten werden definitiv eingeführt.

100 Jahre Vincentianum
Die als jesuitische Waisenanstalt für katholische Knaben gegründete, im Dienste der Kinder tätige Vincentianum AG feiert ihr 100-Jahr-Jubiläum mit einem Festgottesdienst.

28.

Regierungsrat
Der Regierungsrat ändert drei Verordnungen im Bereich der Tierhaltung, genehmigt einen neuen Subventionsvertrag mit der Chrischonaklinik, beantragt die Mittel zur Baum-Neupflanzung in der Wettsteinallee und genehmigt 450 000 Franken für die Anschaffung eines Speichersystems im Bereich der Herzkatheterisierung am Kantonsspital.

Oktober	**30.**	Musicaltheater	Im Musicaltheater Basel feiert das von der Messe Basel veranstaltete Broadway-Musical ‹Crazy for You› eine begeistert applaudierte Première.
		Museen	Private Sponsoren eröffnen im ehemaligen Stadt- und Münstermuseum unter dem Namen ‹Museum Kleines Klingental› ein sehenswertes Lapidarium der Münsterskulpturen.
		†	† *Hanspeter Kneubühl-Hunziker* (56), Rankhof-Platzwart, Präsident des Verbandes Basler Wasserfahrvereine, Gründungsmitglied der IG Rhy-Putzete.
	31.	†	† *Dr. phil. Carl Alfons Bader-Bettschen* (87), Milbenforscher, mit seiner fast gleichzeitig verstorbenen Schwester fünf Jahrzehnte lang Betreuer der Milbensammlung des Naturhistorischen Museums Basel.

November	**1.**	†	† *Bruno Michaud-Egger* (62), Generalagent, Fussball-Nationalspieler des FC Basel, zweimaliger Cup-Sieger, dreimaliger Schweizermeister, 1972/1973 Coach ad interim der Schweizerischen Nationalmannschaft, Mitglied des Grossen Rates.
		†	† *Hans Weidmann-Arnet* (79), Aquarellist, Mosaizist, Öl-, Glas- und Laternenmaler, Mitglied der Künstlergruppe ‹Kreis 48› und des Schnitzelbank-Comités, mit Werken vertreten u. a. in der Öffentlichen Kunstsammlung, im Kupferstichkabinett, im Wasgenring- und im Wettsteinschulhaus.
	2.	†	† *Dr. iur. David Linder-von Tscharner* (75), Advokat und Notar, Verwaltungsrat des Schweizerischen Bankvereins, der Schweizerischen Treuhandgesellschaft und der Danzas AG, Stiftungsratspräsident der Sophie und Karl Binding Stiftung, 1976–1981 LDP-Parteipräsident, 1976–1980 Grossrat, 1980–1984 Nationalrat, Alt-Meister E.E. Zunft zu Hausgenossen, Säckelmeister der Vorstadtgesellschaft zur Mägd.
	3.	Chancengleichheitspreis	Der Verein Frauenstadtrundgang wird von den Regierungen beider Basel mit dem Chancengleichheitspreis 1997 ‹Das heisse Eisen› ausgezeichnet.
	4.	Regierungsrat	Zur Ausstattung der Staatsanwaltschaft mit neuer Hard- und Software ersucht der Regierungsrat um einen Kredit von 750 000 Franken. Gleichzeitig verabschiedet er das Regierungsprogramm 1997–2001.
		Innovationspreise	Das Werkstätten- und Wohnzentrum Basel (WWB ‹Milchsuppe›) wird für seine pionierhafte ‹Basler Armstütze› für Behinderte, die Regent Beleuchtungskörper AG für ein wegweisendes Lichtmanagementsystem mit den ‹Innovationspreisen beider Basel› ausgezeichnet.
	5.	Regierungen beider Basel	In einer Gemeinschaftssitzung verabschieden die Regierungen beider Basel die gemeinsame Spitalliste für die somatische Akutmedizin und vereinbaren, dass sich Baselland mit 20 Mio. Franken am Ausbau der ‹Messe Basel plus› beteiligen wird.
		Wahlen	Der Regierungsrat wählt *Dr. nat. oec. Andreas Spillmann* zum Leiter des Ressorts Kultur im Erziehungsdepartement und *Hedy Graber* an die neugeschaffene Stelle einer Beauftragten für Kulturprojekte.
	6.	Varieté de Bâle	In der neugestalteten Brasserie des Bahnhofbuffets SBB gastieren auch heuer internationale Artisten der Spitzenklasse.

	Benefiz-Diner	Ein zugunsten des Grünen Kreuzes, das sich dem Schutz der Umwelt verschrieben hat, organisiertes Galadiner in der Messe Basel findet ohne den erkrankten Hauptreferenten, *Michail Gorbatschow,* ehemaliger Staatschef der Sowjetunion, statt.
	Auszeichnung	*Alt Regierungsrat Mathias Feldges* übergibt den Europäischen Stahlbaupreis an die Basler Personenschiffahrts-Gesellschaft (BPG) für den markanten Neubau des Restaurants ‹Dreiländereck›.
7.	TEFAF	Die von 128 Ausstellern aus 15 Ländern mit Kunstwerken aus sieben Jahrtausenden beschickte Kunst- und Antiquitätenmesse ‹The European Fine Art Fair› wird mit einer Vernissage für 2000 geladene Gäste eröffnet.
8.	Zolli ▷	Nach acht Jahren kommt im Zolli erstmals wieder ein Zwergflusspferd zur Welt.
11.	Regierungsrat	Der Regierungsrat beschliesst den Beitritt zur ‹Interessengemeinschaft für ökologische Beschaffung› (IGöB), erneuert die Staatsbeiträge an das Projekt ‹Spontanfahrten für RollstuhlfahrerInnen› und spricht sich für die definitive Einführung des Blockzeiten-Unterrichts an den Primarschulen ab dem Schuljahr 1998/1999 aus. Er genehmigt einen Ausgabenkredit von 14,9 Mio. Franken für Sanierungs- und Sicherheitsmassnahmen im Kunstmuseum und veranlasst die gemeinsame Unterbringung der Ämter für Sozialbeiträge und für Alterspflege im ‹Warteckhof›.
	M.U.T.	An der europäischen Messe für Umwelttechnik (M.U.T.) präsentieren 351 Aussteller aus 21 Ländern Innovationen im Umweltbereich.
12.	Grosser Rat	Der Grosse Rat heisst die Einführung weiterer Tempo 30-Zonen gut und bewilligt dazu einen Kredit von 3,85 Mio. Franken. Weitere 2,22 Mio. Franken sind für Informatik-Einrichtungen in der Einsatzzentrale der Kantonspolizei, 411 000 Franken für eine EDV-Lösung bei den Einwohnerdiensten und weitere 997 000 Franken für ein Pilotprojekt zur Pflegesteuerung am Kantonsspital bestimmt.
	Birskraftwerk ▷	Im Klein-Wasserkraftwerk der Industriellen Werke Basel (IWB) Neuewelt/Münchenstein wird die aus Deutschland eingetroffene, 27 Tonnen schwere Turbine eingebaut.
13.	Regio-Kongress	Im Kongresszentrum tagt der sechste von der Regio Basiliensis organisierte Dreiländer-Kongress, diesmal zum Thema ‹Handwerk und Gewerbe am Oberrhein – Chancen und Risiken›.
	Auszeichnung	Für seine Verdienste um die Musikförderung wird der Basler Dirigent *Prof. h. c. Dr. h. c. Paul Sacher* in Frankfurt/M. vom deutschen Arbeitskreis selbständiger Kulturinstitute (AsKI) mit der Maecenas-Ehrung ausgezeichnet.

| **November 14.** | † | † *Dr. iur. Hugo Wagner-Binkert* (73), Primarlehrer, später Lehrer für Staats-, Wirtschafts- und Rechtskunde an der Allgemeinen Gewerbeschule (AGS). |
| | † | † *Dr. iur. Werner Rytz-Hindermann* (69), ordentlicher Richter am Appellationsgericht Basel-Stadt. |

| **15.** | Stadtladen | An der Unteren Rebgasse 31 wird ein ‹Stadtladen› eröffnet. Im Angebot finden sich u. a. BVB-Mehrfahrtenkarten, Museumspässe, Präventionsbroschüren, das Basler Stadtbuch und eine fundierte Umweltberatung. |
| | Kunsteisbahn Eglisee | Nach zweijähriger Unterbrechung findet auf der Kunsteisbahn Eglisee bei freiem Eintritt wieder das zweitägige ‹Schruubedämpferli-Fescht› statt. |

| **17.** | BVB-Busse ▷ | Die Basler Verkehrsbetriebe (BVB) überlassen den rumänischen Städten Ruse und Pazardzik einige ausgemusterte BVB-Busse. |
| | Erdbeben | Ein Erdbeben mit Epizentrum nordwestlich Riehens und einer Magnitüde von 3,5 auf der Richterskala erschüttert Basel und Umgebung, ohne Schaden anzurichten. |

| **18.** | Regierungsrat | Der Regierungsrat fasst das Amt für Berufsberatung und die Abteilung Berufsbildung des Amtes für Gewerbe, Industrie und Berufsausbildung (AGIB) im neugeschaffenen ‹Amt für Berufsbildung und Berufsberatung› zusammen. Gleichzeitig tritt das AGIB seine Abteilung Arbeitsinspektorat/Gewerbewesen an das Arbeitsamt ab, das in ‹Kantonales Amt für Industrie, Gewerbe und Arbeit› (KIGA) umgetauft wird. Ausserdem verabschiedet die Regierung eine Paragraphenänderung im Gerichtsorganisationsgesetz (GOG) zu Handen des Grossen Rates und bewilligt 805 000 Franken an 27 in- und ausländische Entwicklungshilfeprojekte. |
| | Staatshaushalt | An einer Medienkonferenz erläutern die Mitglieder des Basler Regierungsrates die Sanierungsmassnahmen und die Gesetzesänderungen zur Erreichung ihres Sparziels; der ‹Haushalt 2000› sieht ein Budgetdefizit von weniger als 100 Mio. Franken vor. |

19.	Grosser Rat	Der Grosse Rat heisst die Pilotprojekte für eine wirkungsorientierte Verwaltungsführung (‹Puma›) mit klarer Mehrheit gut, ebenso die Beiträge an die Arbeitsgemeinschaft für aktuelle Jugendfragen und die Subventionen an die Blaukreuzjugend. Weiter bewilligt er Kredite zur Einführung eines Informatiksystems im Staatsarchiv sowie für eine Sanierung der Schrägböschung am Klybeckquai und genehmigt den Beitritt des Stadtkantons zur Interkantonalen Universitätsvereinbarung.
	Kulturpreis der Stadt Basel	In der ‹Maurerhalle› der Schule für Gestaltung nimmt *Dr. h. c. Armin Hofmann*, Plakatkünstler, graphischer Gestalter und Gründer der Weiterbildungsklasse für Grafik, im Beisein aller Regierungsmitglieder und zahlreicher Gäste aus der Hand von *Regierungspräsident Ueli Vischer* den Kulturpreis 1997 entgegen.
	Theater Basel	Erstmals in der Basler Theatergeschichte wird mit *Julia Jones* eine Frau zur Chefdirigentin gewählt.

November	†	† *Peter R. Alioth-Speich* (84), Teilhaber, Direktor und Verwaltungsrat der Bank Ehinger & Cie. AG, Gründer und Stiftungsratspräsident der Stiftung zur Förderung niederländischer Kunst in Basel, die das Sammeln und Ausstellen niederländischer Kunstwerke in der Öffentlichen Kunstsammlung zum Ziel hat.
21.	IGEHO	An der 17. Internationalen Fachmesse für Gastronomie und Hotellerie (IGEHO) erwarten 760 Aussteller aus 11 Nationen ein fachkundiges und kaufwilliges Publikum.
22.	‹Portes ouvertes›	Rund 140 Künstlerinnen und Künstler laden unter diesem Motto die Bevölkerung in ihre am Wochenende geöffneten Ateliers ein.
	100 Jahre Stadtschützen-Gesellschaft	Die Stadtschützen-Gesellschaft Basel, die derzeit mehr als 200 Mitglieder umfasst, feiert über das Wochenende ihr 100jähriges Bestehen.
	†	† *Astrid Schneider-Hauri* (57), Verwalterin des Kunstkredits Basel-Stadt.
23.	Kulturvertrag	Die Stimmberechtigten des Kantons Basel-Landschaft stimmen dem Kulturvertrag BL/BS mit 58,7 % Ja-Stimmen zu.
	Theodorskirche	In der Theodorskirche wird das 500jährige Jubiläum der Errichtung der Kanzel mit einem Festgottesdienst gefeiert.
24.	Kulturstadt	Da sich die 15 EU-Kulturminister nicht einigen können, wird die Wahl zur Kulturstadt Europas 2001, für die sich auch die Region Basel beworben hat, auf Mai 1998 vertagt.
25.	Regierungsrat	Der Regierungsrat ersucht den Grossen Rat um einen Kredit von 5,605 Mio. Franken zur Gesamterneuerung des Urnengräberfeldes ‹Im finstern Boden› auf dem Hörnli-Friedhof und beantragt, die für den Bau der Sporthalle Rankhof erforderlichen Mittel aus dem Verwaltungsvermögen zu bewilligen.
	Röm.-Kath. Synode	Die Synodalen der Römisch-Katholischen Kantonalkirche verabschieden ein praktisch ausgeglichenes Budget. Rückläufige Steuereingänge zwingen in Zukunft zu einer restriktiveren Ausgabenpolitik.
26.	13. Film- und Videotage	Einen Überblick über das audiovisuelle Schaffen im Raum Nordwestschweiz, Südbaden und Elsass zeigen die 13. Film- und Videotage der Region Basel in der Kulturwerkstatt Kaserne.
	Urteil	Das Appellationsgericht reduziert die 1993 vom Strafgericht gegen *André Plumey* wegen gewerbsmässigen Betrugs und Urkundenfälschung ausgesprochenen 7 Jahre Zuchthaus auf 5 Jahre.
	Messe Basel	In erster Instanz weist die Baurekurskommission die Einsprachen gegen die Erteilung einer Baubewilligung für das geplante Messegebäude 1 ab.
	Ev.-ref. Synode	Die Synodalen der Evangelisch-reformierten Kirche beschliessen ein neues Finanzmanagement zur Verringerung des Budgetdefizits und zur Erschliessung neuer Geldquellen.
27.	175 Jahre Buchhandlung Jäggi	Mit einer Geburtstagsparty in ihren Geschäftsräumen feiert die älteste Basler Buchhandlung ihr 175jähriges Bestehen.
	Messe Basel	*Hans Hagenbuch, Direktor der Messe Basel,* verlässt nach 2jähriger Amtszeit im «gemeinsamen Einvernehmen» überraschend die Messe Basel.

November 28.	Dies academicus ▷	Am Ehrentag der Basler Universität befasst sich Rector magnificus *Prof. Dr. rer. pol. René L. Frey* in seiner Festrede in der Martinskirche mit dem Thema ‹Universitäten im Aufbruch – volkswirtschaftliche Analyse der gegenwärtigen Reformen›. Im Anschluss werden mit Ehrendoktoraten ausgezeichnet: von der Juristischen Fakultät *Dr. h. c. Sibrand Karel Martens,* Präsident des Obersten Gerichts der Niederlande, für seine vorbildliche Richtertätigkeit, sowie *Prof. Dr. iur. Walter R. Schluep,* Rechtsprofessor und vormaliger Präsident der Kartellkommission, für sein Wirken als Forscher und Lehrer des Europarechts; von der Medizinischen Fakultät *Dr. phil. II Viktor Oberlin,* Chemiker und sozial engagiert für das Wohl Drogenabhängiger

und Sehbehinderter, *Prof. Dr. sc. nat. ETH Samuel G. Steinemann* für wissenschaftliche Erkenntnisse auf den Gebieten der Medizin und der Zahnmedizin sowie *Prof. Dr. med. Charles van Ypersele de Strihou* für seine Verdienste um die Entwicklung der Nephrologie; von der Philosophisch-Historischen Fakultät *Carl Schlettwein,* fundierter Afrika-Kenner und Gründer der ‹Basler Afrika Bibliographien›, *Heinrich Stüssi,* dessen Grabungsprojekte der mediävalen Archäologie wegweisende Impulse vermittelt haben; endlich von der ‹neuen› Wirtschaftswissenschaftlichen Fakultät *Prof. Dr. Charles B. Kindleberger,* der über sechs Jahrzehnte lang wichtige Erkenntnisse auf wirtschaftswissenschaftlichen Gebieten erarbeitet hat.

	Basler Psi-Tage	An ihrem dreitägigen Fachkongress befassen sich Parapsychologen und Ärzte aus aller Welt mit dem Leben nach dem Tod.
29.	Basler Stadtlauf ▷	

Mit *Anita Weyermann,* WM-Medaillengewinnerin, und *Franziska Rochat-Moser,* Siegerin des ‹New York Marathon›, wird der von über 3000 Läuferinnen und Läufern bestrittene 15. Basler Stadtlauf zum Publikumserfolg. Sieger bzw. Siegerin in der Elite sind die Kenianerin *Leah Maloth* und ihr Landsmann *Thomas Lotik.*

	Weinpreis	*Hanns U. Christen,* Publizist, Gastrosoph und Vinologe, wird von der Zunft zu Weinleuten mit dem erstmals verliehenen Weinpreis ‹De vino optime meriti› ausgezeichnet.
Dezember 1.	Welt-Aids-Tag	Mit einem Fackelzug vom Claraplatz zur Leonhardskirche, mit Kundgebungen und Sammelaktionen erinnern die regionalen Aids-Helfer besonders an von Aids bedrohte Kinder.
2.	Regierungsrat	Der Regierungsrat genehmigt einen Nachtrag zum Basler Spitalvertrag betreffend die Erweiterung und Förderung der Tages-Chirurgie an den Basler Spitälern.

Dezember		Internet	Ab heute ist der Grosse Rat unter der Adresse http://www.afibs.ch/Grosser Rat (ab 1. Januar 1998: http://www.bs.ch/Grosser Rat) mit einer Homepage im Internet vertreten.

Dezember

Internet
Ab heute ist der Grosse Rat unter der Adresse http://www.afibs.ch/Grosser Rat (ab 1. Januar 1998: http://www.bs.ch/Grosser Rat) mit einer Homepage im Internet vertreten.

Wissenschaftspreis
Prof. Dr. phil. Heinz Durrer wird für seine Pionierleistungen in Medizinischer Biologie und sein engagiertes Eintreten im Umwelt- und Landschaftsschutz mit dem Wissenschaftspreis 1997 der Stadt Basel ausgezeichnet.

†
† *Kaspar Egli* (93), Pater SJ, rund 60 Jahre lang Seelsorger in Basel.

3.

Wahllokale
Das Polizei- und Militärdepartement gibt die Schliessung von zehn Quartier-Wahllokalen bekannt, da mehr als vier Fünftel aller Stimmen inzwischen brieflich abgegeben werden.

Erster Schnee
Die ersten Schneeflocken in diesem Winter bescheren Basel eine dünne Schneedecke; es kommt zu 13 Verkehrsunfällen.

5.

Wehrpflicht
▷
An der ‹Grieni Fasnacht› genannten Entlassungsfeier werden rund 450 Dienstpflichtige des Jahrgangs 1955 aus der Wehrpflicht entlassen.

6.

St. Nikolaus
Bei freiem Eintritt lädt der Zolli alle Kinder am 1. ‹Zolli-Niggi-Näggi› zu einer kleinen Bescherung, Märligeschichten und einem Gaggo ins Zolli-Restaurant ein.

7.

†
† *Emil Wamister-Krähenbühl* (75), zwei Jahrzehnte lang Direktor des Bahnhof-Kühlhauses, 1981–1992 Kassier und Ausschussmitglied der Basler Handelskammer, Verwaltungsrat der Basler Handels-Gesellschaft AG und der Bahnhof-Kühlhaus AG, Kommandant des Basler Inf Rgt 22.

8.

Bankenfusion
Im Anschluss an die Bekanntgabe der Fusion des Schweizerischen Bankvereins und der Schweizerischen Bankgesellschaft zur ‹United Bank of Switzerland› (UBS) setzt sich die Basler Regierung an einer ausserordentlichen Sitzung mit Nachdruck für einen Doppel-Gesellschaftssitz des Unternehmens in Basel und in Zürich ein.

Oberrheinkonferenz
In Liestal wird die 15. D-F-CH-Oberrheinkonferenz abgehalten. Themen sind u. a. eine verstärkte Zusammenarbeit im Gesundheitsbereich, Massnahmen zur Wirtschaftsförderung und zur Beseitigung von Wirtschaftshemmnissen, die Bahnprojekte von TGV und ICE, der Oberrheinische Museumspass sowie die Bildungs- und Jugendpolitik.

Auszeichnung
Für bedeutende Verdienste um das Ansehen der Stadt Basel wird das *Ehepaar Dr. h.c. Ernst* und *Hildy Beyeler* mit dem Basler Stern 1997 geehrt.

9.

Regierungsprogramm
An einer Medienorientierung präsentieren die Regierungsmitglieder das Regierungsprogramm 1997–2001.

Dezember		Bürgergemeinderat	Der Bürgergemeinderat verabschiedet die Budgets für die Zentralverwaltung der Bürgergemeinde, das Bürgerspital, das bürgerliche Waisenhaus und das Fürsorgeamt der Stadt Basel.

Dezember

Bürgergemeinderat
Der Bürgergemeinderat verabschiedet die Budgets für die Zentralverwaltung der Bürgergemeinde, das Bürgerspital, das bürgerliche Waisenhaus und das Fürsorgeamt der Stadt Basel.

25 Jahre Hotel Merian
Mit attraktiven Angeboten für seine Gäste feiert das Viersterne-Hotel Merian/ Café Spitz sein 25-Jahr-Jubiläum.

10. Grosser Rat
Das Massnahmenpaket der Regierung zur Sanierung der Staatsfinanzen wird vom Rat in allen vier Bereichen (Schule, Soziales, Personelles, Erhöhung der Motorfahrzeugsteuern) gutgeheissen. Gegen die Erhöhung der Motorfahrzeugsteuern, die Erhöhung der Pflichtstunden für Lehrkräfte und die Streichung der kantonalen Beihilfen an zu Hause wohnende AHV/IV-Bezüger sind bereits Referenden angekündigt.

Wahl
Der Regierungsrat wählt *Dr. Peter-Andrew Schwarz* an die Stelle des in den Ruhestand tretenden *Kantonsarchäologen Dr. phil. Rolf d'Aujourd'hui.*

Initiative ‹Basel zu Fuss›
Der Verkehrsclub der Schweiz (VCS), Sektion Basel, deponiert im Rathaus 4497 Unterschriften für die Initiative ‹Basel zu Fuss›.

12. Theater-Neubau
Sich einer bereits bestehenden Petition anschliessend, beantragt auch die Petitionskommission des Grossen Rates, auf die Variante ‹Theaterplatz› für einen Schauspielhaus-Neubau zu verzichten.

Universität
In einem Offenen Brief an die Grossratsmitglieder wendet sich der *Rektor der Universität, Prof. Dr. rer. pol. René L. Frey,* gegen eine mögliche Kürzung des Globalbudgets um 5%.

BLS-Lok ‹Spalenberg›
Im Bahnhof SBB wird eine neue Re 465-Lokomotive der Bern-Lötschberg-Simplonbahn (BLS) feierlich auf den Namen ‹Spalenberg› getauft.

13. Demonstration
Aus Protest gegen die Schliessung des spanischen Konsulats in Basel demonstrieren rund 200 Personen.

14. Benefizkonzert
Im grossen Saal des Stadtcasinos musiziert das Sinfonieorchester Basel zusammen mit namhaften Solisten zugunsten der alljährlichen Hilfsaktion der Basler Zeitung.

15. Universität
Mitarbeiter und Studierende des Zahnärztlichen Instituts der Universität protestieren mit einer von 26 000 Unterschriften getragenen Petition gegen die vom Universitätsrat erwogene Schliessung ihres Instituts.

16. Regierungsrat
Der Regierungsrat beantragt dem Grossen Rat den Bau eines rund 19 Mio. Franken teuren Volta-Schulhauses für die Primarklassen des St. Johann-Quartiers sowie einen Kredit von 316 800 Franken für die Projekte des Naturhistorischen Museums zu seinem 150-Jahr-Jubiläum im Jahre 1999.

Oberrheinrat
In Baden-Baden wird ein trinationaler ‹Oberrheinrat› gegründet, der die grenzüberschreitende Zusammenarbeit zwischen den Bundesländern Baden-Württemberg und Rheinland-Pfalz, dem Elsass und der Nordwestschweiz auf parlamentarischer Ebene fördern soll.

Theater-Neubau
Baudirektorin Barbara Schneider präsentiert an einer Medienorientierung die Architektur-Modelle für den Schauspielhaus-Neubau. Gewinner des internationalen Wettbewerbs ist der Zürcher Jacob Steib mit seinem Projekt ‹The empty space›.

Dezember	Wahl	Der Regierungsrat wählt *Lukas Rieder* zum Leiter des Personaldienstes Basel-Stadt.
17.	Grosser Rat	Der Grosse Rat heisst den Globalbeitrag von 62,9 Mio. Franken an die Universität ohne Gegenstimme gut und verabschiedet mit 13 Gegenstimmen den 3,7 Mrd.-Haushalt mit einem Defizit von 357,86 Mio. Franken.
18.	Grosser Rat	Der Grosse Rat bewilligt einen Kredit von 1,7 Mio. Franken für bauliche Massnahmen an der Polizeiwache Clara sowie weitere 750 000 Franken für die Nachrüstung von Hard- und Software bei der Staatsanwaltschaft und befürwortet das neue Polizeikonzept ‹Vier plus›. Ein Kreditbegehren von 350 000 Franken zur Neupflanzung von Bäumen an der Wettsteinallee weist er an die Regierung zurück.

Bankenfusion — Der Baselbieter *Ständerat René Rhinow* reicht mit 37 Mitunterzeichnern im Ständerat eine Initiative zur Schaffung der rechtlichen Grundlagen für einen doppelten UBS-Gesellschaftssitz in Basel und Zürich ein.

Solaranlagen
▷

Die im April begonnene IWB-Aktion ‹100 Solardächer für Basel› hat mit der Montage des 100. Solardaches ihr Ziel unerwartet früh erreicht. Rund 30 000 Liter Heizöl pro Jahr können durch die Solardächer eingespart werden.

Medien — Der Basler Gratisanzeiger «doppelstab» erscheint zum letzten Mal. Nachfolgepublikation ist ab dem 9. Januar des kommenden Jahres die ‹Basler Woche›.

Wahl — Der Regierungsrat wählt *lic. iur. Brigitte Meyer* zur Departementssekretärin des Wirtschafts- und Sozialdepartementes.

22.	†	† *Ernest Louis Heusser* (85), Bankier, Kommanditär und Ehrenpräsident des Verwaltungsrates der Bank Heusser & Cie. AG.
25.	Kundenweihnacht	Im Kirchengemeindehaus Matthäus bereiten Helferinnen und Helfer des CVJM mit dem Silberposaunenchor Riehen an der 102. Kundenweihnacht rund 250 alten und jungen Menschen bei Kerzenlicht, Weihnachtsmahl und Bescherung einige sorgenfreie Stunden.
	†	† *Dr. med. h. c. Lukas Bürgin-Flösser* (87), 1929 Gründer und bis 1984 Leiter des Radiogeschäftes Lukas Bürgin & Co. in der Aeschenvorstadt, 1986 für Pionierleistungen zum Wohle der Hörgeschädigten als einer der führenden Hörmittelberater der Schweiz mit dem Ehrendoktorat der Medizinischen Fakultät der Universität Basel ausgezeichnet.
26.	†	† *Hieronymus Heinrich Spreyermann-Mathis* (85), Konditormeister, 1968–1986 Meister der E. E. Zunft zu Brodbecken, Alt-Meister der E. E. Vorstadtgesellschaft zur Krähe.
28.	†	† *Dr. rer. pol. Hans Schaffner-Dederding* (87), Lehrer an der Kantonalen Handelsschule, Dozent an der HTL Brugg-Windisch, Lektor an der Universität

Dezember

Basel. 1943–1968 EVP-Mitglied des Grossen Rates, Grossratspräsident 1958/1959, Präsident des Bankrates der Basler Kantonalbank, führendes Mitglied des lokalen, nationalen und internationalen Blauen Kreuzes.

† † *lic. rer. pol. Dietrich Hans Zeller* (59), Redaktor, zuerst im Generalsekretariat, später im Pressedienst, danach in der Kommunikationsabteilung der damaligen Schweizerischen Mustermesse engagiert; Vorstandmitglied im Verband Schweizerischer Fachjournalisten.

29. Fasnacht 1998
▷

Als Massnahme zur ‹Gewinnoptimierung› präsentiert das Fasnachts-Comité bereits im alten Jahr die Plakette und das Sujet ‹Mer strample› für die Fasnacht 1998.

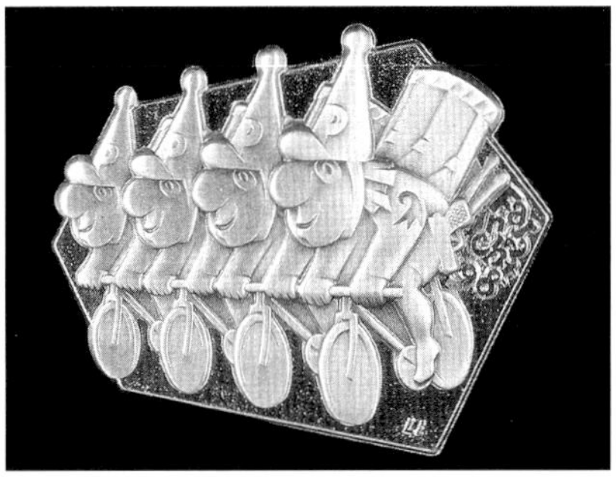

30. Museen

Der berühmte ‹Saal der wirbellosen Tiere› im Naturhistorischen Museum kann zum letzten Mal mit seiner alten Einrichtung besichtigt werden.

31. Silvesterkonzert

An Stelle des aufgelösten Radio Sinfonieorchesters führt das Basler Festival Orchester unter *Kevin Rhodes* von der Wiener Staatsoper die Tradition des Silvesterkonzertes im Stadtcasino weiter.

Jahresausklang

Wie seit Jahren versammeln sich auf dem Münsterplatz viele Baslerinnen und Basler zum Ausläuten des alten und Einläuten des neuen Jahres.

GB	= Grosse Bühne	U	= Uraufführung	I	= Inszenierung
K	= Komödie	SE	= Schweizer	BB	= Bühnenbild
KB	= Kleine Bühne		Erstaufführung	K	= Kostüme
A	= Andere Spielorte	DEA	= Deutschsprachige	Ch	= Choreographie
FGB	= Foyer Grosse Bühne		Erstaufführung	Chor	= Chorleitung
FK	= Foyer Komödie	ML	= Musikalische Leitung		

11.1.	K	*Der Diener zweier Herren* von Carlo Goldoni I: Joachim Siebenschuh; BB und K: Christian Steiof
25.1.	GB	*Orfeo ed Euridice* von Christoph Willibald Gluck ML: Stefan Lano; I und Ch: Joachim Schlömer; BB und K: Frank Leimbach; Chor: Henryk Polus
7.2.	KB	*Krankheit der Jugend* von Ferdinand Bruckner I: Matthias Brenner; BB und K: Stefan Heyne
8.2.	K	*Das letzte Band* von Samuel Beckett I: Werner Düggelin; BB: Raimund Bauer; K: Lisa Greuter
8.3.	GB	*Le Nozze di Figaro* von Wolfgang Amadeus Mozart ML: Stefan Lano; I: Leander Haussmann; BB: Alex Harb; K: Miro Paternostro; Chor: Henryk Polus
15.3.	K	*Asche zu Asche* von Harold Pinter I: Peter Palitzsch; BB und K: Herbert Kapplmüller
19.3.	GB	*Hochland oder Der Nachhall der Steine* von Hintzenstern/Tutschku Ch: Joachim Schlömer; BB und K: Frank Leimbach
21.3.	KB	*Der Disney-Killer* von Philip Ridley I: Monika Neun; BB: Lars Peter; K: Noelle Blancpain
17.4.	GB	*Elektra* von Richard Strauss ML: Olaf Henzold/Stefan Lano; I: Andreas Homoki; BB: Hartmut Meyer; K: Mechthild Seipel; Chor: Henryk Polus
18.4.	KB	*Kammertanzabend* Ch: Graham Smith, Norbert Steinwarz, Fabio Pink, Nadine Bagnoud, Rosemary Porte, Hans-Georg Lenhart, Grayson Millwood, Keren Levi
19.4.	K	*Am Boden oder Das Nachtasyl* von Maxim Gorki I: Peter Löscher; BB: Herbert Neubecker; K: Heinz Berner

16.5.	GB	*Die Familie Schroffenstein* von Heinrich von Kleist I und BB: Roland Schäfer; K: Constanze Schuster; Musik: Thomas Hertel
17.5.	K	*Albert zieht um* von Franz Schubert/Béla Bartok Ch: Joachim Schlömer; BB und K: Frank Leimbach
15.6.	K	*Tango* von Slawomir Mrozek I: Barbara Bilabel; BB: Barbara Bilabel/Claudia Rüll; K: Heide Kastler; Musik: Ernst Bechert
13.9.	GB	*Turandot* von Giacomo Puccini ML: Mario Venzago; I: Wolfgang Engel; BB: Helmut Stürmer; K: Katja Schröder; Chor: Henryk Polus
16.9.	KB	*Schweiz für Ausländer* Dokumente und Szenen I: Peter Löscher; BB: Andreas Tschui; K: Heinz Berner; Musik: Thomas Rabenschlag
19.9.	K	*Woyzeck* von Georg Büchner I: Andreas von Studnitz; BB: Wolf Gutjahr; K: Katharina Weissenborn; Musik: Alex Paeffgen
27.9.	K	*Eine Mittsommernachts-Sex-Komödie* von Woody Allen I: Matthias Brenner; BB und K: Horst Vogelgesang; Musik: Lorenz von den Driesch
2.10.	KB	*Der stumme Diener* von Harold Pinter I: Peter Keller; BB und K: Paul Horn
3.10.	GB	*Die Weise von Liebe und Tod des Cornets Christoph Rilke* von Frank Martin/Joachim Schlömer ML: Stefan Lano/Patrick Furrer; Ch: Joachim Schlömer; BB und K: Frank Leimbach
10.10.	GB	*Aus Deutschland* von Mauricio Kagel ML: Jürg Henneberger; I, BB und K: Herbert Wernicke; Chor: Henryk Polus
15.10.	KB	*Die geliebte Stimme* von Jean Cocteau I: Oliver Held; BB und K: Frank Leimbach; Musik: Klaus Burger
18.10.	A	*Lina Böglis Reise* von Christoph Marthaler I: Christoph Marthaler; BB und K: Franziska Rast; ML: Clemens Sienknecht
1.11.	GB	*The Unanswered Question* von Christoph Marthaler/Jürg Henneberger ML: Jürg Henneberger; I: Christoph Marthaler; BB und K: Anna Viebrock; Chor: Henryk Polus
21.11.	A	*Der mündliche Verrat* von Mauricio Kagel ML: Jürg Henneberger; I: Markus Bothe; BB: Robert Schweer; K: Silvia Raggi
26.11.	A	*Laura und Lotte* von Peter Shaffer I und BB: Monika Neun; K: Noelle Blancpain
28.11.	K	*Saurier-Sterben (U)* von John von Düffel I: Andreas von Studnitz; BB und K: Claudia Billourou; Musik: Klaus Burger

29.11.	KB	*Peter und der Wolf* von Sergej Prokofjew I: Joachim Schlömer; Ch: Norbert Steinwarz; ML: Johannes Schlaefli; BB und K: Frank Leimbach
3.12.	GB	*Der Prinz als Abenteurer* von Pierre Carlet de Marivaux I: Christof Loy; BB und K: Herbert Murauer
3.12.	A	*Palacio de la danza* von Desirée Meiser ML: Patricia Draeger/Sergej Simbirev; Ch: Cécile Sidler/Romeo Orsini
30.12.	GB	*Hänsel und Gretel* von Engelbert Humperdinck ML: Baldo Podic/Wolfgang Götz; I, BB und K: Nigel Lowery
31.12.	KB	*Beauty Retire* von Herbert Wernicke I, BB und K: Herbert Wernicke

(Quelle: Theater Basel)

Ausstellungen in Basler Museen

Kulturgeschichte

Antikenmuseum und Sammlung Ludwig	Ägypten – Augenblicke der Ewigkeit. Unbekannte Schätze aus Schweizer Privatbesitz
Skulpturhalle	Gipsweg. Installation von Bernhard Batschelet und Tadeus Pfeifer mit 13 Stationen in der Innenstadt Recycling der Vergangenheit. Die Antike und das heutige Marketing
Historisches Museum Basel: Barfüsserkirche	Die Leckerbissen – Erwerbungen 1995–1996 Jacob Burckhardt 1818–1897 Im Zeichen der Nelke
Historisches Museum Basel: Haus zum Kirschgarten	Kopf und Hut – Hauben, Hüte und Haubenköpfe des 19. Jahrhunderts Meissener Porzellan aus der Sammlung Pauls Eisenbeiss und aus Privatbesitz
Museum Kleines Klingental	10 Jahre Basler Münsterbauhütte. Restaurierung und Dokumentation Engel, Kopffüssler, Elefanten – Skulpturen des Basler Münsters im neuen Licht
Basler Papiermühle	Wie das Bild aufs Papier kommt
Schweizerisches Sportmuseum	Sportkarikaturen im Nebelspalter Jubiläumsausstellung: 50 Jahre Schweizer Sportmuseum

Kunst und Gestaltung

Öffentliche Kunstsammlung Basel: Kunstmuseum	Ins Licht gerückt II: Dumpfe Stuben – Lichte Himmel Russische Avantgarde 1910–1924. Grafik aus dem Genfer Cabinet des estampes Die Sammlung Anne-Marie und Ernst Vischer-Wadler – ein Vermächtnis Die letzten Aquarelle von Martin Disler Dürer – Holbein – Grünewald Ins Licht gerückt III: Ein Schulmeister schilt Die Druckgraphik Hans Holbeins d. J. Peter und Samuel Birmann – Künstler, Sammler, Händler, Stifter Stiften und Sammeln für die Öffentliche Kunstsammlung – Emilie Linder und Jacob Burckhardt 111 Zeichnungen von Künstlerinnen und Künstlern
Öffentliche Kunstsammlung Basel: Museum für Gegenwartskunst	Dan Graham – The Suburban City Andrea Zittel – Living Units Teresa Hubbard und Alexander Birchler, Manor-Kunstpreis Basel 1996 Katharina Fritsch check in! Eine Reise im Museum für Gegenwartskunst

Kunsthalle	Jahresausstellung 1996 der Basler Künstlerinnen und Künstler
	Olafur Eliasson; Eugène Leroy; Pawel Althamer; Albert Oehlen; Zoe Leonard;
	Liz Larner
	1897. Erster Zionistenkongress Basel
	Christopher Williams
	Claudia und Julia Müller
	Jahresausstellung 1997 der Basler Künstlerinnen und Künstler
Ausstellungsraum Klingental	Weihnachtsausstellung. Neue Werke 1996
	Helene Dellers, Krasimira Drenska, Marga Ebner, Dorothea von Rechenberg
	Flavio Alava, Matias Huart, Marcel Stüssi, Marianne Widmer
	Ludwig Bernauer, Andreas und Thomas Holstein
	Michael Grossert
	Druckwerkstatt pp Warteck
	Art Spiegelman's Mouse in Basel 1997
	Mario Bollin, Jürg Keller, Peter Stettler
	Christian Peltenburg-Brechneff
	Weihnachtsausstellung. Menschliche Figuren und Portraits
Architekturmuseum	Hans Bernoulli – Skizzenbücher
	Neues Bauen in den Alpen
	Facetten – Bauen in der Schweiz. Aus der Diasammlung von René Furer
	Das Italien Jacob Burckhardts. Architekturphotographien
	Architektur lernen? 25 Jahre Abteilung Architektur IBB Muttenz
	Basler Projekte I. Centralbahnplatz – Von der Drehscheibe zum Arboretum
Karikatur & Cartoon Museum	Wohl & Sein: Xundheit! Im Labyrinth der Gesundheit (zu Gast im Museum der Kulturen)
	Ronald Searle. Retrospektive
	Kids & Co!
Schule für Gestaltung auf der Lyss	Diplomarbeiten Textilfachklasse Körper + Kleid, Fachbereich Modedesign
	Wettbewerbsausstellung Gottfried-Keller-Schulhaus
	Diplomarbeiten Fachklassen Innenarchitektur und Visuelle Kommunikation
	Fachklasse für Original-Druckgrafik
	Warchitecture. Urbicide Sarajevo – Architekturausstellung mit B. Curic
	Stefan Grossert. Kontakt – Ein Portrait
Museum für Gestaltung Basel in Weil/D	Touch me – Bitte berühren! Eine Ausstellung über den Tastsinn
	Die elf Sinne. Elf Sensationen in elf Folies
	Naturdesign. Rosige Aussichten
	Was ist Kunst? Eine art Ausstellung (in den Räumen der Galerie Margrit Gass, Basel)
	Extrem – absolut ultimativ
Museum Jean Tinguely	Jean Tinguely
	Mario Botta: Das Projekt ‹Museum Jean Tinguely›
Fondation Beyeler (seit Oktober 1997)	Jasper Johns. Werke aus dem Besitz des Künstlers
	Renzo Piano – Mein Architekturlogbuch

342

Naturwissenschaft und Technik

Naturhistorisches Museum	Ausgestorben! – und doch erhalten? Käfer – Schmuckstücke der Natur Blick ins Innere – Faszinierende Einblicke dank Röntgenstrahlen Die Tiergestalt Kristallform – Kristallgestaltung
Anatomisches Museum	Wohl & Sein: Mundwerk – Dem Gebiss auf den Zahn gefühlt Einatmen – Ausatmen. Keine Ausstellung zum Gähnen!

Völker- und Volkskunde

Museum der Kulturen Basel	Die magische Skulptur. Mathematik und Mythos. Skulpturen von Wilhelm Münger in der Ozeanienabteilung
	Wohl & Sein: geheilt! Votivgaben als Zeichen geistiger Genesung
	Wohl & Sein: Xundheit! Im Labyrinth der Gesundheit (Gastausstellung des Karikatur & Cartoon Museums)
	Vanuatu – Kunst aus der Südsee
	Karibik '97 – Festival Musik der Welt in Basel
	Kuba for Kids
	Im Kreislauf der Zeiten: Indonesien – Wenn Glauben Kunst wird
	Im Kreislauf der Zeiten: Catur Yuga – Made Wianta, Andreas Straub
	
	Galleria
	   Spirit blong nufala teaem – die Geister der neuen Zeit. Sero Kuautonga,
	   Moses Jobo Lovo
	   Elon Brasil
	
	Textilgalerie
	   Geflochtene Matten

Spielzeugmuseum, Dorf- und Rebbaumuseum im Wettsteinhaus	O du fröhliche Weihnachtszeit! Späte Kutschen – frühe Autos im Kinderzimmer Genschenkt, gekauft und ausgestellt. Neuzugänge 1992–1996
Jüdisches Museum der Schweiz	Gemalte Holztafeln aus dem sowjetischen Interniertenlager Kok-Usek, Provinz Kasachstan, 1942–1947 von Bella Adler

(Quelle: Erziehungsdepartement Basel-Stadt, Abteilung Kultur)

Monats- und Jahresmittelwerte der meteorologischen Elemente im Jahre 1997

	Januar	Februar	März	April	Mai	Juni	Juli
Temperatur in °C	− 1,6	5,8	8,8	9,1	14,5	17,0	18,1
Monatsminimum	− 12,8	− 3,7	− 1,6	− 3,2	3,5	7,2	9,3
Monatsmaximum	9,5	16,9	22,0	22,0	28,5	31,6	28,7
Anzahl Hitzetage				0	0	2	0
Anzahl Sommertage			0	0	6	9	13
Anzahl Frosttage	24	14	6	12	0		
Anzahl Eistage	11	0	0				
Luftdruck hPa	983,9	986,4	987,0	982,2	979,0	974,9	981,1
Luftdruck, tiefster	962,3	965,6	970,8	969,6	954,6	963,4	972,9
Luftdruck, höchster	999,7	999,8	996,1	992,2	990,9	986,5	989,0
Niederschlag in mm	30,9	53,4	16,4	56,4	59,4	133,8	121,1
Anzahl Tage mind. 0,1 mm	10	15	11	12	15	19	17
Anzahl Tage mind. 0,3 mm	7	14	10	11	12	16	16
Anzahl Tage mind. 1,0 mm	5	9	6	10	7	15	14
Maximale Tagesmenge in mm	10,0	12,7	4,2	11,0	25,3	42,8	47,2
Tage mit Schneefall	4	1	0	1			
Tage mit Schneedecke	22	0	0	0			
Tage mit Reif	6	8	10	16	1	0	
Tage mit Hagel	0	0	0	0	1	0	0
Tage mit Nahgewitter	0	0	0	0	3	5	4
Tage mit Gewitter, alle	0	1	1	1	3	8	10
Bewölkung in %	79	66	59	50	59	82	64
Helle Tage	5	5	6	6	4	0	1
Trübe Tage	22	11	12	8	6	20	11
Tage mit Nebel	10	1	2	0	1	0	3
Sonnenscheindauer in Stunden	47,7	110,0	153,3	243,0	255,8	155,4	215,8
Globalstrahlung Wh/m²	771	1861	3018	4842	5251	4673	4968
Maximum Tag	1936	3388	5559	6554	8048	7494	7406
Relative Feuchte %	88	72	68	58	64	71	73
Dampfdruck hPa	5,0	6,8	8,0	7,0	11,5	14,5	15,9
Schwüle Tage					1	2	6
Windgeschwindigkeit m/sec, mittl.	2,2	3,7	2,6	2,4	2,3	2,1	2,0
Windmaximum	11,6	23,2	15,6	13,0	14,8	15,0	13,6
Aus Richtung	E	WSW	WNW	W	WSW	W	W

(Quelle: Lufthygieneamt beider Basel)

August	September	Oktober	November	Dezember	Summe	Mittel-wert	Extrem-wert	Abw. v. Mittel	Mittel 1961–90
20,9	15,9	9,9	5,6	3,4		10,62		+ 0,88	9,74
10,8	3,5	– 5,7	– 4,7	– 4,2			– 12,8	+ 0,1	– 12,9
32,5	30,7	26,3	15,0	16,2			32,5	– 1,0	33,5
10	1	0			13			+ 3	10
26	9	3			66			+ 16	50
		6	9	14	85			+ 13	72
			0	2	13			– 1	14
980,3	984,2	980,7	973,2	977,2		980,8		+ 1,3	979,5
967,6	971,7	961,8	953,5	959,8			953,5		
986,7	989,0	993,4	986,0	993,2			999,8		
25,5	65,3	43,5	54,1	98,9	758,7			– 29	788
12	7	10	15	21	164			– 3	167
10	6	8	13	19	142			– 9	151
7	5	7	11	12	108			– 13	121
12,3	24,2	15,2	13,3	23,7			47,2		
		0	0	5	11			– 18	29
		0	0	10	32			+ 2	30
	1	7	6	6	61			+ 18	43
0	0	0	0	0	1			– 1	2
2	2	0	0	0	16			+ 2	14
10	3	1	0	0	38			0	38
52	49	57	71	84		64		– 3	67
3	7	8	3	0	48			+ 6	42
6	4	15	13	19	147			– 16	163
0	6	2	4	3	32			– 2	34
238,7	228,3	159,1	69,9	30,5	1907,2			+ 228	1679
4715	3969	2289	1136	559		3171			
6835	5368	4004	2225	1517			8048		
71	77	78	84	85		74		– 4	78
18,2	14,5	10,4	8,0	6,9		10,6		+ 0,5	10,1
19	6				34			+ 9	25
1,8	1,7	2,1	2,1	2,6		2,3		– 0,1	2,4
12,6	18,0	17,5	11,8	22,2			23,2		
WNW	W	W	W	W			WSW		

Abstimmungen 1997

Eidgenössische Volksabstimmungen 1997 – Ergebnisse der Abstimmungen

Datum der Abstimmung	Vorlage	Kanton Basel-Stadt				Bund	
		Stimmbeteiligung in %	Ja	Nein	Annehmende Stimmen in %	Annehmende Stimmen in %	Annehmende Stände
8.6.1997	Volksinitiative: ‹EU-Beitritts-verhandlungen vors Volk›	43,0	14 477	39 231	27,0	26,0	0
8.6.1997	Volksinitiative: ‹für ein Verbot der Kriegsmaterial-ausfuhr›	43,0	18 222	35 135	34,2	22,6	0
8.6.1997	Bundesbeschluss: Aufhebung des Pulverregals	42,7	44 562	7 222	86,0	82,1	23
28.9.1997	Bundesbeschluss: Finanzierung der Arbeitslosen-versicherung	48,3	28 375	31 093	47,7	49,2	(14)
28.9.1997	Volksinitiative: ‹Jugend ohne Drogen›	48,8	11 181	49 514	18,4	29,4	0

(Zahlen in Klammern: Kein Ständemehr erforderlich. Quelle: Kantonsblatt Basel-Stadt)

Rheinhafen-Umschlag

Im Jahr 1997 wurden in den Rheinhäfen beider Basel insgesamt 7 839 929 Tonnen Güter umgeschlagen. An diesem Ergebnis partizipierten die baselstädtischen Hafenanlagen mit 3 384 711 Tonnen, was 43,17 % entspricht (Vorjahr: 44,48 %). Gegenüber dem Vorjahr ist insgesamt eine Zunahme um 679 646 Tonnen oder 9,5 % zu verzeichnen. Die seit Jahren anhaltende rasante Entwicklung des Containerverkehrs brachte mit 64 027 umgeschla-genen TEU (Twenty foot equivalent units) einen neuen Rekord. Die Zunahme bezifferte sich in diesem Transportsegment auf 20,7 %. Die 1997 sich abzeichnende Verbesserung der Wirtschaftslage in der Schweiz führte insgesamt also zu einer Konsolidierung der Transportraten gegenüber dem Vorjahr.

(Quelle: Rheinschiffahrtsdirektion Basel)

EuroAirport Basel-Mulhouse-Freiburg

Die Entwicklung des Luftverkehrs darf als sehr erfreulich bezeichnet werden. Das Passagieraufkommen hat um 8 % auf 2 707 966 Passagiere zugenommen. Fast 2 Mio. Passagiere (+11 %) benutzten die regelmässigen Linienflüge, was auf die Einführung neuer Verbindungen u. a. nach Bilbao, Bordeaux und Toulouse, die Frequenzsteigerung nach diversen Destinationen und die bessere Abstimmung der Flugpläne im Rahmen des Euro-Cross-Konzeptes von Crossair zurückzuführen ist. Insgesamt offerierten 16 Linienfluggesellschaften über 600 Abflüge pro Woche. Der Ferienflugverkehr ist mit 1 % nur moderat gewachsen, obwohl über 60 Reiseveranstalter aus allen drei Teilregionen gegen 50 attraktive Ferienziele anboten. Erwähnenswert ist vor allem der neue Direktflug nach Puerto Plata von FTiTouristik/CA-Fernreisen mit Britannia Airways.

Auch der Luftfrachtverkehr weist mit 94 257 Tonnen (+6 %) ein stolzes Wachstum aus. Die Verdoppelung der Linien-Frequenzen nach Seoul, São Paulo und Chicago konnten den Verlust der Verbindung von Singapore Airlines auffangen. Nach wie vor am stärksten entwickeln sich die Express- und Kurierdienste, die mit 15 728 Tonnen (+21 %) rund ein Drittel der geflogenen Luftfracht transportierten. Knapp die Hälfte der Luftfracht wurde mit den LKW-Ersatzverkehren über die grossen europäischen Verkehrsdrehscheiben abgefertigt.

Die Flugbewegungen nahmen mit 113 860 Starts und Landungen nur um 2 % zu. Verglichen mit der Entwicklung des Passagier- und Frachtaufkommens hat sich somit die Verkehrsbilanz des Euro-Airport im vergangenen Jahr sowohl aus ökonomischer wie aus ökologischer Sicht verbessert.

Im März führte der EuroAirport erfolgreich die 2. Ferienmesse in Freiburg/Br. durch. Im Mai fand die erste Sitzung der trinationalen Begleitkommission zur Umweltcharta statt, und im Juni konnte im Passagier-Terminal der lang erwartete Grenzübergang für Besucher eröffnet werden. Am 1. Juli übernahm Urs M. Sieber von Paul A. Rhinow die Leitung des Flughafens. Mitte Dezember wurde die französische Gesellschaft Crossair Europe vorgestellt, die im Frühjahr 1998 als weiterer ‹Home-Carrier› den Betrieb aufnehmen wird.

Nachdem der Flughafenverwaltungsrat im Februar das überarbeitete Ausbauprojekt des Passagier-Terminals mit dem Y-förmigen Fingerdock genehmigte, wurde das Projekt im April den Medien vorgestellt. Im Laufe des Jahres wurden dann alle fünf Hauptprojekte der Ausbauetappe bis ins Jahr 2004 geplant und genehmigt: Ausbau des Passagier-Terminals (Fingerdock und Nord-Erweiterung), Anpassung von Vorfeld und Rollwegen, Ausbau des Fracht-Terminals, Verlängerung der Ost-West-Piste und Errichtung eines neuen Werkhofes. Im wesentlichen handelt es sich dabei um Nachholbedarf, sind doch viele wichtige Einrichtungen schon seit längerer Zeit ungenügend. Ende des Jahres war auch die Finanzierung der Kosten von 375 Mio. Franken im wesentlichen geregelt, da der Flughafen einen grossen Teil des Investitionsbedarfes durch eigene Mittel und durch Kredite abdecken kann. Frankreich und die Schweiz sowie die lokalen Gebietskörperschaften im Elsass und in der Schweiz haben ihre Absicht bekundet, sich zu beteiligen; die dafür nötigen Beschlüsse und Genehmigungen stehen jedoch noch aus. Wichtig in diesem Zusammenhang ist, dass die Kantone Basel-Stadt und Basel-Landschaft die Kreditvorlagen zur Unterstützung des Flughafenausbaus genehmigen, damit sie weiterhin ihren Einfluss beim Ausbau und Betrieb des Flughafens wahrnehmen können.

Im September konnte die neue Lärmdämpfungsanlage ‹Silencer› in Betrieb genommen werden; alle Standläufe von Flugzeugen bis zu einer Spannweite von 28,5 m können nun im Innern dieser Anlage durchgeführt werden. Kurz darauf wurde der Spezialhangar für Flugzeugbemalungen (‹Paint Hangar›) von Jet Aviation fertiggestellt. Der ‹Silencer› bringt eine wesentliche Verbesserung zum Schutze der Nachbargemeinden, der ‹Paint Hangar› zum Schutze der Umwelt.

Zum Abschluss des Jahres, am 30. Dezember 1997, unterzeichnete der Präfekt des Departements Haut-Rhin die Baubewilligung für den Ausbau des Passagier-Terminals, so dass die Ausbauarbeiten planmässig fortgeführt werden können.

(Quelle: EuroAirport Basel-Mulhouse-Freiburg) | 347

Basler Börse

Die Börsenkammer des Kantons Basel-Stadt befindet sich in Liquidation, nachdem im August 1996 der Handel an den Basler Börsenringen eingestellt und von einem gesamtschweizerischen elektronischen Handelssystem (EBS) übernommen wurde. Es gibt daher keine Zahlen und Statistiken mehr aus Basel.

(Quelle: Börsenkammer des Kantons Basel-Stadt)

Index der Konsumentenpreise

Der vom Statistischen Amt des Kantons Basel-Stadt ermittelte Basler Index der Konsumentenpreise hat sich innerhalb des Jahres 1997 um 0,2 Prozent auf 104,2 Punkte (Mai 1993 = 100) erhöht.

(Quelle: Statistisches Amt des Kantons Basel-Stadt)

Überblick Wohnbevölkerung

Jahr	Kantons-bürger	Übrige Schweizer	Ausländer	Stadt Basel	Riehen	Bettingen	Männlich	Weiblich	Zu-sammen
Mittlere Wohnbevölkerung									
1988	79945	76752	42042	177448	20159	1132	94215	104524	198739
1989	79155	75582	43137	176612	20164	1098	93668	104206	197874
1990	78181	74731	44710	176412	20118	1092	93687	103935	197622
1991	77195	74692	47205	177855	20122	1115	94508	104584	199092
1992	76420	74534	48827	178573	20086	1122	94625	105156	199781
1993	75544	74434	50175	178777	20238	1138	94632	105521	200153
1994	74647	74211	51210	178513	20403	1152	94491	105577	200068
1995	73576	73534	52063	177395	20616	1162	94130	105043	199173
1996	72420	72881	52720	175911	20946	1164	93578	104443	198021
1997*	71258	71907	52443	173506	20939	1163	92312	103296	195608
Wohnbevölkerung am Jahresende									
1988	79557	75887	40961	175233	20056	1116	92233	104172	196405
1989	78706	75002	42151	174679	20095	1085	91961	103898	195859
1990	77632	74522	44265	175257	20071	1091	92399	104020	196419
1991	76773	74627	46694	176902	20076	1116	93229	104865	198094
1992	75852	74288	48316	177181	20154	1121	93374	105082	198456
1993	75054	74236	49896	177835	20200	1151	93740	105446	199186
1994	74072	73701	50956	177106	20461	1162	93548	105181	198729
1995	72916	73025	51861	175855	20788	1159	93172	104630	197802
1996	71885	72490	52114	174350	20986	1153	92599	103890	196489
1997*	70669	71282	52175	172089	20875	1162	91574	102552	194126

* provisorische Zahlen

(Quelle: Statistisches Amt des Kantons Basel-Stadt)

Autoren und Autorinnen in diesem Buch

Rolf d'Aujourd'hui	1937 geboren. Bürger von Basel. Hier kaufmännische Lehre, Maturität, Primarlehrerdiplom; Schulpraxis während fünf Jahren. Studium an der Universität Basel. 1973 Doktorat in Ur- und Frühgeschichte mit den Nebenfächern Ethnologie, Geologie und Anthropologie. Dissertation über mikroskopische Untersuchungen zur Funktionsdeutung von Silexgeräten. Seit 1974 wissenschaftlicher Mitarbeiter bei der Archäologischen Bodenforschung Basel-Stadt. 1978 Adjunkt, dann Stellvertreter des Kantonsarchäologen, seit 1983 Kantonsarchäologe von Basel-Stadt.
Ulrich Bister	1948 in Bedburg-Hau/Kreis Kleve geboren. Nach dem Abitur Studium in Giessen und Marburg: Lehramt für Evangelische Theologie, Geographie. Lehrer an verschiedenen Schulen in Hessen. 1983 Promotion an der Universität Marburg im Fachbereich Evangelische Theologie, Abteilung Neuere Kirchengeschichte. 1987–1993 Forschungsstipendiat der Deutschen Forschung, Bonn (Tersteegen Briefausgabe). Wissenschaftlicher Mitarbeiter an den Universitäten Mainz und Dortmund. Forschungsaufenthalte in den Niederlanden, England, Frankreich, den USA und der Schweiz. Freiberuflich tätig im Bereich der Pietismusforschung.
Yvonne Bollag	1959 in Zürich geboren. Zwei Söhne, lebt in Basel. Studium der Jurisprudenz an der Universität Basel, 1984 Lizentiat. 1985–1991 akademische Mitarbeiterin: Leiterin Personal- und Rechtsbereich. Vizedirektorin der Öffentlichen Krankenkasse Basel. Seit 1992 Co-Leiterin des Gleichstellungsbüros Basel-Stadt, daneben Betreuungs- und Hausarbeit. Publikationen zu Sozialversicherungs- und Gleichstellungsfragen.
Beat Brenner	1952 in Basel geboren. Banklehre und anschliessend Handelsmaturität. Studium der Nationalökonomie an der Universität Basel, 1979 Lizenziat. Während des Studiums zunächst bei den Basler Nachrichten und nach deren Ende als freier Wirtschaftsjournalist bei verschiedenen Zeitungen tätig. Seit 1981 Wirtschaftsredaktor bei der Neuen Zürcher Zeitung.
Dagmar Brunner	1956 in Locarno geboren. Schulen in Basel und Basel-Landschaft. Lehre als Buchhändlerin und zwanzig Jahre Mitarbeit in Sortimenten und Verlagen. Ab 1991 freie kulturjournalistische Tätigkeit im In- und Ausland. 1992–1995 Studium der Journalistik und Kommunikationswissenschaft in Fribourg. Diplomarbeit über die Basler Journalistin Toya Maissen. Seit 1995 Redaktorin bei der Basler ‹Programm-Zeitung›.
Claus Donau	1955 in Freiburg/Br. geboren. Humanistisches Gymnasium, 1974 Abitur. 1976–1981 Studium der Theaterwissenschaft, Germanistik und Ethnologie an der Freien Universität Berlin. Danach Arbeit und Lehrtätigkeit am Theater, u. a. als Mitarbeiter bei Dominic de Fazio, Peter Brook, Jack Garfein. 1987 Umzug nach Basel, Regisseur und Dramaturg diverser Theaterproduktionen. Seit 1994 Verlagslektor des Christoph Merian Verlages.
Baschi Dürr	1977 in Basel geboren. Maturität am Realgymnasium Basel, seit 1997 cand. rer. pol. an der Universität Basel. Verschiedene journalistische und politische Tätigkeiten.

Heinz Durrer	1936 in Basel geboren. C-Maturität am Mathematisch-Naturwissenschaftlichen Gymnasium (MNG) Basel, Studium an der Universität Basel in Zoologie (Hauptfach), Botanik, Geographie, Paläontologie, Mathematik. Mittellehrer- und Oberlehrerdiplom. 1964 Dissertation bei Prof. Adolf Portmann. 1975 Habilitation an der Medizinischen Fakultät. 1977 vollamtlicher Dozent für Medizinische Biologie. 1984 Beförderung zum a. o. Professor.
Uta Feldges	1940 in Dillenburg/Hessen geboren. Studium der Kunstgeschichte, Archäologie und Germanistik in Frankfurt/M., München und Basel. Promotion über ‹Werkstatt und Schule des Konrad Witz›. 1980 Publikation ‹Landschaft als topographisches Porträt. Der Wiederbeginn der europäischen Landschaftsmalerei in Siena› (Forschungsauftrag Schweiz. Nationalfonds). 1967–1968 und seit 1976 bei der Basler Denkmalpflege tätig.
Heidi Fischer	1947 in Österreich geboren. Schulen in Innsbruck und an der Wiener Akademie für Angewandte Kunst, Bühnenbildklasse. Arbeit als Kostümbildnerin an diversen Theatern in Österreich, Deutschland und der Schweiz. Seit 1990 in der Leitung des ‹jungen theaters basel›.
Marc Flückiger	1955 in Aarau geboren. Aufgewachsen und Schulen in Münchenstein/BL. Ausbildung zum Sozialarbeiter in Basel. 1981–1988 Aufbau des Vereins für Gassenarbeit ‹Schwarzer Peter› und Tätigkeit als Gassenarbeiter. Seit 1989 Leiter der Stelle für Diakonie der Ev.-ref. Kirche BS. Engagement in verschiedenen Trägerschaften von Institutionen im Sozial- und Jugendbereich. Seit 1994 Mitglied des Grossen Rates. Seit 1996 Präsident des neuen Expertenausschusses ‹Jugend› im Rahmen der D-F-CH-Oberrheinkonferenz (CORK).
Christian Fluri	1950 in Baden geboren. Maturität in Basel 1973, Studium der Germanistik, Geschichte und Philosophie an der Universität Basel, 1983 Lizentiat/Oberlehrerdiplom. 1975–1989 Lehrer für Deutsch und Geschichte an den Minerva Schulen in Basel, ab 1983 in fester Anstellung. 1985–1989 Redaktor beim ‹Kultur Magazin›. 1988 freier Mitarbeiter bei der Basellandschaftlichen Zeitung, Ressort Kultur, seit 1989 Kulturredaktor bei der Basellandschaftlichen Zeitung.
André Frauchiger	1956 in Porrentruy geboren. Schulen in Riehen und Basel. 1976 Diplom der DMS 4. 1977–1978 journalistisches Volontariat beim Doppelstab, 1979 verantwortlicher Redaktor. 1979–1991 zeichnender Redaktor im Ressort Basel-Stadt des Basler Volksblattes, später bei der Nordschweiz. Ab 1985 auch Betreuung des regionalen Wirtschaftsteils der Nordschweiz. Seit April 1991 Adjunkt (Direktionssekretär) und Medienbeauftragter des Bürgerspitals Basel. Ressortleiter ‹Öffentlichkeitsarbeit› im Vorstand der Basler Freizeitaktion (BFA).
Brigitte Frei-Heitz	1960 geboren. Kunsthistorikerin, freie Mitarbeiterin der Denkmalpflege Aargau und Basel-Landschaft, Präsidentin des Vereins IG Museum für Industrie und Arbeit.
Matthias Geering	1960 in Basel geboren. C-Maturität am Gymnasium Bäumlihof. Studium der Architektur an der ETH Zürich. Während des Studiums journalistische Tätigkeit bei verschiedenen Tageszeitungen. 1987–1988 Mitarbeiter im Pressestab des Schweizerischen Olympischen Komitees. 1988–1994 Reporter bei der Basler Zeitung, seit 1995 Mitglied der Chefredaktion.
Peter Gloor	1926 in Basel geboren. Juristisches Studium an den Universitäten Basel, Paris und Cambridge. Seit 1953 tätig als selbständiger Anwalt und Notar im Büro Gloor

	Schiess & Partner in Basel. Mitbegründer des Vereins ‹Regio Basiliensis›, seit 1983 dessen Präsident.
Rudolf Grüninger	1944 als Basler Bürger in seiner Heimatstadt geboren. Primarschule und Humanistisches Gymnasium in Basel. Studium der Rechte in Basel und München. 1968 juristisches Lizentiat. 1970 Promotion. 1972 baselstädtisches Anwaltspatent. 1973–1981 Leiter der Finanzabteilung der Vormundschaftsbehörde Basel. Seit 1981 Basler Bürgerratsschreiber und Leiter der Zentralverwaltung der Bürgergemeinde der Stadt Basel. Vizepräsident des Schweizerischen Verbandes der Bürgergemeinden und Korporationen. Seit 1992 Mitglied des Grossen Rates des Kantons Basel-Stadt.
Brigitte Guggisberg	1966 geboren. Gymnasium Liestal, parallel dazu Ausbildung in klassischem und modernem Tanz. Nach der Maturität Studium der Nationalökonomie an der Universität Basel. 1991 Lizentiat, danach Lehr- und Forschungsassistentin am Wirtschaftswissenschaftlichen Zentrum der Universität Basel. 1996 Dissertation zur Aussenhandelspolitik der Europäischen Gemeinschaft. Seit Beginn des Studiums freie Mitarbeiterin bei der Basellandschaftlichen Zeitung. Ab 1988 Tanz- und Ballettrezensentin. Lehrbeauftragte am Institut de Hautes Etudes en Administration Publique der Universität Lausanne. Kritikerin für die Basellandschaftliche Zeitung, Radio DRS 1 und DRS 2 sowie das Magazin ‹Der Tanz der Dinge›.
Christian J. Haefliger	1940 in Wien geboren, Bürger von Seeberg/BE. Elf Jahre Rudolf Steiner-Schule Basel. 1958 heilpädagogisches Praktikum in England. Lehrabschluss als Bauzeichner, Kunstgeschichte bei Georg Schmidt, später als Werkbund-Architekt (SWB) in Basel und Zürich tätig. Ab 1970 bei der ‹Regio Basiliensis›, seit 1992 Geschäftsführer. 1980–1992 Mitglied des Grossen Rates von Basel-Stadt, ab 1985 Präsident der grossrätlichen Gesamtverkehrskommission. 1983–1987 Präsident der IG Öffentlicher Verkehr Nordwestschweiz. 1980–1997 Verwaltungsrat bei der BVB. Seit 1988 Verwaltungsrat beim Theater Basel. Seit 1995 Mitglied im Präsidium der Arbeitsgemeinschaft Europäischer Grenzregionen (AGEG).
Heiko Haumann	1945 geboren. Studium der Geschichte, Politikwissenschaft, Soziologie und Pädagogik an den Universitäten Marburg und Frankfurt/M. 1969 Staatsexamen, 1971 Promotion in Marburg. 1977 Habilitation für Neuere und Osteuropäische Geschichte in Freiburg/Br. Seit 1991 Professor für Osteuropäische und Neuere Allgemeine Geschichte an der Universität Basel, vor allem für Gesellschaftsgeschichte Russlands und der Sowjetunion, Geschichte der Juden in Osteuropa, Vergleichende Regionalgeschichte der Industrialisierungsperiode, Regionalgeschichte des Oberrheingebietes. Zahlreiche Veröffentlichungen.
Stefan Hess	1965 in Basel geboren. Bürger von Beromünster und Oberkirch/LU. Schulen in Riehen, Basel und Beromünster. B-Maturität an der Kantonsschule Beromünster. Studium an der Universität Basel in den Fächern Geschichte, Deutsche Literaturwissenschaft und Kunstgeschichte. Seit dem Lizentiat Arbeit an einer Dissertation über Personenkult in Basel.
Franz Hochstrasser	1945 in Sursee geboren. Ausbildung zum Primarlehrer. Studium der Psychologie in Berlin. Derzeit Rektor der Höheren Fachschule für Soziale Arbeit beider Basel.
David Marc Hoffmann	1959 in Basel geboren. Studium der Germanistik und Geschichte in Basel und Paris, 1990 Promotion in Germanistik. 1985–1995 wissenschaftlicher Mitarbeiter und Herausgeber im Archiv der Rudolf Steiner Nachlassverwaltung (Dornach), 1995–1997 berufsbegleitendes Nachdiplomstudium in Museologie an der Universität Basel, seit

1996 Verlagslektor im Basler Verlag Schwabe & Co. AG sowie freier Ausstellungsmacher (u. a. Ausstellungen zu Nietzsche, Neuhumanismus und Jacob Burckhardt). Verschiedene Publikationen und Editionen zu philologischen, literarischen und kulturpolitischen Themen.

Daniel M. Hofmann	1948 in Glarus geboren. Studium der Geschichte und Nationalökonomie an der Universität Zürich. 1974 Abschluss, danach Nachdiplomstudium in Volkswirtschaft an der Brown University in Providence/USA. Seit 1979 bei der Neuen Zürcher Zeitung mit Auslandsposten in Bonn (1980–1985) und Washington (1985–1994). Seit 1995 zeichnender Redaktor in Zürich mit den Spezialgebieten Chemie- und Pharmaindustrie, Entwicklungsökonomie sowie internationale Währungspolitik.
Damian Hugenschmidt	1940 in Basel geboren. Schulen in Muttenz und Basel, Berufslehre als Mechaniker und Maschinenzeichner in Basel. Weitere Ausbildung und Tätigkeit beim Polizeikorps Basel-Stadt. Berufsbegleitendes Studium der Jurisprudenz an der Universität Basel. Übertritt zum Personalamt Basel-Stadt, Leiter der Arbeitsbewertung und Organisation. Seit 1991 Präsident der Basler Freizeitaktion (BFA).
Doris Huggel	1954 in Basel geboren. Eidgenössische B-Maturität. Studium an der Universität Basel in den Fächern Kunstwissenschaft sowie Allgemeine Geschichte des Mittelalters und der Neuzeit. Abschluss mit Lizentiat. Freiberuflich tätig auf den Gebieten der Architektur- und Kulturgeschichte, Denkmalpflege und Erwachsenenbildung.
Paul Jenkins	1938 in Sunderland/GB geboren. 1959–1963 Studium der Geschichte und Pädagogik in Cambridge. 1963–1972 Universität Ghana, Legon: 1963–1965 in der Volkshochschule, 1965–1972 als Lektor für Geschichte. Seit 1972 Archivar und Wissenschaftlicher Mitarbeiter im Missionshaus Basel, seit 1989 Lektor für Afrikanische Geschichte an der Universität Basel. 1996 Wissenschaftspreis des Kantons Basel-Stadt.
Esther Maria Jenny	1952 in Basel geboren. Schul- und Studienjahre in der Ostschweiz, Frankreich und Irland. Erste berufliche Stationen als Privatsekretärin und Direktionsassistentin. 1979 Beginn der journalistischen Laufbahn bei der Neuen Zürcher Zeitung. Publikationen in in- und ausländischen Medien.
Zoë Jenny	1974 in Basel geboren. 1994 Abschluss der Diplommittelschule. Veröffentlichungen: ‹Das Blütenstaubzimmer› (1997) und Kurzgeschichten in Zeitschriften (seit 1993). Lebt und arbeitet als freie Schriftstellerin in Basel.
Joerg Jermann	1952 in Basel geboren. Lehrerseminar, später Studium der Germanistik und Kunstgeschichte an der Universität Basel, Abschluss mit Lizentiat. Arbeitet als Pädagoge und Seminarlehrer. Autor verschiedener Theaterstücke und Gedichte, seit 1987 Schauspielkritiker bei der Basellandschaftlichen Zeitung.
Christian Kaufmann	1941 in Basel geboren. Maturität am Realgymnasium. Studium der Ethnologie, 1969 Promotion. Feldforschungen in Papua-Neuguinea und Vanuatu. Seit 1970 Konservator und Leiter der Ozeanien-Abteilung am Museum für Völkerkunde und Schweizerischen Museum für Volkskunde Basel (jetzt Museum der Kulturen), 1971–1977 stellvertretender Direktor. 1990–1993 Berater des Musée national des Arts d'Afrique et d'Océanie in Paris. Seit 1995 Mitglied des Beirates des Centre Culturel Jean-Marie Tjibaou in Nouméa.

Gerhard Kaufmann	1931 geboren in Riehen und dort aufgewachsen. Lehre als Bauzeichner. Studium der Architektur an der Ingenieurschule Burgdorf und der ETH Zürich. Nach Lern- und Wanderjahren Gründung eines eigenen Architekturbüros in Riehen. Tätigkeit vorwiegend im Wohnungsbau. Als Spezialgebiet Renovierung historischer Baudenkmäler in Basel, Riehen, Bettingen und in der Region. 1963 Mitglied des Weiteren Gemeinderates (heute Einwohnerrat). 1966 Gemeinderat. Seit 1970 Gemeindepräsident. 1970–l982 Bürgerratspräsident. Verfasser von Beiträgen zur jüngeren Lokalgeschichte.
Marc Keller	1957 in Basel gehoren. Maturität am Humanistischen Gymnasium. Studium an der Universität Basel in den Fächern Geschichte, Germanistik und Anglistik; 1984 Abschluss. Danach Lektor in medizinischem Verlag, Redaktor bei der Kulturzeitschrift ‹du›, Parteisekretär der Liberal-demokratischen Partei Basel-Stadt. Seit Frühjahr 1992 Direktionssekretär des Gewerbeverbandes Basel-Stadt.
Georg Kreis	1943 in Basel geboren. Ordinarius für Neuere Allgemeine Geschichte und Schweizergeschichte. Leiter des Europainstitutes an der Universität Basel. Präsident der eidg. Kommission gegen Rassismus. Mitglied der Unabhängigen Expertenkommission ‹Schweiz–Zweiter Weltkrieg›. Zahlreiche Publikationen zum Thema, zuletzt: ‹Entartete› Kunst in Basel. Die Herausforderung von 1939.
Sabine Kubli	1956 in Basel geboren. Studium der Geschichte, Germanistik und Kunstgeschichte an der Universität Basel und der Freien Universität Berlin. 1981 Lizentiat, 1982 Lehrdiplom in Basel. Lehrtätigkeit und literaturwissenschaftliche Projekte. Seit 1988 Beauftragte für Ausstellungen und Vermittlung am Kantonsmuseum Baselland in Liestal.
Marie-Thérèse Kuhn	1944 in Reconvilier geboren. Studium der Nationalökonomie und Soziologie in Bern und Basel, unterbrochen durch Arbeitsaufenthalte im Ausland. 1974 Abschluss. Ausbildung zur Berufsschullehrerin allgemeinbildender Richtung am Schweizerischen Institut für Berufspädagogik. Arbeit als Berufsschullehrerin und Mitbetreuung zweier Söhne, seit 1989 Co-Leiterin, später Leiterin der Fachstelle für Gleichstellung des Kantons Basel-Landschaft.
Markus Kutter	1925 geboren, lebt seit 1940 in Basel. Humanistisches Gymnasium, danach Studium der Geschichte in Paris, Genf, Rom und Basel. Abschluss in Basel mit einer Dissertation über einen italienischen Refugianten des 16. Jahrhunderts. Redaktor in der Chemischen Industrie, 1959 Gründung der Werbeagentur GGK. Seit 1975 als Publizist, Schriftsteller und Medienberater tätig. Verschiedene literarische, historische und fachspezifische Publikationen. Inhaber der Alphaville AG, Agentur für Publizität in Basel.
Roger Lange Morf	1965 in Basel geboren. B-Maturität am Realgymnasium. Studium an der Universität Basel in Deutscher Sprach- und Literaturwissenschaft, Englischer Sprach- und Literaturwissenschaft, Betriebswirtschaftslehre und Soziologie (Studienrichtung Medienwissenschaften). 1994 Lizentiat. Während des Studiums journalistische Tätigkeit bei verschiedenen Tages- und Wochenzeitungen sowie beim Regionaljournal von Radio DRS. Seit 1995 Redaktor bei der Schweizerischen Depeschenagentur SDA, Regionalredaktion Nordwestschweiz in Basel. Sekretär des Unihockeyverbandes Basel-Stadt und lizenzierter Spieler seit 1984.
Urs B. Leu	1961 in Zürich geboren. B-Maturität, Studium der Geschichte, Kirchengeschichte, Mittellateinischen Philologie und Altertumswissenschaften an den Universitäten

Zürich, Frankfurt/M. und Heidelberg. 1990 Promotion mit einer Dissertation über den Zürcher Naturforscher und Universalgelehrten Konrad Gessner. Seit 1989 Wissenschaftlicher Bibliothekar an der Zentralbibliothek Zürich.

Hansjörg Marchand	1937 in Basel geboren. Schulen in Basel. Maturität am Realgymnasium, 1957–1963 Studium an der Philosophisch-Historischen Fakultät der Universität Basel und an der Sorbonne in Paris. 1964 Diplom für das höhere Lehramt, seither Gymnasiallehrer in Basel.
Klaus Meyer	1951 in Reinach/BL geboren. Nach einer wechselvollen Ausbildungs- und Lernzeit Diplom an der Höheren Fachschule für soziokulturelle Animation, Zürich. Zwanzig Jahre im Jugend- und Drogenhilfsbereich tätig, davon zehn Jahre als Gassenarbeiter in Basel. 1994 Mitbegründer des Vereins ‹wake up›, Unternehmen Jugend und Prävention, Basel, seit 1995 in leitender Funktion an der Geschäftsstelle. Mitglied des OK Jugendkulturfestival '97.
Pascale Meyer	1961 in Zürich geboren. Studium der Geschichte, Soziologie und Deutschen Literaturwissenschaft an der Universität Basel. 1987 Lizentiat. 1992–1994 Nachdiplomstudium der Museologie an der Universität Basel. Seit 1991 Mitarbeiterin am Kantonsmuseum Baselland, verantwortlich für Ausstellungen und Öffentlichkeitsarbeit.
Christian Müller	1952 in Leipzig geboren. Studium der Kunstgeschichte, klassischen Archäologie und Geschichte in Tübingen und Wien. 1981 Promotion in Tübingen. Anschliessend Volontariat an der Staatlichen Kunsthalle Karlsruhe; 1984–1985 tätig bei den Bayerischen Staatsgemäldesammlungen in München. Ab 1985 in Basel mit einem Projekt des Schweizerischen Nationalfonds befasst, das die Erforschung und Publikation der Altmeisterzeichnungen am Basler Kupferstichkabinett zum Ziel hatte. Seit 1991 Konservator am Kupferstichkabinett der Öffentlichen Kunstsammlung Basel.
Hans Peter Muster	1927 in Basel als Bürger von Basel und Lützelflüh geboren. Nach dem Realschulbesuch 1943–1949 Laborant bei Roche, anschliessend Angehöriger des Basler Polizeikorps, zuletzt als Unteroffizier und Leiter der Radarkontrolle der Verkehrsaufsicht. Ab 1961 Fondé de pouvoir des ersten Duty Free Shops auf dem Flughafen Basel–Mulhouse, seit 1965 selbständiger Antiquitätenhändler in Riehen. Verschiedene Sachbuch-Veröffentlichungen und Mitarbeit an lexikographischen Werken.
Paul Neidhart	1920 geboren. Schulen in Basel, B-Maturität am Realgymnasium, Mittellehrerstudium an der Universität Basel, 1943 Diplom. 1943–1945 Stellvertretung am Mathematisch-Naturwissenschaftlichen Gymnasium (MNG). 1945 Anstellung an der Knabensekundarschule. 1947–1984 Lehrer am MNG, ab 1952 auch Dozent für Mathematische Methodik am ‹Kantonalen Lehrerseminar› (heute ‹Pädagogisches Institut›). 1957–1972 Redaktor des Basler Schulblatts.
Marco Obrist	1947 in Lugano geboren. Aufgewachsen in Interlaken, Luzern und Basel. A-Maturität am Humanistischen Gymnasium. Studium an der Universität Basel in den Fächern Englisch, Geschichte und Sport. 1974–1985 Lehrer am Gymnasium Bäumlihof. Umfangreiche Zusatzausbildung im Bereich Sport und Management. Tätigkeit in nationalen Sportverbänden. Seit 1985 Leiter des Universitätssports Basel.
Vera Pechel	1958 in London geboren. Abitur in Berlin. Studium an der Hochschule der Künste Berlin (Design), der Freien Universität Berlin (Kunstgeschichte, Ethnologie) sowie der Schule für Gestaltung Basel (Vorkurs). 1988 Diplom im Fachbereich Kommunikations-Design an der Fachhochschule für Gestaltung in Hamburg. Seitdem frei-

schaffend in den Bereichen Film und Video, Fotografie und Grafik. Zusammenarbeit mit dem Fotografen Beat Presser seit 1988.

Xaver Pfister-Schölch	1947 in Basel geboren. Maturität am Humanistischen Gymnasium in Basel. Studium der Theologie in Luzern, Freiburg/Br. und Paris. Anschliessend Promotion. Leiter der katholischen Erwachsenenbildung sowie Informationsbeauftragter der Römisch-Katholischen Kirche. Verheiratet, vier Kinder.
Beat Presser	1952 in Basel geboren. Ausbildung zum Fotografen und Kameramann in Basel, Paris und New York. Herausgeber der Fotozeitschriften ‹Palm Beach News› und ‹The Village Cry›. In den achtziger Jahren Zusammenarbeit mit dem Filmemacher Werner Herzog und Klaus Kinski. Heute freischaffender Fotograf und Kameramann. Produziert fotografische Geschichten, unterrichtet Fotografie an Universitäten in Afrika und Südamerika. Ausstellungen im In- und Ausland. Unterhält gemeinsam mit Vera Pechel in Basel ein Studio für Fotografie und Grafik.
Max Pusterla	1942 in Basel geboren. Schulen und kaufmännische Ausbildung in Basel. Während eines Aufenthaltes in London Wechsel zum Journalismus. Ab 1966 Redaktor beim Sportmagazin ‹Tip› der Sport-Toto-Gesellschaft, ab 1974 Chefredaktor, später Verlagsleiter. Ab 1992 Geschäftsführer der Basler FDP. Seit 1990 Grossrat.
Christoph Rácz	1963 in Basel geboren. B-Maturität am Gymnasium Muttenz/BL. Studium an der Universität Basel in den Fächern Deutsch, Neuere Allgemeine Geschichte, Allgemeine Geschichte des Mittelalters sowie Medienwissenschaften. 1996 Lizentiat mit einer filmwissenschaftlichen Arbeit über Martin Scorsese. Journalistische und redaktionelle Mitarbeit bei verschiedenen Zeitungen, seit 1996 als freier Journalist tätig.
Dennis L. Rhein	1944 in Basel geboren. Verheiratet, zwei Töchter. Schulen in Basel. Ausbildung als Hotelier, Restaurateur in der Westschweiz und im Ausland. Nach der Rückkehr nach Basel Verkaufschef eines Grossunternehmens. 1970 Eröffnung des eigenen Betriebes ‹Au Gourmet› mit Bankett-Organisation. Ab 1981 Vizedirektor und Mitglied der Geschäftsleitung beim Offiziellen Verkehrsbüro Basel (heute Basel Tourismus). Mitglied des Grossen Rates seit 1988.
Christine Richard	1954 in Chemnitz/Sachsen geboren. Abitur in Rottweil, Studium der Germanistik, Geschichte und politischen Wissenschaften in Freiburg/Br. Erstes und zweites Staatsexamen, Lehrerin am Fürstenberg-Gymnasium in Donaueschingen, daneben Mitarbeiterin der Badischen Zeitung und der ‹Deutschen Bühne›. Seit zehn Jahren Theater- und Tanzkritikerin bei der Basler Zeitung, Schweiz-Korrespondentin der Fachzeitschrift ‹Theater heute›; seit 1996 Redaktorin im Feuilleton der Basler Zeitung.
Peter G. Rogge	1931 in Bremerhaven geboren, Schweizer Bürger seit 1972. Studium der National-ökonomie an der California State University sowie an den Universitäten Göttingen, Freiburg/Br. und Basel; 1957 Promotion in Basel. 1957–1959 Forschungsarbeiten sowie Beratungstätigkeit beim Stanford Research Institute Zürich. Ab 1960 Projektleiter, ab 1962 Geschäftsführer und ab 1967 Vorsitzender der Geschäftsleitung bei der Prognos AG, Basel. Ab 1977 bei der Generaldirektion des Schweizerischen Bankvereins mit Zuständigkeit für Nichtbanktöchter, ab 1981 für die volks- und betriebswirtschaftlichen Stabsabteilungen Planung, Marketing, Betriebsprüfung, Werbung und Volkswirtschaft. Seit der Pensionierung 1994 als selbständiger Wirtschaftsexperte in zahlreichen Verwaltungs- und Beiratsgremien tätig. Autor von ‹Die

Dynamik des Wandels. Schweizerischer Bankverein 1872–1997: Das fünfte Viertel-jahrhundert›, Basel 1997.

Paul Roniger	1940 in Basel geboren, daselbst alle Schulen durchlaufen. ‹Allround-Banking›-Aus-bildung und Kadermitglied bei A. Sarasin + Cie und der Schweizerischen Volksbank (heute Credit Suisse) in Basel, seit 1986 Leiter der Stadtfiliale im Gundeli. Aktivi-täten in der Lehrlingsausbildung (KV-Prüfungsexperte). Vorstandsmitglied bei der IG Gundeldingen. Aktiver Sänger (Kirchenchor St. Joseph, seit 1958) sowie Vor-standsmitglied der Knabenmusik Basel. ‹Värslibrinzler› für Glaibasler Charivari, Mimösli und Drummeli. Mitglied ‹Wurzengraber› und Zunft zu Hausgenossen.
Bruno Rossi	1939 in Zürich geboren. Schulen im Kanton Zürich und in Luzern. Mechanikerlehre, Ausbildung zum Betriebstechniker. Arbeitsstudium bei Philips AG; Mitglied der Geschäftsleitung Faselec AG; Organisationsberatung, Projektleitung, Organisations-entwicklung Ciba-Geigy AG; Organisationsentwicklung SKA. Seit 1994 selbständi-ger Unternehmensberater, Organisationsentwicklung/Projektmanagent. Gründungs-mitglied des Vereins für soziale Ökonomie, Basel.
Felix Rudolf von Rohr	1944 in Basel geboren. Schulen und kaufmännische Lehre in Basel. Bankangestell-ter. 1986–1987 Grossratspräsident. Seit 1993 Bürgerrat. Vorgesetzter E.E. Zunft zum Schlüssel. Seit 1987 Mitglied des Fasnachts-Comités.
Michael Schindhelm	1960 in Eisenach/Thüringen geboren. Technische Hochschule Merseburg, 1979 Abi-tur. Studium der Quantenmechanik an der Internationalen Universität Woronesh, Leningrad und Machatschkala am Kaspischen Meer. 1984 Diplom. 1984–1986 Wiss. Mitarbeiter an der Akademie der Wissenschaften, Berlin. 1986–1990 freier Überset-zer, Autor, Dramaturg. 1990 Direktor der ersten Theater-GmbH der neuen Bundes-länder, Theater Nordhausen, LOH-Orchester Sondershausen. 1992 Intendant der Bühnen der Stadt Gera. 1994–1996 Generalintendant der gemeinsamen Theater-GmbH der Bühnen der Stadt Gera/Landestheater Altenburg. Seit 1996 Direktor des Theaters Basel.
Aurel Schmidt	1935 geboren. Redaktor bei der Basler Zeitung sowie Schriftsteller. Veröffentlichun-gen: ‹Der Fremde bin ich selber› (Basel 1982), ‹Die Alpen – schleichende Zerstörung eines Mythos› (Zürich 1990), ‹Wildnis mit Notausgang. Eine Expedition› (Solo-thurn/Düsseldorf 1994), ‹Die Welt ist eine Sichtweise› (Basel 1996, zusammen mit Jörg Mollet und Alain Stouder).
Lukrezia Seiler	1934 in St. Gallen geboren. Handelsmaturität, Verlagsmitarbeiterin im Walter-Verlag Olten und Redaktorin bei der Illustrierten ‹Die Woche›. Lebt seit 1965 in Riehen. 1971–1994 leitende Redaktorin des Jahrbuches ‹z'Rieche›. Gemeinsam mit einer Arbeitsgruppe Neueinrichtung des Dorf- und Rebbaumuseums Riehen. 1988 Kul-turpreis der Gemeinde Riehen. Journalistin und Publizistin, verheiratet und Mutter zweier erwachsener Töchter.
Daniel Spehr	1962 in Basel geboren. Schule für Gestaltung und Ausbildung zum Fotografen bei Hugo Jaeggi. Seit 1991 Studio für Werbung und Mode. Ausstellungen und Publika-tionen im In- und Ausland.
André B. Wiese	In Basel geboren. 1982–1988 Studium der Ägyptologie, klassischen Archäologie sowie Ur- und Frühgeschichte an der Universität Basel. 1988–1990 Assistent von Prof. Dr. K. Schefold. 1990–1992 Nationalfondsassistent von Prof. Dr. E. Hornung. 1991 Feldarbeit in Ägypten. 1992 Studienaufenthalt am Griffith Institute in Oxford.

1995 Promotion an der Philosophisch-Historischen Fakultät der Universität Basel. Seit 1995 Assistent von Prof. Dr. E. Hornung am Ägyptologischen Seminar sowie Lehrbeauftragter für Ägyptologie. Daneben Dozent an der Volkshochschule beider Basel. Seit August 1997 Konservator am Antikenmuseum Basel und Sammlung Ludwig. Leiter der Ausstellung ‹Ägypten – Augenblicke der Ewigkeit›.

Lutz Windhöfel 1954 in Wuppertal-Elberfeld geboren. Studium der europäischen und der ostasiatischen Kunstgeschichte sowie der politischen Geschichte in Heidelberg und Basel. 1989 Promotion. 1980–1984 Mitglied der Dramaturgie der Basler Theater. 1987 und 1988 stellvertretender Konservator am Gewerbemuseum/Museum für Gestaltung Basel. 1989–1993 Kulturredaktor der ‹Bündner Zeitung› in Chur. Autor und Journalist für Einzelpublikationen, Jahrbücher und die Presse. Lebt in Basel.

Verena Zimmermann 1941 geboren. Schulen und Maturität in Luzern, Studium der Kunstgeschichte in Basel. Journalistisch tätig in den Bereichen Film, Literatur, Kunst. Ausstellungstätigkeit, u.a. im Rahmen der Solothurner Filmtage im Kunstmuseum Solothurn. Lebt und arbeitet in Basel.

Abbildungsnachweis

S. 11–20 Daniel Spehr. S. 22, 23 (u.) Simon Krull. S. 23 (o.) Anja Kehm. S. 25–27 Pino Covino. S. 30, 31 Bernhard Ley. S. 32, 33 (o.) Doris Flubacher. S. 33 (u.) Beat Mattmüller. S. 34–36, 56, 57, 73, 75, 77, 79, 80, 83, 84, 94 Claude Giger. S. 39, 41, 49–51, 286 (u.) Thomas Kneubühler. S. 45 Joëlle Stöckli. S. 53, 314 keystone. S. 63 (o.), 170, 201, 203, 207–209 (Fotos), 213 (u.) Öffentliche Bibliothek der Universität Basel. S. 63 (u.) Schweizerischer Bankverein, Historisches Archiv. S. 64 Peter Rogge. S. 69 Matthias Geering. S. 87 Basler Kantonalbank. S. 91 (o.) Tino Briner. S. 91 (u.), 102, 286, 287, 290 (u.re.), 305, 311 (m.), 324 Michael Würtenberg. S. 95, 121 (u.), 219, 221 (u.), 243, 244 Staatsarchiv Basel-Stadt. S. 97–99 Paul Roniger. S. 101 (o.), 177, 235, 308 Dominik Labhardt. S. 101 (u.) Helmut Germer. S. 106 Andri Pohl. S. 109 Lukas Strebel. S. 111 (u.) Luca Zanetti/Frenetic Films. S. 114, 115 Archiv Markus Imhoof. S. 116, 117 Archiv Basler Mission. S. 120, 121 Felix Speiser/Museum der Kulturen, Basel. S. 122 Peter Horner/Museum der Kulturen. S. 123 Ange Bizet/Vanuatu Cultural Centre, Port Vila. S. 124 Christian Kaufmann. S. 126–135 Archäologische Bodenforschung. S. 139, 140, 142, 327 Niggi Bräuning. S. 141, 144–148 (o.) Fondation Beyeler. S. 150–153, 155, 157, 159 Christian Schnur. S. 162 Sammlung Elsa und Pierre Henri Bloch-Diener. S. 163 Privatbesitz. S. 165–167 Jörg P. Anders. S. 169, 171 Historisches Museum, Basel. S. 173, 293–298, 318, 334, 337 Peter Armbruster. S. 174, 175, 319 Promotion AG/Clive Barda. S. 183 Ekko von Schwichow. S. 186–197 Beat Presser. S. 207–209 (Stiche) Zentralbibliothek Zürich. S. 212, 213 (u.) Central Zionist Archives, Jerusalem. S. 215, 216 (u.), 217, 239, 279, 306 (u.), 315, 326 (u.), 328, 333 (o.) Kurt Wyss. S. 216 (o.), 301, 316, 320 André Muelhaupt. S. 221 (o.) Grenzwachtposten Riehen. S. 223 Gemeindearchiv Riehen/Ernst Schultheiss. S. 226–228 Andrian Stückelberger. S. 231 Robert Häfelfinger. S. 232 (o.) Anonym. S. 232 (u.) Brauerei Ziegelhof, Liestal. S. 233 Grund + Flum. S. 235 (li.) Anonym. S. 235 (r.) Bildarchiv Hodel, Sissach. S. 236 zVg. S. 237 Archiv CMS. S. 240 (o.) aus: ‹Die Tiergestalt› (1948). S. 240 (u.) aus: ‹Evolution der Kindheit› (1944), Illustration A. Portmann. S. 241 Illustration A. Portmann. S. 242 Sammlung David M. Hoffmann. S. 245 Felix Hoffmann. S. 249 zVg. S. 253, 257, 258, 261, 313 Christian Roth. S. 264 Theo Hotz AG, Zürich. S. 265 Giraudi & Wettstein, Lugano. S. 266 Ruedi Walti. S. 269–271 Aristo Narducci. S. 273, 275 Andreas F. Voegelin. S. 277 zVg. S. 280–283, 285, 290 (o.li.) Stefan Holenstein. S. 290 (u.li.) Erwin Zbinden. S. 290 (o.re.), 291 Robert Varadi. S. 300 Handelskammer beider Basel. S. 300 (u.), 330 (o.) Jörg Hess. S. 302 Markus Stücklin. S. 303, 309, 321, 330 Hannes-Dirk Flury. S. 306 (o.) Ciba. S. 307 Eugen Lang. S. 311 (o.), 317 Thomas Meyer. S. 311 (u.) Rolf Jeck. S. 322 Werner J. Getzmann. S. 323 Boris Gass. S. 326 (o.) Naturhistorisches Museum, Basel. S. 331 Dominik Madörin. S. 333 (u.) Michael Kupferschmidt. S. 336 Urs Zimmer.

Inhaltsverzeichnis nach Autorinnen und Autoren